U1071007

田应奎◎主编

新时代经济思想研究

Xinshidai Jingjisixiang Yanjiu

人民出版社

责任编辑:刘敬文
封面设计:杨　洪
版式设计:王　婷
责任校对:吕　飞

图书在版编目(CIP)数据

新时代经济思想研究/田应奎 主编. —北京:人民出版社,2019.9
ISBN 978-7-01-021285-2

Ⅰ.①新… Ⅱ.①田… Ⅲ.①中国特色社会主义-经济思想-研究 Ⅳ.①F120.2

中国版本图书馆 CIP 数据核字(2019)第 201932 号

新时代经济思想研究

XINSHIDAI JINGJI SIXIANG YANJIU

田应奎　主编

人民出版社 出版发行
(100706　北京市东城区隆福寺街 99 号)

北京中科印刷有限公司印刷　新华书店经销

2019 年 9 月第 1 版　2019 年 9 月北京第 1 次印刷
开本:710 毫米×1000 毫米 1/16　印张:22.75
字数:372 千字

ISBN 978-7-01-021285-2　定价:50.00 元

邮购地址 100706　北京市东城区隆福寺街 99 号
人民东方图书销售中心　电话 (010)65250042　65289539

目　　录

前　言

习近平新时代中国特色社会主义经济思想，是党的十八大以来推动我国经济发展实践的理论结晶，是中国特色社会主义政治经济学的最新成果，是中国特色社会主义市场经济发展规律的经验探索，是指引中国特色社会主义经济现代化建设的根本遵循。深入学习研究习近平新时代中国特色社会主义经济思想，对于实现"两个一百年"奋斗目标，实现中华民族伟大复兴的中国梦，特别是全面建设社会主义现代化经济强国，具有十分重要的现实指导意义。

一、新时代经济指引思想：指引经济现代化建设全局

新时代经济指引思想是关于新时代中国特色社会主义经济现代化建设的原则立场与战略指引思想，具有统领经济现代化建设全局的思想引领作用。习近平新时代中国特色社会主义经济思想，是一个科学的、系统的、完整的、发展的思想理论体系。其核心的思想内容是以创新、协调、绿色、开放、共享发展理念为主要内容，坚持加强党对经济工作的集中统一领导；坚持以人民为中心的发展思想；坚持适应把握引领经济发展新常态；坚持使市场在资源配置中起决定性作用和更好发挥政府作用；坚持适应我国经济发展主要矛盾变化完善宏观调控；坚持问题导向部署经济发展新战略；坚持正确工作策略和方法。①

根据经济指引、经济发展、经济分配、经济改革这四个方面的内容分类，可以把新时代中国特色社会主义经济思想，分为新时代经济指引思想、经济发展思想、经济分配思想、经济改革思想等四个主要构成部分。深入学习研究新时代经济思想，首先要深入学习研究习近平新时代中国特色社会主义经济指引

① 参见新华网，2017 年 12 月 20 日。

思想。主要内容包括五个方面:一是坚持以党对经济工作集中统一科学化领导为根本原则的经济政治思想;二是坚持以创新、协调、绿色、开放、共享发展理念统领经济工作全局为主要内容的经济建设思想;三是坚持以人民为中心共同建设为根本方略的经济发展思想;四是坚持以人民为中心共同富裕为根本宗旨的经济分配思想;五是坚持以社会主义市场经济改革方向为根本指针的经济改革思想。

——经济政治指引思想:坚持以党对经济工作集中统一科学化领导为根本原则的经济政治思想。

深入学习研究新时代中国特色社会主义经济思想,首先要深入学习研究习近平新时代中国特色社会主义经济指引思想。习近平指出,坚持党对一切工作的领导,特别是对经济工作集中统一领导,是中国特色社会主义最根本的经济政治思想原则。"中国特色社会主义有很多特点和特征,但最本质的特征是坚持中国共产党领导。"①坚持党的领导,发挥党总揽全局、协调各方的领导核心作用,是我国社会主义市场经济体制的一个重要特征。改革开放以来,我国经济社会发展之所以能够取得世所罕见的巨大成就,我国人民生活水平之所以能够大幅度提升,都同我们坚定不移坚持党的领导、充分发挥各级党组织和全体党员作用是分不开的。在我国,党的坚强有力领导是政府发挥作用的根本保证。

坚持党对经济工作集中统一领导,首先,必须全面提高党领导经济工作的科学化水平。这是党领导经济工作、遵循经济规律的总要求和总方略。只有全面提高党领导经济工作的科学化水平,才能更好地真正地坚持党对经济工作的集中统一领导。为此,必须学好用好政治经济学,自觉认识和更好遵循经济发展规律,不断提高推进改革开放、领导经济社会发展、提高经济社会发展质量和效益的能力和水平。其次,必须加强党领导经济工作制度化建设,创新党领导经济社会发展的观念、体制、方式方法,提高党把握方向、谋划全局、提出战略、制定政策、推进改革的能力。第三,要处理好领导干部与企业家的政商关系,特别是与民营企业家的政商关系,建立"亲""清"文明的政商关系,依法从政、廉洁从政,全心全意为人民服务,包括为企业家服务。为此,首先要坚

① 习近平:《在中央经济工作会议上的讲话》(2013 年 12 月 10 日),中共中央文献研究室编:《习近平关于社会主义经济建设论述摘编》,中央文献出版社 2017 年版,第 318 页。

持好干部标准，把干事创业、勇于改革、敢于担当、作风扎实的干部提拔使用起来，形成能者上、庸者下、劣者汰的用人导向和从政环境。

——**经济建设指引思想：坚持以创新、协调、绿色、开放、共享发展理念统领经济工作全局为主要内容的经济建设思想。**

中国特色社会主义经济建设与发展进入了新时代，必须坚定不移贯彻创新、协调、绿色、开放、共享的发展理念。坚持创新发展理念，着力提高发展质量和效益，解决发展动力问题；坚持协调发展理念，着力形成平衡发展结构，解决发展不平衡问题；坚持绿色发展理念，着力改善生态环境，解决人与自然和谐问题；坚持开放发展理念，着力实现合作共赢，解决发展内外联动问题；坚持共享发展理念，着力增进人民福祉，解决社会公平正义问题。

坚持用新发展理念统领经济现代化建设与发展全局，核心思想是坚持把适应把握引领新常态作为贯穿发展全局和全过程的大逻辑，坚持把供给侧结构性改革作为经济发展和经济工作的主线，坚持以提高发展质量和效益为中心，着力调整优化经济结构、推进发展方式转变，着力推进创新驱动发展，着力推进新型工业化、信息化、城镇化、农业现代化同步发展，推动我国经济向形态更高级、分工更优化、结构更合理的阶段演进。

到二〇二〇年，全面建成小康社会，主要经济目标：经济持续健康发展，产业迈向中高端水平，农业现代化取得明显进展，人民生活水平和质量普遍提高，我国现行标准下农村贫困人口实现脱贫，完善社会主义市场经济体制，建设现代化经济体系，完善宏观调控体系，完善开放型经济体系，实现更高质量、更有效率、更加公平、更可持续的发展。

到二〇三五年，基本实现社会主义现代化，主要经济目标：我国经济实力、科技实力将大幅跃升，跻身创新型国家前列；各方面制度更加完善，国家治理体系和治理能力现代化基本实现；人民生活更为宽裕，中等收入群体比例明显提高，城乡区域发展差距和居民生活水平差距显著缩小，基本公共服务均等化基本实现，全体人民共同富裕迈出坚实步伐。

到本世纪中叶，把我国建成富强民主文明和谐美丽的社会主义现代化强国，主要经济目标：我国物质文明将全面提升，实现国家治理体系和治理能力现代化，成为综合国力和国际影响力领先的国家，全体人民共同富裕基本实现，我国人民将享有更加幸福安康的生活，中华民族将以更加昂扬的姿态屹立于世界民族之林。

——经济发展指引思想:坚持以人民为中心共同建设为根本方略的经济发展思想。

中国是人民当家作主的国家,发展是解决中国一切问题的基础和关键。中国特色社会主义经济现代化建设与发展,必须坚持以人民为中心共同建设的根本方略。习近平指出:中国特色社会主义事业是亿万人民自己的事业。人民是历史的创造者,是决定党和国家前途命运的根本力量。坚持以人民为中心的共建共享、共同富裕的发展思想,体现了我们党全心全意为人民服务的根本宗旨,体现了人民是推动历史发展的根本力量的唯物史观。发展为了人民,这是马克思主义政治经济学的根本立场。

从现代经济学供给侧、物质财富生产和创造的宏观维度来看,强调以人民为中心的共同建设,就是强调物质财富的生产与创造活动的人民主体性,就是强调充分发挥广大人民群众的劳动、生产、工作的积极性、主动性和创造性。中国经济进入高质量高效益发展新阶段,在供给侧物质财富的生产与创造方面,就是要坚持质量第一、效益优先的经济发展方针,在更高质量、更有效益的基础上不断解放和发展社会生产力,生产和创造出更多、更好的物质产品与服务,全面建设社会主义现代化经济强国,为实现人民美好物质生活、中华民族伟大复兴奠定雄厚的物质基础。

——经济分配指引思想:坚持以人民为中心共同富裕为根本宗旨的经济分配思想。

我们的人民热爱生活,期盼有更好的教育、更稳定的工作、更满意的收入、更可靠的社会保障、更高水平的医疗卫生服务、更舒适的居住条件、更优美的环境、更丰富的精神文化生活,期盼孩子们能成长得更好、工作得更好、生活得更好。人民对美好生活的向往,就是我们的奋斗目标。这是习近平新时代中国特色社会主义经济思想最为鲜明、最为本质的人民情怀与根本立场。

从现代经济学需求侧、物质财富分配和使用的宏观维度来看,强调以人民为中心的共同富裕,就是强调物质财富的分配与使用活动的人民获得性,就是强调全体人民共建共享的社会主义本质性。习近平指出,共同富裕是社会主义的本质,解放和发展社会生产力是社会主义的本质要求。我们党领导人民全面建成小康社会、进行改革开放和社会主义现代化建设的根本目的,就是要通过发展社会生产力,不断提高人民物质文化生活水平,促进人的全面发展。“检验我们一切工作的成效,最终都要看人民是否真正得到了实惠,人民生活是否真正得到了改善，这是坚持立党为公、执政为民的本质要求，是党和人民事业不断发展的重要保证。”①

中国特色社会主义现代化经济建设和改革发展进入新时代，要求更加全面坚持和贯彻落实以人民为中心的共同富裕的根本发展宗旨，把增进人民福祉、促进人的全面发展、朝着共同富裕方向稳步前进，作为社会主义现代化经济建设与发展的根本出发点和落脚点，实现更高质量、更加公平、更有效率、更可持续、更多获得的经济发展。这是我们部署经济工作、制定经济政策、推动经济发展要牢牢坚持的根本立场。

——经济改革指引思想：坚持以社会主义市场经济改革方向为根本指针的经济改革思想。

改革开放是决定当代中国前途命运的关键抉择，是实现中华民族伟大复兴中国梦的根本出路。中国是实行社会主义市场经济的国家，坚持以社会主义市场经济改革方向为根本指针的经济改革思想，是确保中国特色社会主义经济现代化建设与发展的根本要求。习近平指出：在社会主义条件下发展市场经济，是我们党的一个伟大创举。我国经济发展获得巨大成功的一个关键因素，就是我们既发挥了市场经济的长处，又发挥了社会主义制度的优越性。既要“有效的市场”，也要“有为的政府”，努力在实践中破解这道经济学上的世界性难题。提出建立社会主义市场经济体制的改革目标，这是我们党在建设中国特色社会主义进程中的一个重大理论和实践创新，解决了世界上其他社会主义国家长期没有解决的一个重大问题。

坚持社会主义市场经济改革方向，核心问题是处理好政府和市场的关系，使市场在资源配置中起决定性作用和更好发挥政府作用。这是我们党在理论和实践上的又一重大推进。这不仅是经济体制改革的基本遵循，也是全面深化改革的重要依托。我们既要遵循市场规律、善用市场机制解决问题，又要让政府勇担责任、干好自己该干的事。市场作用和政府作用是相辅相成、相互促进、互为补充的。这就是辩证法、两点论，“看不见的手”和“看得见的手”都要用好。

转变政府职能是深化行政体制改革的核心，实质上要解决的是政府应

① 习近平：《全面贯彻落实党的十八大精神要突出抓好六个方面工作》（2012 年 11 月 15 日），中共中央文献研究室编：《习近平关于社会主义经济建设论述摘编》，中央文献出版社 2017 年版，第 19 页。

该做什么、不应该做什么，重点是政府、市场、社会的关系，即哪些事应该由市场、社会、政府各自分担，哪些事应该由三者共同承担。转变政府职能的总方向，是创造良好发展环境、提供优质公共服务、维护社会公平正义。推进机构改革和职能转变，要处理好大和小、收和放、政府和社会、管理和服务的关系。

转变政府职能是深化党和国家机构改革的重要任务。坚决破除制约使市场在资源配置中起决定性作用、更好发挥政府作用的体制机制弊端，围绕推动高质量发展，建设现代化经济体系，加强和完善政府经济调节、市场监管、社会管理、公共服务、生态环境保护职能，调整优化政府机构职能，全面提高政府效能，建设人民满意的服务型政府。

构建系统完备、科学规范、运行高效的党和国家机构职能体系，全面提高国家治理能力和治理水平，是全面建设现代化经济强国的重要体制保障。通过科学设置机构、合理配置职能、统筹使用编制、完善体制机制，使市场在资源配置中起决定性作用、更好发挥政府作用，更好推进党和国家各项事业发展，更好满足人民日益增长的美好生活需要，更好推动人的全面发展、社会全面进步、人民共同富裕。

二、新时代经济发展思想：推动国民经济高质量发展

新时代经济发展思想是我国新时代国民财富如何高质量创造、经济建设如何高效益推进的经济思想，是从生产供给、物质财富创造的供给侧维度，关于新时代中国特色社会主义经济建设与发展怎么看、怎么办的思想理论。习近平新时代中国特色社会主义经济发展思想，揭示出我国经济发展新阶段、新趋势、新任务的规律性认识，为提出和制定新时代中国特色社会主义经济现代化建设与发展的新理念、新战略、新举措，奠定了坚实的思想理论认识基础，对指引中国经济更高质量、更有效率、更加公平、更可持续发展，推进我国新时代社会主义经济现代化建设与发展具有重大的指导意义。

学习研究新时代经济发展思想，其主题是推动经济高质量发展，方针是牢固坚持质量第一、效益优先，任务是转变发展方式、优化经济结构、转换增长动力，推进经济质量变革、效率变革、动力变革，重要内容是深化供给侧结构性改革，加快建设创新型国家，全面实施城乡、区域和国际经济的协调发展战略，实

现更高质量、更有效率、更加公平、更可持续的经济发展。

——经济高质量发展是全面建设现代化经济强国的根本要求。

发展是人类社会永恒的主题。发展权利是一项不可剥夺的人权。作为一个拥有近十四亿人口的世界最大发展中国家,发展是解决中国所有问题的基础和关键,也是中国共产党执政兴国的第一要务。发展是基础,经济不发展,一切都无从谈起。只有推动经济持续健康发展,才能筑牢国家繁荣富强、人民幸福安康、社会和谐稳定的物质基础。习近平指出:"从根本上说,没有扎扎实实的发展成果,没有人民生活不断改善,空谈理想信念,空谈党的领导,空谈社会主义制度优越性,空谈思想道德建设,最终意识形态工作也难以取得好的成效。"①发展是硬道理的战略思想要坚定不移坚持,同时必须坚持科学发展,坚持以提高发展质量和效益为中心,实现更高质量、更有效益、更加公平、更可持续的发展。

中国特色社会主义事业进入了新时代,首先是指中国经济发展进入了以新发展理念为指引的经济新时代。从经济发展的阶段性特征来看,我国经济发展呈现出速度变化、结构优化、动力转换等新阶段特征,说明我国经济正在向形态更高级、分工更复杂、结构更合理的阶段演化。我们要从历史、现实、未来的走势中判断我国经济所处的方位、发生的变化,这样才能保持坚定自信和战略定力,朝着正确方向稳步前进。

我国经济已由高速增长阶段转向高质量发展阶段,正处在转变发展方式、优化经济结构、转换增长动力的攻关期,建设现代化经济体系是跨越关口的迫切要求和我国发展的战略目标。必须坚持质量第一、效益优先,以供给侧结构性改革为主线,推动经济发展质量变革、效率变革、动力变革,提高全要素生产率,着力加快建设实体经济、科技创新、现代金融、人力资源协同发展的产业体系,着力构建市场机制有效、微观主体有活力、宏观调控有度的经济体制,不断增强我国经济创新力和竞争力。

——加快建设创新型国家是推进经济高质量发展的根本之路。

创新是引领发展的第一动力,是建设现代化经济体系的战略支撑。国际经济竞争甚至综合国力竞争,说到底就是创新能力的竞争。社会生产力发展

① 习近平:《在全国宣传思想工作会议上的讲话》(2013 年 8 月 19 日),中共中央文献研究室编:《习近平关于社会主义经济建设论述摘编》,中央文献出版社 2017 年版,第 5 页。

和综合国力提高，最终取决于科技创新。从全球范围看，科学技术越来越成为推动经济社会发展的主要力量，要深入实施创新驱动发展战略，推动科技创新、产业创新、企业创新、市场创新、产品创新、业态创新、管理创新等，加快形成以创新为主要引领和支撑的经济体系和发展模式。

人才是创新的第一资源。没有人才优势，就不可能有创新优势、科技优势、产业优势。要健全集聚人才、发挥人才作用的体制机制，创造人尽其才的政策环境。深化科技体制改革，破除一切制约科技创新的思想障碍和制度藩篱，处理好政府和市场的关系，推动科技和经济社会发展深度融合，打通从科技强到产业强、经济强、国家强的通道，以改革释放创新活力，加快建立健全国家创新体系，让一切创新源泉充分涌流。

——深化供给侧结构性改革是推进经济高质量发展的现实要求。

供给和需求是市场经济内在关系的两个基本方面，是既对立又统一的辩证关系，二者你离不开我、我离不开你，相互依存、互为条件。供给侧结构性改革是当前我国经济改革发展的主线。深化供给侧结构性改革，重点是解放和发展社会生产力，用改革的办法推进结构调整，减少无效和低端供给，扩大有效和中高端供给，增强供给结构对需求变化的适应性和灵活性，提高全要素生产率。

供给侧结构性改革，既强调供给又关注需求，既突出发展社会生产力又注重完善生产关系，既发挥市场在资源配置中的决定性作用又更好发挥政府作用，既着眼当前又立足长远。从政治经济学的角度看，供给侧结构性改革的根本，是使我国供给能力更好满足广大人民日益增长、不断升级和个性化的物质文化和生态环境需要，从而实现社会主义生产目的。

振兴实体经济是供给侧结构性改革的主要任务，供给侧结构性改革要向振兴实体经济发力、聚力。不论经济发展到什么时候，实体经济都是我国经济发展、在国际经济竞争中赢得主动的根基。我国经济是靠实体经济起家的，也要靠实体经济走向未来。必须把发展经济的着力点放在实体经济上，把提高供给体系质量作为主攻方向，显著增强我国经济质量优势。

——推进国民经济协调发展是实现经济高质量发展的重要途径。

习近平指出，我国现代化同西方发达国家有很大不同。西方发达国家是一个“串联式”的发展过程，工业化、城镇化、农业现代化、信息化顺序发展，发展到目前水平用了二百多年时间。我们要后来居上，把“失去的二百年”找回来，决定了我国发展必然是一个“并联式”的过程，工业化、信息化、城镇化、农业现代化是叠加发展的。[①] 要处理好工业化、城镇化和农业现代化的协调发展关系，推进城乡经济、区域经济和国际经济的协调发展。

全面推进新型城镇化建设。城镇化是现代化的必由之路，是解决农业、农村、农民问题的重要途径，是推动区域协调发展的有力支撑，是扩大内需和促进产业升级的重要抓手，对全面建成小康社会、加快推进社会主义现代化具有重大现实意义和深远历史意义。推进城镇化发展的基本原则主要是以下四条：以人为本；优化布局；生态文明；传承文化。推进城镇化发展还要注意处理好以下两对关系：一是政府和市场的关系，二是中央和地方的关系。同时，以城市群为主体构建大中小城市和小城镇协调发展的城镇格局，加快农业转移人口市民化。

全面实施乡村振兴战略。实施乡村振兴战略是全面解决农业农村农民问题的重要举措。农业农村农民问题是关系国计民生的根本性问题，必须始终把解决好“三农”问题作为全党工作重中之重。坚持农业农村优先发展，按照产业兴旺、生态宜居、乡风文明、治理有效、生活富裕的总要求，建立健全城乡融合发展体制机制和政策体系，加快推进农业农村现代化。坚持工业反哺农业、城市支持农村和多予少取放活方针，不断加大强农惠农富农政策力度。巩固和完善农村基本经营制度，深化农村土地制度改革，完善承包地“三权”分置制度。构建现代农业产业体系、生产体系、经营体系，完善农业支持保护制度，加强农村基层基础工作，健全自治、法治、德治相结合的乡村治理体系，培养造就一支懂农业、爱农村、爱农民的“三农”工作队伍。

全面推进区域经济协调发展。区域经济协调发展是我国经济持续健康发展的重要内容，必须建立更加有效的区域协调发展新机制。加大力度支持革命老区、民族地区、边疆地区、贫困地区加快发展，强化举措推进西部大开发形成新格局，深化改革加快东北等老工业基地振兴，发挥优势推动中部地区崛起，创新引领率先实现东部地区优化发展。以疏解北京非首都功能为“牛鼻子”推动京津冀协同发展，高起点规划、高标准建设雄安新区。以共抓大保护、不搞大开发为导向推动长江经济带发展。支持资源型地区经济转型发展。

---

① 习近平：《在十八届中央政治局第九次集体学习时的讲话》（2013 年 9 月 30 日），中共中央文献研究室编：《习近平关于社会主义经济建设论述摘编》，中央文献出版社 2017 年版，第 159 页。

加快边疆发展,确保边疆巩固、边境安全。坚持陆海统筹,加快建设海洋强国。

全面推进国际经济协调发展。马克思主义认为,人类社会最终将从各民族的历史走向世界历史。在经济全球化深入发展的条件下,中国不可能关起门来搞建设,而是要善于统筹国内国际两个大局,利用好国际国内两个市场、两种资源,推动形成全面开放新格局。要顺应我国经济深度融入世界经济的趋势,发展更高层次的开放型经济,积极参与全球经济治理,促进国际经济秩序朝着平等公正、合作共赢的方向发展。同时,要坚决维护我国发展利益,积极防范各种风险,确保国家经济安全。

大力推进"一带一路"建设。"一带一路"建设是中国着眼欧亚大舞台、世界大棋局的重大谋篇布局。建立起以欧亚大陆为核心的互联互通网络、基础设施平台、金融合作架构、人文交流格局、贸易投资体系,既推动欧亚大陆经济一体化进程,也提升中国在国际事务中的发言权和影响力。"一带一路"建设要秉持共商、共建、共享原则,本着亲诚惠容的周边外交理念,共同打造开放、包容、均衡、普惠的区域合作架构。要聚焦政策沟通、设施联通、贸易畅通、资金融通、民心相通,聚焦构建互利合作网络、新型合作模式、多元合作平台,聚焦携手打造绿色丝绸之路、健康丝绸之路、智力丝绸之路、和平丝绸之路。

三、新时代经济分配思想:推进全体人民共同富裕

新时代经济分配思想,是我国新时代国民财富如何更公平分配、经济成果如何更有效分享的经济思想,是从分配使用、物质财富占有的需求侧维度,关于新时代中国特色社会主义经济分配怎么看、怎么办的思想理论。习近平新时代中国特色社会主义经济分配思想,围绕本世纪中叶全体人民共同富裕基本实现这一宏伟目标,揭示出中国特色社会主义经济现代化建设与发展的根本目的、出发点和落脚点,为全面推进国民经济持续健康发展,不断满足人民日益增长的美好生活需要,奠定了坚实的思想理论认识基础,对推进我国新时代经济改革发展特别是人民共建共享共同富裕具有重大的指导意义。

学习研究新时代经济分配思想,重点在于牢牢把握共同富裕是社会主义的本质这一核心思想,坚持人民共建共享共同富裕的根本分配宗旨,建设现代化国民收入分配体系,大力解决收入分配、民生保障、贫困治理等国民

分配难题，努力使全体人民共享改革发展成果，不断推进全体人民共同富裕基本实现。

——坚持全体人民共同富裕的社会主义根本分配宗旨。

共同富裕是社会主义的本质。到本世纪中叶全体人民共同富裕基本实现，是党的十九大确立的最为宏大、最具新时代意义的伟大工程，是新时代中国共产党对全体人民作出的最为郑重的承诺，是中国特色社会主义事业最为鲜明的政治经济学特征。中国共产党领导人民进行改革开放和社会主义现代化建设的根本目的，就是要通过发展社会生产力，不断提高人民物质文化生活水平，促进人的全面发展。

党的十九大报告提出，到2035年人民生活更为宽裕，中等收入群体比例明显提高，城乡区域发展差距和居民生活水平差距显著缩小，基本公共服务均等化基本实现，全体人民共同富裕迈出坚实步伐。到本世纪中叶全体人民共同富裕基本实现，我国人民将享有更加幸福安康的生活。

坚持全体人民共同富裕的根本分配宗旨。中国特色社会主义事业的任务和措施有很多，归结起来就是两个层面的事。一是充分调动人民群众的积极性、主动性、创造性，举全民之力推进中国特色社会主义事业，不断把"蛋糕"做大。二是把不断做大的"蛋糕"分好，让社会主义制度的优越性得到更充分体现，让人民群众有更多获得感。中国执政者的首要使命就是集中力量提高人民生活水平，逐步实现共同富裕。

实现全体人民共同富裕，是社会主义的本质要求和制度优越性的集中体现，是我们研究问题制定政策治国理政的根本出发点和落脚点。检验我们一切工作的成效，最终都要看人民是否真正得到了实惠，人民生活是否真正得到了改善，这是坚持立党为公、执政为民的本质要求，是党和人民事业不断发展的重要保证。我们必须坚持发展为了人民、发展依靠人民、发展成果由人民共享，作出更有效的制度安排，使全体人民朝着共同富裕方向稳步前进，绝不能出现"富者累巨万，而贫者食糟糠"的现象。①

——坚持按劳分配勤劳守法致富的收入分配原则。

坚持和完善按劳分配为主体、多种分配方式并存的分配制度，鼓励一部分地区和一部分人先富起来，逐步消灭贫穷，达到共同富裕，在生产发展和社会

① 《习近平谈治国理政》第二卷，外文出版社2017年版，第200页。

财富增长的基础上不断满足人民日益增长的美好生活需要，促进人的全面发展，是我们党所主张的基本经济分配思想，也是新时代经济分配思想的核心内容。

新时代我国收入分配的核心思想与原则，主要就是坚持按劳分配原则，完善按要素分配；建设体现效率、促进公平的收入分配体系；鼓励勤劳守法致富，扩大中等收入群体，增加低收入者收入，调节过高收入，取缔非法收入，缩小收入分配差距；实现收入分配合理、社会公平正义、全体人民共同富裕。

在国民收入分配的宏观层面上，必须处理好居民、企业、政府三者之间的关系，坚持在经济增长的同时实现居民收入同步增长、在劳动生产率提高的同时实现劳动报酬同步提高；大力拓宽居民劳动收入和财产性收入渠道。在国民收入分配的二次分配中，要履行好政府再分配调节职能，加快推进基本公共服务均等化，缩小城乡居民和区域居民之间的收入分配差距。

着重解决好初次分配中的劳动报酬问题，处理好劳动报酬、生产税收、资本收益三者之间的收入分配关系。综合运用最低工资标准、劳资协商协调和薪酬制度改革等多种方法，努力实现劳动报酬提高和劳动生产率提高同步，提高劳动报酬在初次分配中的比重。

着重解决好收入差距贫富分化问题。在市场经济多种所有制经济共同发展条件下，社会成员之间存在收入差距和财富差距，是人类经济社会发展的普遍现象和客观存在。问题的关键在于如何保护合法收入、取缔非法收入，如何调节过高收入、提高最低收入，如何综合运用税收、法治、宣传等多种手段，有效解决社会成员收入差距拉大特别是财富两极分化问题。

——坚持在发展中保障和改善民生的国民再分配思想。

为什么人的问题，是检验一个政党、一个政权性质的试金石。带领人民创造美好生活，是我们党始终不渝的奋斗目标。必须始终把人民利益摆在至高无上的地位，让改革发展成果更多更公平惠及全体人民，朝着实现全体人民共同富裕不断迈进。①

增进民生福祉是发展的根本目的。必须在发展中保障和改善民生，多谋民生之利、多解民生之忧，在发展中补齐民生短板、促进社会公平正义，在幼有

① 习近平：《决胜全面建成小康社会　夺取新时代中国特色社会主义伟大胜利——在中国共产党第十九次全国代表大会上的报告》（2017年10月18日），人民出版社2017年版，第44—45页。

所育、学有所教、劳有所得、病有所医、老有所养、住有所居、弱有所扶上不断取得新进展，保证全体人民在共建共享发展中有更多获得感，不断促进人的全面发展、全体人民共同富裕。

根据人民日益增长的美好生活需要，在发展中保障和改善民生。坚持普惠性、保基本、均等化、可持续方向，从解决人民最关心最直接最现实的利益问题入手，提高公共服务共建能力和共享水平。按照人人参与、人人尽力、人人享有的要求，坚守底线、突出重点、完善制度、引导预期，注重机会公平，保障基本民生，增加公共服务供给。

按照兜底线、织密网、建机制的要求，全面建成覆盖全民、城乡统筹、权责清晰、保障适度、可持续的多层次社会保障体系。全面实施全民参保计划，建立全国统一的社会保险公共服务平台，统筹城乡社会救助体系，完善最低生活保障制度。坚持房子是用来住的、不是用来炒的定位，加快建立多主体供给、多渠道保障、租购并举的住房制度，让全体人民住有所居。

——坚持精准脱贫持续扶贫的社会底线公平分配思想。

新中国成立以来，我们党带领全体人民持续向贫困宣战，不断推进社会主义经济建设和反贫困民生保障工程建设。特别是经过改革开放以来的持续努力，我国成功走出了一条中国特色扶贫开发道路，成为世界上减贫人口最多的国家，也是世界上率先完成联合国千年发展目标的国家。

全面建设社会主义现代化强国，最艰巨最繁重的任务在农村，特别是在贫困地区。必须充分发挥政治优势和制度优势，持续实施精准扶贫、精准脱贫攻坚工程，坚决打好各阶段性的脱贫攻坚战。在脱贫攻坚实践中，我国反贫困建设形成了不少有益经验，概括起来主要有如下几条：第一，加强领导是根本；第二，把握精准是要义；第三，增加投入是保障；第四，各方参与是合力；第五，群众参与是基础。

新时代坚持精准脱贫持续扶贫的核心思想，是始终坚持走中国特色扶贫开发道路，树立持续向贫困宣战的长远思想，坚持扶贫扶志扶智相结合，重点是解决好扶持谁、谁来扶、怎么扶、如何退的问题，形成全社会参与的大扶贫格局，建立健全稳定脱贫长效机制，坚决打好各阶段性的脱贫攻坚战。

现阶段实施精准脱贫、持续扶贫，要因人因地施策，提高扶贫脱贫实效，扩大贫困地区基础设施覆盖面，因地制宜解决通路、通水、通电、通网络等问题，提高贫困地区基础教育质量和医疗服务水平，推进贫困地区基本公共服务均等化,实行领导机构脱贫工作责任制。

四、新时代经济改革思想:建设现代化经济体系

改革是思想观念与制度体系的完善与创新,是中国特色社会主义现代化建设的根本实现途径。新时代经济改革思想是新时代中国特色社会主义经济思想的重要组成内容,是关于新时代中国特色社会主义经济制度建设怎么看、怎么办的思想理论。习近平新时代中国特色社会主义经济改革思想,强调坚持社会主义市场经济改革方向,不断推进社会主义基本经济制度建设,推进现代市场制度体系建设,推进现代财政制度、金融制度和调控制度体系建设,为国民经济持续健康发展提供更高质量更加公平更有效率更可持续的现代经济制度体系与环境。习近平新时代中国特色社会主义经济改革思想,是我国新时代社会主义经济制度建设与创新发展的指导思想,是全面推进社会主义市场经济体制改革、建设社会主义现代化经济体系的行动指针,是全面推动国民经济持续健康发展、确保顺利实现新时代经济建设与发展目标的动力系统。

——坚持和完善中国特色社会主义基本经济制度。

社会主义基本制度和市场经济有机结合、公有制经济和非公有制经济共同发展,是我们党推动解放和发展社会生产力的伟大创举。习近平指出:"坚持和完善公有制为主体、多种所有制经济共同发展的基本经济制度,是中国共产党确立的一项大政方针,是中国特色社会主义制度的重要组成部分,也是建设社会主义市场经济体制的必然要求。"①我国基本经济制度是中国特色社会主义制度的重要支柱,也是社会主义市场经济体制的根基。这是保证我国各族人民共享发展成果的制度性保证,也是巩固党的执政地位、坚持我国社会主义制度的重要保证。

公有制经济和非公有制经济都是社会主义市场经济的重要组成部分,都是我国经济社会发展的重要基础;公有制经济财产权不可侵犯,非公有制经济财产权同样不可侵犯;国家保护各种所有制经济产权和合法利益,坚持权利平等、机会平等、规则平等。公有制经济、非公有制经济应该相辅相成、相得益彰,而不是相互排斥、相互抵消。任何想把公有制经济否定掉或者想把非公有

① 《习近平谈治国理政》第二卷,外文出版社 2017 年版,第 258 页。

制经济否定掉的观点，都是不符合最广大人民根本利益的，都是不符合我国改革发展要求的，因此也都是错误的。

坚持和完善社会主义基本经济制度，重点做好如下两方面制度建设：一是健全以公平为核心原则的产权保护制度，加强对各种所有制经济组织和自然人财产权的保护。二是建立新型的亲清的政商关系。通过建设日益现代化的公平有效的现代产权制度体系，为国民经济持续健康发展奠定根本的所有权基础；通过建立新型的“亲”“清”的公职人员与企业家的政商关系，为法治国家、法治社会、法治政府建设奠定清明的公共权力环境。

——正确认识和处理政府与市场之间的关系。

推动国民经济实现高质量发展，必须正确认识和处理好政府与市场的关系。正确认识和处理政府与市场之间的相互关系，是全面建设社会主义现代化经济体系、改革完善社会主义市场经济体制的核心内容。政府与市场二者关系的协调性和协同性，决定着国家整个经济体系和经济治理的质量水平。强调要使市场在资源配置中起决定性作用和更好发挥政府作用这个重大判断，有利于在全党全社会进一步树立关于政府和市场关系的正确观念，有利于转变经济发展方式，有利于转变政府职能，有利于抑制消极腐败现象。

正确认识和处理政府与市场之间的相互关系，是我国经济体制改革与完善的重大原则。习近平指出：我们既要遵循市场规律、善用市场机制解决问题，又要让政府勇担责任、干好自己该干的事。市场作用和政府作用是相辅相成、相互促进、互为补充的。这就要讲辩证法、两点论，把“看不见的手”和“看得见的手”都用好。两者关系处理得好，经济发展就会“琴瑟和鸣”；处理不好，经济发展就会“孤掌难鸣”。

推进市场在资源配置中起决定性作用。要坚持使市场在资源配置中起决定性作用，完善市场机制，打破行业垄断、进入壁垒、地方保护，增强企业对市场需求变化的反应和调整能力，提高企业资源要素配置效率和竞争力。要更好发挥政府作用，不是简单下达行政命令，要在尊重市场规律的基础上，用改革激发市场活力，用政策引导市场预期，用规划明确投资方向，用法治规范市场行为。另外，使市场在资源配置中起决定性作用，主要涉及经济体制改革，但必然会影响到政治、文化、社会、生态文明和党的建设等各个领域。要使各方面体制改革朝着建立完善的社会主义市场经济体制这一方向协同推进，同时也使各方面自身相关环节更好适应社会主义市场经济发展提出的新要求。

推进政府更好发挥公平与效率的调控功能。市场起决定性作用，是从总体上讲的，不能盲目绝对讲市场起决定性作用，而是既要使市场在配置资源中起决定性作用，又要更好发挥政府作用。有的领域如国防建设，就是政府起决定性作用。一些带有战略性的能源资源，政府要牢牢掌控，但可以通过市场机制去做。关键是加快转变政府职能，该放给市场和社会的权一定要放足、放到位，该政府管的事一定要管好、管到位，坚决扭转政府职能错位、越位、缺位现象。要深化行政审批制度改革，推进简政放权，深化权力清单、责任清单管理，同时要强化事中事后监管。

转变政府职能是深化行政体制改革的核心，实质上要解决的是政府应该做什么、不应该做什么，重点是政府、市场、社会的关系，即哪些事应该由市场、社会、政府各自分担，哪些事应该由三者共同承担。转变政府职能的总方向，是创造良好发展环境、提供优质公共服务、维护社会公平正义。推进机构改革和职能转变，要处理好大和小、收和放、政府和社会、管理和服务的关系。

全面深化政府与市场的关系研究，构建政府与市场互利互补的功能运行结构。市场是资源配置方式，政府是公共权力组织。市场是人类分工与发展的必然产物，政府也是人类分工与发展的必然产物。市场与政府，因为各有比较优势，所以能够产生与发展；因为互相依赖生存，所以能够互利与共生。

正确认识和处理政府与市场之间的相互关系，首先必须明确政府与市场的本质性区别，并由此划分清楚二者各自不同的作用边界。如果二者本质区别不明、作用边界不清，那么既形不成真正的市场经济，也产生不出有效的政府行政。这就要求树立正确的政府市场观，既要敬畏市场、尊重规律，充分发挥市场在资源配置中的决定性作用；又要敬畏公平、崇尚正义，更好发挥政府在公共管理与服务中的决定性作用。

正确认识和处理政府与市场之间的相互关系，关键在于把握好政府作用和市场作用二者之间的“关系度”问题。尤其是在公共性和基础性很强的国民教育、医疗、住房、养老、基础设施等领域，坚决防范与化解过度市场化和过度行政化这两个极端。高度重视解决政府与市场的双失灵问题，既要建设现代化市场经济体系，又要构建现代化政府调控体系。在制度公平、效率、可持续的基础上，双向构建充分体现公平、效率、法治、透明原则的现代政府与现代市场能够有机结合的制度体系。特别要重视公共资源、公共服务和公共权力领域中的公平正义建设问题，切实解决公共权力资源配置失衡导致的既得利益输送与利益固化等深层次难题。

——全面建设中国特色社会主义现代化经济体系。

建设社会主义现代化经济体系，是以习近平同志为核心的党中央，从党和国家事业全局出发，着眼于实现“两个一百年”奋斗目标，顺应中国特色社会主义进入新时代的新要求，所作出的重大战略决策部署。习近平指出：国家强，经济体系必须强。建设现代化经济体系是我国发展的战略目标，也是转变经济发展方式、优化经济结构、转换经济增长动力的迫切要求。要深刻认识建设现代化经济体系的重要性和艰巨性，科学把握现代化经济体系的目标和重点，推动我国经济发展焕发新活力、迈上新台阶。①

社会主义现代化经济体系，是由社会经济活动各个环节、各个层面、各个领域的相互关系和内在联系构成的一个有机整体。建设社会主义现代化经济体系，要着力从以下主要方面推进：一是要建设创新引领、协同发展的产业体系，实现实体经济、科技创新、现代金融、人力资源协同发展。二是要建设统一开放、竞争有序的市场体系，实现市场准入畅通、市场开放有序、市场竞争充分、市场秩序规范。三是要建设体现效率、促进公平的收入分配体系，实现收入分配合理、社会公平正义、全体人民共同富裕。四是要建设彰显优势、协调联动的城乡区域发展体系，实现区域良性互动、城乡融合发展、陆海统筹整体优化。五是要建设资源节约、环境友好的绿色发展体系，实现绿色循环低碳发展、人与自然和谐共生。六是要建设多元平衡、安全高效的全面开放体系，发展更高层次开放型经济，推动开放朝着优化结构、拓展深度、提高效益方向转变。七是要建设充分发挥市场作用、更好发挥政府作用的经济体制，实现市场机制有效、微观主体有活力、宏观调控有度。

——全面建设中国特色社会主义市场经济体制机制。

科学而完善的社会主义市场经济体制机制，是社会主义现代化经济体系建设的重要支撑，是完善的市场制度体系与完善的政府调控体系的有机结合，是市场制度的公平、效率、可持续与政府制度的公平、效率、可持续的契合发展。新时代经济体制机制建设，要以完善产权制度和要素配置为重点，实现产权有效激励、要素自由流动、价格反应灵活、竞争公平有序、企业优胜劣汰。

---

① 习近平：《深刻认识建设现代化经济体系重要性　推动我国经济发展焕发新活力迈上新台阶》，《人民日报》2018 年 2 月 1 日。

着力推进国有经济体制机制现代化建设。着重完善各类国有资产管理体制,改革国有资本授权经营体制,加快国有经济布局优化、结构调整、战略性重组,促进国有资产保值增值,推动国有资本做强做优做大,有效防止国有资产流失。国有企业是推进国家现代化、保障人民共同利益的重要力量。深化国有企业改革,发展混合所有制经济,培育具有全球竞争力的世界一流企业。国有企业改革要坚持有利于国有资产保值增值、有利于提高国有经济竞争力、提高经营管理水平原则,加强国有资产监管,坚定不移把国有企业做强做优做大。

着力推进政府行政体制机制现代化建设。坚持资源配置的市场改革方向,深入推进简政放权建设,减少微观管理事务和具体审批事项,最大限度减少政府对市场资源的直接配置,最大限度减少政府对市场活动的直接干预,提高资源配置效率和公平性,激发各类市场主体活力。深化商事制度改革,加快要素价格市场化改革,放宽服务业准入限制,完善市场监管体制。全面实施市场准入负面清单制度,保障各类市场主体机会平等、权利平等、规则平等,营造良好营商环境。

合理配置政府宏观调控机构与管理部门职能。科学设定政府宏观调控机构与管理部门的职责权限,强化制定国家发展战略、统一规划体系的职能,更好发挥国家战略、规划导向作用。完善宏观调控体系,创新调控方式,构建发展规划、财政、金融等政策协调和工作协同机制。强化经济监测预测预警能力,综合运用大数据、云计算等技术手段,增强宏观调控前瞻性、针对性、协同性。加强和优化政府反垄断、反不正当竞争职能,打破行政性垄断,防止市场垄断,清理废除妨碍统一市场与公平竞争的各种规定和做法。加强和优化政府法治职能,全面推进现代法治政府建设。

加强和优化政府财税管理与服务职能,理顺统一税制和分级财政的关系,夯实国家治理的财政基础。加快建设现代化财政制度体系,建立健全权责清晰、财力协调、区域均衡的中央和地方财政关系。建立健全全面规范透明、标准科学、约束有力的公共预算制度,全面实施现代财政税收的绩效管理制度,着重推进现代税收制度体系建设与改革,建立和完善公平效率可持续的现代税收制度体系。

加强和优化政府金融管理与服务职能,增强货币政策、宏观审慎政策、金融监管协调性,优化金融监管力量,健全金融监管体系,守住不发生系统性金融风险的底线，防范和化解重大金融风险事件，维护国家金融与经济安全。推进现代金融体制机制建设与改革，增强金融服务实体经济能力，提高直接融资比重，促进多层次资本市场健康发展，健全货币政策和宏观审慎政策双支柱调控框架，深化利率和汇率市场化改革，积极参与国际金融协调与治理，提高金融资源配置的公平性和效益水平。

加强和优化政府科技管理与服务职能，推进科技创新制度体系建设，加强知识产权保护，推进实施创新驱动发展战略。加强和优化政府"三农"管理与服务职能，有效实施乡村振兴战略。建立健全统一高效审计监督体系，提高国家审计能力与水平。加强和优化政府对外经济管理与服务职能，推进互利共赢开放战略实施建设进程。

加强和优化政府公共管理与服务职能，完善现代公共服务管理与服务体制机制，着重推进政府构建经济社会公平环境建设进程，推进基本公共服务均等化、普惠化、便捷化，推进城乡区域基本公共服务制度统一，促进公共资源向基层延伸、向农村覆盖、向边远地区和生活困难群众倾斜，促进全社会受益机会和权利均等。推动公共服务提供主体多元化、提供方式多样化，推进非基本公共服务市场化改革，全面提高政府公共管理与服务的效能水平。

第一篇　新时代经济发展思想

新时代经济发展思想是我国新时代国民财富如何高质量创造、经济建设如何高效益推进的经济思想，是从生产供给、物质财富创造的供给侧维度，关于新时代中国特色社会主义经济建设与发展怎么看、怎么办的思想理论。习近平新时代中国特色社会主义经济发展思想，揭示出我国经济发展新阶段、新趋势、新任务的规律性认识，为提出和制定新时代中国特色社会主义经济现代化建设与发展的新理念、新战略、新举措，奠定了坚实的思想理论认识基础，对指引中国经济更高质量、更有效率、更加公平、更可持续发展，推进我国新时代社会主义经济现代化建设与发展具有重大的指导意义。

一、经济发展新阶段新趋势

经济发展是指经济增长基础之上的经济质量与效益的持续提升，以及相应的经济社会结构的向好变化，是经济数量、质量、效益、结构、技术、制度、理念等方面的全方位进步，是国民财富数量增长、质量提升、效益增高的全要素系统的递进过程。现代经济发展不仅意味着国民经济规模的不断扩大和人均收入水平的日益增高，更意味着现代经济社会生活质量的持续提高。实现国民经济持续健康协调发展，是中华民族伟大复兴、社会主义现代化的物质基础，是国家富强、民族振兴、人民幸福的物质保障，是治国理政、执政兴邦、不忘初心的第一要务。

（一）经济发展是社会发展的物质基础

发展是人类社会永恒的主题。发展权利是一项不可剥夺的人权。作为一个拥有 13 亿多人口的世界最大发展中国家，发展是解决中国所有问题的基础和关键，也是中国共产党执政兴国的第一要务。发展是基础，经济不发展，一切都无从谈起。中国执政者的首要使命就是集中力量提高人民生活水平,逐步实现全体人民共同富裕。只有推动国民经济持续健康发展,才能筑牢国家繁荣富强、人民幸福安康、社会和谐稳定的物质基础。①

从 1840 年鸦片战争,到 1949 年新中国诞生,以农业生产为主的旧中国,遭受了中国经济发展史上最为严重的经济社会发展败落。在 1700 年西方工业革命前,中国人口众多,地域辽阔,历史悠久,文化厚重,政治独特,在过去的两千多年里,始终是一个传统的典型的农业生产国家,农业增加值占国民生产总值的 2/3 以上,农业人口占总劳动人口的 4/5 左右。直到 1820 年前中国的人口规模和经济总量均为世界第一,其相对总量均占世界总量的 30%以上。

1750 年后欧洲工业革命逐步加速,工业文明正式登上人类历史舞台。而同时期的中国经济却经历着由大到小、由强到弱、急剧衰落的落败过程。在 1820—1949 年间,中国经济规模占世界经济总量比重,从 1/3 以上一直下降至不足 1/20,由农耕时代世界性的经济大国沦落为绝对落后的农业贫穷国家。中国的近代史首先是一部经济衰败的历史,其次是一部被欺凌、被侵略的历史,同时也是一部不断抗争、不断探索的历史。②

英国学者安格斯·麦迪森等(1999)研究估算,在 1820—1900 年间,中国国内生产总值(1990 年国际美元价格),年均增长率为-0. 58%,占世界比重由 33%下降到了 11%。1900 — 1950 年,中国国内生产总值年均增长率为 0. 23%,占世界比重又下降至 4. 6%。③ 从总体上看,落后的生产方式,反动的政治制度,低效的行政体系,腐败的政务官员,保守的思想文化,陈旧的科技教育,以及工业列强的殖民侵略等原因,致使近代中国屡遭侵略、屡受欺凌,最终沦落为半殖民地半封建的积贫积弱的落后国家。只有到了 1949 年中华人民共和国成立、中国人民从此站起来,中国才真正开始了现代意义上的工业化、城镇化和现代化进程。

1949 年中华人民共和国成立时,中国总人口约占世界总人口的 25%,同期国内生产总值仅为世界经济总量的 0. 8%,人均国内生产总值只有 28 美元(当年美元市价)。新中国的工业化、城镇化和现代化建设,确实是从"一穷二

① 参见中共中央文献研究室编:《习近平关于社会主义经济建设论述摘编》,中央文献出版社 2017 年版,第 3—15 页。

② 参见胡鞍钢、鄢一龙:《中国国情与发展》,中国人民大学出版社 2016 年版。

③ 参见[英]安格斯·麦迪森:《世界经济千年史》,伍晓鹰等译,北京大学出版社 2003 年版。

白”的基础上开始的，是中国共产党领导的人民当家作主的根本政治制度，全体人民的社会主义国家建设，以及现代教育、科技、文化建设等全面开展，推动着中国经济从 1950 年到 1978 年间平均增速 6.6%（不变价格）的曲折增长。这一时期的社会主义经济建设与发展，是中国经济现代化的准备、积累、积聚的阶段。中国建成了独立完整的工业体系和国民经济体系，为当代中国经济起飞奠定了工业化、城镇化和现代化的物质基础。①

1978 年中国实行改革开放，积极融入全球市场经济体系，发展中国特色社会主义市场经济。驱动现代经济持续增长的科技创新、教育现代化、制度激励，这三大根本性要素出现了历史性、革命性的快速成长，极大地推动了当代中国经济社会的迅猛发展。1978 年中国（大陆）人口约占世界总人口的 22%，国内生产总值占同期世界总量的 1.7%，经济总量排在世界第 11 位，人均国内生产总值为 227 美元。2010 年中国（大陆）经济总量上升到世界第二位，2017 年中国国内生产总值占世界总量的 15.2%，成为世界上第一大工业制造国、第一大货物贸易国、第一大外汇储备国、第二大外资直接投资国、世界重要对外投资国，220 多种主要工农业产品生产能力稳居世界第一，连续多年对世界经济增长的贡献率超过 30%。

1979—2018 年，中国经济现代化建设经过起飞、升级、加速发展，从速度到规模、从数量到质量、从效率到效益，经历着历史性的升级换代和创新发展，为中华民族实现从站起来、富起来到强起来的伟大飞跃，奠定了日益强大的物质基础，迎来了实现中华民族伟大复兴的光明前景。按照不变价格估算，这个时期的中国经济年均增长速度在 9.3%以上。2020 年中国（大陆）人口和国内生产总值均为世界同期总量的 18%左右，人均国内生产总值达到一万美元以上（美元市场价格），接近或超过目前世界银行所分类的高收入国家人均国内生产总值门槛，为全面建设中国特色社会主义现代化经济强国提供更加坚实的物质保障。②

回顾 1949 年新中国成立以来中国社会主义经济建设，特别是改革开放以来现代化经济发展历程，中国从世界上人口最多的积贫积弱的农业落后国家，建设成为现代工业体系齐全、现代科技创新支撑有力、社会进步日新月异的新

---

① 参见吴承明、董志凯：《中华人民共和国经济史》，社会科学文献出版社 2010 年版。

② 参见刘世锦主编：《中国经济增长十年展望（2016—2025）：由数量追赶到质量追赶》，中信出版社 2016 年版。

型世界经济大国和竞争力强国，从世界上曾经的极端贫穷国家变成目前的中上等收入国家和未来的高收入国家，最为根本的经济发展和增长条件就是中国共产党执政的国家政治优势和人民当家作主的社会主义制度优越性。人民当家作主的根本政治制度，集中统一科学化的中国共产党领导，坚定不移地走中国特色社会主义现代化发展道路，从根本上为中华民族伟大复兴、社会主义现代化经济强国建设奠定了根本的国家制度基础。中国特色社会主义的道路、理论、制度、文化，中国共产党执政、人民当家作主、依法治国，在新型工业化、城镇化、信息化、市场化、国际化进程中，亿万人民的辛勤劳动、创新创造、共建共享，共同汇聚起世界级景象的波澜壮阔的中国特色社会主义经济现代化建设图景。

中国经济现代化建设启示一：以经济建设为中心是兴国之要，发展是党执政兴国的第一要务，是解决我国一切问题的基础和关键。只有推动经济持续健康发展，才能筑牢国家繁荣富强、人民幸福安康、社会和谐稳定的物质基础。习近平指出：从根本上说，没有扎扎实实的发展成果，没有人民生活不断改善，空谈理想信念，空谈党的领导，空谈社会主义制度优越性，空谈思想道德建设，最终意识形态工作也难以取得好的成效。只要国内外大势没有发生根本变化，坚持以经济建设为中心就不能也不应该改变。这是坚持党的基本路线一百年不动摇的根本要求，也是解决当代中国一切问题的根本要求。①

中国经济现代化建设启示二：解放和发展社会生产力，是社会主义的本质要求。邓小平指出，社会主义初级阶段的最根本任务就是发展生产力，社会主义的优越性归根到底要体现在它的生产力比资本主义发展得更快一些、更高一些，并且在发展生产力的基础上不断改善人民的物质文化生活。这就点明了中国特色社会主义政治经济学的核心。习近平强调，我们要激发全社会创造力和发展活力，努力实现更高质量、更有效率、更加公平、更可持续的发展。我们党执政，就是要带领全国各族人民持续解放和发展社会生产力，不断改善人民生活。

中国经济现代化建设启示三：发展是硬道理的战略思想要坚定不移坚持，同时必须坚持科学发展，坚持以提高发展质量和效益为中心，实现更高质量、

① 习近平：《在全国宣传思想工作会议上的讲话》（2013 年 8 月 19 日），中共中央文献研究室编：《习近平关于社会主义经济建设论述摘编》，中央文献出版社 2017 年版，第 5 页。

更有效益、更加公平、更可持续的发展。我们要的发展是有质量、有效益、可持续的发展，要的是以比较充分就业和提高劳动生产率、投资回报率、资源配置效率为支撑的发展。

2012 年党的十八大以来，以习近平同志为核心的党中央，基于实现中华民族伟大复兴中国梦的发展要求，推进不断满足人民日益增长的美好生活需要的物质文明建设。党的十九大对走向本世纪中叶的现代化经济发展目标与建设任务，进行了更加宏伟的顶层设计与战略谋划，为国民经济持续健康发展指明了前进方向和奋斗目标：

——到 2020 年，全面建成小康社会，主要经济目标：经济持续健康发展，国内生产总值和城乡居民人均收入比 2010 年翻一番；产业迈向中高端水平，消费对经济增长贡献明显加大，户籍人口城镇化率加快提高；农业现代化取得明显进展，迈进创新型国家和人才强国行列；人民生活水平和质量普遍提高，基本公共服务均等化水平稳步提高；我国现行标准下农村贫困人口实现脱贫，各方面制度更加成熟更加定型，实现更高质量、更有效率、更加公平、更可持续的发展。

——到 2035 年，基本实现社会主义现代化，主要经济目标：我国经济实力、科技实力将大幅跃升，跻身创新型国家前列；各方面制度更加完善，国家治理体系和治理能力现代化基本实现；人民生活更为宽裕，中等收入群体比例明显提高，城乡区域发展差距和居民生活水平差距显著缩小，基本公共服务均等化基本实现，全体人民共同富裕迈出坚实步伐。

——到本世纪中叶，把我国建成富强民主文明和谐美丽的社会主义现代化强国，主要经济目标：我国物质文明将全面提升，实现国家治理体系和治理能力现代化，成为综合国力和国际影响力领先的国家，全体人民共同富裕基本实现，我国人民将享有更加幸福安康的生活，中华民族将以更加昂扬的姿态屹立于世界民族之林。

（二）经济建设进入高质量发展阶段

中国特色社会主义事业进入了新时代，首先是指中国经济发展进入了以新发展理念为指引的经济治理新时代。从当前我国经济发展的阶段性特征来看，我国经济发展呈现出速度变化、结构优化、动力转换等新时代特点，说明我国经济正在向形态更高级、分工更复杂、结构更合理的阶段演化。我们要从历史、现实、未来的走势中判断我国经济所处的方位、发生的变化，这样才能保持坚定自信和战略定力，朝着正确方向稳步前进。

经济建设进入高质量发展阶段，中国经济呈现出以下方面新阶段特征：一是经济增长速度，从高速增长转向中高速增长。二是经济发展方式，从规模速度型粗放增长转向质量效率型集约发展。三是经济结构类型，从低技术含量的增量扩能型转向更高技术要求的增量优化型。四是经济发展动力，从简单化的要素投资驱动转向复杂化的全要素创新驱动。尤其是生产型服务业和科技型服务业将成为价值创造的主要领域，居民消费需求持续增长成为驱动经济增长的主体力量，同时城乡发展差距和区域发展差距逐步缩小，中国经济呈现更高质量与水平的发展态势。

关于经济建设进入高质量发展阶段，习近平指出，我国经济正在向形态更高级、分工更复杂、结构更合理的阶段演化。这些趋势性变化，既是新常态的外在特征，又是新常态的内在动因，有的可能进一步强化，有的则可能发生变化。习近平强调要从以下方面来深入把握经济发展新常态带来的几个趋势性变化：①

第一，从消费需求看，过去，我国消费具有明显的模仿型排浪式特征，你有我有全都有，消费是一浪接一浪地增长。现在，"羊群效应"没有了，模仿型排浪式消费阶段基本结束，消费拉开档次，个性化、多样化消费渐成主流，保证产品质量安全、通过创新供给激活需求的重要性显著上升。随着我国收入水平提高和消费结构变化，供给体系进行一些调整是必然的，我们必须采取正确的消费政策，释放消费潜力，使消费继续在推动经济发展中发挥基础作用。

第二，从投资需求看，过去，投资需求空间巨大，只要有钱敢干，投资都有回报，投资在经济发展中扮演着重要角色。现在，经历了三十多年高强度大规模开发建设后，传统产业、房地产投资相对饱和，但基础设施互联互通和一些新技术、新产品、新业态、新商业模式的投资机会大量涌现，对创新投融资方式提出了新要求。我国总储蓄率仍然较高。我们必须善于把握投资方向，消除投资障碍，使投资继续对经济发展发挥关键作用。

第三，从出口和国际收支看，国际金融危机发生前，国际市场空间扩张很

---

① 参见习近平：《经济工作要适应经济发展新常态》（2014 年 12 月 9 日），中共中央文献研究室编：《习近平关于社会主义经济建设论述摘编》，中央文献出版社 2017 年版，第 75—79 页。

快，只要有成本优势，出口就能扩大，出口成为拉动我国经济快速发展的重要动能。现在，全球总需求不振，我国低成本比较优势也发生了转化。同时，我国出口竞争优势依然存在，多少年打拼出来的国际市场也是重要资源。高水平引进来、大规模走出去正在同步发生，人民币国际化程度明显提高，国际收支双顺差局面正在向收支基本平衡方向发展。我们必须加紧培育新的比较优势，积极影响国际贸易投资规则重构，使出口继续对经济发展发挥支撑作用。

第四，从生产能力和产业组织方式看，过去，供给不足是长期困扰我们的一个主要矛盾。现在，传统产业供给能力大幅超出需求，钢铁、水泥、玻璃等产业的产能已近峰值，房地产出现结构性、区域性过剩，各类开发区、工业园区、新城新区的规划建设总面积超出实际需要。在产能过剩的条件下，产业结构必须优化升级，企业兼并重组、生产相对集中不可避免。互联网技术加快发展，创新方式层出不穷，新兴产业、服务业、小微企业作用更加凸显，生产小型化、智能化、专业化将成为产业组织新特征。

第五，从生产要素相对优势看，过去，我们有源源不断的新生劳动力和农业富余劳动力，劳动力成本低是最大优势，引进技术和管理就能迅速变成生产力。现在，人口老龄化日趋发展，劳动年龄人口总量下降，农业富余劳动力减少，在许多领域我国科技创新与国际先进水平相比还有较大差距，能够拉动经济上水平的关键技术人家不给了，这就使要素的规模驱动力减弱。随着要素质量不断提高，经济增长将更多依靠人力资本质量和技术进步，必须让创新成为驱动发展新引擎。

第六，从市场竞争特点看，过去，主要是数量扩张和价格竞争。现在，竞争正逐步转向质量型、差异化为主的竞争，消费者更加注重品质和个性化，竞争必须把握市场潜在需求，通过供给创新满足需求。企业依赖税收和土地等优惠政策形成竞争优势、外资超国民待遇的方式已经难以为继，统一全国市场、提高资源配置效率是经济发展的内生性要求。我们必须深化改革开放，加快形成统一透明、有序规范的市场环境，为市场充分竞争创造良好条件。

第七，从资源环境约束看，过去，能源资源和生态环境空间相对较大，可以放开手脚大开发、快发展。现在，环境承载能力已经达到或接近上限，难以承载高消耗、粗放型的发展了。人民群众对清新空气、清澈水质、清洁环境等生态产品的需求越来越迫切，生态环境越来越珍贵。我们必须顺应人民群众对良好生态环境的期待，推动形成绿色低碳循环发展新方式，并从中创造新的增长点。

第八，从经济风险积累和化解看，过去，经济高速发展掩盖了一些矛盾和风险。现在，伴随着经济增速下调，各类隐性风险逐步显性化，地方政府性债务、影子银行、房地产等领域风险正在显露，就业也存在结构性风险。这些风险，有的来自经济结构调整中政府行为越位，有的来自市场主体在经济繁荣时的盲目投资，有的来自缺乏长远考虑而过度承诺，有的则与国际金融危机冲击有直接关系。综合判断，我们面临的风险总体可控，但化解以高杠杆和泡沫化为主要特征的各类风险将持续一段时间。我们必须标本兼治、对症下药，建立健全化解各类风险的体制机制，通过延长处理时间减少一次性风险冲击力度，如果有发生系统性风险的威胁，就要果断采取外科手术式的方法进行处理。

第九，从资源配置模式和宏观调控方式看，过去，总需求增长潜在空间大，实行凯恩斯主义的办法就能有效刺激经济发展；经济发展中的短板很清楚，产业政策只要按照“雁行理论”效仿先行国家就能形成产业比较优势。现在，从需求方面看，全面刺激政策的边际效果明显递减；从供给方面看，既要全面化解产能过剩，也要通过发挥市场机制作用探索未来产业发展方向。我们必须全面把握总供求关系新变化，科学进行宏观调控，适度干预但不盲目，必要时在把握好度的前提下坚定出手，平衡好增强活力和创造环境的关系，真正形成市场和政府合理分工、推动发展新模式。

正确认识经济发展进入新阶段新常态。习近平指出，我国经济发展进入新常态，是我国经济发展阶段性特征的必然反映，是不以人的意志为转移的。要正确认识新常态、适应新常态、引领新常态，这是当前和今后一个时期我国经济发展的大逻辑。习近平强调，对我国经济发展新常态，要深化理解、统一认识。把经济发展仅仅理解为数量增减、简单重复，是形而上学的发展观。用老的办法，即使暂时把速度抬上去了也不会持久，相反会使发展中的矛盾和问题进一步积累、激化，最后是总爆发。中国经济发展进入新阶段新常态，这是中国经济向形态更高级、分工更优化、结构更合理阶段演进的必经过程。

当前我国经济转向高质量发展阶段，正处在转变发展方式、优化经济结构、转换增长动力的攻关期，要在新常态下保持经济中高速增长，必须依靠改革。因循守旧没有出路，畏缩不前坐失良机。必须坚持质量第一、效益优先，以供给侧结构性改革为主线，推动经济发展质量变革、效率变革、动力变革，提高全要素生产率，着力加快建设实体经济、科技创新、现代金融、人力资源协同发展的产业体系，着力构建市场机制有效、微观主体有活力、宏观调控有度的经济体制，不断增强我国经济创新力和竞争力。

（三）新时代中国经济建设前景与比较优势

新时代中国经济进入高质量发展阶段，面临着国内外错综复杂局势和机遇挑战。从国际看，中国经济仍然处于战略发展机遇期。经济全球化、社会信息化深入发展，科技革命、产业变革、知识经济、绿色产业在蓄势前进，中国经济持续发展既有世界性的机遇，又面临全球性的挑战。从国内看，中国经济发展面临着不平衡、不充分的矛盾挑战——动能、结构、质量、效益问题；资源、环境、生态、民生问题；财政、金融、产业、贫困问题等。坚持以问题为导向，中国经济的现代化是不断认识问题、解决问题的现代化。坚持以挑战为机遇，中国经济的现代化是不断迎接挑战、化风险为机遇的现代化。坚持以压力为动力，中国经济的现代化建设是不断承接压力、化压力为动力的现代化。①

走向本世纪中叶全面建设社会主义现代化经济强国，中国经济发展前景光明、比较优势更强，国内外有利条件汇集持续的发展力量，不断推动着国民经济更高质量、更有效率、更可持续向前发展。习近平指出：尽管国际国内环境发生了深刻复杂变化，但我国发展重要战略机遇期的重大判断没有改变。从国际看，世界政治经济形势总体上有利于维护世界和平与发展大局，世界经济在深度调整中曲折复苏，全球治理体系深刻变革，国际力量对比趋向平衡，我国发展具有相对稳定的外部环境。从国内看，我国物质基础雄厚、人力资本丰富、市场空间广阔、发展潜力巨大，经济长期向好基本面没有改变。经济发展进入新常态，在增长速度不可避免换挡的同时，经济发展方式加快转变，经济结构不断优化，发展动力持续转换，改革开放释放出新的发展活力，良好发展态势可以保持。②

习近平强调，说我国经济发展进入新常态，没有改变我国发展仍处于可以大有作为的重要战略机遇期的判断，改变的是重要战略机遇期的内涵和条件；没有改变我国经济发展总体向好的基本面，改变的是经济发展方式和经济结构。对发展条件的变化，我们必须准确认识、深入认识、全面认识，顺势而为、

① 参阅史正富：《超常增长：1979—2049 年的中国经济》，上海人民出版社 2013 年版。

② 习近平：《以新的发展理念引领发展，夺取全面建成小康社会决胜阶段的伟大胜利》（2015 年 10 月 29 日），中共中央文献研究室编：《习近平关于社会主义经济建设论述摘编》，中央文献出版社 2017 年版，第 85 页。

乘势而上，更加自觉地坚持以提高经济发展质量和效益为中心，大力推进经济结构战略性调整。要更加注重满足人民群众需要，更加注重市场和消费心理分析，更加注重引导社会预期，更加注重加强产权和知识产权保护，更加注重发挥企业家才能，更加注重加强教育和提升人力资本素质，更加注重建设生态文明，更加注重科技进步和全面创新。做到这些，关键在于全面深化改革、实施创新驱动发展战略、破解发展难题的力度，因此必须勇于推进改革创新，加快转变经济发展方式，切实转换经济发展动力，在新的历史起点上努力开创经济社会发展新局面。①

中国经济现代化建设与发展历程证明，推动中国经济持续健康发展的国内条件，从最根本的方面看，首先是中国共产党对经济的集中统一科学化领导，社会主义的道路、方向与核心价值观，市场经济的体制、机制与规律，等等。从世界工业化经济增长与发展规律来看，推动世界经济持续发展的主要条件，是科技创新的驱动、教育现代化的支撑、现代化制度体系的保障，等等。从一般经济比较优势方面来看，未来推动中国经济持续健康发展，更加需要具备以下重要条件：一是能够更加鼓励财富创造与分享的面向市场、面向世界的利益激励制度；二是能够更加有效集中全社会资源和力量进行国家建设的政治行政体制；三是能够更加提供世界和平发展尤其是稳定的大国关系的国际政治环境；四是能够更加把握全球价值链上利于产业升级与转移的国际经贸机会；五是能够更加提供规模巨大、价格稳定、勤劳工作的人力资本资源；六是能够得到政府支持、民众参与、有效竞争的现代国民教育与科技文化体系；等等。

新时代中国经济持续发展具有明显的国家优势：一是中国经济的潜在规模优势更加明显，13亿多人口的市场前景和增长容量会越来越大；二是中国经济的区域协同优势更加突出，区域市场与区域经济的协调性与衔接性会越来越强；三是中国经济的积累聚能优势更加成长，驱动增长的内生性的消费与投资需求会越来越旺；四是中国经济的政府调控优势更加增强，维护经济稳定发展的调控能力与水平会越来越高。正如习近平所指出，中国经济体量大、韧性好、潜力足、回旋空间大、政策工具多。中国将主动适应和引领经济发展新常态，坚持以提高经济发展质量和效益为中心，把转方式调结构放到更加重要

① 习近平：《经济工作要适应经济发展新常态》（2014年12月9日），中共中央文献研究室编：《习近平关于社会主义经济建设论述摘编》，中央文献出版社2017年版，第81—82页。

位置,更加扎实地推进经济发展,更加坚定地深化改革开放,更加充分地激发创造活力,更加有效地维护公平正义,更加有力地保障和改善民生,促进经济社会平稳健康发展。①

从推动中国经济发展的主要战略保障来看:首先是新时代全面深化改革、全面依法治国、全面从严治党,全面推动着国家治理体系和治理能力现代化;其次是新型工业化、城镇化、信息化、市场化、国际化、农业现代化深入发展,推动新增长动能不断孕育形成,包括新型增长点、增长极、增长带不断成长壮大;再次是国内市场容量扩大,消费能力升级,产业体系完备,资金供给充裕,人力资源丰富,创新效应累积,综合优势显著,能够推动中国经济持续发展。

从现代经济发展的生产、分配、制度三个维度来看,全面推进我国新时代现代化经济强国建设,必须努力促进以下趋势性成长:在生产层面,努力促进中国生产从中国制造到中国创造,推动中国制造业从中低端走向中高端,不断提高产品和服务质量标准;推动经济管理从低效到高效,生产方式从粗放到集约,劳动素质从低级到高级,资源环境约束从宽松到强硬。在分配层面,努力促进中国分配从初级阶段的效率公平到高级阶段的公平效率,不断推动国民分配走向更加公平、更有效率,不断促进劳动报酬与政府税收、资本收益之间更加平衡,居民收入与经济增长之间更加平衡,城乡收入与区域收入之间更加平衡,不断缩小社会成员之间的收入差距与贫富分化,不断提高全体人民共建共享共同富裕水平。在制度层面,努力促进中国制度从不完善到更加完善,不断提高现代市场体系、产业体系、创新体系、分配体系、财税体系、金融体系、贸易体系、调控体系等的现代化水平,推动现代经济制度体系建设更加公平、更有效率、更可持续,推动微观经济政策和宏观经济政策更加科学化、民主化、法治化。

中国经济发展进入新阶段,宏观经济运行面临新形势,经济政策设计需要新思维。习近平指出,我国发展仍处于重要战略机遇期,我们要增强信心,从当前我国经济发展的阶段性特征出发,适应新常态,保持战略上的平常心态。② 在战术上要高度重视和防范各种风险,早作谋划,未雨绸缪,及时采取

---

① 习近平:《迈向命运共同体,开创亚洲新未来》(2015 年 3 月 28 日),中共中央文献研究室编:《习近平关于社会主义经济建设论述摘编》,中央文献出版社 2017 年版,第 84 页。

② 习近平:《在河南考察时的讲话》(2014 年 5 月 9 日、10 日),中共中央文献研究室编:《习近平关于社会主义经济建设论述摘编》,中央文献出版社 2017 年版,第 73 页。

应对措施,尽可能减少其负面影响。在政策上要坚持稳中求进工作总基调。坚持宏观政策要稳、产业政策要准、微观政策要活、改革政策要实、社会政策要托底的总体思路,通过实施组合政策,引导发展预期,推进供给侧结构性改革,勇于克服困难,有效应对风险,推动社会生产力水平整体提升。

宏观政策要稳,就是要坚持积极的财政政策和稳健的货币政策,为经济结构性改革营造稳定的宏观经济环境。产业政策要准,就是要准确定位经济结构性改革方向,发展实体经济,坚持创新驱动发展,激活存量增长动力,着力补齐短板,加快绿色发展,积极利用外资,积极稳妥扩大对外投资。微观政策要活,就是要坚持和完善基本经济制度,完善市场环境、激发企业活力和消费潜能,在制度上政策上营造宽松的市场经营和投资环境,营造商品自由流动、平等交换的市场环境。改革政策要实,就是要加大力度推动重点领域改革落地,加快推进对经济增长有重大牵引作用的国有企业、财税体制、金融体制等改革。社会政策要托底,就是要守住民生底线,做好就业和社会保障工作,切实保障群众基本生活。

二、经济治理新时代新理念

理念是行动的先导,发展理念是发展行动的先导。中国特色社会主义现代化经济建设与治理进入新时代,要求坚定不移贯彻落实创新、协调、绿色、开放、共享发展新理念。坚持以新发展理念统领经济建设全局,以供给侧结构性改革为主线,牢固树立供需均衡发展的宏观思想,重点解决实体经济结构性失衡问题,金融与实体经济失衡问题,房地产和实体经济失衡问题,构建供需均衡型经济发展模式,推动新型工业化、信息化、城镇化、农业现代化同步发展,主动参与和推动经济全球化进程,发展更高层次的开放型经济,不断壮大我国经济实力和综合国力。

(一)坚持创新、协调、绿色、开放、共享经济发展新理念

发展理念是管全局、管根本、管方向、管长远的东西,是发展思路、发展方向、发展着力点的集中体现。习近平指出,坚持创新、协调、绿色、开放、共享的发展理念。这五大发展理念不是凭空得来的,是我们在深刻总结国内外发展经验教训的基础上形成的,也是在深刻分析国内外发展大势的基础上形成的,

集中反映了我们党对经济社会发展规律认识的深化，也是针对我国发展中的突出矛盾和问题提出来的。① 破解发展难题，厚植发展优势，必须牢固树立创新、协调、绿色、开放、共享的发展理念，真正做到崇尚创新、注重协调、倡导绿色、厚植开放、推进共享。

坚持创新发展理念，着力提高发展质量和效益。创新是引领发展的第一动力，创新发展注重的是解决发展动力问题。必须把创新摆在国家发展全局的核心位置，不断推进理论创新、制度创新、科技创新、文化创新等各方面创新，让创新贯穿党和国家一切工作，让创新在全社会蔚然成风。

坚持协调发展理念，着力形成平衡发展结构。协调是持续健康发展的内在要求，协调发展注重的是解决发展不平衡问题。必须牢牢把握中国特色社会主义事业总体布局，正确处理发展中的重大关系，重点促进区域协调发展、城乡协调发展、物质文明和精神文明协调发展、经济建设和国防建设融合发展，不断增强发展整体性。

坚持绿色发展理念，着力改善生态环境。绿色是永续发展的必要条件和人民对美好生活追求的重要体现，绿色发展注重的是解决人与自然和谐问题。必须坚持节约资源和保护环境的基本国策，坚定走生产发展、生活富裕、生态良好的文明发展道路，加快建设资源节约型、环境友好型社会，形成人与自然和谐发展现代化建设新格局，协同推进人民富裕、国家富强、中国美丽。

坚持开放发展理念，着力实现合作共赢。开放是国家繁荣发展的必由之路，开放发展注重的是解决发展内外联动问题。必须顺应我国经济深度融入世界经济的趋势，奉行互利共赢的开放战略，坚持内外需协调、进出口平衡、引进来和走出去并重、引资和引技引智并举，发展更高层次的开放型经济，积极参与全球经济治理和公共产品供给，提高我国在全球经济治理中的制度性话语权，构建广泛的利益共同体。

坚持共享发展理念，着力增进人民福祉。共享是中国特色社会主义的本质要求，共享发展注重的是解决社会公平正义问题。必须坚持发展为了人民、发展依靠人民、发展成果由人民共享，作出更有效的制度安排，使全体人民在共建共享发展中有更多获得感，增强发展动力，增进人民团结，朝着共同富裕

① 习近平：《以新的发展理念引领发展，夺取全面建成小康社会决胜阶段的伟大胜利》（2015 年 10 月 29 日），中共中央文献研究室编：《习近平关于社会主义经济建设论述摘编》，中央文献出版社 2017 年版，第 21 页。

方向稳步前进。

新时代社会主义现代化经济强国建设，要坚定不移贯彻落实新发展理念，必须发挥改革的推动作用、法治的保障作用。一个新理念的确立，总是同旧理念的破除相伴随的，正所谓不破不立。坚定不移贯彻落实新发展理念，涉及一系列思维方式、行为方式、工作方式的变革，涉及一系列工作关系、社会关系、利益关系的调整，不改革就只能是坐而论道，最终到不了彼岸。

坚持用新发展理念统领现代化经济建设发展全局，坚持把适应新常态、把握新常态、引领新常态作为贯穿发展全局和全过程的大逻辑，关键是要坚持把供给侧结构性改革作为当前经济发展和经济工作的主线，根本是要坚持以提高发展质量和效益为中心，着力调整优化经济结构、推进发展方式转变，着力推进创新驱动发展，着力推进新型工业化、信息化、城镇化、农业现代化同步发展，推动我国经济向形态更高级、分工更优化、结构更合理的阶段演进。

（二）坚持用新发展理念统领现代化经济建设全局

新时代实现我国经济持续健康发展必须坚持新发展理念为指引，用新发展理念统领现代化经济建设全局，努力实现以下多方面经济工作重点转变：①

第一，推动经济发展，要更加注重提高发展质量和效益。衡量发展质量和效益，就是投资有回报、产品有市场、企业有利润、员工有收入、政府有税收、环境有改善，这才是我们要的发展。合理的经济增长速度是要的，但抓经济工作、检验经济工作成效，要从过去主要看增长速度有多快转变为主要看质量和效益有多好。

第二，稳定经济增长，要更加注重供给侧结构性改革。目前在“三期叠加”的大背景下，影响经济增长的突出问题有总量问题，但结构性问题更为突出。在有效供给不能适应需求总量和结构变化的情况下，稳增长必须在适度扩大总需求和调整需求结构的同时，着力加强供给侧结构性改革，实现由低水平供需平衡向高水平供需平衡的跃升。

第三，实施宏观调控，要更加注重引导市场行为和社会心理预期。宏观调

---

① 参见习近平：《围绕贯彻党的十八届五中全会精神做好当前经济工作》（2015 年 12 月 18 日），中共中央文献研究室编：《习近平关于社会主义经济建设论述摘编》，中央文献出版社 2017 年版，第 91—94 页。

控要注重引导社会心理，实现反周期目标。要善于把握消费和投资行为背后的市场预期和社会心理，考虑市场主体行为特点，增强政策透明度和可预期性，加强同市场行为主体的沟通融合，加强宏观政策国际交流，在提高宏观调控科学性的同时，提高宏观调控艺术性。

第四，调整产业结构，要更加注重加减乘除并举。在不少行业产能已达到峰值的条件下，产能不减、价格疲软，长此以往，优质企业也会被拖垮。要引导增量，培育新的增长动力；要主动减量，下大决心化解产能过剩，实现优胜劣汰；要发挥创新引领发展第一动力作用，实施一批重大科技项目，加快突破核心关键技术，全面提升经济发展科技含量，提高劳动生产率和资本回报率；要抓好职业培训，提高人力资本质量，优化人力资本结构。

第五，推进城镇化，要更加注重以人为核心。推进城镇化要回归到推动更多人口融入城镇这个本源上来，促进有能力在城镇稳定就业和生活的农业转移人口举家进城落户，这既可以增加和稳定劳动供给、减轻人工成本上涨压力，又可以扩大房地产等消费。这也是缩小城乡差距、改变城乡二元结构、推进农业现代化的根本之策。

第六，促进区域发展，要更加注重人口经济和资源环境空间均衡。既要促进地区间经济和人口均衡，缩小地区间人均国内生产总值差距，也要促进地区间人口经济和资源环境承载能力相适应，缩小人口经济和资源环境间的差距。要根据主体功能区定位，着力塑造要素有序自由流动、主体功能约束有效、基本公共服务均等、资源环境可承载的区域协调发展新格局。

第七，保护生态环境，要更加注重促进形成绿色生产方式和消费方式。保住绿水青山要抓源头，形成内生动力机制。要坚定不移走绿色低碳循环发展之路，构建绿色产业体系和空间格局，引导形成绿色生产方式和生活方式，促进人与自然和谐共生。

第八，保障改善民生，要更加注重对特定人群特殊困难的精准帮扶。要在经济发展基础上持续改善民生，特别是要提高教育、医疗等基本公共服务数量和质量，推进教育公平。要实施精准帮扶，把钱花在对特定人群特殊困难的针对性帮扶上，使他们有现实获得感，使他们及其后代发展能力得到有效提升。

第九，进行资源配置，要更加注重使市场在资源配置中起决定性作用。要重视和善于激发微观主体活力，政府要集中力量办好市场办不了的事，履行好宏观调控、市场监管、公共服务、社会管理、保护环境等基本职责。

第十，扩大对外开放，要更加注重推进高水平双向开放。要奉行互利共赢的开放战略，坚持内外需协调、进出口平衡、引进来走出去并重、引资引技引智并举，积极参与全球经济治理和公共产品供给，提高我国在全球治理中的制度性话语权。

（三）不断深化供给侧结构性改革

我国提出推进供给侧结构性改革，是在综合分析世界经济长周期和我国经济发展新常态的基础上，对我国经济发展思路和工作着力点的重大调整，是化解我国经济发展面临困难和矛盾的重大举措，也是培育增长新动力、形成先发新优势、实现创新引领发展的必然要求和选择。要把推进供给侧结构性改革作为当前和今后一个时期经济发展和经济工作的主线，转变发展方式，培育创新动力，为经济持续健康发展打造新引擎、构建新支撑。必须把改善供给侧结构作为主攻方向，从生产端入手，提高供给体系质量和效率，扩大有效和中高端供给，增强供给侧结构对需求变化的适应性，推动我国经济朝着更高质量、更有效率、更加公平、更可持续的方向发展。

充分认识经济发展面临结构性失衡问题。习近平指出，当前我国经济运行面临的突出矛盾和问题，虽然有周期性、总量性因素，但根源是重大结构性失衡。概括起来，主要表现为“三大失衡”。①

一是实体经济结构性供需失衡。我国供给体系产能十分强大，但大多数只能满足中低端、低质量、低价格的需求，同投资和出口主导的需求结构是相匹配的。现在，消费结构加快升级，出口需求和投资需求相对下降，供给结构很不适应需求新变化。更深层的一个问题是，我国人口结构发生重大变化，老年人口比重上升，劳动年龄人口减少，中等收入群体扩大，但供给体系未能跟进，结果是一方面过剩，另一方面不足。

二是金融和实体经济失衡。在实体经济结构性失衡、盈利能力下降的情况下，不能把结构性供需矛盾当作总需求不足，以增发货币来扩大需求，因为缺乏回报，增加的货币资金很多没有进入实体经济领域，而是在金融系统自我循环，大量游资寻求一夜暴富，再加上监督人员同“金融大鳄”内外勾结，一些

① 参阅习近平：《在中央经济工作会议上的讲话》（2016 年 12 月 14 日），中共中央文献研究室编：《习近平关于社会主义经济建设论述摘编》，中央文献出版社 2017 年版，第 113—115 页。

股市异常波动就与此有关。在这样的背景下，金融业在经济中的比重快速上升，而工业特别是制造业比重下降。

三是房地产和实体经济失衡。房地产本来属于实体经济，但用加杠杆的办法进行房地产投机就不同了。在实体经济结构性失衡的过程中，由于缺乏投资机会，加上土地、财税、金融政策不配套，城镇化有关政策和规划不到位，致使大量资金涌入房地产市场，投机需求旺盛，带动一线和热点二线城市房地产价格大幅上涨。房地产高收益进一步诱使资金脱实向虚，导致经济增长、财政收入、银行利润越来越依赖于“房地产繁荣”，并推高实体经济成本，使回报率不高的实体经济雪上加霜。

这“三大失衡”有着内在因果关系，导致经济循环不畅。如果只是简单采取扩大需求的办法，不仅不能解决结构性失衡，反而会加剧产能过剩、抬高杠杆率和企业成本，加剧这种失衡。基于这个考虑，我们强调要从供给侧、结构性改革上想办法、定政策，通过去除没有需求的无效供给、创造适应新需求的有效供给，打通供求渠道，努力实现供求关系新的动态均衡。深化供给侧结构性改革的重点。当前深化供给侧结构性改革，重点是解放和发展社会生产力，用改革的办法推进结构调整，减少无效和低端供给，扩大有效和中高端供给，增强供给结构对需求变化的适应性和灵活性，提高全要素生产率。推进供给侧结构性改革，要从生产端入手，重点是促进产能过剩有效化解，促进产业优化重组，降低企业成本，发展战略性新兴产业和现代服务业，增加公共产品和服务供给，提高供给结构对需求变化的适应性和灵活性。

推进供给侧结构性改革，要把握好以下三个基本要求。其一，供给侧结构性改革的根本目的，是提高供给质量满足需要，使供给能力更好满足人民日益增长的物质文化需要，这是坚持以人民为中心发展思想的必然要求。其二，供给侧结构性改革的主攻方向，是减少无效供给、扩大有效供给，提高供给结构对需求结构的适应性。譬如，去产能、去库存，是为了调整供求关系、缓解工业品价格下行压力，也是为了企业去杠杆，既减少实体经济债务和利息负担，又在宏观上防范金融风险。降成本、补短板，是为了提高企业竞争力、改善企业发展外部条件、增加经济潜在增长能力。其三，供给侧结构性改革的本质属性，是深化改革。供给侧结构性矛盾的原因是要素配置扭曲，是体制机制障碍。要推进国有企业改革，加快政府职能转变，深化价格、财税、金融、社保等领域基础性改革，为推进供给侧结构性改革创造条件。特别要强调的是，处置国有企业中的“僵尸企业”本身就是推进国有企业改革，就是国有经济战略性调整。①

推进供给侧结构性改革，要着力在以下三个层面下功夫。一是优化现有生产要素配置和组合，提高生产要素利用水平，促进全要素生产率提高，不断增强经济内生增长动力。二是优化现有供给结构，通过调整现有产品供给结构、提高产品和服务质量，从深层次上解决供给同需求错位问题，满足现有产品和服务需求。三是优化现有产品和服务功能，大力培育发展新产业和新业态，提供新的产品和服务，创造新的供给，以此来创造新的需求。三个层面归结到一点，就是要进一步解放和发展社会生产力，提高供给体系质量和效率，使供给体系有效适应需求结构变化，实现由低水平供需平衡向高水平供需平衡跃升。

（四）构建供需均衡型经济发展方式

宏观经济总供给与总需求均衡发展，是实现国民经济持续健康发展的基本条件，也是新时代我国宏观经济调控的基本目标。我国新时代实现供需均衡发展的总方针是，坚持需求引领、供给创新，提高供给质量和效率，激活和释放有效需求，形成消费与投资良性互动、需求升级与供给升级协调共进的高效均衡经济，增强经济发展新动能，拓展经济发展新空间。

正确把握供给侧与需求侧的相互关系。习近平指出，我们讲的供给侧结构性改革，既强调供给又关注需求，既突出发展社会生产力又注重完善生产关系，既发挥市场在资源配置中的决定性作用又更好发挥政府作用，既着眼当前又立足长远。从政治经济学的角度看，供给侧结构性改革的根本，是使我国供给能力更好满足广大人民日益增长、不断升级和个性化的物质文化和生态环境需要，从而实现社会主义生产目的。

牢固坚持供需均衡型发展战略思想。习近平指出：供给和需求是市场经济内在关系的两个基本方面，是既对立又统一的辩证关系，二者你离不开我、我离不开你，相互依存、互为条件。没有需求，供给就无从实现，新的需求可以

---

① 参见习近平：《在中央财经领导小组第十三次会议上的讲话》（2016年5月16日），中共中央文献研究室编：《习近平关于社会主义经济建设论述摘编》，中央文献出版社2017年版，第105—106页。

催生新的供给；没有供给，需求就无法满足，新的供给可以创造新的需求。供给侧和需求侧是管理和调控宏观经济的两个基本手段。需求侧管理，重在解决总量性问题，注重短期调控，主要是通过调节税收、财政支出、货币信贷等来刺激或抑制需求，进而推动经济增长。供给侧管理，重在解决结构性问题，注重激发经济增长动力，主要通过优化要素配置和调整生产结构来提高供给体系质量和效率，进而推动经济增长。纵观世界经济发展史，经济政策是以供给侧为重点还是以需求侧为重点，要依据一国宏观经济形势作出抉择。放弃需求侧谈供给侧或放弃供给侧谈需求侧都是片面的，二者不是非此即彼、一去一存的替代关系，而是要相互配合、协调推进。①

牢固坚持实体经济基础地位思想。着力推动发展实体经济，提高供给体系质量，增强国民经济质量优势，是建设社会主义现代化经济强国的战略抉择。习近平指出：振兴实体经济是供给侧结构性改革的主要任务，供给侧结构性改革要向振兴实体经济发力、聚力。不论经济发展到什么时候，实体经济都是我国经济发展、我们在国际经济竞争中赢得主动的根基。我国经济是靠实体经济起家的，也要靠实体经济走向未来。必须把发展经济的着力点放在实体经济上，把提高供给体系质量作为主攻方向，显著增强我国经济质量优势。

新时代振兴实体经济的战略重心是，加快建设制造强国，加快发展先进制造业，推动互联网、大数据、人工智能和实体经济深度融合，在中高端消费、创新引领、绿色低碳、共享经济、现代供应链、人力资本服务等领域培育新增长点、形成新动能。支持传统产业优化升级，加快发展现代服务业，瞄准国际标准提高水平。促进我国产业迈向全球价值链中高端，培育若干世界级先进制造业集群。加强水利、铁路、公路、水运、航空、管道、电网、信息、物流等基础设施网络建设。优化存量资源配置，扩大优质增量供给，实现供需动态平衡。激发和保护企业家精神，鼓励更多社会主体投身创新创业。建设知识型、技能型、创新型劳动者大军，弘扬劳模精神和工匠精神，营造劳动光荣的社会风尚和精益求精的敬业风气。

处理好消费投资出口三大需求关系，着力推动需求侧高效益发展。消费、投资、出口是宏观经济需求侧的“三驾马车”。随着国民经济进入高质量发展

---

① 习近平：《在省部级主要领导干部学习贯彻党的十八届五中全会精神专题研讨班上的讲话》（2016 年 1 月 18 日），中共中央文献研究室编：《习近平关于社会主义经济建设论述摘编》，中央文献出版社 2017 年版，第 99 页。

阶段,在供给侧结构性问题得到逐步解决的同时,需求侧增长驱动问题越来越成为经济增长的主要矛盾,有效需求不足越来越成为宏观经济的主要问题。在任何工业化国家,有效需求不足必然导致供给侧的产能相对过剩,而解决产能相对过剩必须同步解决需求侧问题。因此,在我国经济进入新阶段新时代时期,尤其是有效需求明显不足的情况下,在着力解决好供给侧结构性问题的同时,必须同步解决好需求侧的结构性矛盾,特别是国民收入分配格局再平衡所决定的消费、投资和出口问题。

——推进消费需求的升级发展。新时代推进社会主义现代化经济强国建设,从经济大国走向经济强国,消费升级发展是其中最重要的推动力量。推进消费需求的升级发展,关键在于增强城乡居民消费能力,改善居民消费预期,挖掘居民消费潜力,改善和调整政府消费。以消费环境改善释放消费潜力,以供给改善和创新更好满足、创造消费需求,不断增强消费拉动经济的基础作用。重点是要稳步促进住房、汽车和健康养老等大宗消费,支持信息、绿色、时尚、品质等新型消费,推动线上线下融合等消费新模式发展,实施大众消费品质量提升工程,强化消费者权益保护,充分发挥消费者协会作用,营造放心便利的消费环境。同时要处理好国内消费与国外消费的关系,积极引导海外消费回流,培育发展境内的国际消费中心。

——推进投资需求的效益发展。新时代推进我国经济持续健康发展,保持适度投资是重要途径。尤其是在工业化、城镇化、国际化加速发展时期,通过优化供给结构,提高投资效率,发挥投资对稳增长、调结构的关键作用。推进有效投资需求的高效益发展,重心是要营造好公平宽松的投资经营环境,鼓励民间资本和企业投资,激发民间资本活力和潜能。特别是要充分发挥好政府投资的杠杆撬动作用,加大对优质公共产品和公共服务的投资力度,加大对人力资源和人力资本投资,增加有利于供给结构升级、弥补发展短板、城乡区域协调、增强发展后劲的投资,实施全局性、战略性、基础性重大投资工程。在产业政策方面,要大力促进产业多极化发展,由劳动密集型向资金、技术、知识密集型转化,切实增强国家产业竞争力。解决好投资规模与投资结构问题,使投资规模适度性与投资结构合理性相结合,特别是要解决好产业投资、城乡投资、区域投资、国际投资等重大投资结构关系。

——推进出口需求的优势发展。新时代我国经济进入高质量发展阶段,必然要求出口经济坚持走比较优势发展的道路。要主动适应国际市场需求变化，转变对外经济发展方式，优化进出口贸易结构，促进出口产品和服务升级，提高对外贸易的质量和效益。加快培育以技术、标准、品牌、质量、服务为核心的对外经济新优势，推动高端装备出口，提高出口产品科技含量和附加值。扩大服务出口，健全售后保养维修等服务体系，促进在岸、离岸服务外包协调发展，加大对中小微企业出口支持力度。重点推进服务贸易的高效益发展，不断完善服务贸易管理体制，提高服务贸易的国际竞争力；不断促进加工贸易转型升级，完善加工贸易产品分类管理制度，完善国家产业政策体系，动态调整禁止类目录和限制类目录，控制低层次加工贸易发展规模，引导加工贸易向产业链高端发展。特别是要鼓励自主品牌和自主知识产权产品出口。坚持科技兴贸战略，推动科技兴贸创新基地建设、软件出口基地建设、汽车及零部件出口基地建设和中医药出口基地建设。

三、新时代创新发展与产业升级战略

创新是引领发展的第一动力，是建设现代化经济体系的战略支撑。国际经济竞争和综合国力竞争，说到底就是创新能力特别是科技创新能力的竞争。社会生产力发展和综合国力提高最终取决于科技创新能力建设，高质量推进实施创新驱动发展战略决定着中华民族前途命运。从全球范围看，科学技术创新越来越成为推动经济社会发展的最根本力量，中国新时代必须高质量推进实施创新驱动发展战略，推动科技创新、产业创新、企业创新、市场创新、产品创新、业态创新、管理创新等，加快形成以创新为主要引领和支撑的现代化经济体系与发展模式。

（一）新时代创新驱动发展战略思想

创新是民族进步之魂，创新是国家强盛之基。创新特别是科技创新是推动经济发展的动力源泉，是建设现代化经济体系的战略支撑，是最具根本性、革命性的决定力量。人类经济社会发展史就是一部人类科技创新史。走向本世纪中叶的我国新时代经济现代化强国建设，唯有创新才能使国民经济持续健康发展，唯有创新才能使中国经济立于世界强国之林。①

① 参见国务院：《“十三五”国家科技创新规划》，科技部网站，2016 年 7 月 28 日，

国际经济竞争和综合国力竞争，说到底就是创新能力的竞争。社会生产力发展和综合国力提高，最终取决于创新特别是科技创新。历史事实表明，经济大国不等于经济强国。一个国家长期落后归根到底是由于科学技术落后，而不取决于经济规模大小。习近平指出，历史上我国曾长期位居世界经济大国之列，经济总量一度占到世界的三分之一左右，但由于技术落后和工业化水平低，近代以来屡屡被经济总量远不如我们的国家打败。为什么会这样？我们不是输在经济规模上，而是输在科技落后上。由于技术创新和工业制造落后于人，西方列强才得以用坚船利炮轰开我们的国门。中国近代史上落后挨打的根子就是技术落后。这个教训太深刻了！我们要牢牢记取。①

创新驱动发展战略是一个系统工程。创新链、产业链、资金链、政策链相互交织、相互支撑，改革只在一个环节或几个环节搞是不够的，必须全面部署，并坚定不移推进。科技创新、制度创新要协同发挥作用，两个轮子一起转。科学技术是世界性的、时代性的，发展科学技术必须具有全球视野。科技成果只有同国家需要、人民要求、市场需求相结合，完成从科学研究、实验开发、推广应用的三级跳，才能真正实现创新价值、实现创新驱动发展。

新时代推进我国创新型国家建设，在战略上要明确以下六方面任务：一是要瞄准世界科技前沿，强化基础研究，实现前瞻性基础研究、引领性原创成果重大突破。二是要加强应用基础研究，拓展实施国家重大科技项目，突出关键共性技术、前沿引领技术、现代工程技术、颠覆性技术创新，为建设科技强国、质量强国、航天强国、网络强国、交通强国、数字中国、智慧社会提供有力支撑。三是要加强国家创新体系建设，强化战略科技力量。四是要深化科技体制改革，建立以企业为主体、市场为导向、产学研深度融合的技术创新体系，加强对中小企业创新的支持，促进科技成果转化。五是要倡导创新文化，强化知识产权创造、保护、运用。六是要培养造就一大批具有国际水平的战略科技人才、科技领军人才、青年科技人才和高水平创新团队。

新时代大力实施创新驱动发展战略，要始终坚持以提高经济质量和效益为中心，紧紧围绕创新主体、创新动力、创新方法这三大系统展开，即围绕“谁来创新”“为啥创新”“如何创新”这三大核心议题，来构建新时代中国特色社

---

① 习近平：《在参加全国政协十二届一次会议科协、科技界委员联组讨论时的讲话》（2013年3月4日），中共中央文献研究室编：《习近平关于社会主义经济建设论述摘编》，中央文献出版社2017年版，第126页。

会主义现代化经济创新发展新模式。大力推动科技创新与制度创新、管理创新、商业模式创新、业态创新和文化创新相结合，推动发展方式向依靠持续的知识积累、技术进步和劳动力素质提升转变，促进经济向形态更高级、分工更精细、结构更合理的阶段演进。

新时代实施创新驱动发展战略的战略任务：一是推进创新文化环境现代化建设，形成崇尚创新发展的思想、认识、文化环境；让创新者有形象、有舞台、有市场、有氛围；二是推进创新政策体系现代化建设，破解阻碍创新发展的体制、机制、政策障碍，推进企业、社会、国家三级创新体系现代化建设进程，构建以企业创新为基础、社会创新为辅助、国家创新为引领的现代化创新体系；三是推进创新管理模式现代化建设，重点解决创新资源配置问题、创新评价体系问题、创新队伍建设问题。四是推进国家创新工程现代化建设，推动中国经济从制造大国向制造强国发展，从中国制造向中国创造发展，从世界品牌向中国品牌发展。

牢固确立创新驱动发展战略的人才优先地位。人才是创新的第一资源。人才是创新的根基，是创新的核心要素。创新驱动实质上是人才驱动。没有人才优势，就不可能有创新优势、科技优势、产业优势。培养集聚人才，要有识才的眼光、用才的胆识、容才的雅量、聚才的良方。要健全集聚人才、发挥人才作用的体制机制，创造人尽其才的政策环境。要发挥好现有人才作用，同时揽四方之才，择天下英才而用之。要加强科研院所和高等院校创新条件建设，完善知识产权运用和保护机制，激发科研人员创新活力，让各类人才的创新智慧竞相迸发。

加快形成一支规模宏大、富有创新精神、敢于承担风险的创新型人才队伍，要重点在用好、吸引、培养上下功夫。我国要建设世界科技强国，关键是要建设一支规模宏大、结构合理、素质优良的创新人才队伍，激发各类人才创新活力和潜力。用好人才，首先要用好科学家，重点是科技人员，还要用好企业家。用好科研人员，既要用事业激发其创新勇气和毅力，也要重视必要的物质激励，使他们"名利双收"。名就是社会荣誉，利就是收入报酬，其中拥有知识产权、知识期权、知识收益权是最大的长效激励。

完善创新驱动发展战略的制度保障建设。全面实施创新驱动发展战略，必须要有能够保障创新的制度环境条件，要破除一切制约科技创新的思想障碍和制度藩篱，处理好政府和市场的关系，推动科技和经济社会发展深度融合,打通从科技强到产业强、经济强、国家强的通道,以改革释放创新活力,加快建立健全国家创新体系,让一切创新源泉充分涌流。

推进创新文化环境现代化建设。习近平指出,科技创新、科学普及是实现创新发展的两翼,要把科学普及放在与科技创新同等重要的位置。没有全民科学素质普遍提高,就难以建立起宏大的高素质创新大军,难以实现科技成果快速转化。希望广大科技工作者以提高全民科学素质为己任,把普及科学知识、弘扬科学精神、传播科学思想、倡导科学方法作为义不容辞的责任,在全社会推动形成讲科学、爱科学、学科学、用科学的良好氛围,使蕴藏在亿万人民中间的创新智慧充分释放、创新力量充分涌流。①

（二）新时代创新型国家建设战略思想

全面推进创新型国家建设,是实施创新驱动发展战略的根本要求。新时代我国创新型国家建设目标是,到 2035 年进入世界创新型国家前列,经济发展驱动力实现根本性转变,经济创新发展国际竞争力大幅提升,为建成经济强国和共同富裕社会奠定坚实基础。到 2050 年建成世界性经济创新强国,成为世界主要科学研究中心和创新高地,为建成富强民主文明和谐美丽的社会主义现代化强国、实现中华民族伟大复兴中国梦提供强大支撑。

新时代全面推进创新型国家建设,首先要认真学习借鉴国际创新型国家建设成功经验。在国际上创新型国家建设具有一些共同的特征:一是科技创新资金投入比例高,研究与发展资金投入占国民生产总值的比重在 2%以上。二是科技创新成为促进国家发展的主导力量,科技进步贡献率超过 70%以上。三是国家自我创新能力强,对外技术依存度在 30%以下。四是创新产出水平高,目前国际上 20 个创新型国家拥有的发明专利总数占到全世界绝大多数。

在国际上创新型国家建设也具有一些共同的做法:一是制定有利于创新发展的法律法规,包括激励研发的优惠税收制度,保护知识产权的国家专利制度,鼓励科研人员高收入的国家分配制度,注重引进国际优秀人才的移民就业制度等。二是充分发挥政府在创新发展中的引领推动作用,包括政府制定实

① 习近平:《为建设世界科技强国而奋斗》(2016 年 5 月 30 日),中共中央文献研究室编:《习近平关于社会主义经济建设论述摘编》,中央文献出版社 2017 年版,第 153 页。

施前瞻性的国家创新规划，政府支持的科学基础研究和学术研究，政府进行的国家级别的科研奖励活动等。三是重点推进科技创新与经济社会的融合发展，包括驱动经济发展的科技创新工程，社会治理的科技创新工程，军民融合发展的科技创新工程等。

——着力推进创新主体建设。构建以企业创新为主体、大学科研机构创新为支撑、政府创新为保障的创新主体体系。实施大众创业万众创新人才战略，把大众创业万众创新融入发展各领域各环节，鼓励各类主体开发新技术、新产品、新业态、新模式，打造发展新引擎。营造鼓励创新的人文环境，建设鼓励创新的容错机制，构建创新人才脱颖而出的制度激励环境，特别是构建让创新者先富起来的收入分配制度体系。

——着力推进创新平台建设。构建创新服务平台、创新信息平台、创新政策平台。鼓励发展面向大众、服务中小微企业的低成本、便利化、开放式服务平台。加强创新服务信息资源整合，推进开放型专利信息资源和科研基地。鼓励大型企业建立技术转移和服务平台。完善创业培育服务，打造创业服务与创业投资结合、线上与线下结合的开放式服务载体。更好发挥政府创业投资引导基金作用。

——着力推进创新工程建设。培育创新发展新动力，优化劳动力、资本、土地、技术、管理等要素配置，推动大众创业、万众创新，推动新技术、新产业、新业态蓬勃发展，推进发展动力转换。拓展创新发展新空间，用发展新空间培育发展新动力，用发展新动力开拓发展新空间。拓展区域发展空间、产业发展空间、基础设施建设空间、网络经济空间、蓝色经济空间。构建创新产业新体系，推进制造强国建设，引导制造业朝着分工细化、协作紧密方向发展，促进信息技术向市场、设计、生产等环节渗透，推动生产方式向柔性、智能、精细转变。实施工业强基工程，开展质量品牌提升行动，支持战略性新兴产业发展，实施智能制造工程，构建新型制造体系，推进现代服务业发展。

——着力推进创新机制建设。完善创新战略动力机制，实施构建普惠性创新支持政策体系，营造激励创新的市场竞争环境，清理妨碍创新的制度规定和行业标准，加快创新薄弱环节和领域立法，强化产业技术政策和标准的执行监管。增加财政科技投入，重点支持基础前沿、社会公益和共性关键技术研究。构建大力促进创新发展的财税制度、金融制度、奖励制度体系，激励企业增加研发投入，大力发展创新风险投资。

——着力推进创新融资建设。依托互联网拓宽市场资源、社会需求与创业创新对接通道,全面推进众创、众包、众扶、众筹,推进专业空间、网络平台和企业内部众创,推进创新资源共享。推广研发创意、制造运维、知识内容和生活服务众包,推动大众参与线上生产流通分工。发展公众性众扶、分享性众扶和互助性众扶。全面完善监管制度,规范发展实物众筹、股权众筹和网络借贷。

(三)新时代产业现代化发展战略思想

产业现代化是经济现代化的重要标志,也是实现经济现代化发展的根本路径。产业现代化是指传统产业向现代产业的优化与升级过程,包括第一产业向第二产业和第三产业演进的产业类别升级、劳动密集型经济向资本密集型经济和技术密集型经济转移的产业形态升级、初级加工生产向深加工生产和精加工生产转移的产业技术升级等。中国经济的现代化首先是指中国产业的优化与升级的现代化。新时代全面推进社会主义现代化经济强国建设,首先要紧跟全球产业优化与升级的发展变革趋势,瞄准高质量、高效益的国际高端产业,深入研究现代产业优化与升级的演变发展规律,全面实施产业优化与升级的发展战略,高质量高效益地推进我国工业现代化、农业现代化和服务业现代化建设进程。

——大力推进新时代工业现代化建设进程。

工业现代化是国家经济现代化建设的根本物质基础,是城镇化、市场化、国际化的根本驱动力量。没有国家工业现代化,就没有真正的国家经济现代化。没有全球范围内的工业现代化,也不可能有世界意义上的经济现代化。近代中国灾难深重的直接原因,就是中国工业现代化严重滞后的缘故。当代中国再创辉煌的直接根源,仍然是规模宏大、波澜壮阔的中国特色新型工业化。所谓工业现代化就是传统农业生产方式向现代工业生产方式的转型过程。西蒙·库兹涅茨认为,工业化是一个现代经济增长过程,包括生产与人口的急剧增长、生产力本身的极大提高、经济结构的变化、相应的社会变革、具有革命性意义的通信运输的进步等。①

1949 年新中国成立开启了当代中国工业现代化建设的历史进程。经过

① 参见[美]西蒙·库兹涅茨:《现代经济增长》,北京经济学院出版社 1999 年版。

近七十年的持续建设,特别是改革开放四十年来的快速发展,现在中国已是世界上最大的工业品生产国和出口国,工业现代化建设正处于从中低端向中高端优化升级过程,更高水平的新型工业现代化发展势头正在加速形成。走向本世纪中叶全面建设现代化经济强国,关键在于始终坚持走好中国特色新型工业现代化发展道路,牢固坚持科技创新驱动发展战略,坚持质量第一、效益优先的工业化方针,坚持信息化与工业化更高水平相融合,促进经济增长由主要依靠增加物质资源消耗向主要依靠科技进步、劳动者素质提高、管理创新转变。①

新时代全面推进工业现代化建设进程,必须牢固坚持以新发展理念为指导,着力推进以下三方面建设进程:一是大力建设现代化工业产业体系。培育壮大新兴产业,改造提升传统产业,加快构建创新能力强、品质服务优、协作紧密、环境友好的现代产业新体系。发展高新技术产业,发展信息、生物、新材料、航空航天、海洋等产业。加强基础产业基础设施建设,加快发展现代能源产业和综合运输体系。二是大力实施现代制造业强国战略。以提高制造业创新能力和基础能力为重点,推进信息技术与制造技术深度融合,促进制造业朝高端、智能、绿色、服务方向发展,全面提升工业基础能力,加快发展新型制造业,推动传统产业改造升级,加强质量品牌建设,推进实施高端装备创新发展工程。三是大力推进战略性新兴产业现代化。提升新兴产业支撑作用,培育发展战略性产业,构建新兴产业发展新格局,完善新兴产业发展环境。推进实施战略性新兴产业发展行动,包括新一代信息技术产业创新、生物产业倍增、空间信息智能感知、储能与分布式能源、高端材料、新能源汽车等。

——大力推进新时代农业现代化建设进程。

农业现代化是国家经济现代化的基础。所谓农业现代化是指农业生产的高科技、高效率和高收益,农业经营的集约化、组织化和市场化。纵观发达国家农业现代化的发展经验:一是大力推进农业生产科技化发展,优先发展农业工业化、机械化、自动化、信息化,通过日益现代化的科技进步来不断提高农业劳动生产率。二是大力推进农业产业结构的优化与升级,不断提高农产品供给的质量水平。三是高度重视农业从业者的智力投资,不断提高农业劳动者、经营者和管理者的现代农业科学技术知识水平。四是全面构建向农民投资的国家财政金融资金保障体系,构建保障粮食安全的国家资金保障制度。五是

① 参见简新华、余江:《中国工业化与新型工业化道路》,山东人民出版社 2009 年版。

积极发展农村教育、医疗、养老、文化、交通运输等服务业，为农业现代化发展创造更好的社会服务保障环境。①

新中国成立以后，我国农业现代化建设经历了严重曲折，改革开放以来农业现代化建设进程加速，目前中国农业现代化进入从数量增长型向质量效益型转变的过程中。新时代推进我国农业现代化建设进程，重心在构建现代农业产业体系、生产体系、经营体系，提高农业现代化的质量效益和竞争力，走产出高效、产品安全、资源节约、环境友好的农业现代化道路。总体建设思路是用现代物质条件装备农业，用现代科学技术改造农业，用现代产业体系提升农业，用现代经营形式推进农业，用现代发展理念引领农业，用培育新型农民发展农业，全面提高农业劳动生产率和农业产业竞争力。

大力发展现代农业技术。现代农业技术是追求高效、安全、生态的农业技术。大力发展现代农业技术，包括农业育种技术、土地整治技术、农业生产技术、农业加工技术等。以做大做强国家种业为重点，发展以动植物组学为基础的育种关键技术，培育具有自主知识产权的优良品种，开发耕地质量提升与土地综合整治技术，从源头上保障国家粮食安全。以发展农业高新技术产业、支撑农业转型升级为目标，重点发展农业生物制造、农业智能生产、智能农机装备、设施农业等关键技术和产品。围绕提高资源利用率、土地产出率、劳动生产率，加快转变农业发展方式，发展节水农业、循环农业、农业污染控制与修复、盐碱地改造、农林防灾减灾等关键技术，推进农业绿色发展。建立信息化主导、生物技术引领、智能化生产、可持续发展的现代农业技术体系，支撑农业走产出高效、产品安全、资源节约、环境友好的现代化道路。②

努力建设现代农业发展体系。现代农业发展体系包括现代农业的耕地体系、产权体系、产业体系、生产体系、经营体系、管理体系等。新时代建设现代农业发展体系，第一要巩固和完善农村基本经营制度，深化农村土地制度改革，完善承包地“三权”分置制度。保持土地承包关系稳定并长久不变，深化农村集体产权制度改革，保障农民财产权益，壮大集体经济。第二要坚持实施最严格的耕地保护制度，优化农业生产结构和区域布局，增强农产品安全保障能力。第三要完善农业支持保护制度，以保障主要农产品供给、促进农民增

---

① 参见金海年：《2049 中国新型农业现代化战略》，中信出版社 2016 年版。

② 参见国务院：《“十三五”国家科技创新规划》，科技部网站，2016 年 7 月 28 日，http://www.most.gov.cn。

收、实现农业可持续发展为重点,完善强农惠农富农政策,提高农业支持保护效能。持续增加农业投入,完善农产品价格和收储制度,创新农村金融服务。第四要促进农村一二三产业融合发展,支持和鼓励农民就业创业,拓宽农村居民增收渠道。第五要健全现代农业科技创新推广体系,推进农业机械化和信息化建设,提高农业科技生产力水平。第六要推进农业现代化重大工程建设,包括高标准农田建设、现代种业、节水农业、农业机械化、智慧农业、农产品质量安全、农业国际合作等。

——大力推进新时代服务业现代化建设进程。

服务业现代化是国家经济现代化的重要内容,是更高质量与水平的工业化和城镇化建设的重要支撑。纵观工业化发达国家第三产业发展演变规律,在农业现代化和工业现代化发展中后期,第三产业中的现代生产型服务业和现代科技型服务业,逐渐成为支撑整个现代化经济增长与发展的主体力量,带动着整个国民经济体系的现代化水平不断提高。

改革开放以来,随着工业化和城镇化建设的不断推进,我国服务业现代化建设越来越重要,日益成为经济增长与发展的重要部门。目前中国服务业现代化建设进入数量规模增长和质量效益提升并存的新阶段,大力推进新时代服务业特别是现代生产型和科技型服务业的现代化建设进程越来越重要。新时代服务业现代化建设,需要着重从以下三个方面大力推进:一是大力优化与升级服务业的行业结构。以市场为取向,以企业为主体,以技术进步为支撑,以国家政策为保障,大力优化升级服务业行业结构,提高服务业的整体素质和国际竞争力。二是大力扩展传统服务业与现代服务业的行业规模。积极支持服务业各行业拓宽服务领域,开拓新的服务就业渠道与就业岗位。三是大力推进服务业的现代化管理体系建设。构建更加公开透明、机会公平、管理规范的现代服务业市场管理体系。

新时代大力推进服务业现代化建设进程,战略重心在于大力促进我国服务业的专业化和国际化发展。以服务业的优化升级和质量效益为导向,推动生产性服务业向专业化和价值链高端延伸,积极参与构建国际化的服务业标准体系,提高服务业的国际化竞争能力与水平。提高生活性服务业品质,加快教育培训、健康养老、文化娱乐、体育健身、旅游经济等领域发展,完善各类社会资本公平参与服务业发展的政策体系。加快推动信息经济发展壮大,全面实施国家大数据战略,构建泛在高效的信息网络,加快构建高速、移动、安全、泛在的新一代信息基础设施，推进信息网络技术广泛运用，形成万物互联、人机交互、天地一体的网络空间。促进互联网深度广泛应用，带动生产模式和组织方式变革，形成网络化、智能化、服务化、协同化的产业发展新形态，加快推动数据资源共享开放和开发应用，助力产业转型升级和社会治理创新。完善现代综合交通运输体系，坚持网络化布局、智能化管理、一体化服务、绿色化发展，建设国内国际通道联通、区域城乡覆盖广泛、枢纽节点功能完善、运输服务一体高效的现代综合交通运输体系。

四、新时代协调发展与空间布局战略

现代化的经济建设与发展需要更加协调的经济空间布局，尤其是在中国这样一个世界上人口最多、地域广阔、城乡区域发展不平衡的经济大国，更需要协调的城乡经济、协调的区域经济，以及协调的国际经济方面的战略布局。我国经济的空间结构主要表现为城乡经济、区域经济和国际经济三者之间的空间分布。三大经济间空间布局的平衡性和协调性，是国民经济整体协调持续发展的重要内容，是中国经济走向现代化和全球化的重大战略议题。新时代我国经济现代化建设与发展，必须全面推进城乡经济、区域经济、国际经济之间的协调性发展，全面构建空间均衡和关系协调的现代化经济发展空间布局体系。

（一）城乡经济的空间布局与协调发展思想

城乡经济的空间布局与协调发展，是新时代我国经济现代化建设的重要内容。新时代全面建设社会主义现代化经济强国，必须大力推进城乡经济的空间布局与协调发展。习近平指出：我国现代化同西方发达国家有很大不同。西方发达国家是一个“串联式”的发展过程，工业化、城镇化、农业现代化、信息化顺序发展，发展到目前水平用了二百多年时间。我们要后来居上，把“失去的二百年”找回来，决定了我国发展必然是一个“并联式”的过程，工业化、信息化、城镇化、农业现代化是叠加发展的。① 因此，要处理好工业化、城镇化

① 习近平：《在十八届中央政治局第九次集体学习时的讲话》（2013 年 9 月 30 日），中共中央文献研究室编：《习近平关于社会主义经济建设论述摘编》，中央文献出版社 2017 年版，第 159 页。

和农业现代化的关系，推进城乡经济、区域经济和国际经济之间的协调发展。

——中国特色新型城镇化建设思想。

城镇化是现代化的必由之路。世界城镇化最基本的趋势就是农村富余劳动力和农村人口向城镇转移。新时代推进我国新型城镇化建设是解决农业、农村、农民问题的重要途径，是推动区域协调发展的有力支撑，是扩大内需和促进产业升级的重要抓手，对加快推进社会主义现代化强国建设具有重大现实意义和深远历史意义。城镇化是一个自然历史过程，是我国发展必然要遇到的经济社会历史发展过程。既然是自然历史过程和经济社会发展过程，我国新型城镇化建设就必须从我国社会主义初级阶段基本国情出发，遵循城镇化建设与发展客观规律，因势利导、因地制宜、实事求是，使之成为一个顺势而为、水到渠成的发展过程。

公元前300年，中国总人口有3000万人，城市化水平为14.3%。公元1200年，中国总人口有7100万人，城市化水平为22.4%。① 1949年底，中国大陆总人口54167万人，城镇人口比重10.6%，乡村人口比重89.4%。按照城市非农业人口计算，城镇人口比重只有5.1%，大大低于世界平均水平（1950年为29.1%）。1978年，中国大陆总人口96259万人，城镇人口比重17.9%，乡村人口比重82.1%。2017年，中国大陆总人口139008万人，城镇人口比重58.5%，乡村人口比重41.5%。1979—2017年城镇人口年平均增长速度为4.1%，乡村人口年平均增长速度为-0.8%。② 预计到2049年中国城镇人口比重在75%以上。

新时代推进我国新型城镇化建设与发展进程，必须坚持以下四项基本原则：一是以人为本。推进以人为核心的城镇化，提高城镇人口素质和居民生活质量，把促进有能力在城镇稳定就业和生活的常住人口有序实现市民化作为首要任务。二是优化布局。根据资源环境承载能力构建科学合理的城镇化空间布局，把城市群作为主体形态，促进大中小城市和小城镇合理分工、功能互补、协同发展。三是生态文明。着力推进绿色发展、循环发展、低碳发展，尽可能减少对自然的干扰和损害，节约集约利用土地、水、能源等资源。四是传承文化。发展有历史记忆、地域特色、民族特点的美丽城镇，不能千城一面、万楼

① 赵冈、陈钟毅：《中国经济制度史论》，新星出版社2006年版，第332—333页。

② 中华人民共和国国家统计局编：《中国统计年鉴—2018》，中国统计出版社2018年版，第4、5、12页。

一貌。

新时代推进我国新型城镇化建设与发展,还要处理好以下两对关系:一是政府和市场的关系。既要坚持使市场在资源配置中起决定性作用,又要更好发挥政府在创造制度环境、编制发展规划、建设基础设施、提供公共服务、加强社会治理等方面的职能。二是中央和地方的关系。中央制定大政方针、确定城镇化总体规划和战略布局,省及省以下地方则从实际出发,贯彻落实总体规划,制定相应规划,创造性开展建设和管理工作。

重点推进以人为核心的城镇化。现代化的本质是人的现代化。解决好人的问题是推进新型城镇化的关键。人要在城市落得住脚,关键是要根据城市资源禀赋,培育发展各具特色的城市产业体系,强化大中小城市间专业化分工协作,增强中小城市产业承接能力,特别是要着力提高现代服务业比重,增强城市创新能力,营造良好就业和生活环境。推进农业转移人口市民化,要坚持自愿、分类、有序的原则。城市群是人口大国城镇化的主要空间载体,像我们这样人多地少的国家,更要坚定不移以城市群为主体形态推进城镇化。

推进新型城镇化科学技术创新发展。坚持绿色、智慧、创新、人文、紧凑型城市建设方向,以系统工程理念为出发点,尊重城镇化建设发展规律,创新和改进城镇规划方法,把生态环境承载力、历史文脉传承、绿色低碳等理念融入规划设计全过程,通过科技创新统筹引领城市规划、建设、管理等各个环节,形成较为完备的新型城镇化建设和发展理论体系、共性关键技术和标准规范体系,推动城镇可持续人居环境建设和公共服务功能提升,有力保障中国特色新型城镇化建设。

加强大中小城市和小城镇产业协作协同发展。各城市要结合资源禀赋和区位优势,明确主导产业和特色产业,强化大中小城市和小城镇产业协作协同,逐步形成横向错位发展、纵向分工协作的新型城镇化发展格局。建立跨地区投资、生产总值、财税金融等利益分享机制,推动城镇间产业分工、产业整合和园区共建。

——中国特色乡村振兴战略思想。

实施中国特色乡村振兴战略,是解决我国农业农村农民问题的重要举措。习近平指出:农业农村农民问题是关系国计民生的根本性问题,必须始终把解决好"三农"问题作为全党工作重中之重。要坚持农业农村优先发展,按照产业兴旺、生态宜居、乡风文明、治理有效、生活富裕的总要求,建立健全城乡融合发展体制机制和政策体系,加快推进农业农村现代化。[①] 坚持工业反哺农业、城市支持农村和多予少取放活方针,不断加大强农惠农富农政策力度,始终把"三农"工作牢牢抓住、紧紧抓好。

农村基本经营制度是党的农村政策的基石。巩固和完善农村基本经营制度,第一要坚持农村土地农民集体所有。第二要坚持家庭经营基础性地位。第三要坚持稳定土地承包关系。农村土地制度改革是个大事,涉及的主体、包含的利益关系十分复杂,必须审慎稳妥推进。不管怎么改,不能把农村土地集体所有制改垮了,不能把耕地改少了,不能把粮食产量改下去了,不能把农民利益损害了。要深化农村土地制度改革,完善承包地"三权"分置制度。保持土地承包关系稳定并长久不变,第二轮土地承包到期后再延长三十年。深化农村集体产权制度改革,保障农民财产权益,壮大集体经济。确保国家粮食安全,把中国人的饭碗牢牢端在自己手中。

重点构建现代农业产业体系、生产体系、经营体系,完善农业支持保护制度,发展多种形式适度规模经营,培育新型农业经营主体,健全农业社会化服务体系,实现小农户和现代农业发展有机衔接。促进农村一二三产业融合发展,支持和鼓励农民就业创业,拓宽增收渠道。推进以人为核心的新型乡村化,发展新型农业、农民、农村经济体,加强农村基层基础工作,健全自治、法治、德治相结合的乡村治理体系,培养造就一支懂农业、爱农村、爱农民的"三农"工作队伍。

——新时代城乡一体化协调发展思想。

推进新时代城乡一体化协调发展,是我国新型工业化和农业现代化发展到一定阶段的必然要求,是国家现代化建设进入新阶段的重要标志。推进城乡一体化协调发展要坚持从我国城乡发展不平衡、不协调和二元结构的现实出发,从我国的自然资源禀赋、经济地理结构、历史文化传统、体制机制环境等基本国情出发,既要遵循普遍规律、又不能墨守成规,既要借鉴国际先进经验、又不能照抄照搬。习近平强调,要把工业和农业、城市和乡村作为一个整体统筹谋划,促进城乡在规划布局、要素配置、产业发展、公共服务、生态保护等方面相互融合和共同发展。着力点是通过建立城乡融合的体制机制,形成以工

① 习近平:《决胜全面建成小康社会　夺取新时代中国特色社会主义伟大胜利——在中国共产党第十九次全国代表大会上的报告》(2017年10月18日),人民出版社2017年版,第32页。

促农、以城带乡、工农互惠、城乡一体的新型工农城乡关系，目标是逐步实现城乡居民基本权益平等化、城乡公共服务均等化、城乡居民收入均衡化、城乡要素配置合理化，以及城乡产业发展融合化。①

走向本世纪中叶全面建设社会主义现代化经济强国，同步推进新型工业化、信息化、城镇化、农业现代化，薄弱环节是农业现代化滞后，突出问题是城乡发展不平衡不协调。缩小城乡区域发展差距，不能仅仅看作是缩小国内生产总值总量和增长速度的差距，而应该是缩小居民收入水平、基础设施通达水平、基本公共服务均等化水平、人民生活水平等方面的差距。户籍制度改革涉及多方面利益调整，要加强对农业转移人口市民化的战略研究，统筹推进土地、财政、教育、就业、医疗、养老、住房保障等领域配套改革。

新时代推进我国城乡经济空间布局与协调发展，必须坚持走集约化的城乡协调发展道路。按照促进生产空间集约高效、生活空间宜居适度、生态空间山清水秀的总体要求，形成生产、生活、生态空间的城乡合理结构，建设和发展各具特色的城乡空间布局，促进城乡发展与人口、资源、环境、生态的协调发展。坚持工业反哺农业、城市支持农村，健全城乡发展一体化体制机制，推进城乡要素平等交换、合理配置和基本公共服务均等化。推进以人为核心的新型城镇化，加快培育中小城市和特色小城镇，发展特色县域经济。②

构建中国特色城乡资源协调配置机制，提高全国人流、物流、资金流的城乡互动效率，使工业与农业、市民与农民、城市与农村之间的资源配置，能够最大限度地有序流动和互补互利发展。促进城乡经济空间布局与协调发展，关键在处理好农业转移人口市民化问题，应该构建多元化可持续的市民化资金保障机制，健全财政转移支付同农业转移人口市民化挂钩机制，创新城乡协调发展的投融资体制机制，解决好城乡一体化协调发展的资金保障问题，形成人口和生产要素在城乡间有序流动的机制，实现城乡经济社会共同进步。重点建设城乡一体化协调发展体制机制，形成以工促农、以城带乡、工农互惠、城乡一体的新型工农城乡关系，让广大农民平等参与现代化进程、共同分享现代化成果。重点要加快构建新型农业经营体系，赋予农民更多财产权利，推进城乡

---

① 习近平：《在十八届中央政治局第二十二次集体学习时的讲话》（2015 年 4 月 30 日），中共中央文献研究室编：《习近平关于社会主义经济建设论述摘编》，中央文献出版社 2017 年版，第 188—189 页。

② 参见魏后凯：《走中国特色的新型城镇化道路》，社会科学文献出版社 2014 年版。

要素平等交换和公共资源均衡配置，大力推进城乡一体化协调发展体制机制建设。

（二）区域经济的空间布局与协调发展思想

区域经济的空间布局与协调发展，是我国新时代现代化经济强国建设的重要内容。新时代全面建设社会主义现代化经济强国，必须大力推进区域经济的空间布局与协调发展。区域经济空间布局涉及人口、资源、地理、环境、社会、文化、历史、交通等要素内容，是经济学、地理学、人口学、环境学、社会学等跨学科综合研究。在区域经济空间布局结构上，要重点解决好以下三大问题：一是生产力布局。包括区域自然资源、人力资源、产业构成、交通设施、科技条件以及其他经济社会因素的生产力布局。二是区域经济关系。包括国民经济社会的总体利益与区域经济之间的利益协调；区域与区域间经济利益关系的协调；区域与区域间经济结构的平衡。三是区域政策制定。包括人口政策、产业政策、公共服务政策、基础设施政策、就业和社会保障政策等。[①]

我国国土空间960万平方公里，幅员辽阔、区域差异大，东部与西部、南方与北方在自然环境、资源禀赋、文化传统、经济发展等方面都存在着较大的差异。从经济社会发展水平上看，2017年全国（大陆）总人口的区域构成：东部地区38.4%，中部地区26.6%，西部地区27.2%，东北地区7.8%。国内生产总值的区域构成：东部地区52.9%，中部地区20.8%，西部地区19.9%，东北地区6.4%。货物进出口的区域构成：东部地区82.4%，中部地区6.7%，西部地区7.5%，东北地区3.3%。谷物产量的区域构成：东部地区24.3%，中部地区31.5%，西部地区23.2%，东北地区21.0%。全社会固定资产投资额的区域构成：东部地区42.3%，中部地区26.1%，西部地区26.7%，东北地区4.9%。社会消费品零售总额的区域构成：东部51.5%，中部21.3%，西部18.7%，东北地区8.5%。[②]

关于推进区域经济的空间布局与协调发展，习近平强调，首先要加大力度支持革命老区、民族地区、边疆地区、贫困地区加快发展，强化举措推进西部大

---

① 参见洪银兴总主编，刘志彪、吴福象主编：《现代经济学大典—区域经济学分册》，经济科学出版社2016年版。

② 中华人民共和国国家统计局编：《中国统计摘要》，中国统计出版社2018年版，第13、14页。

开发形成新格局，深化改革加快东北等老工业基地振兴，发挥优势推动中部地区崛起，创新引领率先实现东部地区优化发展。同时，要以城市群为主体构建大中小城市和小城镇协调发展的城镇格局，加快农业转移人口市民化。以疏解北京非首都功能为"牛鼻子"推动京津冀协同发展，高起点规划、高标准建设雄安新区。以共抓大保护、不搞大开发为导向推动长江经济带发展。支持资源型地区经济转型发展。加快边疆发展，确保边疆巩固、边境安全。坚持陆海统筹，加快建设海洋强国。①

新时代推进我国区域经济的空间布局与协调发展，关键在于切实坚持区域协调发展原则，构建更加有效的区域经济协调发展的新机制，增强区域经济发展的协同性、联动性、整体性。充分发挥政府和市场两方面的积极作用，发展完善区域合作与互助机制，建立健全区际经济补偿机制。特别是加大支持贫困地区发展力度，支持资源型地区经济转型发展，促进东部、中部、西部和东北各区域间的协调发展。

新时代推进区域经济协调发展，首先要坚持协调发展原则。避免出现区域经济布局的碎片化，防止区域发展的结构性失衡。根据适宜生存、经济发展的客观规律来进行区域间的经济战略布局。其次要坚持制度公平原则。塑造要素有序自由流动、主体功能约束有效、基本公共服务均等、资源环境可承载的区域协调发展新格局。第三要坚持战略协同原则。完善西部开发、东北振兴、中部崛起、东部率先发展战略，重点支持落后困难地区加快发展，培育若干带动区域协同发展的增长极。第四坚持重点突破原则。瞄准支撑大国经济战略崛起的增长集聚带目标，重点推进京津冀、长三角、珠三角等战略性区域建设。

我国京津冀、长三角、珠三角三大城市群，是我国经济社会发展最重要的地带。新时代推进区域经济的空间布局与协调发展，特别要大力推进京津冀、长三角、珠三角三大城市群的协调发展的现代化建设。三大城市群在 2017 年以 5.2%的国土面积，聚集了全国 23%的人口，创造了 40%的国内生产总值，形成了 70%以上的发明专利。其中，2017 年京津冀和长江经济带的主要指标占全国比重：国内生产总值占比分别为 9.5%、43.8%；货物进出口总额占比分

① 习近平：《决胜全面建成小康社会　夺取新时代中国特色社会主义伟大胜利——在中国共产党第十九次全国代表大会上的报告》（2017 年 10 月 18 日），人民出版社 2017 年版，第 32—33 页。

别为11.9%、43.6%；谷物产量占比分别为6.4%、35.7%；全社会固定资产投资额占比分别为8.3%、45.5%；社会消费品零售总额占比分别为9.1%、42.6%。①

——重点推进京津冀协调发展。

北京、天津、河北人口加起来有一亿多人，土地面积有二十一万六千平方公里，京津冀同属京畿重地，地缘相接、人缘相亲，地域一体、文化一脉，历史渊源深厚、交往半径相宜，完全能够相互融合、协同发展。实现京津冀协同发展、创新驱动，是面向未来打造新的首都经济圈、推进区域发展体制机制创新的需要，是探索完善城市群布局和形态、为优化开发区域发展提供示范和样板的需要，是探索生态文明建设有效路径、促进人口经济资源环境相协调的需要，是实现京津冀优势互补、促进环渤海经济区发展、带动北方腹地发展的需要。②

新时代推进京津冀协同发展，要立足各自比较优势、立足现代产业分工要求、立足区域优势互补原则、立足合作共赢理念，以京津冀城市群建设为载体、以优化区域分工和产业布局为重点、以资源要素空间统筹规划利用为主线、以构建长效体制机制为抓手，从广度和深度上加快发展，努力打造现代化的新型首都经济圈。产业一体化是京津冀协同发展的实体内容和关键支撑。要在更高层面整合京津冀产业发展，合理安排三地产业分工特别是制造业分工，着力理顺京津冀产业发展链条，形成区域间产业合理分布和上下游联动机制。要统筹考虑这一区域的空间结构，提高国土空间利用效率，促进城市分工协作，提高城市群一体化水平。

在推进京津冀协同发展中，要努力推进雄安新区建设。习近平指出，规划建设雄安新区，要在党中央领导下，坚持世界眼光、国际标准、中国特色、高点定位，坚持生态优先、绿色发展，坚持以人民为中心、注重保障和改善民生，坚持保护弘扬中华优秀传统文化、延续历史文脉，建设绿色生态宜居新城区、创新驱动发展引领区、协调发展示范区、开放发展先行区，努力打造贯彻落实新发展理念的创新发展示范区。③

---

① 中华人民共和国国家统计局编：《中国统计年鉴—2018》，中国统计出版社2018年版，第15页。

② 习近平：《在北京市考察工作结束时的讲话》（2014年2月26日），中共中央文献研究室编：《习近平关于社会主义经济建设论述摘编》，中央文献出版社2017年版，第247页。

③ 习近平：《在河北省安新县进行实地考察、主持召开河北雄安新区规划建设工作座谈会时的讲话》（2017年2月23日），中共中央文献研究室编：《习近平关于社会主义经济建设论述摘编》，中央文献出版社2017年版，第283页。

规划建设雄安新区的重点任务：一是建设绿色智慧新城，建成国际一流、绿色、现代、智慧城市。二是打造优美生态环境，构建蓝绿交织、清新明亮、水城共融的生态城市。三是发展高端高新产业，积极吸纳和集聚创新要素资源，培育新动能。四是提供优质公共服务，建设优质公共设施，创建城市管理新样板。五是构建快捷高效交通网，打造绿色交通体系。六是推进体制机制改革，发挥市场在资源配置中的决定性作用和更好发挥政府作用，激发市场活力。七是扩大全方位对外开放，打造扩大开放新高地和对外合作新平台。

——重点推进长江经济带协调发展。

长江是中华民族的母亲河，也是中华民族发展的重要支撑。长江经济带作为流域经济，涉及水、路、港、岸、产、城和生物、湿地、环境等多个方面，在我国区域经济发展中占有重要地位。推动长江经济带发展必须从中华民族长远利益考虑，走生态优先、绿色发展之路，使绿水青山产生巨大生态效益、经济效益、社会效益，使母亲河永葆生机活力。

新时代推进长江经济带协调发展，要增强整体思维、系统思维，统筹各地改革发展、各项区际政策、各领域建设、各种资源要素，使沿江各省市协同作用更明显，促进长江经济带实现上中下游协同发展、东中西部互动合作，把长江经济带建设成为我国生态文明建设的先行示范带、创新驱动带、协调发展带。要优化已有岸线使用效率，把水安全、防洪、治污、港岸、交通、景观等融为一体，抓紧解决沿江工业、港口岸线无序发展的问题。要优化长江经济带城市群布局，坚持大中小结合、东中西联动，依托长三角、长江中游、成渝这三大城市群带动长江经济带发展。共同努力把长江经济带建成生态更优美、交通更顺畅、经济更协调、市场更统一、机制更科学的黄金经济带。

（三）国际经济的空间布局与协调发展思想

全球化和地球村是人类未来发展的根本趋势，人类社会最终将从民族历史走向世界历史。新时代中国特色社会主义现代化经济强国建设，要从世界经济大国走向世界经济强国，必须坚持经济全球化的改革发展方向，协调好国内经济发展同国际经济发展之间的空间布局关系，坚持国内国际两个市场两种资源统筹发展的原则，推动商品、资源、信息、生产、科技、人才、制度、标准、文化等要素的全球空间布局与协调发展。

新时代我国国际经济的空间布局与协调发展，必须适应经济全球化的新形势与新挑战，推动对内对外开放相互促进、引进来和走出去更好结合，促进国际国内要素有序自由流动、资源高效配置、市场深度融合，加快培育参与和引领国际经济合作竞争新优势，以更大程度的开放促更进一步的改革。推进市场准入与开放改革，加快自由贸易区建设，扩大内陆沿边开放，积极稳妥推进“一带一路”建设，构建开放型经济新体制，推动实现更高质量与效益的国际经济发展。

——牢固树立经济全球化发展战略思想。

中国是经济全球化的积极参与者和坚定支持者，也是重要建设者和主要受益者，必须适应经济全球化新趋势、准确判断国际形势新变化、深刻把握国内改革发展新要求，以更加积极有为的行动，推进更高水平的对外开放。当今世界，经济全球化、信息社会化所带来的商品流、信息流、技术流、人才流、文化流，如长江之水，挡也挡不住。一个国家对外开放，必须首先推进人的对外开放，特别是人才的对外开放。如果人思想禁锢、心胸封闭，那就不可能有真正的对外开放。因此，对外开放要着眼于人、着力于人，推动人们在眼界上、思想上、知识上、技术上走向开放，通过学习和应用世界先进知识和技术，进而不断把整个对外开放提高到新的水平。习近平指出，任何一个民族、任何一个国家都需要学习别的民族、别的国家的优秀文明成果。中国要永远做一个学习大国，不论发展到什么水平都虚心向世界各国人民学习，以更加开放包容的姿态，加强同世界各国的互容、互鉴、互通，不断把对外开放提高到新的水平。①

经济全球化是社会生产力发展的客观要求和科技进步的必然结果，不是哪些人、哪些国家人为造出来的。经济全球化为世界经济增长提供了强劲动力，促进了商品和资本流动、科技和文明进步、各国人民交往。当然，经济全球化是一把“双刃剑”。人类历史告诉我们，有问题不可怕，可怕的是不敢直面问题，找不到解决问题的思路。面对经济全球化带来的机遇和挑战，正确的选择是，充分利用一切机遇，合作应对一切挑战，引导好经济全球化走向。习近平指出，世界经济的大海，你要还是不要，都在那儿，是回避不了的。想人为切断各国经济的资金流、技术流、产品流、产业流、人员流，让世界经济的大海退

① 习近平：《在同外国专家座谈时的讲话》（2014 年 5 月 22 日），中共中央文献研究室编：《习近平关于社会主义经济建设论述摘编》，中央文献出版社 2017 年版，第 289 页。

回到一个一个孤立的小湖泊、小河流,是不可能的,也是不符合历史潮流的。①

我国对外开放极大地促进了经济贸易发展。1978 年中国货物进出口总额 206.4 亿美元,其中,出口额 97.5 亿美元,进口额 108.9 亿美元。2000 年中国货物进出口总额 4743 亿美元,其中,出口额 2492 亿美元,进口额 2250.9 亿美元。2017 年中国货物进出口总额 41045 亿美元,其中,出口额 22635.2 亿美元,进口额 18409.8 亿美元。1979—2017 年,中国货物进出口总额(人民币计价)年平均增长速度为 18.6%。② 同时,目前我国仍然是一个外资利用强度很低的国家,吸引外资有很大的发展空间。2017 年利用外资 1310.4 亿美元,外资利用强度(利用外资占国内生产总值比例)仅为 1.1%,人均外资利用水平在世界排名第 120 位以后,约为世界平均水平的 50%、发展中经济体的 70%、发达经济体的 20%。新时代对外经济发展需要继续扩大开放,积极融入经济全球化,提高国民经济的国际化水平。

——重点推进"一带一路"国际经济建设。

新时代国际经济的空间布局与协调发展,重点是要推进"一带一路"建设。建设丝绸之路经济带、21 世纪海上丝绸之路,是党中央统揽政治、外交、经济社会发展全局作出的重大战略决策,是实施新一轮扩大开放的重要举措,也是营造有利周边环境的重要举措。"一带一路"建设是我们着眼欧亚大舞台、世界大棋局的重大谋篇布局。

"一带一路"贯穿欧亚大陆,东边连接亚太经济圈,西边进入欧洲经济圈,大致涉及 65 个国家。其 2016 年总人口 44 亿,生产总值 23 万亿美元,分别占全球的 62.5%、28.6%。建立起以欧亚大陆为核心的互联互通网络、基础设施平台、金融合作架构、人文交流格局、贸易投资体系,既推动欧亚大陆经济一体化进程,也提升我们在国际事务中的发言权和影响力。习近平指出,"一带一路"建设是我们着眼欧亚大舞台、世界大棋局的重大谋篇布局。通过"一带一路"建设把沿线国家团结起来,中国就可以在全球和地区大竞争中站稳脚跟、赢得主动。"一带一路"建设的定位是我国扩大对外开放的重大战略举措和经济外交的顶层设计,是我国今后相当长时期对外开放和对外合作的管总规

---

① 习近平:《共担时代责任,共促全球发展》(2017 年 1 月 17 日),中共中央文献研究室编:《习近平关于社会主义经济建设论述摘编》,中央文献出版社 2017 年版,第 309 页。

② 中华人民共和国国家统计局编:《中国统计年鉴—2018》,中国统计出版社 2018 年版,第 93、10 页。

划,也是我国推动全球治理体系变革的主动作为。①

树立正确的"一带一路"国际经济建设思想。"一带一路"建设秉持的是共商、共建、共享原则,本着亲诚惠容的周边外交理念,共同打造开放、包容、均衡、普惠的区域合作架构。推进"一带一路"建设,要处理好我国利益和沿线国家利益的关系,政府、市场、社会的关系,经贸合作和人文交流的关系,对外开放和维护国家安全的关系,务实推进和舆论引导的关系,国家总体目标和地方具体目标的关系。特别是要聚焦政策沟通、设施联通、贸易畅通、资金融通、民心相通,聚焦构建互利合作网络、新型合作模式、多元合作平台,聚焦携手打造绿色丝绸之路、健康丝绸之路、智力丝绸之路、和平丝绸之路。

"一带一路"建设重点在国外,但根基在国内。协调国内国外空间布局,积极参与全球经济治理,推动对内对外开放相互促进、引进来和走出去更好结合,促进国际国内要素有序自由流动、资源高效配置、市场深度融合,加快培育参与和引领国际经济合作竞争新优势。推进互联互通所倡导的政策沟通、设施联通、贸易畅通、资金融通、民心相通五大领域齐头并进,升华中国经济空间布局的战略空间,在全球范围内统筹国内国际两个市场两种资源。特别是要重视发挥国内经济的支撑辐射和引领带动作用。推进"一带一路"建设关键在于抓好落实,由易到难、由近及远,以点带线、由线到面,扎实开展经贸合作,扎实推进重点项目建设,脚踏实地、一步一步干起来。

推动形成全面开放新格局。开放带来进步,封闭必然落后。以"一带一路"建设为重点,坚持引进来和走出去并重,遵循共商共建共享原则,加强创新能力开放合作,形成陆海内外联动、东西双向互济的开放格局。拓展对外贸易,培育贸易新业态新模式,推进贸易强国建设。实行高水平的贸易和投资自由化便利化政策,全面实行准入前国民待遇加负面清单管理制度,大幅度放宽市场准入,扩大服务业对外开放,保护外商投资合法权益。优化区域开放布局,加大西部开放力度。推进自由贸易试验区、自由贸易港改革发展。创新对外投资方式,促进国际产能合作,形成面向全球的贸易、投融资、生产、服务网络,加快培育国际经济合作和竞争新优势。

---

① 习近平:《在推进"一带一路"建设工作座谈会上的讲话》(2016 年 8 月 17 日),中共中央文献研究室编:《习近平关于社会主义经济建设论述摘编》,中央文献出版社 2017 年版,第 276 页。

——积极参与推进全球经济治理建设。

随着经济全球化的迅猛发展，国际社会必然要求更高质量的全球经济治理合作。新时代中国国际经济的空间布局与协调发展，必须积极参与全球经济治理建设，统筹国内国际两个大局，始终不渝走和平发展道路、奉行互利共赢的开放战略，坚持正确义利观，树立共同、综合、合作、可持续的新安全观，谋求开放创新、包容互惠的发展前景，促进和而不同、兼收并蓄的文明交流，构筑尊崇自然、绿色发展的生态体系，始终做世界和平的建设者、全球发展的贡献者、国际秩序的维护者。

新时代推进全球经济治理建设进程，要以构建人类命运共同体为根本宗旨，树立正确的全球经济治理思想。首先，全球经济治理应该以平等为基础，更好反映世界经济格局新现实，增加新兴市场国家和发展中国家代表性和发言权，确保各国在国际经济合作中权利平等、机会平等、规则平等。要维护世界贸易组织规则，支持开放、透明、包容、非歧视性的多边贸易体制，构建开放型世界经济。其次，全球经济治理应该以开放为导向，坚持理念、政策、机制开放，适应形势变化，广纳良言，充分听取社会各界建议和诉求，鼓励各方积极参与和融入，不搞排他性安排，防止治理机制封闭化和规则碎片化。再次，全球经济治理应该以合作为动力，全球性挑战需要全球性应对，合作是必然选择，各国要加强沟通和协调，照顾彼此利益关切，共商规则，共建机制，共迎挑战。最后，全球经济治理应该以共享为目标，提倡所有人参与，所有人受益，不搞一家独大或者赢者通吃，而是寻求利益共享，实现共赢目标。

新时代推进全球经济治理建设进程，需要重点推进以下方面建设：一是共同构建公正有效的全球金融治理格局，维护世界经济稳定大局；二是共同构建开放透明的全球贸易和投资治理格局，巩固多边贸易体制，释放全球经贸投资合作潜力；三是共同构建绿色低碳的全球能源治理格局，共同推动绿色发展合作；四是共同构建包容联动的全球发展治理格局，共同增进全人类福祉；五是重点推进多边经济贸易合作关系，推进中国—北美经贸合作圈，中国—东盟经贸合作圈，中国—东北亚经贸合作圈，中国—欧洲经贸合作圈，中国—非洲经贸合作圈，推进我国优势产能全球布局，鼓励中国企业走向全球发展，鼓励中国公民走向世界创业，从更高层次和更高质量水平上推动我国国际经济的全球化建设进程。

第二篇　新时代经济分配思想

新时代经济分配思想是我国新时代国民财富如何更公平分配、经济成果如何更有效分享的经济思想，是从分配使用、物质财富占有的需求侧维度，关于新时代中国特色社会主义经济分配怎么看、怎么办的思想理论。习近平新时代中国特色社会主义经济分配思想，围绕本世纪中叶全体人民共同富裕基本实现这一宏伟目标，揭示出中国特色社会主义经济现代化建设与发展的根本目的、出发点和落脚点，为全面推进国民经济持续健康发展，不断满足人民日益增长的美好生活需要，奠定了坚实的思想理论认识基础，对推进我国新时代经济改革发展特别是人民共建共享共同富裕具有重大的指导意义。

一、社会主义共同富裕根本分配宗旨

共同富裕是社会主义的本质。到本世纪中叶全体人民共同富裕基本实现，是党的十九大确立的最为宏大、最具新时代意义的伟大工程，是新时代执政的中国共产党对全体人民作出的最为郑重的政治承诺，是中国特色社会主义事业最为鲜明的政治经济学特征。习近平指出，我们党领导人民进行改革开放和社会主义现代化建设的根本目的，就是要通过发展社会生产力，不断提高人民物质文化生活水平，促进人的全面发展。检验我们一切工作的成效，最终都要看人民是否真正得到了实惠，人民生活是否真正得到了改善，这是坚持立党为公、执政为民的本质要求，是党和人民事业不断发展的重要保证。

（一）共同富裕是社会主义的本质

共同富裕是社会主义的本质，这是马克思主义最为根本的政治经济思想，也是中国特色社会主义最为根本的生命力的源泉。解放和发展社会生产力是社会主义的本质要求，是实现全体人民共同富裕的逻辑起点和物质保障。共同富裕既建立于极大的社会物质生产创造能力基础之上,又依赖于极高的社会财富分配公平水平实现上。“富裕”一词在狭义上是指物质财物上的富足充裕,在广义上还包括精神生活、社会生活等方面的富足水平。在经济学供给与需求的语义中,“富裕”一词表示物质创造的生产交换能力和物质享受的分配使用水平的较好实现状态。共同富裕是指某一范围内全体成员整体意义上的富裕景象,即所有人所拥有的较高满足程度的物质生活状态。

——坚持全体人民共同富裕根本分配宗旨。

实现全体人民共同富裕是中国特色社会主义最根本的政治经济追求,是马克思主义政治经济学最本质的思想理论宗旨。中华民族伟大复兴,中国特色社会主义事业,是亿万人民自己的事业。人民是历史的创造者,是决定党和国家前途命运的根本力量。坚持全体人民共同富裕根本分配宗旨,首先必须坚持以人民为中心的发展思想,坚持人民主体地位、共建共享共同富裕,坚持立党为公、执政为民,践行全心全意为人民服务的根本宗旨,把人民对美好生活的向往作为奋斗目标,依靠人民创造历史伟业、实现共同富裕。习近平指出,我们的人民热爱生活,期盼有更好的教育、更稳定的工作、更满意的收入、更可靠的社会保障、更高水平的医疗卫生服务、更舒适的居住条件、更优美的环境,期盼孩子们能成长得更好、工作得更好、生活得更好。人民对美好生活的向往,就是我们的奋斗目标。①

坚持全体人民共同富裕的社会主义根本分配思想,体现了我们党全心全意为人民服务的根本宗旨,体现了人民是推动历史发展的根本力量的唯物史观。发展为了人民,这是马克思主义政治经济学的根本立场。马克思、恩格斯指出:无产阶级的运动是绝大多数人的、为绝大多数人谋利益的独立的运动,在未来社会生产将以所有的人富裕为目的。坚持全体人民共同富裕根本分配宗旨,必须把增进人民福祉、促进人的全面发展、朝着共同富裕方向稳步前进作为经济发展的出发点和落脚点,这是我们部署经济工作、制定经济政策、推动经济发展都要牢牢坚持的根本立场。

人民共建共享共同富裕是中国特色社会主义的根本思想。习近平指出,共享理念实质就是坚持以人民为中心的发展思想,体现的是逐步实现共同富裕的要求。党的十八届五中全会提出的共享发展理念,其内涵主要包括四个

---

① 《习近平谈治国理政》,外文出版社 2014 年版,第 4 页。

方面，即全民共享、全面共享、共建共享、渐进共享。这四个方面内涵是相互贯通的，要整体理解和把握。党的十九大提出，到 2020 年人民生活水平和质量普遍提高，基本公共服务均等化水平稳步提高，收入差距缩小，中等收入人口比重上升；到 2035 年人民生活更为宽裕，中等收入群体比例明显提高，城乡区域发展差距和居民生活水平差距显著缩小，基本公共服务均等化基本实现，全体人民共同富裕迈出坚实步伐；到本世纪中叶全体人民共同富裕基本实现，我国人民将享有更加幸福安康的生活。

牢固坚持人民共建共享共同富裕的根本分配宗旨。习近平强调：治国有常，而利民为本。大道之行也，天下为公。发展的目的是造福人民。坚持以人民为中心共建共享思想，要坚持人民主体地位，顺应人民群众对美好生活的向往，不断实现好、维护好、发展好最广大人民根本利益，做到发展为了人民、发展依靠人民、发展成果由人民共享。习近平指出，“十三五”时期的任务和措施有很多，归结起来就是两个层面的事。一是充分调动人民群众的积极性、主动性、创造性，举全民之力推进中国特色社会主义事业，不断把“蛋糕”做大。二是把不断做大的“蛋糕”分好，让社会主义制度的优越性得到更充分体现，让人民群众有更多获得感。①

人民生活水平全面提高是实现社会主义现代化的最终目的和根本标准，是我们研究问题、制定政策、治国理政的根本出发点和落脚点。习近平强调，让广大人民群众共享改革发展成果，是社会主义的本质要求，是社会主义制度优越性的集中体现，是我们党坚持全心全意为人民服务根本宗旨的重要体现。我国经济发展的“蛋糕”不断做大，但分配不公问题比较突出，收入差距、城乡区域公共服务水平差距较大。在共享改革发展成果上，无论是实际情况还是制度设计，都还有不完善的地方。为此，我们必须坚持发展为了人民、发展依靠人民、发展成果由人民共享，作出更有效的制度安排，使全体人民朝着共同富裕方向稳步前进，绝不能出现“富者累巨万，而贫者食糟糠”的现象。②

——坚持社会主义公平正义经济分配思想。

通过市场来配置资源的市场经济是人类经济运行的基本方式。市场经济

---

① 习近平：《在省部级主要领导干部学习贯彻党的十八届五中全会精神专题研讨班上的讲话》（2016 年 1 月 18 日），中共中央文献研究室编：《习近平关于社会主义经济建设论述摘编》，中央文献出版社 2017 年版，第 43 页。

② 《习近平谈治国理政》第二卷，外文出版社 2017 年版，第 200 页。

可以带来经济竞争与效率,但并不能自动实现经济公平与人们的共同富裕。社会主义追求人类的共同富裕,要求市场经济兼顾公平与效率的双重发展目标,坚持社会主义的公平正义价值取向。中国特色社会主义现代化经济建设进入了新的发展阶段,中国的国民收入分配改革与发展,也必须进入更高层级的社会公平与效率的新发展阶段。

收入是民生之源,公平是和谐之本。公平分配是经济善治的前提保障,是通向共同富裕的根本途径,代表着社会主义的本质特征。国民财富在经济主体、社会成员之间的公平分配水平,决定着国家经济社会政治持续健康协调发展程度。邓小平指出,社会主义最大的优越性就是共同富裕。如果导致两极分化,改革就算失败了。习近平强调,广大人民群众共享改革发展成果,是社会主义的本质要求,是我们党坚持全心全意为人民服务根本宗旨的重要体现。① 世界银行认为,在经济社会的发展过程中,公平性与经济繁荣相辅相成。在一些发展中国家由于存在着财富与机会公平的巨大鸿沟,严重制约着这些国家的进一步发展。

改革开放以来,随着市场经济深入发展,我国国民收入分配格局发生了重大变化,形成了按劳分配为主体、多种分配方式并存的收入分配制度。走向本世纪中叶中华民族伟大复兴,要全面建设社会主义现代化经济强国,大力推进国民收入分配公平建设至关重要,这是确保国家经济政治社会和谐发展安全发展的基础性、全局性、根本性建设内容。所谓经济公平、社会公平、政治公平、文化公平等,首先是指国民收入在全体社会成员之间的分配公平,是指保障人民共建共享和共同富裕的机会与过程公平。

中国是世界上人口最多的发展中国家,也是世界上发展潜力最大的市场经济国家,同时还是世界上影响最大的社会主义国家。国民经济生产不发展肯定不行,国民收入分配不公平也最终不成。如果说 1949—2019 年这 70 年国民经济与社会发展的主要矛盾的焦点,是如何更快更好解决严重的商品短缺、推进国民经济总量快速增长、经济工作中心任务是努力增加商品供给的话,那么走向本世纪中叶中华民族伟大复兴的新时代经济社会发展,随着社会生产力水平不断提高,特别是一些领域相对产能过剩问题反复出现,国民经济与社会发展的主要矛盾的重心,已经转化为如何在新的历史条件下更好地以

---

① 《习近平谈治国理政》第二卷,外文出版社 2017 年版,第 200 页。

人民为中心、以共同富裕为根本、以满足人民日益增长的美好生活需要为宗旨，全面解决包括国民收入分配不公平在内的发展不平衡不充分问题。

我国新时代经济分配思想主要包括以下方面主要内容：一是坚持按劳分配原则，完善按要素分配的体制机制。二是鼓励勤劳守法致富，扩大中等收入群体，增加低收入者收入，调节过高收入，取缔非法收入。三是坚持在经济增长的同时实现居民收入同步增长、在劳动生产率提高的同时实现劳动报酬同步提高，拓宽居民劳动收入和财产性收入渠道。四是履行好政府再分配调节职能，加快推进基本公共服务均等化，缩小收入分配差距。①

（二）建设更加公平有效的国民收入分配体系

建设体现效率、促进公平的国民收入分配体系，推进实现收入分配合理、社会公平正义、全体人民共同富裕。国民收入分配问题是国民经济建设与发展的根本问题，建设更加公平有效的现代化国民收入分配体系极其重要。共同富裕是社会主义的本质，解放和发展社会生产力是社会主义的本质要求。新时代建设更加公平有效的国民收入分配体系，必须坚持人民共建共享共同富裕的根本宗旨，建设更加公平有效的国民收入初次分配体系、二次分配体系、三次分配体系，为推动国民经济更高质量、更有效率、更加公平、更可持续发展，奠定根本性的物质激励制度基础。

建设更加公平有效的国民收入分配体系，是社会主义市场经济建设与发展的关键所在。没有更加公平有效的国民收入分配，就没有更加公平有效的国民经济发展。经济问题说到底是生产与分配两大问题。生产是分配的基础和前提，分配反过来又影响生产的状况与发展。分配的公平性和有效性是现代国民收入分配的两个基本点。从国民经济运行流程方面看，完整的国民经济活动流程由生产、交换、分配、使用四个环节构成。生产是人类经济活动的起点，是国民财富的物质创造活动；交换是全社会有效生产与有效供给的实现；分配是人类经济活动的关键，决定国民财富的最终占有与支配使用。

新时代建设更加公平有效的国民收入分配体系，必须始终坚持共同富裕

① 参见习近平：《决胜全面建成小康社会　夺取新时代中国特色社会主义伟大胜利——在中国共产党第十九次全国代表大会上的报告》（2017 年 10 月 18 日），人民出版社 2017 年版，第 46—47 页。

这一社会主义本质属性,走以人民为中心、以共建共享为指针、以共同富裕为根本的中国特色社会主义经济建设与发展道路,全面推进国民收入的初次分配、二次分配和三次分配的现代化建设进程。其最重要的分配思想,一是保护合法收入、取缔非法收入;二是缩小收入差距、防控贫富分化。最终目的是建设更加公平、更有效率、更可持续的现代化的国民收入分配体系,构建鼓励个人奋斗、自食其力、劳动光荣、创业致富的现代文明的收入分配政策体系,使经济发展成果更多、更公平、更有效地惠及全体人民,全面构建与新时代发展阶段相适应的更加公平合理的国民收入分配格局,全面增强全体人民共建共享、共同富裕的经济现代化建设与发展水平。

——坚持和完善基本分配制度。按劳分配为主体、多种分配方式并存,是中国特色社会主义市场经济的基本分配制度。首先,坚持按劳分配,其实质是坚持公平与效率分配。人类劳动可以分为体力性的体能劳动、技力性的技能劳动、智力性的智能劳动三种实现形式。在具体的生产劳动活动中,三种劳动实现形式如何创造价值,其主次地位和重要性会有所不同。坚持马克思主义劳动价值论,就是坚持劳动创造价值、劳动是价值的源泉的根本价值论思想。科学、技术、教育活动是人类智力资源的开发和使用过程,是最体现劳动创造价值的人类智能性活动。其次,坚持按要素分配,其实质也是坚持公平与效率分配,即分配的结果要体现各生产要素的贡献水平,按照各自的贡献率大小进行价值分配。劳动、资本、技术、管理等生产要素,共同参与着国民财富的生产与分配活动。坚持按劳分配和按要素分配相结合,是中国特色社会主义市场经济有效发展的根本保障。通过市场经济的公平竞争和政府的有效保障,实现多种分配方式并存的共建共享和共同富裕。

——建设公平有效的现代分配体系。坚持公平与效率兼顾的国民收入分配原则,建设更加公平有效的国民收入分配体系。国民收入初次分配主要由市场决定,劳动报酬和资本收益要充分体现资源的稀缺性。为此,要不断完善按劳分配和按要素分配的体制机制,完善政府、工会、企业共同参与的劳资协商协调机制,构建市场均衡的劳动报酬、生产税收与资本收益的分配关系,形成体现机会公平的市场竞价的国民收入初次分配体系。国民收入二次分配主要由政府完成,政府收支要充分体现经济社会公平。为此,要建立健全现代财税制度和社会保障体系,加快推进基本公共服务均等化建设,缩小社会成员之间的收入初次分配差距。国民收入三次分配主要由社会承担,社会慈善与公益要充分体现人道主义文明。为此,要大力发展社会公益慈善合作互助事业,构建现代公益慈善社会分配体制机制,营造中国特色人道主义和人文关怀的社会互助环境。国民收入四次分配主要由司法主导,国家司法和执法机构要充分体现财富正义精神。为此,要构建完善的保护合法收入、取缔非法收入的现代法治的公平分配制度体系,努力把权钱交易、侵财性犯罪等非法收入活动降到最低程度。①

——建设公平有效的现代财政体系。现代财政制度建设在国民收入公平分配建设中居于核心地位。我国新时代建设更加公平有效的国民收入分配体系,需要大力推进以能力税赋为主体的现代财政收入制度建设进程,大力推进以社会保障为主干的现代财政支出制度建设进程,构建与中国特色社会主义事业相匹配的现代财政收入与财政支出体系。所谓以能力税赋为主体,即根据收入(财富)多少而进退的现代税收制度体系,包括累进制下的收入税、遗产税、赠与税、房产税、金融资产税、炫耀性消费税等,构建鼓励财富创造、实体经济、社会公益,同时管控贫富分化、代际不公的税收征缴体系,充分发挥国家税收在国民收入二次分配中的重大调节作用。所谓以社会保障为主干,即公共财政支出要以基本教育、基本医疗、基本住房、基本生活保障等为主要支出内容,充分发挥政府保障在消除贫困、增进民生中的决定性作用。

——建设防控贫富分化的分配制度。贫富两极分化是社会主义的天敌,也是颠覆中国特色社会主义事业的最大威胁。邓小平指出,如果改革开放最终导致了贫富两极分化,那么改革开放就算彻底失败了。新时代要确保发展成果由人民公平分享共同分享,到本世纪中叶全体人民共同富裕基本实现,必须全方位大力实施国家反贫富分化战略。保护合法收入和取缔非法收入双管齐下,提高最低收入和调节最高收入双管齐下,发展经济和防控分化双管齐下,促进国民收入分配格局更合理和更有序,不断提高全社会成员的公平分配实现程度。拓宽居民劳动收入和财产性收入渠道,完善市场评价要素贡献并按贡献分配的机制,完善以税收、社会保障、转移支付为主要手段的国民收入再分配调节机制。鼓励勤劳守法致富,扩大中等收入群体,增加低收入者收入,保护合法收入,取缔非法收入,调节过高收入,规范隐性收入,坚决遏制以权力、暴力、欺诈、垄断等非法手段攫取财富,努力缩小城乡收入差距、区域收

① 参见权衡:《收入分配与社会公平》,上海人民出版社 2014 年版。

入差距、行业收入差距，逐步形成橄榄型国民收入分配格局。

——构建衡量共同富裕的综合评价体系。共同富裕是社会主义的本质，构建衡量全体人民共同富裕的综合评价体系，全面衡量共同富裕的建设进程与实现水平，对推进我国社会主义现代化经济强国建设、不断满足人民日益增长的美好生活需要，具有极其重大的现实指导意义。衡量共同富裕建设进程和实现水平的指标体系，同时也就是衡量贫富分化、收入差距程度的指标方法，可以用基尼系数、收入分化指数、财富分化指数等综合指标来衡量。用基尼系数表示收入差额占总收入比重，反映群体收入差距或平均分配程度。用收入分化指数表示部分人群收入占社会总收入比重，反映社会整体收入分配中的结构性差异。用财富分化指数表示部分人群资产占社会总资产比重，反映社会整体财富占有中的结构性差异。用多种方式方法精准衡量共同富裕或者收入差距、贫富分化程度，是现代经济社会公共政策的顶层设计走向科学化的基础工程。

二、国民收入分配公平效率建设思想

国民收入分配可以从国民收入的初次分配、二次分配和三次分配来衡量。国民收入初次分配是指物质生产经营服务环节的原始收入分配，二次分配是指政府对初次分配结果的国民收入再分配，三次分配是指社会对二次分配结果的社会收入再补充。国民收入分配公平效率建设，要从国民收入分配的这三个层面同时进行。初次分配、二次分配、三次分配都要坚持公平效率目标，坚持以人民为中心共建共享共同富裕根本分配宗旨，推进本世纪中叶全体人民共同富裕基本实现。

（一）推进国民收入初次分配公平效率建设

国民收入初次分配是国民财富在生产经营服务环节中直接与生产要素相联系的直接分配。从国内生产总值的收入形态看，国内所有常住单位在一定时期内创造的各项收入之和构成国内生产总值，包括居民、政府、企业三大经济部门所对应的劳动者报酬、生产税净额、资本性收益（固定资产折旧和企业营业盈余）。新时代推进国民收入初次分配公平效率建设，关键是要处理好居民、政府、企业三大经济部门之间的收入分配关系。

——处理好居民、企业、政府三大经济部门之间的收入分配关系；坚持居民收入增长与经济增长同步的国民收入宏观分配原则。

国民收入宏观分配格局由国民经济三大部门（居民、企业、政府）之间的经济地位所决定。新时代推进国民收入初次分配公平效率建设，首先要处理好宏观分配层面上的居民、企业、政府这三大经济部门之间的收入分配关系，特别是居民收入增长与国民经济增长的关系。只有这三大部门之间的分配关系保持均衡协调，宏观分配格局才能实现均衡与协调，才能构建起支撑国民经济持续健康发展的公平效率激励制度体系。

居民是商品（服务）生产活动的劳动供给者，生产是经济的起点，劳动是财富的源泉。居民的经济功能，一是付出劳动、获取收入；二是支配收入、进行生活。从根本上讲，居民付出劳动获取收入，是为了进行消费、满足生活需要，实现居民消费的收益最大化。企业是生产经营活动的组织者，企业的经济功能，一是生产经营、供给产品；二是交换产品、获取收入。从根本上讲，企业进行生产经营交换活动，供给产品获取收入是为了实现企业利润最大化。政府是公共服务与管理的提供者，政府的经济功能，一是提供服务、获取收入；二是根据收入、行政管理。从根本上讲，政府进行公共服务与管理，是为了经济社会的更好发展，其财政收支活动是为了提供更好的公共服务与管理。

三大经济部门之间的经济功能与作用，既相互区别又相互联系，共同构成生产、交换、分配、使用完整的国民经济流程。这里必须强调，居民是为了生活去劳动、去获取收入，收入是为了消费、进行生活；企业是为了获取利润去组织生产经营活动，生产经营是为了利润最大化；政府是为了公众利益进行公共服务与管理，而获取财政收入是为了更好地公共服务与管理。从根本上讲，居民为消费，企业为利润，政府为公益，三者的本质与经济边界必须清清楚楚。建设现代国民收入分配体系，必须围绕三大经济部门之间的合理分配关系进行。

在整个国民收入分配格局中，居民、企业、政府三大部门之间的收入分配关系，在总量既定的条件下，是博弈论中所讲的结构性的零和挤出关系。如果居民部门收入比重过低，就会产生全社会消费需求不足、社会满意度低等经济社会问题；如果居民部门收入比重过高，就会带来企业投资不足、政府供给不足等经济社会问题。如果企业部门收入比重过低，就会面临社会投资不足、经济增长缺乏后劲等问题；如果企业部门收入比重过高，就会出现社会投资过剩、资源配置浪费等问题。如果政府部门收入过低，全社会所必需的公共服务产品供给就会短缺;如果政府部门收入过高,就会挤压正常的居民消费和企业投资。

在不同的经济发展阶段、科学技术条件以及不同的社会分配环境中,特别是在不同的国家政治制度环境里,国民收入在居民、企业、政府三大经济部门间的分配水平,会表现出很大的差异性和不可比性。在政府强势的集权经济国家中,政府收入往往处于强势地位,居民收入与企业利润水平明显受到税收政治的影响。在政府弱势的市场经济国家中,企业收入与居民收入水平主要由资本和劳动力的市场供求关系所决定,如果劳动力过剩、资本短缺,则居民收入相对低些、企业收入相对高些;如果劳动力短缺、资本过剩,则居民收入相对高些、企业收入相对低些。也就是说,首先是国家的集权或者民众的政治所决定的财政税收制度,其次是市场经济中的劳动力和资本的供求关系,决定着整个国民收入的宏观分配格局与分配关系。

坚持居民收入增长与经济增长同步的宏观分配原则。居民消费是社会经济活动的根本目的;企业投资是满足居民更多消费的实现条件;政府管理是维护居民、企业等所有经济活动秩序的重要保障。新时代我国经济正处于从高速增长向高质量发展转型过程,国民经济的主要矛盾已经从整体上的供给短缺,转向发展中的不平衡与不协调。居民有效需求不足已经成为现阶段宏观经济的主要问题。因此,在国民收入宏观分配中,如何坚持居民收入增长与经济增长同步的分配原则,持续增加城乡居民收入水平和消费能力,成为宏观上妥善解决周期性的有效需求不足导致的相对产能过剩的根本出路。

现阶段国民收入分配首先要解决好居民收入增长与经济增长同步关系,努力解决国民收入分配中居民收入增长速度低这个长期存在的难题。国家统计局数据显示,1979 年至 2017 年,我国国内生产总值年均增长速度为 9.5%,同期城镇居民收入年均增长速度为 7.3%,农村居民收入年均增长速度为 7.7%,政府一般公共财政收入年均增长速度为 13.7%。① 如果把政府所有收入包括税收、非税收、债务、基金、资本、资源收入等全口径计算在内,我国政府收入在整个国民收入格局中的比重及其增速会大很多,这必然会严重挤压居民收入和企业收入的合理分配与正常增长。

相对于同期经济增长速度,特别是社会投资、政府支出的过快增长速度,

---

① 中华人民共和国国家统计局编:《中国统计年鉴—2018》,中国统计出版社 2018 年版,第 5 页。

长时期的城乡居民收入低增长，必然带来普遍性的居民有效需求不足、社会生产活动相对过剩问题。新时代推进国民收入初次分配公平效率建设，首先要解决好国民收入分配中的居民收入问题，综合运用财税、金融、社会保障以及其他行政手段，不断增加居民收入和降低居民负担，努力实现居民收入增长和经济增长同步，提高居民收入在国民收入分配中的比重。

——处理好劳动者报酬、生产税净额、资本性收益三者之间的收入分配关系；坚持劳动者报酬提高与劳动生产率提高同步的国民收入初次分配原则。

在国民生产总值收入形态初次分配中，劳动者报酬、生产税净额、资本性收益（固定资产折旧和企业营业盈余），构成国内生产总值中的收入法部门要素收入。劳动者报酬是劳动者在生产过程中的综合所得，反映国民财富创造中劳动者的供需状况及分配地位。生产税净额是生产税减生产补贴后的差额，反映国民财富创造中政府参与初次分配的税赋水平；资本性收益是资本所有者因资本投入而获得的投资收益，反映国民财富创造中资本的供需状况及分配地位。

在国民收入分配整体构成中，如果劳动者报酬过低，劳动者的生活质量很难与经济发展同步，劳动者的生产劳动积极性就会受到直接影响，经济增长也将最终失去根本动力和意义。同样，如果生产环节政府税收过高或者过低，资本收益过高或者过低，也都会直接影响政府和企业在整个国民经济中的地位与作用。在不同的经济发展阶段以及不同的国际竞争环境中，三者之间的相互关系要有动态的调整和再平衡，要能够共同促进国民经济持续健康发展。

在劳动者报酬公平问题研究中，"分配率"即劳动者工资总额占国民生产总值中的比例，是衡量国民收入公平与否的重要指标。劳动者报酬在国民收入分配中所占的比重可从两方面衡量：从微观上看就是劳动者报酬在劳动者所创造价值中的份额；从宏观上看就是全体劳动者劳动报酬在国民收入总量中的份额。决定劳动者报酬占国内生产总值比重的高低，首先是劳动力供求状况所决定的劳动与资本的比较优势；其次是劳动者的税负水平及参与税收决定的议政能力。①

① 参见［美］马丁·布朗芬布伦纳：《收入分配理论》，方敏、李翱、刘振楠译，华夏出版社2009年版。

目前国际上发达国家劳动者报酬分配率一般在国内生产总值的55%—70%，发展中国家劳动者报酬分配率大多在国内生产总值的45%—55%。最近几年我国劳动者报酬占国内生产总值比重在48%以内，这是宏观分配层面出现产能相对过剩、增长缺乏动能的根本原因。从国际上看，决定发达国家和发展中国家之间的分配率明显不同的因素很多，除了工业化发展阶段不同所决定的资本有机构成不同的原因外，最主要的决定性因素是政府设定的最低工资标准和从业者参与的劳资协商能力方面的重大差别。

新时代我国推进国民收入初次分配公平效率建设，在生产环节就是要处理好劳动者报酬、生产税净额、资本性收益三者之间的宏观收入分配关系。特别是要处理好劳动者报酬提高与劳动生产率提高之间的相互关系。只有劳动者报酬提高与劳动生产率提高同步，才能走向按劳分配为主体、全体人民共同富裕的社会主义根本方向。为此，要从根本上树立如下建设思想：全面坚持和发展按劳分配为主体、多种分配方式并存的国民收入分配基本制度；全面构建以市场决定为主体的国民收入初次分配格局，处理好劳动报酬、生产税收、资本收益三者之间的动态平衡关系；在劳动生产率提高的同时实现劳动报酬同步提高，切实解决初次分配劳动报酬比重过低问题。

综合运用最低工资标准、劳资协商谈判和薪酬制度改革等多种方法，努力实现劳动报酬提高和劳动生产率提高同步，提高劳动报酬在初次分配中的比重。建立健全资本、技术、管理等要素参与分配制度，建立健全公开、公平、公正的国有资源出让制度，建立健全国有土地、海域、森林、矿产等国有资源出让收益全民共享机制。全面构建更加公平、效率、法治、量化和可持续的企业部门劳动报酬分配制度、事业部门劳动报酬分配制度、行政部门劳动报酬分配制度。建立健全科学的劳动报酬决定机制、增长机制、激励机制，完善国家最低工资标准增长机制，完善企业劳资集体协商协调制度；完善科技人才、专业人才报酬激励体系，完善市场评价要素贡献并按贡献分配的制度。

全面推进最低工资标准制度的法治化、科学化、现代化建设。首先，树立正确的最低工资标准观念，构建与劳动生产率提高、国民经济增长同步的最低工资增长保障机制，破除否认或者夸大最低工资保障制度的认识误区。其次，根据国家经济社会发展水平、本地区实际生活支出状况，以及共享改革发展成果的原则要求，动态制定与经济增长、通货膨胀、行业利润率、劳动生产率等因素同步的最低工资增长制度体系。再次，努力使最低工资标准与经济增长同步、与实际生活支出增长同步，逐渐使最低工资标准达到当地平均收入的40%—60%区间，有效发挥最低工资标准制度在缩小国民收入初次分配差距方面的基础性作用。

全面推进劳资协商薪酬制度的法治化、标准化、程式化建设。着重推进以下两方面制度建设：一是构建使劳动报酬水平与经济增长同步、与实际生活支出增长同步的制度激励体系，对于能够达到同步增长甚至高于同步水平的经营单位，给予国家财政金融行政等方面的政策激励；对于不能达到同步增长水平尤其是严重低于同步水平的经营单位，给予财政金融行政等方面的约束性惩戒。二是构建劳动报酬与企业劳动生产率、行业利润率同步增长的制度激励体系，对于能够达到同步增长甚至高于同步水平的经营单位，给予财政金融行政等方面的政策激励；对于不能达到同步增长水平尤其是严重低于同步水平的经营单位，给予财政金融行政等方面的约束性惩戒。

重点推进以增加知识价值为导向的现代化的智力资源薪酬激励分配制度建设，全面确立鼓励知识阶层率先富裕的国家分配价值观。科学技术是第一生产力，在收入分配领域的含义，就是知识分子尤其是生产性知识分子、财富创造型知识分子，首先走向较高收入层级的知识经济公平分配体系。现代知识分子主要是指拥有较高知识水平，专门从事科学、技术、教育等知识型行业的智能性劳动的科技人员和专业人才等。新时代推进国民收入初次分配公平效率建设，重点是要大力推进国家科研、教育、医疗、文化等知识型事业单位的收入分配体制改革，大力推进知识经济和知识产业的市场化、社会化、竞争性的劳动报酬收入定价制度建设，最大限度地激发广大科技人员、知识分子的智力创造积极性。

（二）推进国民收入二次分配公平效率建设

国民收入二次分配是国民收入初次分配后的政府再分配，是政府通过国家税收和财政转移支付等手段，对收入者和非收入者、高收入部门和低收入部门、高收入地区和低收入地区、当期收入和未来收入之间的分配再调节。国民收入二次分配主要由政府决定，反映着带有根本性的国家分配价值观和社会公平分配能力，是政府连接高低收入家庭、高低收入部门、高低收入地区、当期与未来收入之间的经济社会协调发展的重要桥梁。

——坚持国民收入二次分配公平效率原则,推进国民收入二次分配公平效率建设。

坚持国民收入二次分配公平效率原则:第一,要坚持以人民为中心、共建共享共同富裕的根本分配宗旨。绝不能出现“富者累巨万,而贫者食糟糠”现象。第二,要坚持鼓励节约资源、适度消费的分配原则。不能鼓励和放纵炫耀性、奢侈性的过度消费现象泛滥。第三,要坚持鼓励实体经济、创新创业发展的分配原则。向非生产性支出多征税,向生产型支出少征税。第四,要坚持鼓励自食其力、代际公平的分配原则。加速推进遗产税和赠与税的制度建设。第五,要坚持缩小城乡居民、区域居民收入差距的协调发展的公平效率分配原则。实施体现城乡均等化、区域均等化的税收及转移支付政策。第六,要坚持鼓励绿色发展、生态文明的分配原则。建立健全鼓励绿色生产方式、绿色生活方式的税收激励约束和转移支付制度体系。第七,要坚持居民公平税负、能力税负的分配原则。构建综合反映居民家庭实际生活负担的公平税负制度。

推进国民收入二次分配公平效率建设,要着重处理好以下方面的再分配平衡关系:一是处理好物质生产部门和非物质生产部门之间的收入分配平衡关系,推进物质生产和非物质生产部门之间的平衡发展。二是处理好有收入居民和无收入居民之间的收入分配平衡关系,构建各社会成员之间的利益均衡发展格局。三是处理好当前收入和未来收入之间的收入分配平衡关系,使国民经济各部门在各时期间实现均衡协调可持续发展。

——树立正确的民生保障思想,坚持在发展中保障和改善民生。

民生保障是国民收入二次分配的重要组成内容,是实现全体人民共享改革发展成果的基础工程,也是切实保障人民群众基本生存权的重要安全屏障。民生保障水平与经济社会发展相关,是国家形象和政权性质的重要表现,其实质是社会公平正义实现问题。新时代我国推进民生保障现代化建设,关键在于树立正确的民生保障思想,坚持在发展中保障和改善民生,大力推进基本公共服务均等化,让改革发展成果更多更公平惠及全体人民。

牢固坚守增进民生福祉是发展的根本目的。不断改善民生、实现共同富裕,是社会主义经济建设与发展的根本目的。人民生活水平全面提高,既需要民生建设持续发展,还要求民生保障更加公平。要坚持民生优先原则,推进基本公共服务均等化建设,努力使发展成果惠及全体人民。必须多谋民生之利、多解民生之忧，在发展中补齐民生短板、促进社会公平正义，深入开展脱贫攻坚，保证全体人民在共建共享发展中有更多获得感，不断促进人的全面发展、全体人民共同富裕。

中国特色社会主义进入新时代，我国社会主要矛盾已经转化为人民日益增长的美好生活需要和不平衡不充分的发展之间的矛盾。解决发展不平衡不充分的问题，既要坚持发展，做大“蛋糕”，也要解决好发展的均衡性，分好“蛋糕”。让改革发展成果更多更公平惠及全体人民的要求，就是强调通过建立健全各项制度，完善社会政策，努力分好“蛋糕”。当前，民生领域还存在着不少短板，持续实现贫困人口脱贫任务艰巨，城乡区域发展和收入分配差距依然较大，就业、教育、医疗、居住、养老等公共服务领域，仍然存在着供给不足的问题。

保障和改善民生要抓住人民最关心最直接最现实的利益问题，把做到幼有所育、学有所教、劳有所得、病有所医、老有所养、住有所居、弱有所扶作为工作的出发点和落脚点。保障和改善民生必须坚持的方式方法是既尽力而为，又量力而行；基本方针是坚持人人尽责，人人享有，坚持底线、突出重点、完善制度、引导预期；重点任务是完善公共服务体系，保障群众基本生活；工作目标是不断满足人民日益增长的美好生活需要，不断促进社会公平正义，形成有效的社会治理、良好的社会秩序。

——建设更加公平效率的民生保障制度体系，推进社会保障体系现代化建设。

建设更加公平效率的民生保障制度体系，推进社会保障体系现代化建设，在整个国民收入二次分配建设中具有极其重要的现实意义。习近平指出，全党必须牢记，为什么人的问题，是检验一个政党、一个政权性质的试金石。带领人民创造美好生活，是我们党始终不渝的奋斗目标。必须始终把人民利益摆在至高无上的地位，让改革发展成果更多更公平惠及全体人民，朝着实现全体人民共同富裕不断迈进。① 加强义务教育、就业服务、社会保障、基本医疗、基本住房、公共卫生、公共文化、环境保护等基本公共服务，努力实现全覆盖。加大对革命老区、民族地区、边疆地区、贫困地区的转移支付。加强对特定人

---

① 习近平：《决胜全面建成小康社会　夺取新时代中国特色社会主义伟大胜利——在中国共产党第十九次全国代表大会上的报告》（2017 年 10 月 18 日），人民出版社 2017 年版，第 44—45 页。

群特殊困难的帮扶。创新公共服务提供方式,加快社会事业改革。

现阶段建设更加公平效率的民生保障制度体系,实行有利于缩小社会成员收入差距的公平分配政策,重点建设内容主要包括以下方面:一是加快建立综合和分类相结合的个人所得税制度;二是扩大高档消费品和高消费行为的征税范围,加大强度;三是建立健全鼓励回馈社会、扶贫济困的国家税收激励制度与政策体系;四是建立健全覆盖全部城乡贫困人群的与经济社会文明发展同步的社会保障兜底制度机制;五是建立健全国家财政民生支出保障制度体系,公共资源出让收益更多用于民生保障,提高国有资本收益上缴公共财政比例;六是规范国民收入分配秩序,保护合法收入,取缔非法收入,解决非公平性的垄断因素收入;七是全面推行非现金电子银行结算体系建设,建立健全法治化、信息化的公民和法人组织收支信息系统,完善国民收支统计调查和监测体系。

推进国民收入二次分配转移支付公平建设。首先,坚持居民生活底线公平分配原则,建设可持续发展的最低生活保障制度。优先贫困人口和低收入家庭分享国家公共支出成果,实行与家庭实际收入对称的负累进制的转移支付政策,努力使贫困人口、低收入家庭生活能够与经济建设、时代文明同步发展。其次,坚持基本民生保障优先分配原则,优先保障国家基本教育、基本医疗、基本住房、基本养老等基本民生保障支出,不断提高国家基本民生保障水平,提升社会文明发展高度。再次,坚持农村发展补偿优先分配原则,努力消除城乡发展的不平衡、不协调、不可持续,大力推进农村居民收入更快增长。最后,坚持贫困地区财政转移支付倾斜分配原则,努力解决地区发展的不平衡、不协调、不可持续,大力推进贫困落后地区居民收入更快增长。

坚持尽力而为量力而行民生保障建设原则。我国仍处于并将长期处于社会主义初级阶段,改善民生、加大再分配力度都不能脱离实际提出过高要求,决不能开空头支票。要吸取过度福利化和过度承诺导致效率低下、增长停滞、通货膨胀,收入分配最终反而恶化的教训。让改革发展成果更多更公平惠及全体人民,需要加大再分配力度,提高再分配效率,增强再分配与初次分配之间的协调性。特别是要坚持保护合法收入、遏制垄断收入、取缔非法收入的分配原则,通过基本公共服务均等化、社会政策托底、保护弱势群体等方式保障基本民生,使发展成果更多更公平惠及所有社会群体。

——重点推进城乡居民基本公共服务均等化建设。

基本公共服务均等化建设是我国民生保障建设的重要内容，在国民收入二次分配公平效率建设中，具有极其重大的现实意义。实现国民收入分配公平正义，既需要在初次分配中着力于创造均等的机会，不断提高一线劳动者的劳动报酬，完善市场评价要素贡献并按贡献分配的机制，也需要在再分配领域更好发挥政府的调节作用，完善以税收、社会保障、转移支付和基本公共服务均等化等手段为主的再分配机制。历史和国际的经验表明，初次分配并不能完全解决收入差距的问题，政府再分配职能不可或缺。在一些收入分配差距较小的发达国家，初次分配后的基尼系数并不小，通常是通过政府再分配手段，才把基尼系数降低到比较合理的水平。

新时代我国基本公共服务均等化建设，涉及幼有所育、学有所教、劳有所得、病有所医、老有所养、住有所居、弱有所扶等方方面面，既是人民最关心最直接最现实的利益问题，也是改革发展成果更多更公平惠及全体人民的具体体现。首先要加强公共教育事业建设，优先发展教育事业，办好人民满意的教育，应该特别注重推进教育公平，推动城乡义务教育一体化发展，努力让每个孩子都能享有公平而有质量的教育。其次要加强公共医疗事业建设，实施健康中国战略，为人民群众提供全方位全周期健康服务，深化医药卫生体制改革，积极应对人口老龄化。再次要加大国家公共住房保障能力建设，坚持房子是用来住的、不是用来炒的定位，加快建立多主体供给、多渠道保障、租购并举的住房制度，让全体人民住有所居。最后要加强社会保障体系建设，要按照兜底线、织密网、建机制的要求，全面建成覆盖全民、城乡统筹、权责清晰、保障适度、可持续的多层次社会保障体系。

新时代社会保障体系建设，要坚持人人尽责、人人享有，坚守底线、突出重点、完善制度、引导预期，完善公共服务体系，保障群众基本生活，不断满足人民日益增长的美好生活需要，不断促进社会公平正义，形成有效的社会治理、良好的社会秩序，使人民获得感、幸福感、安全感更加充实、更有保障、更可持续。习近平指出，保障和改善民生要抓住人民最关心最直接最现实的利益问题，既尽力而为，又量力而行，一件事情接着一件事情办，一年接着一年干。全面实施全民参保计划，完善城镇职工基本养老保险和城乡居民基本养老保险制度；完善统一的城乡居民基本医疗保险制度和大病保险制度；完善失业、工伤保险制度；建立全国统一的社会保险公共服务平台。统筹城乡社会救助体系，完善最低生活保障制度。完善社会救助、社会福利、慈善事业、优抚安置等制度。①

（三）推进国民收入三次分配公平效率建设

国民收入三次分配是指为了扶贫济困而产生的社会公益慈善事业，以及其他社会成员之间的互济互助活动。国民收入三次分配在人类社会发展、国家现代化建设中具有重大意义。国民收入三次分配属于社会责任和社会道义建设范畴，由社会成员和社会组织自愿形成，是个体文明在社会文明和人类文明发展中最光辉灿烂、最温暖人心的事业。尤其是家庭赡养和亲情互助是人类社会文明的直接表现，对增进中华民族的团结与融合发挥着不可替代的重要作用。

国民收入三次分配可以起到弥补市场分配缺陷、政府分配不足的独特作用，在人类社会发展的不同时期都发挥着极其重要的文明引领和价值重构功能。社会公益慈善事业具有改善社会贫困状况、弘扬社会正义、消融社会矛盾、缩小贫富差距、提升社会文明、增进社会道义等诸多作用。无论是从完善我国多层次社会保障体系的角度，还是从构建和谐社会，实现人民共享、共同富裕的角度，都需要站在时代、历史与人类文明的高度来大力弘扬、发展和建设中国特色社会主义公益慈善事业。

新时代实现中华民族伟大复兴，推进国民收入三次分配公平效率建设，必须大力发展中国特色社会主义公益慈善事业，解决好社会公益慈善机构数量少、公益慈善事业与社会主义强国建设要求不相符问题；解决好社会公益慈善资金规模小、与国民经济现代化发展水平不相符问题；解决好社会公益慈善救济缺口大、与扶贫济困需求不相符问题；解决好社会公益慈善文化环境差、与社会主义先进文化倡导不相符问题；解决好社会公益慈善法治建设滞后、与构建社会主义法治国家要求不相符问题；解决好社会公益慈善管理方式陈旧、与建设现代服务型政府要求不相符问题。

推进国民收入三次分配公平效率建设，重心在于加速构建体现中华文明特别是中国人文关怀的社会公益、慈善、互助和家庭赡养等均衡发展的国民收

---

① 习近平：《决胜全面建成小康社会　夺取新时代中国特色社会主义伟大胜利——在中国共产党第十九次全国代表大会上的报告》（2017 年 10 月 18 日），人民出版社 2017 年版，第 45、47 页。

入三次分配格局。坚持人类文明、人文关怀、人道主义的社会文明原则，构建激励到位的社会公益慈善税收减免和国家奖励制度体系；坚持弘扬中华孝道、家国情怀的社会文明原则，构建激励到位的家庭赡养税收减免和国家奖励制度体系。构建高效法治的国家公益慈善激励奖惩制度体系，关键是要建立健全鼓励回馈社会、扶贫济困的国家税收优惠政策，大力度支持现代社会公益慈善事业发展。

首先，要树立新型的现代社会公益慈善理念，提升全民族扶贫济困的公益慈善信仰，构造鼓励公益慈善事业大发展的良好社会环境。其次，建设层次分明、类型多样、管理有序的公益慈善机构体系，构建能进能出、能上能下的竞争性的公益慈善人才队伍机制，切实改革陈旧落后的行政性、官僚化的公益慈善管理体制，广泛动员社会力量、鼓励社会资本开展各种形式的社会救济、互助、志愿服务活动。再次，实施公平有效的鼓励回馈社会、扶贫济困的国家税收优惠政策，特别是要建立高强度的国家公益慈善激励机制与政策，大力度支持现代社会公益慈善事业发展。最后，建立最严格的公益慈善基金监管制度体系，实行公益慈善"红名单"奖励制度和"黑名单"惩罚制度。

重点推进以家庭互助建设为主体的中国孝道文化建设，促进新时代中华民族家庭赡养亲情互助文明发展。孝道是中国人安身立命的根本，也是中国文化和中华文明的精神根基。正是千百年来中国人民的孝道传统、孝道文化、孝道国情，才使得中华文明生生不息、代代相承，并从根本上塑造了中国人、中国文化、中华民族与世界其他民族、其他国家、其他文化相比较，最具中国特色的民族特征、文化特色、历史传承。新时代推进中国孝道文化建设，要以新时代中国特色社会主义精神文明为指引，以孝道文化、家庭互助为主线，促进中华文明亲情孝道传承建设。

三、新时代国家反贫困发展战略思想

贫困与落后是人类生存的恶劣状态，也是人类发展面临的最大困境。在人类漫长的经济社会发展中，贫困与反贫困是社会治理面临的永恒的议题。新时代实现中华民族伟大复兴，全面推进中国特色社会主义事业，所面临的最艰巨、最繁重的经济社会建设工程，就是如何有效推进反贫困国家发展战略，打好阶段性的脱贫攻坚战，让贫困人口共享改革发展文明成果。新时代我国大力推进国家反贫困发展战略,关键要牢固树立持续向贫困宣战的思想,坚持走中国特色社会主义扶贫济困发展道路,紧紧抓住扶持谁、谁来扶、怎么扶、如何退等关键问题,坚持扶贫、扶志、扶智相结合的扶贫济困方针,综合采用产业扶贫、异地搬迁、社会保障政策兜底,以及教育扶贫、医疗扶贫等各种手段,建立健全稳定脱贫长效机制,形成全社会共同参与的大扶贫格局,不断推进国家反贫困战略实施进程。

(一)提高全社会精准扶贫的反贫困国家意识

人生有三大不幸,一是身体上的病痛,二是精神上的绝望,三是生活上的极度贫困。消除生活贫困特别是生活极度贫困,不仅是全社会的共同责任,更是执政者的首要责任。改革开放以来,我国反贫困建设取得了历史性伟大成就,对中国乃至世界反贫困发展作出了巨大贡献。走向新时代实现人民美好生活更高质量发展要求,我国反贫困建设仍然面临着大量而繁重的扶贫任务,必须全面提高全社会精准扶贫的反贫困意识,坚决打好现阶段农村脱贫攻坚战,同时做好城镇贫困家庭的扶贫济困工作。

牢固树立持续向贫困宣战的思想。新中国成立以来,我们党带领人民持续向贫困宣战。经过改革开放以来的不懈努力,我国成功走出了一条中国特色扶贫开发道路,成为世界上减贫人口最多的国家,也是世界上率先完成联合国千年发展目标的国家。这个成就足以载入人类社会发展史册,也足以向世界证明中国共产党领导和中国特色社会主义制度的优越性。习近平指出,全面建成小康社会、实现第一个百年奋斗目标,农村贫困人口全部脱贫是一个标志性指标。小康不小康,关键看老乡,关键看贫困老乡能不能脱贫。我们必须动员全党全国全社会力量,向贫困发起总攻,确保到2020年所有贫困地区和贫困人口一道迈入全面小康社会。①

增强做好扶贫开发工作的责任感和使命感。习近平强调,全面建成小康社会,最艰巨最繁重的任务在农村,特别是在贫困地区。没有农村的小康,特别是没有贫困地区的小康,就没有全面建成小康社会。因此,要提高对做好扶贫开发工作重要性的认识,增强做好扶贫开发工作的责任感和使命感。打赢

① 习近平:《在中央扶贫开发工作会议上的讲话》(2015年11月27日),中共中央文献出版社编:《习近平关于社会主义经济建设论述摘编》,中央文献出版社2017年版,第213—214页。

脱贫攻坚战，还存在许多方面的制约。归结起来，不外乎两方面的因素。一是客观因素，也就是自然方面的因素，不少贫困地区受资源环境约束，一方水土养活不了一方人。二是主观因素，也就是人的因素，能不能把各方面积极性都调动起来形成打赢脱贫攻坚战的强大合力，直接决定着脱贫攻坚的进程和效果。

反贫困是人类社会共同议题，更是社会主义中国的重大政治责任。贫困人口脱贫是全面建成小康社会最艰巨的任务，必须充分发挥政治优势和制度优势，实施精准扶贫、精准脱贫攻坚工程，坚决打赢脱贫攻坚战。扩大贫困地区基础设施覆盖面，因地制宜解决通路、通水、通电、通网络等问题。提高贫困地区基础教育质量和医疗服务水平，推进贫困地区基本公共服务均等化，实行脱贫工作责任制。要动员全党全国全社会力量，坚持精准扶贫、精准脱贫，坚持中央统筹省负总责市县抓落实的工作机制，强化党政一把手负总责的责任制，坚持大扶贫格局，注重扶贫同扶志、扶智相结合，深入实施东西部扶贫协作，重点攻克深度贫困地区脱贫任务。

加强和改善党对脱贫攻坚战的领导。习近平指出，越是进行脱贫攻坚战，越是要加强和改善党的领导。脱贫攻坚战考验着我们的精神状态、干事能力、工作作风，既要运筹帷幄，也要冲锋陷阵。各级党委和政府必须坚定信心、勇于担当，把脱贫职责扛在肩上，把脱贫任务抓在手上，拿出"敢教日月换新天"的气概，鼓起"不破楼兰终不还"的劲头，攻坚克难，乘势前进。幸福不会从天降，好日子是干出来的。激发内生动力，调动贫困地区和贫困人口积极性。贫穷不是不可改变的宿命。人穷志不能短，扶贫必先扶志。没有比人更高的山，没有比脚更长的路。要做好对贫困地区干部群众的宣传、教育、培训、组织工作，引导他们树立"宁愿苦干、不愿苦熬"的观念，自力更生、艰苦奋斗，靠辛勤劳动改变贫困落后面貌。"人心齐，泰山移。"脱贫致富不仅仅是贫困地区的事，也是全社会的事。要更加广泛、更加有效地动员和凝聚各方面力量，调动各方力量，加快形成全社会参与的大扶贫格局。

坚持脱贫攻坚的实事求是原则。习近平指出，工作必须务实，脱贫过程必须扎实，扶真贫、真扶贫，脱贫结果必须真实，让脱贫成效真正获得群众认可、经得起实践和历史检验，决不搞花拳绣腿，决不摆花架子。要实施最严格的考核评估，开展督查巡查，对不严不实、弄虚作假的，要严肃问责。扶持谁、谁来扶、怎么扶、如何退，全过程都要精准。防止返贫和继续攻坚同样重要，已经摘帽的贫困县、贫困村、贫困户，要继续巩固，增强"造血"功能，建立健全稳定脱贫长效机制，坚决制止扶贫工作中的形式主义。

坚持扶贫攻坚实事求是原则，就要实施精准扶贫方略，找到“贫根”，对症下药，靶向治疗。坚持中国制度的优势，构建省市县乡村五级一起抓扶贫，层层落实责任制的治理格局。注重抓“六个精准”，即扶持对象精准、项目安排精准、资金使用精准、措施到户精准、因村派人精准、脱贫成效精准，确保各项政策好处落到扶贫对象身上。坚持分类施策，因人因地施策，因贫困原因施策，因贫困类型施策，通过扶持生产和就业发展一批，通过易地搬迁安置一批，通过生态保护脱贫一批，通过教育扶贫脱贫一批，通过低保政策兜底一批。广泛动员全社会力量，支持和鼓励全社会采取灵活多样的形式参与扶贫。农村贫困人口如期全部脱贫，有一点必须指出并加以强调，就是要保持农业稳定和农民收入持续增长。农村人口脱贫与农民收入增长直接相关。如果农民收入降低，就可能导致已经脱贫的人口重新返贫，甚至可能造成新的贫困人口。所以，要拓宽农民增收渠道，完善农民收入增长支持政策体系。

（二）坚决打好阶段性农村脱贫攻坚战

党的十八大以来，党中央对脱贫攻坚作出新的部署，吹响了打赢脱贫攻坚战的进军号，脱贫攻坚取得显著成绩。习近平指出，在脱贫攻坚实践中，我们形成了不少有益经验，概括起来主要有这么几条。第一，加强领导是根本，发挥各级党委领导作用，建立并落实脱贫攻坚一把手负责制，实行省市县乡村五级书记一起抓，为脱贫攻坚提供坚强政治保障。第二，把握精准是要义，脱贫攻坚贵在精准，精准识别、精准施策，根据致贫原因有针对性地制定方案，对不同原因不同类型的贫困采取不同措施，因人因户因村施策，对症下药、精准滴灌、靶向治疗。第三，增加投入是保障，坚持政府投入的主体和主导作用，增加金融资金对脱贫攻坚的投放，吸引社会资金参与脱贫攻坚。第四，各方参与是合力，坚持专项扶贫、行业扶贫、社会扶贫等多方力量有机结合的“三位一体”大扶贫格局，发挥各方面积极性。第五，群众参与是基础，脱贫攻坚必须依靠人民群众，组织和支持贫困群众自力更生，发挥人民群众主动性。①

---

① 参见习近平：《在十八届中央政治局第三十九次集体学习时的讲话》（2017 年 2 月 21 日），中共中央文献研究室编：《习近平关于社会主义经济建设论述摘编》，中央文献出版社 2017 年版，第 235—236 页。

现阶段抓好农村扶贫开发关键是搞好以下三个方面工作：一是要紧紧扭住发展这个促使贫困地区脱贫致富的第一要务，二是要紧紧扭住包括就业、教育、医疗、文化、住房在内的农村公共服务体系建设这个基本保障，三是要紧紧扭住教育这个脱贫致富的根本之策。解决好“扶持谁”“谁来扶”“怎么扶”“如何退”的问题。关于解决好“怎么扶”的问题，习近平指出，要按照贫困地区和贫困人口的具体情况，实施以下“五个一批”工程：①

一是发展生产脱贫一批。扶贫不是慈善救济，而是要引导和支持所有有劳动能力的人，依靠自己的双手开创美好明天。对贫困人口中有劳动能力、有耕地或其他资源，但缺资金、缺产业、缺技能的，要立足当地资源，宜农则农、宜林则林、宜牧则牧、宜商则商、宜游则游，通过扶持发展特色产业，实现就地脱贫。对这类贫困地区和贫困人口，要把脱贫攻坚重点放在改善生产生活条件上，着重加强农田水利、交通通信等基础设施和技术培训、教育医疗等公共服务建设，特别是要解决好入村入户等“最后一公里”问题。要支持贫困地区农民在本地或外出务工、创业，这是短期内增收最直接见效的办法。劳务输出地政府和输入地政府，对贫困人口外出务工要多想办法、多做实事。

二是易地搬迁脱贫一批。生存条件恶劣、自然灾害频发的地方，通水、通路、通电等成本很高，贫困人口很难实现就地脱贫，需要实施易地搬迁。这是一个不得不为的措施，也是一项复杂的系统工程，政策性强、难度大，需要把工作做深做细。各地在移民搬迁中几乎都遇到了一个问题，就是越贫困的农户越拿不出钱，结果就越享受不到政府补助。要通过整合相关项目资源、提高补助标准、用好城乡建设用地增减挂钩政策、发放贴息贷款等方式，拓宽资金来源渠道，解决好扶贫搬迁所需资金问题。要做好规划，合理确定搬迁规模，区分轻重缓急，明确搬迁目标任务和建设时序，按规划、分年度、有计划组织实施。要根据当地资源条件和环境承载能力，科学确定安置点，尽量搬迁到县城和交通便利的乡镇及中心村，促进就近就地转移，可以转为市民的就转为市民。要想方设法为搬迁人口创造就业机会，保障他们有稳定的收入，同当地群众享受同等的基本公共服务，确保搬得出、稳得住、能致富。一些贫困群众虽然生活艰难，但故土难离观念很重。要坚持群众自愿、积极稳妥，尊重群众意

① 习近平：《在中央扶贫开发工作会议上的讲话》（2015 年 11 月 27 日），中共中央文献研究室编：《习近平关于社会主义经济建设论述摘编》，中央文献出版社 2017 年版，第 218—222 页。

愿,加强思想引导,不搞强迫命令。

三是生态补偿脱贫一批。在生存条件差、但生态系统重要、需要保护修复的地区,可以结合生态环境保护和治理,探索一条生态脱贫的新路子。不少地方既是贫困地区,又是重点生态功能区或自然保护区,还是少数民族群众聚居区,如西藏、四省藏区、武陵山区、滇黔桂部分贫困地区等。要加大贫困地区生态保护修复力度,增加重点生态功能区转移支付,扩大政策实施范围。要加大贫困地区新一轮退耕还林还草力度,对贫困地区二十五度以上的基本农田,可以考虑纳入退耕还林范围,并合理调整基本农田保有指标。中央财政用于国家重点生态功能区的生态补偿资金使用不够精准,有些被省里截留平均分配了,有些拨付到县里后被挪作其他用途了。要做些改革,比如,结合建立国家公园体制,可以让有劳动能力的贫困人口就地转成护林员等生态保护人员,从生态补偿和生态保护工程资金中拿出一点,作为他们保护生态的劳动报酬。

四是发展教育脱贫一批。治贫先治愚,扶贫先扶智。教育是阻断贫困代际传递的治本之策。目前,一些贫困地区教育发展面临很大困难,由于各种原因,贫困家庭孩子辍学失学还比较多,"读书无用论"观点也有所蔓延,不少贫困家庭子女受教育程度同普通家庭的差距在扩大。贫困地区教育事业是管长远的,必须下大气力抓好。脱贫攻坚期内,职业教育培训要重点做好。一个贫困家庭的孩子如果能接受职业教育,掌握一技之长,能就业,这一户脱贫就有希望了。国家教育经费要继续向贫困地区倾斜、向基础教育倾斜、向职业教育倾斜,特岗计划、国培计划同样要向贫困地区基层倾斜。要帮助贫困地区改善办学条件,加大支持乡村教师队伍建设力度,建立省级统筹乡村教师补充机制。要探索率先从建档立卡的贫困家庭学生开始实施普通高中教育免学(杂)费,落实中等职业教育免学(杂)费政策,实行大城市优质学校同贫困地区学校结对等帮扶政策。要对农村贫困家庭幼儿特别是留守儿童给予特殊关爱,探索建立贫困地区学前教育公共服务体系。近年来,在农村留守儿童中发生的一连串令人痛心的事件警醒我们,扶贫政策从设计到落实都要更加人性化、更加精细化,让贫困家庭孩子感受到党和政府的温暖。

五是社会保障兜底一批。贫困人口中完全或部分丧失劳动能力的贫困人口要由社会保障来兜底。这就涉及农村扶贫标准和农村低保标准相衔接的问题。目前,农村扶贫标准由国家统一确定,而农村低保标准则由地方确定,相当多地方两个标准有一定差距。要统筹协调农村扶贫标准和农村低保标准，按照国家扶贫标准综合确定各地农村低保的最低指导标准，低保标准低的地区要逐步提高到国家扶贫标准，实现“两线合一”，发挥低保线兜底作用。还要加大其他形式的社会救助力度，对因灾等造成的临时贫困群众要及时给予救助，加强农村最低生活保障和城乡居民养老保险、五保供养等社会救助制度的统筹衔接。

贫困群众既是脱贫攻坚的对象，更是脱贫致富的主体。习近平强调，脱贫攻坚要注重扶贫同扶志、扶智相结合，把贫困群众积极性和主动性充分调动起来，引导贫困群众树立主体意识，发扬自力更生精神，激发改变贫困面貌的干劲和决心，变“要我脱贫”为“我要脱贫”，靠自己的努力改变命运。要压实责任、精准施策、过细工作，扶持谁、谁来扶、怎么扶、如何退，全过程都要精准。要防止形式主义，扶真贫、真扶贫，脱贫过程必须扎实，脱贫结果必须真实，确保脱贫质量，经得起历史检验。习近平特别强调，扶贫资金是贫困群众的“救命钱”，一分一厘都不能乱花，更容不得动手脚、玩猫腻！要加强扶贫资金阳光化管理，加强审计监管，集中整治和查处扶贫领域的职务犯罪，对挤占挪用、层层截留、虚报冒领、挥霍浪费扶贫资金的，要从严惩处！①

四、新时代国家反贫富分化战略抉择

共同富裕是社会主义的本质，贫富分化是社会主义的天敌。到本世纪中叶全体人民共同富裕基本实现，这是新时代我们党对全体人民的郑重承诺，必然要求大力推进国家反贫富分化治理建设。新时代国家反贫富分化治理建设，要牢固树立正确的国民收入分配观，正确看待国民分配中的收入差距现象，特别是要正确地看待市场经济条件下的贫富分化问题，坚决破除贫富分化意识形态上的认识误区，坚持以人民为中心共建共享共同富裕根本发展分配宗旨，努力扩大中等收入群体收入水平，推进取缔非法收入国家治理建设进程，重点解决富裕人群依法纳税问题和公共权力资源配置失衡问题。

① 习近平：《在中央扶贫开发工作会议上的讲话》（2015 年 11 月 27 日），中共中央文献研究室编：《习近平关于社会主义经济建设论述摘编》，中央文献出版社 2017 年版，第 228 页。

（一）正确看待收入差距贫富分化问题

共同富裕的反面就是贫富分化。坚守共同富裕这一社会主义本质，就必然要努力消除贫富分化这一社会主义天敌。我们讲共同富裕是社会主义的本质，同时也就是说消除贫富分化是检验真假社会主义的标准。贫富两极分化是人类社会和谐稳健发展的天敌，是国家公共管理、行政善治始终要解决好的重大议题。人类经济社会治理史就是一部贫富分化与反分化的历史。如何缩小贫富差距、消除贫富两极分化，事关中国特色社会主义事业的社会形象与国际声望，事关我国经济政治社会持续健康发展大局，事关立党为公、执政为民、人民共富的根本执政宗旨。

人类经济社会发展历史证明，社会成员收入与财富差距的持续性拉大，必然导致严重的贫富两极分化现象，又必然带来社会地位与政治机会的结构性矛盾与冲突，这是导致人类社会矛盾冲突甚至动荡的根源之一。衡量国民收入分配公平效率建设成效如何，最终还是要看社会成员之间在收入差距与财富占有方面的分化程度，包括财富分化的深度、广度和强度。走向本世纪中叶全体人民共同富裕基本实现，如何切实缩小贫富差距、消除贫富两极分化，是摆在社会主义现代化建设面前最为重大的时代课题。国家急需从推进中国特色社会主义事业、实现中华民族伟大复兴中国梦的战略高度，正确看待我国趋于贫富差距特别是贫富两极分化问题，确立消除贫富两极分化的国家战略，大力推动国家反贫富分化治理建设。正如习近平所指出的，中国是共产党执政的社会主义国家，绝不能出现“富者累巨万，而贫者食糟糠”的贫富两极分化现象。

正确看待我国贫富差距和贫富分化问题，包括准确使用贫富差距和贫富分化这两个词组，必须破除收入分配领域中有关收入与贫富分化上的认识误区。既要反对人为夸大与情绪化，又要反对故意掩盖与政治化，要坚持实事求是的认识论原则，实事求是地看待，善心善为地应对。在竞争激烈的市场经济环境中，在多种所有制经济共同发展的条件下，社会成员之间存在收入（财富）差距，是人类经济社会发展的客观存在，也是推动经济社会发展的重要力量。问题的关键不在于有没有收入和财富差距本身，而在于这种差距是否合法、合情与合理，即收入（财富）差距是否基于法律的前提下以及多数人的认同范围内。通过诚实劳动与合法经营，所获取收入并产生差距，是社会进步经济发展所必需；基于非法手段获取财富并导致分化，为法律与道义所不允许。

正确看待收入差距贫富分化问题，首先要准确使用贫富差距与贫富分化的词组词义。所谓“贫富差距”，通常是指一个国家或地区之内，贫困人口和富裕人口之间收入高低及财富多少的差距状况。所谓“贫富分化”，通常是指贫者越来越贫、富者越来越富的趋势。在贫富差距、贫富分化研究中，要对贫穷和富裕二词做出精准的含义界定与分类。经济学意义上的贫穷与富裕，是指由于收入高低及财富多少而产生的物质生活方面的贫乏窘困状况或富足充裕程度。在贫富差距数理统计研究中，可以按照收入高低或者财富多少，进行更加具体的贫富差距分类研究。

按照社会成员收入高低排序，对前后排序各占 10%、5%、1%的高低收入人口进行对比分析。把排序前后相对应的高低各 10%人口称为高收入人群和低收入人群；把排序前后相对应的高低各 5%人口称为富裕人群（富人）和贫穷人群（穷人）；把排序前后相对应的高低各 1%人口称为极富裕人群（极富）和极贫穷人群（极穷）。这里，所谓贫富差距就是指贫穷人口（最低 5%）和富裕人口（最高 5%）这两极人群，所对应的收入或财富方面的差距状况。所谓贫富分化就是指极贫穷人口（最低 1%）和极富裕人口（最高 1%）这两极人群，所对应的收入或财富方面的悬殊状况。显然，所谓贫穷与富裕、穷人与富人等用语词汇，首先是指 5%比较人群之间相比照的收入或财富差别状况。所谓贫富两极分化，是把穷人和富人、极贫和极富人群之间的收入或财富的差距状况进行比较。一般而言，个体或者家庭之间的收入与财富状况，相差 10 倍以内的情况称之为贫富差距，相差 10 倍以上的情况称之为贫富两极分化。收入或财富上的差距倍数越大，说明二者之间的贫富分化程度就越大，包括一般贫富两极分化、严重贫富两极分化、极端贫富两极分化三种情况。

贫富差距与贫富两极分化，是人类经济社会客观存在的现象，是历史与现实、经济与政治、制度与文化等多种因素造成的。社会制度、经济环境、家庭条件、个人奋斗、机会命运等情况不同，必然在社会成员之间出现收入高低、财富多少的贫富差距状况。在多数情况下，贫富差距与两极分化问题的要害，不在于社会上存在着贫富差距与分化本身，而是什么原因造成了这种贫富差距，以及这些原因是否被多数人所认同。被多数人所认同的，就是正常的、合情合理的；不被多数人认同的，就是不正常的、不合情合理的。

正确看待贫富差距的正反影响。在资源有限、个人奋斗、诚实守法、公平竞争的条件下，合理的、适度的贫富差距具有极大的正向激励功能，是一个国家和民族经济社会持续发展的强大推动力量,对人类经济社会政治发展具有不可或缺的正面作用。但是,那些并非诚实守法、个人努力而是非法获取或代际传承的贫富差距,很难有什么社会公信力与进步意义,只能挫伤诚实劳动、合法经营者的生产建设积极性。特别是那些通过权钱交易、制度腐败、侵财犯罪等造成的贫富差距与分化,严重损害着社会公平正义的道德形象,严重伤害着全体人民的共建共享和共同富裕,严重阻碍着经济社会政治的和谐稳健持续发展。

(二)坚决破除贫富差距贫富分化认识误区

在人类社会发展的不同阶段,严重的贫富差距和贫富分化问题,都会引起社会的普遍不满和非议。这从表面上看是贫富差距与分化本身,但从根本方面讲往往是严重性的权力腐败和制度不公问题所导致。一方面,有大量的富裕和财富聚集是基于非法与腐败所造就,和个人的守法与贡献毫不相关;另一方面,还有大量的贫困与低收入人口处于深度的贫困生存之中,与虚假的繁荣和表面的奢华形成了鲜明的对照。

马克思用毕生之心血研究证明,资本主义贫富两极分化越来越大且不可逆转,是无产阶级必然革命和社会主义必然胜利的根本动因。邓小平早在改革开放之初就明确指出,社会主义的最大优越性就是共同富裕,如果改革最终导致了贫富两极分化,那么我们的改革就失败了。习近平在党的十八大以来多次强调,让广大人民群众共享改革发展成果,是我们党坚持全心全意为人民服务根本宗旨的重要体现。我们必须坚持发展为了人民、发展依靠人民、发展成果由人民共享,作出更有效的制度安排,使全体人民朝着共同富裕方向稳步前进。①

目前我国贫富差距与贫富分化问题研究,面临着诸多认识误区与意识障碍,仍然是一个带有高度敏感性甚至投鼠忌器性的艰难话题。这种认识状况与研究环境主要是由以下一些认识误区或利益背景所导致。一是主观主义方面的想当然,认为社会主义不能有任何程度上的贫富差距与分化,贫富差距与分化是资本主义制度腐朽没落的独有标志;二是意识形态方面的偏执狂,以为按劳分配、共同富裕与任何形式的贫富差距与分化都不相容;三是既得利益方

① 《习近平谈治国理政》第二卷,外文出版社 2017 年版,第 200 页。

面的欺骗性，为了维护既得的非法非正义的经济政治利益，而有意回避甚至鼓吹贫富差距和贫富分化；四是深化改革方面的滞后性，相应的体制机制改革不到位，制度性的收入不均衡与政策性的利益分化问题突出。

正是以上认识误区或利益背景上的根本对立，致使相应的贫富差距与分化问题研究严重地滞后于新时代发展要求。目前我国社会成员贫富差距与贫富分化问题研究，不仅缺乏系统性和科学化的实事求是的深入研究，而且更缺乏负责的、系统的、实事求是的政策设计。

事实上，在大中城市高房价时代，贫富差距与分化已经非常明显地显示出来，在思想认识上再继续偏执地否认和人为地掩饰分化状况，在如今移动网络日益普及、资讯科技日新月异的时代，在技术上早已没有必要与可能，在政治上越来越显被动和不负责。国际上公认，科学、实时、系统、全面地反映贫富差距与分化的精准数据，是国家经济社会政治治理走向现代化、大量经济社会公共政策走向科学化的基础数据工程、基本决策前提。如果只讲“扶贫”，不讲“管富”；只讲“精准扶贫”，不讲“精准管富”，那即使是中国标准下的极端贫困人口脱贫了，但贫富差距依然严重、两极分化依然加剧；即使是国际标准下的绝对贫困问题解决了，但贫富两极分化所带来的深层次矛盾与风险冲突依然存在甚至会恶化。正确的负责的管控贫富分化的积极态度，就是大力实施国家反贫富分化发展战略，在社会公平正义的发展道路上，穷人与富人都要管、脱贫与管富都要做。

目前我国的贫富差距与分化问题非常复杂，既有合理、适度的理由，又有不合理、过度的根源，为此必须理性客观、全面系统地看待。尤其要充分认识严重导致贫富差距、两极分化的非正义原因，特别是权力腐败、侵财犯罪等恶行根源，高度重视贫富差距与分化的极端危害性，努力提升缩小贫富差距的国家战略意识，破除对“贫富两极分化”的认识误区。如果任由贫富差距不断拉大、两极分化持续加剧，未来治理的难度和成本代价将更加巨大，问题将更加严重和不可收拾。

认真解决贫富差距与分化领域的精准数据问题。大力实施国家反贫富分化治理战略，确立管控贫富两极分化的国家战略，数据的真实性和信息的系统化是一个重大的基础工程问题，必须把反映贫富差距与分化的数据科学化建设提上顶层设计改革议程。首先，全面构建国家居民收入与资产信息统计调查系统。包括全国居民收入统计调查大数据中心，全国居民金融资产统计调查大数据中心，全国居民不动产（房产）统计调查大数据中心，全国居民大额消费与转账统计调查大数据中心，全国跨境资金流动大数据中心等。大力度推进全国居民收入、消费、财产、投资、继承、赠与等金融经济活动的统计调查制度体系建设。其次，全面构建公正透明、统一规范的反映贫富差距与分化的精准数据生产体系。定期实时发布全国和地方贫富差距与分化状况数据，包括收入、存款、股票、保险、房产等分项差距与分化数据，为国家精准扶贫、精准征税、精准管控分化、精准社会保障等重大社会公共治理奠定科学的大数据基础。最后，全面构建国家统一的经济金融犯罪信息统计调查系统。整合工商、税收、银行、证券、保险、房产等方面的行政执法信息资源，为国家开展法治经济、法治社会、法治国家建设，奠定现代化的信息调查基础，推进国家反贫富分化战略大力实施。

（三）大力实施国家反贫富分化治理战略

中国是世界上最大的发展中国家，经济社会政治不发展肯定不行。中国还是世界上最大的社会主义国家，出现贫富差距与分化不能有效管控也绝对不成。如果说改革开放之前三十年和之后四十年，中国经济政治社会矛盾的焦点是严重的生产能力低下、商品短缺，国家建设的中心任务是发展经济、解决商品短缺的话，那么走向本世纪中叶全面建设社会主义现代化经济强国、全体人民共同富裕基本实现，中国经济政治社会矛盾的焦点就是以人民为中心、全面治理发展不平衡不协调不可持续问题。这其中在保持国民经济持续健康发展的同时，如何有效解决贫富差距与分化问题，就是一个事关全局的根本性的国家战略议题。社会主义中国必须在保持国民经济发展的同时，大力度推进全体人民共同富裕建设进程，大力实施国家反贫富分化治理战略。

——切实坚持人民共建共享共同富裕宗旨。

大力实施国家反贫富分化治理战略，首先要真正坚持人民主体、人民至上、人民共享的根本原则，坚持按劳分配为主体、多种分配方式并存的基本分配制度，坚持公平与效率相结合的国民收入分配制度建设，坚定不移地走以人民为中心、共建共享、共同富裕的发展道路，使发展成果更多更公平更有效地惠及全体人民。这是中国共产党、中国特色社会主义的政治根本，也是全面建设社会主义现代化经济强国、实现中华民族伟大复兴中国梦的根本出发点和根本标准。

坚定不移地走以人民为中心、共建共享、共同富裕的发展道路，既不是恢复平均主义的行政计划的分配体制，也不是脱离经济社会发展阶段和经济效率要求的异想天开的均等分配，而是基于经济发展、贡献效率、合理差距的竞争性、包容性的公平效率兼顾的国民分配，是强调诚实劳动、合法经营、个人奋斗的富裕发展之路，是坚决取缔非法收入、反对不劳而获、管控代际不公的共建共享的公平分配道路。

大力实施国家反贫富分化治理战略，重心在于处理好初次分配、二次分配、三次分配之间的协同关系，建立健全公平效率兼顾的现代国民收入分配制度体系。初次分配主要由市场决定，居民、企业、政府都要遵循市场决定的法则，完善供需均衡、市场竞价的国民收入分配机制。二次分配主要由政府调控，坚持精准扶贫与精准管富并举的再分配方针，建立健全现代财政制度和社会保障体系。三次分配主要由社会主导，努力构建现代公益慈善社会分配体制机制，营造中国特色社会主义和人道主义与人文关怀的温暖社会分配环境。

——努力扩大中等收入群体。

扩大中等收入群体，关系社会主义现代化经济强国目标的实现，是转变经济发展方式、调整收入分配结构的必然要求，是维护经济社会和谐稳定、国家长治久安的必然要求。从社会群体统计学的分类来看，根据社会成员或家庭的收入或财富的实际拥有水平，按照总量百分百的分类标准，把人口总量10%最高收入人群列为富裕群体或高收入群体；把人口总量10%最低收入人群列为贫困群体或者低收入群体；把人口总量中处于中间的80%收入群体列为中等收入群体。从社会生活水平的角度来看，多数人即占社会成员80%的群体就是中等收入群体。扩大中等收入群体，是防控贫富分化、走向共同富裕的重要途径。

新时代扩大中等收入群体，必须坚持有质量有效益的发展，保持宏观经济稳定，为人民群众生活改善打下更为雄厚的基础；必须弘扬勤劳致富精神，激励人们通过劳动创造美好生活；必须完善收入分配制度，坚持按劳分配为主体、多种分配方式并存的制度，把按劳分配和按生产要素分配结合起来，处理好政府、企业、居民三者分配关系；必须强化以人民为中心的人力资本建设，加大人力资本建设的投入力度，着力把国民教育质量搞上去，建设现代职业教育体系；必须发挥好企业家作用，帮助企业解决困难、化解困惑，保障各种要素投入获得回报；必须加强产权保护，健全现代产权制度，加强对国有资产所有权、经营权、企业法人财产权保护，加强对非公有制经济产权保护，加强知识产权保护，增强人民群众财产安全感。

——全面推进取缔非法收入国家治理建设。

坚决取缔非法收入，推进反腐败斗争，是国民收入分配的第四次分配。非法收入包括各种侵财性犯罪活动收入和权力性腐败犯罪收入。国家司法、行政、监督等机关通过法治化、信息化各种手段，对所有违法的个人、公司、机构等不法收入，进行没收、追缴、惩罚等收入再分配活动，就是国民收入分配的第四次分配。

非法收入产生于各种非法的经济社会政治活动中，其在国民收入再分配中所占的比重大小，取决于整个国家的法治化水平和经济社会腐败程度。社会法治越昌盛，政治环境越清明，国民收入分配越公平，非法收入活动就越少；社会法治越落后，政治环境越混沌，国民收入分配越不公平，非法收入活动就越多。通常而言，一个国家非法收入的数量与规模，与国家法治化的实现程度成反比，与政治生态环境污染的恶劣程度成正比。

在各种非法收入活动中，权力寻租是影响最大的部分。所谓权力寻租是指通过掌控和使用公共权力来牟取非法收益的非生产性活动，包括市场扭曲型权力寻租和权力垄断性权力寻租两种形式。市场扭曲型权力寻租，是指在权力寻租活动发生之前市场条件已经被扭曲，权力寻租活动是这种扭曲市场的额外交易成本。权力垄断性权力寻租，是指在权力寻租活动发生之前不存在市场条件的扭曲，而权力寻租活动使市场环境发生了扭曲。

由于历史与现实、经济与社会、政治与法律等多方面原因，包括市场经济不成熟、法治建设不健全、权力监督不完备、违法犯罪成本低、查处非法收入概率小等原因，使得我国经济社会政治活动中存在着多种多样的侵财性犯罪、权力寻租与腐败现象，带来了比较严重的非法收入与非法交易活动。其非法收入与活动的发生范围、程度、规模、结构，可以从同时期司法部门所查缴情况来研究。多数研究认为，在体制、政策和监管等领域所存在的种种问题，是导致大量非法收入长期存在、蔓延滋长的主要原因。特别是一些领域存在的权力私有化、货币化、资本化，一些部门存在的利益集团化、内部化、链条化，一些侵财性犯罪方式的多样化、普遍化、长期化等问题，造就了非法收入与活动的持续化和普遍化，严重影响着国民收入的公平效率分配格局。有专门研究认为，改革开放以来，我国非法收入问题主要发生在价格双轨、行政审批、国企改制、土地协议、基建工程、政府招标、上市公司、干部人事等活动中。

客观地讲，市场经济和市场化改革推动了中国经济的增长与繁荣，但同时由于政策漏洞、制度缺陷、权力失控等原因，也使得大量的非法收入与活动得以广泛而持续地野蛮生长，这不仅严重降低了社会公众应有的实际收入水平，催生出严重的非公平正义性的贫富差距与两极分化，而且也严重降低了公权体制的公信度。

非法收入在任何时代，都为法治国家所不容，为文明社会所不容，为人民正义所不容。取缔和打击各种非法收入活动，追缴和罚没各种非法收入与财产，构建公平、正义、法治、文明的国民收入分配公共秩序，是建设法治经济、法治社会、法治国家的重大议题。走向本世纪中叶中华民族伟大复兴、实现社会主义现代化，必须全面推进国民收入四次分配的公平效率建设，全面、系统、大力度地向非法收入活动宣战，全面推进从严治党，全面推进依法治国，全面推进深化改革，全面推进权力监督。

——着重解决权力配置权力制衡问题。

在所有导致贫富差距扩大、贫富分化加剧的产生根源中，最引人民不满、最失人心的是权力腐败所带来的非法收入与犯罪活动。新时代大力实施国家反贫富分化治理战略，最重要的是如何有效解决公共权力配置与运行过程中所出现的非法收入问题，这是新时代有效管控贫富差距、贫富分化的根本性议题。党的十八大以来，以习近平同志为核心的党中央以对民族、国家、人民、历史和党负责的高度敬业精神，以以身许党、以身许国、以身作则的大无畏革命精神，开启了新时代依法治国、从严治党、严肃法纪、打击腐败的新的伟大斗争序幕，中国共产党的政治风貌、中国国家的政治生态、中国社会的政治风气等都发生了举世赞誉的巨大变化，极大地遏制了腐败犯罪滋生蔓延的势头，形成了改革开放以来前所未有的反腐败压倒性态势，党心、民心、国心、军心都为之一振。

新时代有效解决公共权力配置与运行过程中的非法收益问题，首先，要努力推进中国特色社会主义政治文明现代化建设。正确处理党的领导、人民当家作主、依法治国三者之间的辩证关系，以党内民主带动人民民主，以人民民主推进法治中国。坚持民主和法治两手都要硬的治国之道，把权力关进制度的笼子里，把钥匙交给人民。在政治改革、法治中国建设上，切实坚守和真正体现人民主体、人民至上、人民共建共享共同富裕的根本发展与分配宗旨。其次，要努力构建中国特色社会主义公共权力体系。既要处理好立法、行政、司法、监察之间的权力协同与制衡关系，又要处理好决策、执行、反馈、监督之间的权力协同与制衡关系。在世界上人口最大的社会主义市场经济的中国，只有公共权力越来越公平，才能有效治理国家；只有公共权力越来越制衡，才会走向政治文明。最后，要努力构建中国特色社会主义公共权力机制。坚持权力与责任对称、收益与风险对接的权力运行激励约束原则，加速构建能进能出、能上能下、能增能减、公平竞争的权力配置与运行机制，推进适应新时代发展要求的公共服务与管理队伍体系建设，为到本世纪中叶全体人民共同富裕基本实现，奠定更高质量、更加公平、更有效率、更可持续发展的公共权力机制。

第三篇 新时代经济改革思想

改革是思想观念与制度体系的完善与创新，是中国特色社会主义现代化建设的根本实现途径。新时代经济改革思想是关于新时代中国特色社会主义经济制度建设怎么看、怎么办的思想理论。习近平新时代中国特色社会主义经济改革思想，是我国新时代社会主义经济制度建设与创新发展的指导思想，是全面推进社会主义市场经济体制改革、建设社会主义现代化经济体系的行动指针，是全面推动国民经济持续健康发展、确保顺利实现新时代经济建设与发展目标的动力系统。新时代经济改革思想，强调坚持社会主义市场经济改革方向，推进社会主义基本经济制度建设，推进现代市场、现代财政、现代金融、现代调控等制度体系建设，为国民经济持续健康发展提供更高质量更加公平更有效率更可持续的现代制度体系与环境。

一、坚持社会主义市场经济改革方向

改革开放是党在新的历史条件下领导人民进行的新的伟大革命，是决定当代中国命运的关键抉择。中国特色社会主义之所以具有蓬勃生命力，就在于是实行改革开放的社会主义。只有社会主义才能救中国，只有改革开放才能发展中国、发展社会主义、发展马克思主义。改革开放是当代中国发展进步的活力源泉，是我们党和人民大踏步赶上时代前进步伐的重要法宝，是坚持和发展中国特色社会主义的必由之路，是决定实现"两个一百年"奋斗目标、实现中华民族伟大复兴的关键一招。

（一）全面深化对社会主义市场经济规律的认识

改革开放以来，我们党逐步把"市场经济"和"社会主义"结合起来，在社会主义条件下发展市场经济，在市场经济环境中建设社会主义，建立和完善社会主义市场经济体制，实现更高程度的公平与效率相结合，这是中国特色社会主义思想认识上的重大突破，也是世界社会主义经济实践史上一次历史性飞跃。党的十八届三中全会把“坚持社会主义市场经济改革方向”这一条宝贵经验，上升到全面深化改革的指导思想中，有着极其重大的现实指导意义，是确保经济体制改革不犯颠覆性错误的重大原则要求。

——全面深化市场经济思想认识，坚持正确的现代市场经济发展观。

市场经济是通过市场配置资源的经济。在市场经济条件下，全社会生产什么、如何生产和为谁生产等问题，都依靠供求机制、价格机制和竞争机制来自行解决。其最基本的市场精神就是物以稀为贵、价高者得，自我作主、自主决策、自担风险；其最核心的制度要求就是通过市场进行价值交换，通过市场竞争实现优胜劣汰，通过市场在资源配置中的决定性作用，实现全社会资源配置的效益最大化。

现代市场经济制度的根本要求是权利与责任对称、收益与风险对接。中国特色社会主义市场经济，必须是公平竞争、诚信法治的现代市场经济，必须把构建公平竞争、诚信法治的市场制度环境，反歧视、反垄断、反欺诈、反不正当竞争，作为深化经济体制改革的重要任务。让公平、竞争、诚信、法治的阳光普照市场大地，让诚信和守法者获益，让失信和不法者受戒。

——全面深化社会主义思想认识，坚持正确的科学社会主义发展观。

社会主义是关于全体人民共同富裕的理想信念。社会主义追求全民共同利益，强调社会和谐发展共同价值观，主张人民共建、人民共享、人民共同富裕。公平正义是社会主义的本质属性，共同富裕是社会主义的本质规定性，解放和发展生产力是社会主义的本质要求。在社会主义条件下，要求经济政治社会文化生态文明建设更加公平、更有效率、更可持续发展，不断实现人民日益增长的美好生活需要和促进人的全面发展。

中国特色社会主义，从根本上改变了中国人民和中华民族的前途命运，是中国共产党和中国人民历经千辛万苦，付出各种代价，取得的根本成就。中国特色社会主义，是经济政治文化社会生态文明建设“五位一体”总体布局，是发展道路、理论体系、制度文明三者合一战略整体。中国特色社会主义，倡导富强民主文明和谐、自由平等公正法治、爱国敬业诚信友善的核心价值观，总任务是实现社会主义现代化和中华民族伟大复兴中国梦。

——坚持社会主义市场经济改革方向，树立正确的社会主义市场经济改革发展观。

提出建立社会主义市场经济体制的改革目标，这是我们党在建设中国特色社会主义进程中的一个重大理论和实践创新，解决了世界上其他社会主义国家长期没有解决的一个重大问题。习近平指出，在社会主义条件下发展市场经济，是我们党的一个伟大创举。我国经济发展获得巨大成功的一个关键因素，就是我们既发挥了市场经济的长处，又发挥了社会主义制度的优越性。我们是在中国共产党领导和社会主义制度的大前提下发展市场经济的，什么时候都不能忘了"社会主义"这个定语。之所以说是社会主义市场经济，就是要坚持我们的制度优越性，有效防范资本主义市场经济的弊端。我们要坚持辩证法、两点论，继续在社会主义基本制度与市场经济的结合上下功夫，把两方面优势都发挥好，既要"有效的市场"，也要"有为的政府"，努力在实践中破解这道经济学上的世界性难题。①

坚持社会主义市场经济改革方向，其根本难题是如何处理好效率与公平的关系，使市场经济的效率最大化和社会主义的公平最优化结合起来，破除影响和制约经济更高质量、更有效率、更加公平和更可持续发展的体制机制弊端，努力实现国民经济持续健康发展。坚持社会主义市场经济改革方向，就是坚持所有经济活动、经济建设和经济发展的效率与公平相互兼容的资源配置双优化的原则。这个原则贯穿到经济体制改革领域，就是要求所有经济体制机制和制度政策的选择安排，都应该把制度效率与制度公平问题，作为顶层设计和整体谋划的根本原则加以严格遵循。如果制度本身既无效率又无公平，或者只有其一没有其二，那么其制度效能不会达到应有的社会主义市场经济本质要求。

坚持社会主义市场经济改革方向，要求经济体制改革必须把坚持社会主义基本制度同发展市场经济结合起来。一方面要充分发挥市场在资源配置中的决定性作用，另一方面要坚持和发展中国特色社会主义基本制度。二者结合的制度实质就是要求经济体制改革，必须兼顾好经济效率与社会公平的双目标选择，处理好经济效率与社会公平的双关系合作。既要市场经济的效率

① 习近平：《在十八届中央政治局第二十八次集体学习时的讲话》（2015 年 11 月 23 日），中共中央文献研究室编：《习近平关于社会主义经济建设论述摘编》，中央文献出版社 2017 年版，第 64 页。

追求，又要社会主义的公平价值。通过把市场经济的竞争与效率和社会主义的公平与正义结合起来，使人民不仅能够获得更多的发展成果，而且能够享受更高的社会公平，来实现中华民族伟大复兴的中国梦。

（二）处理好政府作用和市场决定的相互关系

经济体制改革的核心问题是处理好政府和市场的关系，使市场在资源配置中起决定性作用和更好发挥政府作用。党的十八届三中全会指出，市场决定资源配置是市场经济的一般规律，健全社会主义市场经济体制必须遵循这条规律，着力解决市场体系不完善、政府干预过多和监管不到位问题。必须积极稳妥从广度和深度上推进市场化改革，大幅度减少政府对资源的直接配置，推动资源配置依据市场规则、市场价格、市场竞争实现效益最大化和效率最优化。

——核心问题是处理好政府和市场的关系。

市场是资源配置方式，政府是公共权力组织，市场和政府都是人类分工与发展的必然产物。因为各有比较优势，因而各自产生存在；因为互相依赖、互为因果，因而彼此需要、彼此作用。习近平指出，坚持社会主义市场经济改革方向，核心问题是处理好政府和市场的关系，使市场在资源配置中起决定性作用和更好发挥政府作用。这是我们党在理论和实践上的又一重大推进。①

使市场在资源配置中起决定性作用和更好发挥政府作用，是我国经济体制改革与发展的重大原则。我们既要遵循市场规律、善用市场机制解决问题，又要让政府勇担责任、干好自己该干的事。“在市场作用和政府作用的问题上，要讲辩证法、两点论，‘看不见的手’和‘看得见的手’都要用好，努力形成市场作用和政府作用有机统一、相互补充、相互协调、相互促进的格局，推动经济社会持续健康发展”。②

——根本问题是把握好政府和市场的本质区别。

处理好政府和市场的关系，根本在于把握好政府和市场的本质区别，并由

---

① 习近平：《切实把思想统一到党的十八届三中全会精神上来》（2013 年 11 月 12 日），中共中央文献研究室编：《习近平关于社会主义经济建设论述摘编》，中央文献出版社 2017 年版，第 56 页。

② 习近平：《在十八届中央政治局第十五次集体学习时的讲话》（2014 年 5 月 26 日），中共中央文献研究室编：《习近平关于社会主义经济建设论述摘编》，中央文献出版社 2017 年版，第 58 页。

此划分清楚二者各自不同的作用边界。本质区别不明,作用边界不清,既形不成真正的市场经济,也产生不出有效的政府行政。这就要求更加尊重市场规律,充分发挥市场在资源配置中的决定性作用;更好发挥政府作用,提供更公平、更有效的政府管理与公共服务。对市场而言,法无禁止即可为;对政府来说,法无授权不可行。

习近平指出:市场起决定性作用,是从总体上讲的,不能盲目绝对讲市场起决定性作用,而是既要使市场在配置资源中起决定性作用,又要更好发挥政府作用。有的领域如国防建设,就是政府起决定性作用。一些带有战略性的能源资源,政府要牢牢掌控,但可以通过市场机制去做。①

——关键问题是把握好政府和市场的关系度。

处理好政府和市场的关系,关键在于把握好政府和市场的"关系度"问题,坚决防范和化解过度市场化与过度行政化这两个极端。认真反思与研究解决"教育产业化""医疗社会化"和"住房商品化"问题,高度重视公共服务领域的市场和政府的双失灵问题,构建更加竞争、绩效、成本和考核的现代政府管理体系,建立更加透明、责任、法治和监督的现代政府激励约束机制,努力破除公共资源配置、公共服务生产和公共权力使用中的利益输送与利益固化等深层次难题。习近平指出,使市场在资源配置中发挥决定性作用,主要涉及经济体制改革,但必然会影响到政治、文化、社会、生态文明和党的建设等各个领域。要使各方面体制改革朝着建立完善的社会主义市场经济体制这一方向协同推进,同时也使各方面自身相关环节更好适应社会主义市场经济发展提出的新要求。②

坚持使市场在资源配置中起决定性作用,首先在于完善市场机制,打破行业垄断、进入壁垒、地方保护,增强企业对市场需求变化的反应和调整能力,提高企业资源要素配置效率和竞争力。其次在于加快转变政府职能,该放给市场和社会的权一定要放足、放到位,该政府管的事一定要管好、管到位,坚决扭转政府职能错位、越位、缺位现象。要深化行政审批制度改革,推进简政放权,

---

① 习近平:《在中央财经领导小组第五次会议上的讲话》(2014 年 3 月 14 日),中共中央文献研究室编:《习近平关于社会主义经济建设论述摘编》,中央文献出版社 2017 年版,第 57—58 页。

② 习近平:《切实把思想统一到党的十八届三中全会精神上来》(2013 年 11 月 12 日),中共中央文献研究室编:《习近平关于社会主义经济建设论述摘编》,中央文献出版社 2017 年版,第 56—57 页。

深化权力清单、责任清单管理,同时要强化事中事后监管。发挥政府作用,不是简单下达行政命令,要在尊重市场规律的基础上,用改革激发市场活力,用政策引导市场预期,用规划明确投资方向,用法治规范市场行为。

坚持政府更好发挥作用,首先要根据时代发展的要求转变政府职能,这是深化政府行政体制改革的核心。实质上要解决的是政府应该做什么、不应该做什么,重点是政府、市场、社会的关系,即哪些事应该由市场、社会、政府各自分担,哪些事应该由三者共同承担。转变政府职能的总方向,是创造良好发展环境、提供优质公共服务、维护社会公平正义。推进机构改革和职能转变,要处理好大和小、收和放、政府和社会、管理和服务的关系。要构建系统完备、科学规范、运行高效的党和国家机构职能体系,形成总揽全局、协调各方的党的领导体系,职责明确、依法行政的政府治理体系,中国特色、世界一流的武装力量体系,联系广泛、服务群众的群团工作体系,推动人大、政府、政协、监察机关、审判机关、检察机关、人民团体、企事业单位、社会组织等在党的统一领导下协调行动、增强合力,全面提高国家治理能力和治理水平。

(三)全面建设社会主义现代化经济体系

经济制度体系是国家规范经济行为、管理经济活动、引导经济发展所制定实施的各种规则措施的总称,它由基本经济制度及其具体的经济体制、经济机制、经济政策、经济法律法规等内容所组成。经济制度体系是组织社会经济活动的根本遵循,是适用范围内经济主体所有经济活动共同遵守的行为规范。

制度是决定和影响经济发展的根本因素。在中国这样一个十几亿人口大国,全面建设社会主义现代化经济强国,现代化经济制度体系建设极其重要。新时代建设中国特色社会主义现代化经济体系,核心思想是加快完善社会主义市场经济体制,构建制度公平、制度效率、制度可持续“三位一体”的现代经济制度体系。重点推进基本经济制度、现代市场制度、现代财政制度、现代金融制度、现代调控制度现代化建设,实现中国特色社会主义市场经济制度体系现代化。

我国社会主义实践的前半程的主要历史任务是建立社会主义基本制度,后半程的主要历史任务是完善和发展中国特色社会主义制度,为党和国家事业发展、为人民幸福安康、为社会和谐稳定、为国家长治久安提供一整套更完善、更稳定、更管用的制度体系。必须坚持把完善和发展中国特色社会主义制度,推进国家治理体系和治理能力现代化作为全面深化改革的总目标。坚决破除一切不合时宜的思想观念和体制机制弊端，突破利益固化的藩篱，吸收人类文明有益成果，构建系统完备、科学规范、运行有效的制度体系，充分发挥我国社会主义制度优越性。我们要通过深化改革，让一切劳动、知识、技术、管理、资本等要素的活力竞相迸发，让一切创造社会财富的源泉充分涌流。

建设现代化经济体系是我国发展的战略目标，也是转变经济发展方式、优化经济结构、转换经济增长动力的迫切要求。这是党中央从党和国家事业全局出发，着眼于实现“两个一百年”奋斗目标、顺应中国特色社会主义进入新时代的新要求作出的重大决策部署。习近平指出，现代化经济体系是由社会经济活动各个环节、各个层面、各个领域的相互关系和内在联系构成的一个有机整体。建设现代化经济体系要一体建设、一体推进。我们建设的现代化经济体系，要借鉴发达国家有益做法，更要符合中国国情、具有中国特色。①

建设现代化经济体系，要着力从以下主要方面推进：一是要建设创新引领、协同发展的产业体系，实现实体经济、科技创新、现代金融、人力资源协同发展，使科技创新在实体经济发展中的贡献份额不断提高，现代金融服务实体经济的能力不断增强，人力资源支撑实体经济发展的作用不断优化。二是要建设统一开放、竞争有序的市场体系，实现市场准入畅通、市场开放有序、市场竞争充分、市场秩序规范，加快形成企业自主经营公平竞争、消费者自由选择自主消费、商品和要素自由流动平等交换的现代市场体系。三是要建设体现效率、促进公平的收入分配体系，实现收入分配合理、社会公平正义、全体人民共同富裕，推进基本公共服务均等化，逐步缩小收入分配差距。四是要建设彰显优势、协调联动的城乡区域发展体系，实现区域良性互动、城乡融合发展、陆海统筹整体优化，培育和发挥区域比较优势，加强区域优势互补，塑造区域协调发展新格局。五是要建设资源节约、环境友好的绿色发展体系，实现绿色循环低碳发展、人与自然和谐共生，牢固树立和践行绿水青山就是金山银山理念，形成人与自然和谐发展现代化建设新格局。六是要建设多元平衡、安全高效的全面开放体系，发展更高层次开放型经济，推动开放朝着优化结构、拓展深度、提高效益方向转变。七是要建设充分发挥市场作用、更好发挥政府作用的经济体制，实现市场机制有效、微观主体有活力、宏观调控有度。

---

① 《习近平在中共中央政治局第三次集体学习时强调　深刻认识建设现代化经济体系重要性　推动我国经济发展焕发新活力迈上新台阶》，《人民日报》2018 年 1 月 31 日。

全面深化改革是一项复杂的系统工程,需要加强顶层设计和整体谋划,加强各项改革关联性、系统性、可行性研究。要把握全面深化改革的内在规律,坚持正确的方法论,更加注重改革的系统性、整体性、协同性,统筹推进重要领域和关键环节改革。要提高改革决策的科学性,全面考量、协调推进、辨证施治,不能畸重畸轻。我们是一个大国,决不能在根本问题上出现颠覆性失误,一旦出现就无可挽回、无法弥补。

二、推进新时代社会主义基本经济制度建设

公有制为主体、多种所有制经济共同发展的基本经济制度,是中国特色社会主义制度体系的重要支柱,也是建设社会主义市场经济体制的根基。公有制经济和非公有制经济都是社会主义市场经济的重要组成部分,都是我国经济社会发展的重要基础。公有制经济财产权不可侵犯,非公有制经济财产权同样不可侵犯。国家保护各种所有制经济产权和合法利益,坚持权利平等、机会平等、规则平等,健全以公平为核心原则的产权保护制度,加强对各种所有制经济组织和自然人财产权的保护,为实现更高质量、更有效率、更加公平、更可持续发展奠定了坚实的现代经济制度基础。

(一)坚持公有制非公有制经济共同发展

坚持和完善公有制为主体、多种所有制经济共同发展的基本经济制度,是深化经济体制改革、建设现代化经济体系的制度根基,为完善和发展中国特色社会主义制度,推进国家治理体系和治理能力现代化,特别是国家经济治理体系和治理能力现代化,奠定了坚实的中国特色社会主义国家经济制度基础。

——充分认识基本经济制度建设的重要性。

坚持公有制为主体、多种所有制经济共同发展的基本经济制度,这是由我国基本国情和发展阶段所决定的,也是我国人民经历艰辛探索、付出沉重代价后的历史成果。历史已经证明:单一的公有制和单一的私有制都不能很好发展中国经济、解决中国问题。在基本经济制度方面的任何空想和蛮干,都会给中国经济和中国人民带来严重损害。

社会主义基本制度和市场经济有机结合、公有制经济和非公有制经济共同发展,是我们党推动解放和发展社会生产力的伟大创举。改革开放以来,我

国经济建设所取得的伟大成就表明，只要坚持中国共产党领导，只要坚持公有制为主体、多种所有制经济共同发展，社会主义制度的优越性不但不会削弱而且会不断增强，我们党执政的基础不但不会动摇，而且会更加稳固。在基本经济制度建设方面，必须坚持社会主义初级阶段基本国情，坚持解放和发展社会生产力、满足人民美好生活需要根本标准，坚持社会主义市场经济改革发展方向，坚持、发展和完善公有制为主体、多种所有制经济共同发展的基本经济制度。

——正确把握公有制和非公有制的辩证关系。

人类所有制的起源与发展，始终伴随着公有制和私有制的相互博弈。多种所有制表现形式的相互转化，不仅在于物质产品供给的短缺与剩余状况、自然资源禀赋的丰裕与贫乏程度，而且还在于追求所有制的价值观念与制度环境等多种因素相互影响。从资源配置的角度看，公有制和私有制的历史性区别，主要的不是人们的主观价值判断与偏好，而是这两种制度安排在不同资源禀赋条件下的比较优势与比较劣势。人类过往的历史已经证明，在任何国家和任何时代，所有制方面的简单化、绝对化和教条化，都会带来严重的经济社会问题。越来越多的人意识到，所有制的选择与安排最终还是要看其具体的公平与效率的比较优势，看其能否推动人类经济社会的持续健康发展。

公有制经济、非公有制经济应该相辅相成、相得益彰，而不是相互排斥、相互抵消。习近平指出，任何想把公有制经济否定掉或者想把非公有制经济否定掉的观点，都是不符合最广大人民根本利益的，都是不符合我国改革发展要求的，因此也都是错误的。① 我们党在坚持基本经济制度上的观点是明确的、一贯的，而且是不断深化的，从来没有动摇。公有制经济和非公有制经济都是社会主义市场经济的重要组成部分，都是我国经济社会发展的重要基础；国家保护各种所有制经济产权和合法利益，坚持权利平等、机会平等、规则平等，激发非公有制经济活力和创造力。

坚持制度自信首先要坚持基本经济制度自信。坚持和完善基本经济制度，必须毫不动摇巩固和发展公有制经济，毫不动摇鼓励、支持、引导非公有制经济发展。坚持公有制主体地位，发挥国有经济主导作用，做强做优做大国有企业。积极促进国有资本、集体资本、非公有资本等交叉持股、相互融合，发展

---

① 《习近平谈治国理政》第二卷，外文出版社2017年版，第260页。

混合所有制经济，推动各种所有制资本取长补短、相互促进、共同发展。

合理划分公有制与非公有制的作用边界。深化所有制改革的难题在于，在坚持多种所有制经济共同发展的过程中，如何防范和化解国有资产流失，特别是如何有效解决权钱交易、权力腐败所导致的非法利益输送等问题。为此，必须处理好公有制和非公有制经济的复杂关系，最大限度地发挥各自的比较优势。国有经济要更多体现国家意志，追求公共利益最大化。非公有制经济也应做好企业公民，承担社会责任。

大力推进现代混合所有制经济发展。混合所有制经济发展是现代化经济发展的主导趋势之一，有利于各种所有制资本取长补短、相互促进、共同发展。要全面实施市场准入负面清单制度，构建公平竞争、市场出清的现代化资源配置体系。全面深化商事制度改革，打破市场壁垒，防止各种垄断，激发各类市场主体活力。全面深化要素市场改革，完善市场准入管理，完善市场监管体制。所有市场经济主体都要处理好经济效益和社会效益、企业利益和国家利益的共建共享关系。

（二）推进公有制经济主体地位制度建设

公有制经济包括国有经济和集体经济，以及混合所有制经济中的国有成分和集体成分。习近平指出，我国是中国共产党领导的社会主义国家，公有制经济是长期以来在国家发展历程中形成的，为国家建设、国防安全、人民生活改善作出了突出贡献，是全体人民的宝贵财富。① 必须毫不动摇巩固和发展公有制经济，坚持公有制主体地位，发挥国有经济主导作用，增强国有经济活力、控制力、影响力、抗风险能力。

公有制主体地位不能动摇，国有经济主导作用不能动摇。这是保证我国各族人民共享发展成果的制度性保证，也是巩固党的执政地位、坚持我国社会主义制度的重要保证。推进公有制经济发展，必须坚持公有制主体地位，坚持党对公有制经济领导，发挥国有经济主导作用。完善各类国有资产管理体制，改革国有资本授权经营体制，加快国有经济布局优化、结构调整、战略性重组，促进国有资产保值增值，推动国有资本做强做优做大，有效防控国有资产流失风险。加快国有经济战略性调整，完善国有资产监管制度，加快改组和组建国

---

① 《习近平谈治国理政》第二卷，外文出版社 2017 年版，第 259 页。

有资本投资、运营公司,实现国有经济布局优化和结构调整。

深化公有制经济制度难题研究。公有制经济是人类社会普遍存在的经济形式,世界上任何国家都面临着程度不同的公有制经济发展难题,尤其是一些公有制经济内生性的制度难题。根据国内外公有制经济制度研究已有成果来概括,以下宏观和微观层面的深层次制度难题需要重点研究:在宏观层面,如何深化公有制经济的国民分享、委托代理、行业分类等深层次制度建设难题研究,推进公有制经济的制度公平效率可持续建设;在微观层面,如何深化公有制经济组织的道德风险、内部人控制、权责失衡等深层次制度建设难题研究,不断提高公有制经济组织的生产经营能力,有效防控公有制经济国有资产流失问题。

完善国有资产国有资本管理体制。以管资本为主加强国有资产监管,防止国有资产流失,改革国有资本授权经营体制。推进国有资本布局战略性调整,引导国有资本更多投向关系国家安全、国民经济命脉的重要行业和关键领域。完善国有资本经营预算制度,提高国有资本收益上缴公共财政比例,更多用于保障和改善民生。建立健全各类国有资产监管法律法规体系,实现国有资产监管的制度化、规范化和系统化。改革国有资本授权经营体制,加快推进经营性国有资产集中统一监管。以管资本为主深化国有资产监管机构职能转变,准确把握依法履行出资人职责的定位,科学界定国有资本所有权和经营权边界,建立监管权力清单和责任清单。深化国有资本投资运营公司综合性改革,探索有效的运营模式,发挥国有资本市场化运作的专业平台作用。

加快国有经济的结构调整与重组。围绕服务国民经济和国家发展战略大局,推动国有经济向关系国家安全、国民经济命脉和国计民生的重要行业和关键领域、重点基础设施集中,优化国有经济的产业布局、区域布局和行业布局,有效发挥国有经济整体功能作用。推动国有资本形态转换和结构调整,支持创新发展前瞻性战略产业,加快处置低效无效资产,淘汰落后产能,剥离办社会职能,解决历史遗留问题,提高国有资本配置效率。推动国有企业战略性重组,聚焦发展实体经济,突出主业、做强主业,加快推进横向联合、纵向整合和专业化重组,提高国有企业核心竞争力,增强国有经济活力、控制力、影响力、国际竞争力、抗风险能力。

加强监管有效防止国有资产流失。以国有资产保值增值、防止流失为目标,加快形成全面覆盖、分工明确、协同配合、制约有力的国有资产监督体系。

创新监管方式和手段，改变行政化监管方式，改进考核体系和办法，落实保值增值责任，提高监管的及时性、针对性、有效性。增强企业内部控制体系的整体性有效性，强化流程管控刚性约束，确保内部监督及时有效。强化出资人监督，加快国有企业行为规范法律法规制度建设，加强对企业关键业务、改革重点领域、国有资本运营重要环节的监督。建立健全国有企业重大决策失误和失职、渎职责任追究倒查机制，加大国有企业违规经营投资责任追究力度。加强审计监督、纪检监督、巡视监督，建立有效的外部监督协同联动和监督会商机制，形成监督合力。实施信息公开，加强社会监督，建设阳光国企。

（三）推进国有企业现代企业制度建设

国有企业是推进国家现代化、保障人民共同利益的重要力量，是党和国家事业发展的重要物质基础和政治基础。新时代深化国有企业改革，做强做优做大国有资本，对坚持和发展中国特色社会主义、实现“两个一百年”奋斗目标具有十分重大的意义。国有企业是国有经济的主体，是中国特色社会主义重要物质基础和政治基础，要旗帜鲜明、理直气壮地做强做优做大。深化国有企业改革，必须坚持党对国有企业的领导，坚持现代企业制度改革方向，坚持分类指导原则。稳妥有序发展混合所有制经济，建立股权制衡机制，健全公司治理结构，在市场竞争中激发国有企业活力和创造力，提高国有企业竞争力，放大国有资本影响力。

新时代推进国有企业现代企业制度建设，要适应新型工业化、信息化、市场化、国际化发展新形势，以规范经营决策、资产保值增值、公平参与竞争、提高企业效率、增强企业活力、承担社会责任为重点深化改革。必须坚持社会主义市场经济改革方向，遵循市场经济规律和企业发展规律，坚持政企分开、政资分开、所有权与经营权分离，坚持权利、义务、责任相统一，促使国有企业真正成为依法自主经营、自负盈亏、自担风险、自我约束、自我发展的独立市场主体，加快建设中国特色现代国有企业制度体系。①

推进国有企业现代企业制度建设，首先要推进国有企业分类改革，准确界定不同类型国有企业功能，细分垄断行业、公益行业、竞争行业的国有企业改

---

① 参阅肖亚庆：《深化国有企业改革》，本书编写组编著：《党的十九大报告辅导读本》，人民出版社 2017 年版，第 236—242 页。

革目标，分类制定符合企业实际的现代企业制度体系。其次要推进国有企业公司法人治理结构建设，处理好党的领导、经营管理、企业发展之间的相互关系，形成有效制衡的公司法人治理结构和灵活高效的市场化经营机制，建设现代化的企业管理人员能上能下、员工能进能出、收入能增能减的体制机制。最后要推进国有企业现代质量管理体系建设，构建公平透明、充分竞争、法治运行的企业内部管理体制，建设国有企业现代企业长效激励约束机制，加强监管有效防止国有资产流失，强化国有企业经营投资责任追究，全面培育具有全球竞争力的世界一流企业。

坚持党对国有企业的领导。坚持党对国有企业的领导是重大政治原则，必须一以贯之；建立现代企业制度是国有企业改革的方向，也必须一以贯之。把企业党组织内嵌到公司治理结构之中，企业党委（党组）要发挥领导作用，把方向、管大局、保落实。坚持党要管党、全面从严治党，建强国有企业基层党组织，持续推进党风廉政建设和反腐败工作，加强领导班子建设和人才队伍建设，着力培养一支对党忠诚、勇于创新、治企有方、兴企有为、清正廉洁的高素质企业领导人员队伍。

完善国有企业经营管理制度。形成有效制衡的公司法人治理结构和灵活高效的市场化经营机制。在全面完成公司制改革的基础上，积极推进股份制改革，引入各类投资者实现股权多元化，探索建立优先股和国家特殊管理股制度。全面推进规范董事会建设，切实落实董事会职权，改革外部董事管理制度，严格董事选聘和履职管理，使董事会真正成为企业的决策主体。深化企业内部人事、劳动、分配三项制度改革，推进经理层任期制和契约化管理，推行职业经理人制度，探索企业领导人员差异化薪酬分配办法，建立健全与劳动力市场基本适应、与企业经济效益和劳动生产率挂钩的工资决定和正常增长机制。

积极发展多种所有制混合经济。积极推进主业处于充分竞争行业和领域的商业类国有企业混合所有制改革，有效探索重点领域混合所有制改革。大力推动国有企业改制上市，根据不同企业功能定位，逐步调整国有股权比例。稳妥有序开展国有控股混合所有制企业员工持股，建立激励约束长效机制。鼓励包括民营企业在内的非国有资本投资主体通过多种方式参与国有企业改制重组，鼓励国有资本以多种方式入股非国有企业，建立健全混合所有制企业治理机制。

培育具有全球竞争力的世界一流企业。大力支持国有企业深入开展国际化经营，不断加大对外开放合作力度，在“一带一路”建设中推动优势产业走出去，带动中国装备制造、技术、标准和服务走向世界，充分利用国际国内两个市场、两种资源，培育一批国际化经营人才，形成一批在国际资源配置中占主导地位的领军企业。大力实施创新驱动发展战略，鼓励国有企业以市场为导向持续加大研发投入，突破和掌握一批关键核心技术，培育一批高附加值的尖端产品，打造一批国际知名的高端品牌，形成一批引领全球行业技术发展的领军企业。加快推进产业升级，在一些优势行业和领域向价值链高端迈进，努力在国际市场竞争中占据有利位置，形成一批在全球产业发展中具有话语权和影响力的领军企业。

（四）推进非公有制经济共同发展制度建设

非公有制经济在支撑增长、促进创新、扩大就业、增加税收等方面具有重要作用。习近平指出，我们强调把公有制经济巩固好、发展好，同鼓励、支持、引导非公有制经济发展不是对立的，而是有机统一的。[①] 必须毫不动摇鼓励、支持、引导非公有制经济发展，激发非公有制经济活力和创造力。坚持权利平等、机会平等、规则平等，废除对非公有制经济各种形式的不合理规定，支持非公有制经济健康发展。鼓励非公有制企业参与国有企业改革，鼓励发展非公有资本控股的混合所有制企业，鼓励私营企业建立现代企业制度。

充分认识非公有制经济发展的重要性。我国非公有制经济主要包括个体经济、私营经济、外资投资经济、港澳台投资经济，以及混合经济中的非国有成分和非集体成分。改革开放以来我国非公有制经济获得了巨大发展，目前全国非公有制经济法人主体户数占全部市场主体99%以上，贡献着全国90%以上的就业机会、70%以上的国家税收、60%以上的国内生产总值和社会固定资产投资，成为社会主义市场经济的重要组成部分和推动国民经济发展的重要力量。

优化多种经济共同发展制度环境。坚持公有制非公有制经济共同发展的基本经济制度，必须构建适合多种所有制经济共同发展的制度环境，确保多种所有制经济都能公平竞争共同发展。首先要坚持公平竞争原则。国家要坚持机会平等、权利平等、规则平等、公平竞争原则，依法保护各种所有制经济产权

---

① 《习近平谈治国理政》第二卷，外文出版社2017年版，第260页。

和合法利益，保证各种所有制经济依法平等使用生产要素、公开公平公正参与市场竞争、同等受到法律保护，依法监管各种所有制经济。其次要大力支持民营经济发展。政府要增强服务意识，密切同民营企业沟通联系，帮助解决实际困难，与民营企业共同构建新型的"亲""清"的政商关系。清理废除歧视性政策和做法，依法保护民营企业法人财产权和经营自主权，激发和保护企业家精神，引导提升民营企业经营管理水平，鼓励民营企业建立现代企业制度。

关于建立新型的亲清的政商关系，习近平指出，新型政商关系概括起来说就是"亲""清"两个字。对领导干部而言，所谓"亲"，就是要坦荡真诚同民营企业接触交往；所谓"清"，就是同民营企业家的关系要清白、纯洁，不能有贪心私心，不能以权谋私，不能搞权钱交易。对民营企业家而言，所谓"亲"，就是积极主动同各级党委和政府及部门多沟通多交流，讲真话，说实情，建诤言，满腔热情支持地方发展；所谓"清"，就是要洁身自好、走正道，做到遵纪守法办企业、光明正大搞经营。靠旁门左道、歪门邪道搞企业是不可能成功的，不仅败坏了社会风气，做这种事心里也不踏实。①

推进各种所有制现代产权制度体系建设。产权是所有制的核心。民之为道也，有恒产者有恒心，无恒产者无恒心。坚持和完善社会主义基本经济制度，重点要健全以公平为核心原则的产权保护制度，加强对各种所有制经济组织和自然人财产权的保护。经济体制改革必须以完善产权制度和要素市场化配置为重点，实现产权有效激励、要素自由流动、价格反应灵活、竞争公平有序、企业优胜劣汰。健全归属清晰、权责明确、保护严格、流转顺畅的现代产权制度。

重点推进各类产权保护制度建设。国家依法保护各种所有制经济，公有制经济财产权不可侵犯，非公有制经济财产权同样不可侵犯。依法保护各种所有制经济产权和合法利益，依法保护各种所有制经济组织和自然人财产权。加强对各类产权的司法保护，依法严肃查处各类侵权行为。在创新日益成为引领发展第一动力的今天，完善知识产权制度尤为重要，不仅要严格依法保护，还要在产权有效激励上实现突破。特别是要加快实行以增加知识价值为导向的分配政策，探索对科研人员实施股权、期权和分红激励，充分发挥知识产权对科技创新和成果转化的长期激励作用。

---

① 《习近平谈治国理政》第二卷，外文出版社 2017 年版，第 264、265 页。

三、推进新时代现代市场制度体系建设

现代市场制度体系建设是现代化经济体系建设的基础工程,也是保障市场在资源配置中起决定性作用的基础。走向新时代社会主义现代化经济强国建设,必须全面推进我国现代市场制度体系建设,建设系统有效的现代市场结构体系和现代市场机制体系,特别是现代市场供求机制、价格机制、竞争机制,加快形成企业自主经营、公平竞争,消费者自由选择、自主消费,商品和要素自由流动、平等交换的现代市场体系,为国民经济持续健康发展奠定更高质量、更加公平、更有效率、更可持续的现代市场制度环境。

(一)推进现代市场结构体系建设

市场经济是通过市场来配置资源的经济。在这种经济运行方式下,生产什么、如何生产和为谁生产等问题,都依靠供求关系和价格机制来竞争性地自动解决。市场在资源配置中起决定性作用,凡是商品都应当通过市场进行交换和流通。市场交易须公平、公正和公开,市场体系须统一、开放和规范;市场主体能够自主经营、自负盈亏、自我约束、自我发展;商品和要素能够自由流动和平等交换。

市场体系是各类市场有机组合而成的集合体系,包括商品市场体系和服务市场体系两大子体系。商品市场体系由生活资料市场、生产资料市场、房地产市场等组成;服务市场体系由金融市场、技术市场、信息市场、产权市场、娱乐市场、旅游市场、教育市场、文艺市场、交通运输市场、邮电通信市场、生活服务市场、劳动力市场等市场组成。

现代市场体系是指以商品市场为主体、各类生产和生活要素市场在内的有机统一体,是商品市场和生产要素市场组成的相互影响、相互作用的各类型市场的总和。在现代社会化大生产充分发展和全球化市场日益形成的基础上,现代市场体系的构成越来越复杂,各类市场相互联系、相互制约,推动着整个国民经济与社会的持续发展。培育和发展统一、开放、竞争、有序的现代市场体系,是建设社会主义市场经济体系的基础工程。

现代市场体系的完善与发展对于现代市场经济来说具有极其重要的基础性和决定性意义。市场经济是由市场机制发挥资源配置功能的经济,而市场

体系则是市场机制发挥作用的必要条件。市场机制是在竞争市场中通过供求与价格连锁互动来进行资源配置的,它的作用的发挥只能体现于相互依存、相互制约的各种各类市场之间的共同作用之中。通过现代市场结构体系建设,建设统一开放、竞争有序的市场体系,使市场在资源配置中起决定性作用,是建设现代市场经济制度体系的重要内容。

现代市场结构体系具有规则上的统一性、空间上的开放性、主体上的竞争性、运行上的有序性等基本特征。新时代推进我国现代市场结构体系建设,要根据市场构成的统一性、开放性、竞争性、有序性等原则来推进,提高我国现代市场体系中各要素市场体系、各构成市场体系的整体功能水平。

首先要推进市场体系规则上的统一性建设。市场体系规则上的统一性建设,要求市场体系无论是从构成上还是空间上均是完整统一的,要求各种市场如商品市场、要素市场、服务市场等规则上的统一性,要求各类市场如区域市场、国内市场、国际市场等规则上的协同性,要求市场的准入、竞争和退出等规则上的统一性。

其次要推进市场体系空间上的开放性建设。封闭的市场体系不仅会限制国内市场的发育,还会影响对外开放和对国际资源的利用。市场体系空间上的开放性建设,要求各类市场不仅要对国内开放,而且要尽可能地对国外开放,把国内市场与国外市场联系起来,尽可能地参与国际分工和国际竞争,并按国际市场提供的价格信号来配置资源,以达到更合理地配置国内资源和利用国际资源的目的。

再次要推进市场体系主体上的竞争性建设。市场体系主体上的竞争性建设,要求鼓励和保护各种经济主体的公平竞争,通过公平竞争创造一个良好的市场环境,以促进生产要素的合理流动和优化配置,提高市场配置资源的效率。一切封闭、垄断和不正当竞争都会损害市场体系的公平竞争与效率。

最后要推进市场体系运行上的有序性建设。市场无序和混乱是市场经济失败、市场机制失灵的直接表现,会损害整个社会经济运行的效率。市场体系运行上的有序性建设,要求各类市场都必须在国家法令和政策的规范下有序地运行。没有规矩,不成方圆。没有市场秩序建设,就不会有有效的市场运行。要维护市场规则的严肃性,推进市场体系的法治化建设。

新时代推进现代市场结构体系建设,要重点加强劳动力、土地、资金、技术、信息等要素市场建设,大力发挥市场在这些要素资源配置中的决定性作用。要不断深化劳动力市场改革,依法保障各行各业的平等就业权利。要不断深化土地市场改革,加快城乡土地市场的统一性建设,完善土地所有权、承包权、经营权、使用权、出让权等制度改革。要不断深化金融资本市场改革,处理好直接金融与间接金融的关系,促进多层次资本市场健康发展。

(二) 推进现代市场机制体系建设

机制是系统运行的工具和手段的总称。市场机制是商品价值规律的实现形式、市场运行的实现机制,是市场经济机体内的供求、价格、竞争、风险等要素之间的有机联系与相互作用。市场机制通过市场供求关系的变化、市场价格的波动,来使各经济要素在生产、交换、分配和使用过程中相互联系和相互作用。

市场机制是市场供求关系、价格关系、竞争关系、风险关系等总和,是各种关系相互作用的循环运动过程。市场机制在资源配置过程中形成商品经济最重要的供求规律、价值规律、竞争规律、风险规律等,共同推动着资源配置的优化升级。市场机制受到破坏、相互关系失去平衡,就会产生资源配置的低效率和低效益。在完全竞争的市场经济条件下,全部经济活动都是由市场机制来自动调节的。消费者的自由选择使消费资源得到有效配置,生产者的自由选择使生产资源得到有效配置。通过价格、供给、需求、竞争等一系列经济杠杆的相互作用,市场机制实现资源的优化配置。

在现代市场经济制度体系中,市场机制是市场经济运行的组织系统,是市场配置资源的功能装置。现代市场机制是经济市场化、社会化、全球化的动力系统,现代市场机制建设是现代市场体系建设的核心内容。没有市场机制的不断发展与完善,就没有现代意义上的市场经济及其所承载的现代工业化、城镇化和全球化。

——大力推进市场利益机制建设。

利益机制是市场机制的动力机制。生产经营者要以利益最大化为激励,是生产中的利益机制推动着生产者之间的利益竞争和效益追求。消费者要以效用最大化为激励,是消费中的利益机制推动着消费者之间的利益竞争和效用追求。政府监管者要以公共利益最大化为激励,是公共利益机制推动着政府监管者的信用竞争和公信追求。

市场机制运行的原动力只能是市场活动参与者的利益追求。市场是商品交换的关系总和,其背后是各市场主体的利益最大化的相互作用。参与市场经济活动的各种生产者、经营者、消费者以及管理者，在各自利益的驱动下发生着各种各样的利益关系，并在市场机制的作用下实现资源配置优化。从根本上讲，市场经济建设的根本目的是追求资源配置的最优化，而完善的市场机制建设就是实现市场资源配置最优化的作用装置与机理。市场机制能否发挥更高水平的资源配置效能，不仅需要内部各要素的自我完善，而且还需要外部环境条件的外在优化。

市场机制的成熟与发展状况反映着市场经济自身的成熟与发展程度。现代市场机制的建设与发展，与社会的分工合作、社会的法治化水平、社会的人文环境等因素相关联，不能孤立地看待市场机制的循环运动。社会经济活动过程中的生产、交换、分配、使用的变化，均由贯穿其中的市场机制的具体运行来引导甚至决定。其中最重要的供求机制、价格机制、竞争机制、风险机制等相互作用，共同推动着现代市场经济内生性的供求平衡功能、价格变动功能、信息传递功能、创新驱动功能、收入分配功能、降低成本功能等资源配置功能发挥作用。

——大力推进市场供求机制建设。

供求机制是市场机制体系的根本机制。供求机制是反映商品供求关系相互作用的关系总和，是指通过商品、劳务、资本、技术、信息等经济资源的供给和需求的矛盾运动，来决定和影响各种生产要素组合的一种机制。供求机制通过经济社会资源间的各种供给与需求关系的相互作用，来调节全社会的生产、交换、分配、使用活动，最终实现社会总供给与总需求之间的平衡与再平衡。在市场经济中，首先要有供求关系，然后才产生价格、竞争、风险等经济关系。价格机制反映价格与供求关系的内在联系，引导生产与消费的相互作用。竞争机制是资源配置的关键机制，由于相互竞争优胜劣汰，资源配置才得以优化进行。在全面推进现代市场机制建设中，要重点推进市场价格机制和市场竞争机制的建设进程。

（三）着重推进市场价格机制建设

市场价格机制是反映商品价值和商品供求关系相互作用的关系总和，是指与商品供求关系相互联系、相互制约的市场价格的形成和运行机制。价格机制通过市场价格信息来反映市场供求关系，并通过这种市场价格信息来调节生产和流通从而达到资源的有效配置。现代市场在资源配置中起决定性作用,首先要通过系统、完善、有效的价格机制来实现。价格机制是市场经济运行的核心机制,反映着各种商品和劳务价格相互联系与变化的关系。市场价格由市场供需双方力量均衡决定,能够灵活反映资源的稀缺程度。有效的价格机制具有真实性、有效性和灵活性等特征。

价格机制是市场机制中的基本机制。价格机制是市场机制体系中最敏感、最有效的调节机制,价格的变动对整个社会经济活动有十分重要的影响。商品价格的变动会引起商品供求关系变化,而供求关系的变化又反过来引起价格的变动。价格机制具有传递信息、配置资源、调节收入、促进竞争等功能。其主要功能与作用表现在以下方面:一是调节生产的功能与作用,如推动劳动生产率的提高和资源耗费的节约,调节资源在社会各个生产部门之间的分配。二是调节消费的功能与作用,如价格总水平的上升或下降调节市场的需求规模的增减,商品比价体系的变动调节市场的需求结构与方向的变化。三是调节总量的功能与作用,如政府通过价格政策来影响和推动社会总供给与总需求的平衡和再平衡。

维护价格机制在资源配置中的核心地位。价格机制包括价格形成机制和价格调节机制。价格机制在各种市场机制中处于核心地位,是连接各种商品供求关系、竞争关系、风险关系等的中枢神经。价格机制形成与作用的基本条件是价格的市场决定,前提条件是社会上存在着众多的独立的商品生产经营者和消费者,以及较为完善的包括商品市场、劳务市场、资本市场、技术市场、信息市场、房地产市场等在内的市场体系。在市场主体独立、价格市场决定、市场体系齐全等条件作用下,形成市场的供求机制、价格机制、竞争机制、风险机制等,共同发挥着资源配置的各种功能与作用。

市场决定价格是市场经济的基本要求和市场配置资源的基本途径。只有当价格体系中的价格信号是真实、客观、灵敏的时候,价格机制才能充分发挥价格杠杆的调节作用。新时代使市场在资源配置中起决定性作用,关键在于加快要素价格市场化改革,加快由市场决定价格的机制建设进程。推进现代市场价格机制建设的核心思想,就是要使各种价格能够充分反映价格背后的价值构成、所需资源的稀缺性状况。高质量、高效益的价格机制要能够反映商品内在的质量、成本、使用价值等信息,以及商品外在的消费偏好、社会总需求等信息。坚持公开、透明、自愿、法治的价格形成建设原则,是推进现代市场价格机制体系建设的根本遵循。

新时代推进我国现代市场价格机制建设，一是要使各种商品与服务的价格能够真实地反映市场供需状况和反映资源稀缺程度，从而能够有效引导各种经济主体与经济决策的正确运行；二是要使各种价格体系能够在生产、交换、分配、使用的循环往复中相继运转，反映出整体的资源流转和配置效率，通过真实的价格信息引导市场供求均衡、促进市场竞争效率、决定要素价值收益，从而有效地推动市场在资源配置中起决定性作用。

着重推进人力资源配置过程中的劳动力价格机制建设。构建真实反映劳动力资源稀缺性的人才薪酬形成与调节机制。着重推进自然资源要素的价格形成与调节机制建设，加快资源性产品的要素价格形成机制改革，真实反映自然资源要素的市场供求关系、资源稀缺程度和环境损害成本。着重推进金融价格形成与调节机制建设，不断深化利率和汇率市场化改革，稳步推进人民币的市场化和国际化进程，提高金融资源配置的有效性。

（四）着重推进市场竞争机制建设

市场竞争机制是市场机制在资源配置中发挥优胜劣汰功能的各种手段和方法的总和，指在市场经济资源配置中各经济体之间为着自身利益（效益）最大化而相互展开的竞争行为。竞争是商品经济的产物，只要有商品买卖存在，就必然存在市场竞争。商品的价值决定和价值规律的实现，都离不开充分的市场竞争。市场经济在本质上是一种竞争性的经济。竞争机制是市场产生效率的动力装置，具有市场出清、优胜劣汰的效率功能，是市场经济优化资源配置的动力机制。在市场经济中各市场主体为自身利益而竞争，因市场竞争而产生动力。

市场竞争机制遵循优胜劣汰的自然法则，通过价格或非价格手段，来调节市场交易行为。市场竞争机制是形成市场主体经济活力和发展动力的能量源头，从根本上决定着市场体系的资源配置效率。市场竞争机制，以稀缺性为核心，以比较优势为基准，以提高效率和效用为根本目的，通过价格、成本、技术、管理、品牌、服务等多种竞争形式来运行。充分而有效的竞争关系，是市场机制发挥作用的重要条件保证。

市场竞争机制是商品经济最重要的运行机制。它反映着市场竞争与供求关系、价格变动、资金和劳动力流动等市场活动之间的有机联系。竞争包括买者竞争、卖者竞争和买卖双方竞争。竞争的主要手段，在同一生产部门内主要是价格竞争，以较低廉的价格战胜对手。在不同部门之间主要是利润竞争所导致的资金的流入或流出。市场竞争机制充分发挥作用和展开的标志是市场的优胜劣汰。激励性的胜者生存和惩罚性的市场出清,是市场竞争机制发挥作用的最重要表现。

市场竞争机制对市场经济的运行和发展具有重要作用:一是使商品的个别价值转化为社会价值,商品的价值表现为价格,从而使价值规律发挥作用;二是促使生产者根据市场需求组织和安排生产,不断改进生产技术、改善经营管理、提高劳动生产率、增加有效供给,从而使生产与需求相适应;三是促使消费者根据市场供给调节和选择消费,不断提高收入水平、改善消费结构、提高消费满意度、增加有效需求,从而使消费与供给相适应。

市场竞争机制发挥作用的前提条件:一是商品的生产者和经营者都是独立的经济主体;二是商品的生产者和经营者为了各自的利益而展开竞争;三是充分竞争需要有功能齐全的市场结构体系和公平法治的制度政策环境等。

推进市场竞争机制建设,要从市场主体、市场行为、市场规则、市场环境等方面进行。在市场主体建设方面,要加强市场主体的平等性建设,包括主体权利平等、机会平等、规则平等建设;在市场准入方面,要加强市场进入自由建设,不断增强市场的开放程度;在市场退出方面,要加强市场退出建设,各经济体均面临优胜劣汰的生存竞争压力,不断增强市场的出清程度。

特别是要推进市场环境的公平竞争建设,构建统一开放、有序竞争的公平竞争的市场环境。全面实施市场准入负面清单制度和公平竞争审查制度,清理废除妨碍统一市场和公平竞争的各种规定和做法。完善公平竞争审查制度,强化公平执法能力建设,加强市场自由化、便利化建设,强化反垄断、反壁垒、反保护主义建设,推进国内市场与国际市场的一体化建设进程。

加大对市场违法行为的打击惩处力度。现代市场经济是法治经济,法治是现代市场经济的内在要求。按照统一、规范、效能的原则,完善市场公平竞争监管体制,建立健全社会信用体系,完善企业和个人征信系统,强化全社会信用意识和诚信行为,建立有效的信用激励与失信惩戒制度,大力营造诚实守信、公平竞争的市场环境。

四、推进新时代现代财政制度体系建设

财政是国家治理的基础和重要支柱,财政体制反映着国家与公民、政府与

企业相互间的重大利益关系。科学有效的现代财政制度体系是优化资源配置、维护市场统一、促进社会公平、实现国家长治久安的制度保障。我国新时代财政制度体系建设,要服从和服务于推动经济更高质量、更有效率、更加公平、更可持续发展的经济体制改革总目的,围绕完善中央和地方财税关系、建设现代财政预算体系、建设现代税收制度体系等重点内容进行。

(一) 充分认识现代财政制度体系建设的重要性

财政是政府部门对国家资财的收入与支出的管理活动,是国家进行公共服务与管理的物质基础,反映着国家与公民、政府与企业之间的再分配关系。现代财政具有有效配置资源、参与分配和稳定经济等功能。现代财政学是专门研究政府部门收支活动规律的科学,包括财政经济学、财政管理学、财政社会学、规范财政学、实证财政学、公共财政学、税收科学、政府预算等内容。中国特色社会主义财政理论正在形成发展中。①

改革开放以来,我国财政制度体系建设不断推进与完善,目前形成以分税制为主要特征的财政管理体制。在实行分税制的财政体制下,各级财政的支出范围按照中央与地方政府的事权划分,中央财政主要承担国家安全、外交和中央国家机关运转所需经费,调整国民经济结构、协调地区发展、实施宏观调控所需的支出以及由中央直接管理的事业发展支出。地方财政主要承担本地区政权机关运转所需支出,以及本地区经济、社会事业发展所需支出。在税收制度上,根据事权与财权相结合的原则,将税种统一划分为中央税、地方税和中央与地方共享税。把维护国家权益、实施宏观调控所必需的税种划为中央税;把同经济发展直接相关的主要税种划为中央与地方共享税;把适合地方征管的税种划为地方税。中央财政根据各地方增值税和消费税的增长情况向地方返还部分税收。中央财政每年通过转移支付方式向经济最困难地区和民族省区、非民族省区的民族自治州提供资金帮助。

我国预算管理实行一级政府一级预算,从中央到地方共设立五级预算。国家预算由中央政府预算和地方预算组成,预算年度为公历 1 月 1 日至 12 月 31 日。按照《中华人民共和国预算法》,中央和地方的预算草案、预算执行情

---

① 参见洪银兴总主编,贾康、高培勇主编:《现代经济学大典—财政学分册》,经济科学出版社 2016 年版。

况，必须经过全国人民代表大会和地方各级人民代表大会审查和批准；中央和地方的预算调整方案及决算，必须经过全国人民代表大会常务委员会和地方各级人民代表大会常务委员会审查和批准。财政部和地方各级政府财政部门具体编制中央和地方本级预算、决算草案；具体组织预算执行；具体编制预算调整方案。中央预算和地方各级政府预算按照复式预算编制。

改革开放以来，一般公共预算收入：1978 年 1132 亿元，其中，中央占 15.5%，地方占 84.5%。2000 年 13395 亿元，其中，中央占 52.2%，地方占 47.8%。2017 年 172593 亿元，其中，中央占 47%，地方占 53%。1979—2017 年一般公共预算收入年平均增长速度为 13.7%。一般公共预算支出：1978 年 1122 亿元，其中，中央占 47.4%，地方占 52.6%。2000 年 15887 亿元，其中，中央占 34.7%，地方占 65.3%。2017 年 203085 亿元，其中，中央占 14.7%，地方占 85.3%。1979—2017 年一般公共预算支出年平均增长速度为 14.2%。①

现行我国财政制度体系，由中央财政和地方财政组成，税收收入以间接税为主体。直接税占比低、地方财政差异大，是目前我国财政制度体系存在的两个最突出的体制问题。以间接税为主体的财税制度有利于国家税收的征缴、财政增收的稳定以及转移支付的调控，但由于间接税（商品税）的税赋转移性和地方财力之间的巨大差异性，特别是累进制的收入税、财产税和遗产税等富人税方面的严重缺失性，使得我国财税制度体系长期存在着内生性的制度缺陷，难以协调社会成员和区域之间的收入不平衡问题，也缺乏内在的自调节机制来化解社会贫富分化问题。

纵观发达国家上百年财税制度体系演变发展趋势，现代财政制度体系建设在保持经济社会持续发展的同时，更加强调能力税赋原则和公共财政原则，倡导“向富人征税”“给穷人补贴”的财政收支思想，即在财政收入方面更多鼓励财富创造、生产性投资，在财政支出方面更多投入国民福利、民生性保障。

新时代我国财政制度体系建设面临新形势新要求，加快现代财政制度体系建设，在优化资源配置、促进社会公平、实现持续发展等方面具有极其重要的基础性作用。要根据新时代新要求，加快建立现代财政制度体系，建立权责清晰、财力协调、区域均衡的中央和地方财政关系；建立全面规范透明、标准科

① 中华人民共和国国家统计局编：《中国统计年鉴—2018》，中国统计出版社 2018 年版，第 5、12、13 页。

学、约束有力的预算制度，全面实施绩效管理；深化税收制度改革，健全地方税体系。

我国新时代加快建设现代财政制度体系，是完善和发展中国特色社会主义制度、建设现代化经济体系、推进实现现代化经济强国建设目标的重要保障。财政制度体现着国家与公民、政府与企业、中央与地方等重大利益关系，涉及经济、政治、文化、社会和生态文明建设各个方面，是国家经济治理体系的重要组成部分。新时代加快建设有利于转变经济发展方式、维护市场统一、促进社会公平正义的可持续的现代财政制度体系，充分发挥其在优化资源配置、提供公共服务、调节收入分配、保护生态环境、维护国家安全等方面的职能，对加快国家治理体系和治理能力现代化进程，促进更高质量、更有效率、更加公平、更可持续的发展，更好推动人的全面发展、社会全面进步，具有极其重大的现实意义。

（二）确立正确的现代财政制度体系建设理念

新时代推进我国现代财政制度体系建设，在财政制度理念上首先要遵循以下现代财政建设理念：一是财政收入上的公平税赋原则；二是财政支出中的公共财政原则。所谓公平税赋，就是充分体现收入差异的能力税赋原则，即向较高收入人群、高资产净值家庭多征税的原则，根据居民家庭实际收入水平、财富状况进行累进制的税收征缴。所谓公共财政，就是充分体现国民财政待遇平等的均等财政原则，包括财政支出项目的公共性和财政受益对象的无差等性。

新时代推进我国现代财政制度体系建设，必须完善立法、明确事权、改革税制、稳定税负、透明预算、提高效率。在财政制度体系上，要紧紧围绕不断提高财政制度体系的质量、公平、效率、效益的改革发展宗旨，坚持公平税赋和公共财政原则，着力建立健全税种科学、税率公平、征管高效、法治严明的现代税收制度体系；建立健全规范透明、标准科学、约束有力、法治严明的现代预算制度体系；建立健全权责清晰、财力协调、区域均衡、法治严明的中央和地方财政制度体系。

在财政制度体系发展趋势上，要确立正确的现代财政制度发展理念，紧紧把握世界税制演变潮流与趋势，推进现代财政制度体系公平化、法治化和现代化建设的战略性转移：一是推进税收主体从传统的间接税和商品税为主，向现代的直接税和富人税为主的战略转移；二是推进政府预算管理从窄口径和非完全预算管理，向全口径和完全预算管理的战略转移；三是推进财政支出从部分人群差别受益，向全体公民均等受益的战略转移。

在财政制度体系建设重点上，重点推进以能力税赋为主体的现代税收制度体系改革进程，加快推进鼓励财富创造、实体经济、社会公益，同时管控贫富分化、代际不公、非法收入的现代税收征缴体系建设进程，推进中国特色社会主义现代公共财税制度体系建设进程，充分发挥国家税收在国民收入初次分配二次分配三次分配中的主导作用，充分发挥现代财政在促进国民经济发展、维护社会公平正义、实现共同富裕等方面的重要作用。

在税收制度体系建设方向上，重点推进全方位、累进制的能力税收制度体系建设。坚持公平税赋、能力税赋原则，推进体现共建共享、共同富裕、代际公平的累进制的所得税、遗产税、赠与税等制度体系建设，推进鼓励实体创业、公益慈善的累进制的奢侈税、财产税、炫耀性消费税等制度体系建设，全面构建中国特色社会主义现代化的现代财政税收制度体系。

在财政支出制度体系建设上，重点构建以公立教育、公益医疗、公益住房、社会保障等为主要支出内容的现代公共财政支出制度，充分发挥政府在促进社会公平、缩小贫富差距、防控两极分化中的基础性、根本性、全局性功能作用，特别是在现代贫困治理方面的基础性、决定性作用，确保弱势阶层最低生存保障的与时俱进，不断提升贫困人口、弱势群体的社会底线文明水平。

在中央与地方财政关系方面，要建立权责清晰、财力协调、区域均衡的中央和地方财政关系。科学规范的中央和地方财政关系，必须具有清晰的财政事权和支出责任划分、合理的财力配置和明确的目标导向。在中央和地方财政关系的构建上，权责清晰是前提，财力协调是保障，区域均衡是方向。要科学界定各级财政事权和支出责任，形成中央与地方合理的财力格局，在充分考虑地区间支出成本因素的基础上将常住人口人均财政支出差异控制在合理区间，加快推进基本公共服务均等化。①

权责清晰，就是要形成中央领导、合理授权、依法规范、运转高效的财政事权和支出责任划分模式。在处理好政府和市场关系的基础上，按照体现基本

① 参见肖捷：《加快建立现代财政制度》，本书编写组编著：《党的十九大报告辅导读本》，人民出版社 2017 年版，第 259 页。

公共服务受益范围、兼顾政府职能和行政效率、实现权责利相统一、激励地方政府主动作为等原则，加强与相关领域改革的协同，合理划分各领域中央与地方财政事权和支出责任。

财力协调，就是要形成中央与地方合理的财力格局，为各级政府履行财政事权和支出责任提供有力保障。结合财政事权和支出责任划分、税收制度改革和税收政策调整，考虑税种属性，在保持中央和地方财力格局总体稳定的前提下，科学确定共享税中央和地方分享方式及比例，形成以共享税为主、专享税为辅，共享税分享合理、专享税划分科学的具有中国特色的中央和地方收入划分体系。因地制宜、合理规范划分省以下政府间收入，优化转移支付制度，建立健全专项转移支付定期评估和退出机制。

区域均衡，就是要着力增强财政困难地区兜底能力，稳步提升区域间基本公共服务均等化水平。从人民群众最关心、最直接、最现实的主要基本公共服务事项入手，合理制定基本公共服务保障基础标准。根据东中西部地区财力差异状况、各项基本公共服务的属性，规范基本公共服务共同财政事权的支出责任分担方式。按照坚决兜住底线的要求，及时调整完善中央对地方一般性转移支付办法，提升转移支付促进基本公共服务均等化效果。省级政府要通过调整收入划分、加大转移支付力度，增强省以下政府基本公共服务保障能力。

（三）推进现代财政制度体系建设重点工程

在现代预算制度体系建设方面，建立健全预算编制、执行、监督相互制约、相互协调机制；完善政府预算体系，加大政府性基金预算、国有资本经营预算与一般公共预算的统筹力度，完善社会保险基金预算编制制度；全面推进预算绩效管理；建立健全政府资产报告制度，建立健全政府债务管理及风险预警机制；推进非税收入管理改革，建立科学规范、于法有据、公开透明的非税收入管理制度。

——重点推进税收结构制度建设。

按照优化税制结构、调整宏观税负、推进依法治税的要求，全面落实税收法定原则，建立税种科学、结构优化、法治严明、规范公平、征管高效的现代税收制度。处理好直接税与间接税、收入税与商品税、富人税与工薪税的关系，处理好生产税与消费税、财产税与投资税的关系，处理好消费型增值税与生产型增值税的关系,建立健全资源税、绿色税、环保税等税收制度。

建立健全地方税体系。建立健全税法统一、税负公平、调节有度的税收制度体系,促进科学发展、社会公平和市场统一。围绕优化税制结构,加强总体设计和配套实施,推进所得类和货物劳务类税收制度改革,逐步提高直接税比重,加快健全地方税体系,提升税收立法层次,完善税收法律制度框架。

建立健全直接税体系。建立综合与分类相结合的个人所得税制度,优化税率结构,完善税前扣除,规范和强化税基,加强税收征管,充分发挥个人所得税调节功能。实行代扣代缴和自行申报相结合的征管制度,加快完善个人所得税征管配套措施,建立健全个人收入和财产信息系统。密切关注国际税改动态,审慎评估和研判国际税制发展趋势,进一步完善企业所得税制度。适应经济全球化发展和“一带一路”建设的需要,加强国际税收协调,提升我国税制的国际竞争力。按照“立法先行、充分授权、分步推进”的原则,推进房地产税立法和实施。对工商业房地产和个人住房按照评估值征收房地产税,适当降低建设、交易环节税费负担,逐步建立完善的现代房地产税制度。

建立健全间接税体系。按照税收中性原则,深入推进增值税改革,进一步健全抵扣链条,优化税率结构,完善出口退税等政策措施,构建更加公平、简洁的税收制度。结合增值税改革进程,推进增值税立法,最终形成规范的现代增值税制度。结合实施中央和地方收入划分改革,研究调整部分消费税品目征收环节和收入归属。

推进地方税体系改革。地方税收体系改革的主要内容,包括调整税制结构,培育地方税源,加强地方税权,理顺税费关系,逐步建立稳定、可持续的地方税体系。一是完善地方税种。根据税基弱流动性、收入成长性、征管便利性等原则,合理确定地方税税种。二是扩大地方税权。在中央统一立法和税种开征权的前提下,根据税种特点,通过立法授权,适当扩大地方税收管理权限,地方税收管理权限主要集中在省级。三是统筹推进政府非税收入改革。加快非税收入立法进程,深化清理收费改革,继续推进费改税。在规范管理、严格监督的前提下,适当下放部分非税收入管理权限。

——重点推进预算制度体系建设。

建立全面规范透明、标准科学、约束有力的预算制度,全面实施绩效管理。内容完整、编制科学、执行规范、监督有力、讲求绩效和公开透明是现代预算制度的基本要素。要立足于已确立的预算制度主体框架,进一步提升预算的全面性、规范性和透明度，推进预算科学精准编制，增强预算执行刚性约束，提高财政资源配置效率。

所谓全面规范透明是指全面反映政府收支总量、结构和管理活动的全口径政府预算管理。重点强化政府性基金预算、国有资本经营预算、社会保险基金预算与一般公共预算的统筹衔接，严控政府性基金项目设立，加大国有资本经营预算调入一般公共预算力度，加快推进统一预算分配权。深入实施中期财政规划管理，提高中期财政规划的科学性，增强对年度预算编制的指导作用。进一步完善跨年度预算平衡机制，严格规范超收收入的使用管理。坚持以公开为常态、不公开为例外，不断拓展预算公开的内容和范围，完善预算公开的方式方法，加强预算决算公开情况检查，全面提高预算透明度，强化社会监督。

所谓标准科学是指遵循财政预算编制的基本规律，根据经济社会发展目标、国家宏观调控要求和行业发展需要等因素，明确重点支出预算安排的基本规范。扩大基本支出定员定额管理范围，建立健全定额标准动态调整机制。深入推进项目支出标准体系建设，发挥标准对预算编制的基础性作用。加强预算评审结果运用，及时总结不同项目的支出规律，探索建立同类项目的标准化管理模式。

所谓约束有力是指严格落实预算法，切实硬化预算约束。坚持先预算后支出，年度预算执行中，严格执行人民代表大会批准的预算，严控预算调整和调剂事项，强化预算单位的主体责任。严格依法依规征收财政收入。构建管理规范、风险可控的政府举债融资机制，明确各级政府对本级债务负责，增强财政可持续性。地方政府一律采取发行政府债券方式规范举债，强化地方政府债务预算管理和限额管理。层层落实各级地方政府主体责任，加大问责追责和查处力度，完善政绩考核体系，做到终身问责，倒查责任。

所谓全面实施绩效管理是指紧紧围绕提升财政资金使用效益，将绩效理念和方法深度融入预算编制、执行和监督的全过程，注重成本效益分析，关注支出结果和政策目标实现程度。绩效管理覆盖所有财政资金，体现权责对等，放权和问责相结合。强化绩效目标管理，建立预算安排与绩效目标、资金使用效果挂钩的激励约束机制。加强绩效目标执行动态监控。推动绩效评价提质扩围，提升公共服务质量和水平，提高人民满意度。

推进财政发展机制建设。优化财政支出结构，修正不可持续的支出政策，调整无效和低效支出，腾退重复和错位支出。建立库款管理与转移支付资金调度挂钩机制。创新财政支出方式，引导社会资本参与公共产品提供，科学管控财政赤字和政府债务，全面推进财政可持续性发展。

五、推进新时代现代金融制度体系建设

现代金融制度体系建设，在我国新时代现代化经济体系建设中，具有极其重要的战略地位，对于推进我国经济从高速增长转向高质量发展，转变发展方式、优化经济结构、转换增长动力，具有极其重大的现实意义。新时代现代金融制度体系建设，必须牢固坚持党对金融工作的集中统一科学化领导，坚持以人民为中心共建共享的根本发展思想，坚持质量第一、效益优先的建设方针，坚持社会主义市场经济的改革方向，坚持金融服务实体经济的根本建设宗旨，处理好现代金融与实体经济、直接金融与间接金融、金融创新与金融风险、金融开放与金融稳定、网络金融与传统金融等重大关系，守住不发生系统性金融风险的底线，更好地发挥现代金融在现代经济体系中的重要作用。

（一）充分认识新时代现代金融制度体系的重要作用

金融是现代市场经济的核心，金融是货币的融通和借贷的中介，金融业是国民经济的重要行业。金融体系是国民经济运行的血液循环系统，肩负着为国民经济发展输送资金能量、传递经济信息、引导资源配置等功能作用。现代金融与实体经济之间具有十分密切的联系，金融业的发展对于实体经济的发展具有十分重要的作用，而实体经济的健康发展也是促进金融业健康稳定发展的基本保障。

——充分认识现代金融在国民经济发展中的重要作用。

改革开放以来，我国金融业发展迅猛，为国民经济快速发展、社会主义现代化经济建设发挥了重要作用。1979—2017 年我国国内生产总值年均增速为 9.5%，国内生产总值从 1978 年的 3679 亿元，增加到了 2017 年的 827122 亿元；人均国内生产总值从 1978 年的 227 美元，提高到了 2017 年的 8827 美元。其间金融业发挥着重要的资金配置功能。2017 年实体经济（境内非金融企业和住户）从金融体系获得的资金额，即全社会融资规模为 194445 亿元，其中，人民币贷款 138432 亿元，委托贷款 7770 亿元，信托贷款 22555 亿元，企业

债券 4421 亿元，非金融企业境内股票融资 8759 亿元。

金融业的产生与发展是与实体经济的发展相辅相成的。我国金融业在促进国民经济快速发展的同时，也带动了自身的快速成长与发展，为我国社会主义经济现代化建设奠定了强大的资金保障基础。从主要金融机构资产状况来看，截至 2017 年底，货币当局总资产 36.4 万亿元，银行业总资产 252.4 万亿元，证券业总资产 131.7 万亿元，保险业总资产 16.5 万亿元。从国家黄金和外汇储备来看，1978 年我国黄金储备 1280 万盎司、外汇储备 1.67 亿美元；2017 年我国黄金储备 5924 万盎司、外汇储备 31399.49 亿美元。规模庞大的国家金融资产为我国国民经济持续发展提供了坚实的资金保障条件。

另外从金融机构本外币存贷款余额来看，2017 年底存款余额 1692727 亿元，其中，非金融企业存款 571641 亿元，住户存款 651983 亿元；贷款余额 1256074 亿元，其中，非金融企业及机关团体贷款 810171 亿元，住户贷款 405150 亿元。从证券市场发展状况来看，2017 年底我国境内上市公司数（A、B 股）3485 家，境内上市外资股（B 股）100 家，境外上市公司数（H 股）253 家，股票筹资额 16614 亿元，股票市值总额 567086 亿元；国债发行额 82243 亿元，公司信用类债券发行额 18644 亿元，期货总成交额 1878951 亿元。从保险市场发展状况来看，2017 年底全国保险机构数 222 个，保费金额 36581 亿元，其中，财产保险公司保费 10541 亿元，人寿保险公司保费 26040 亿元；赔款及给付 11181 亿元，其中，财产保险公司赔付 5497 亿元，人寿保险公司赔付 5683 亿元。

——充分认识现代金融体系在现代经济体系中的重要作用。

现代金融体系是多要素、多层次、多系统的金融资源配置服务体系，主要包括金融货币体系、金融机构体系、金融市场体系、金融价格体系、金融信息体系、金融监管体系等。现代金融体系是现代经济体系的重要组成部分，也是推动建设现代化经济体系的重要实施路径。建设系统完善的、高质量效益的现代金融体系，对推动我国现代化经济体系建设、促进金融服务实体经济、实现国民经济高质量发展等具有重要意义。

现代经济体系是由社会经济活动各个环节、各个层面、各个领域的相互关系和内在联系构成的一个有机整体。目前我国经济体系主要包括产业体系、市场体系、金融体系、财政体系、收入分配体系、城乡发展体系、区域发展体系、绿色发展体系、全面开放体系、宏观调控体系等。金融体系是连接经济体系各环节、各层面、各领域相互关系的血液循环系统，承担着各经济子系统体系之间的资金融通、信息传递、资源配置等动力系统功能。一个国家金融体系的发展和发达程度，在资金配置的意义上决定着这个国家整体市场经济的资源配置效率，也决定着整个国民经济体系的安全稳健运行状况。

新时代我国经济进入高质量发展阶段，建设现代化经济体系必须充分认识现代金融体系的极端重要性。习近平指出：建设现代化经济体系是我国发展的战略目标，是党中央从党和国家事业全局出发，着眼于实现“两个一百年”奋斗目标、顺应中国特色社会主义进入新时代的新要求作出的重大决策部署。建设现代化经济体系，首先要着力建设创新引领、协同发展的产业体系，实现实体经济、科技创新、现代金融、人力资源协同发展，使科技创新在实体经济发展中的贡献份额不断提高，现代金融服务实体经济的能力不断增强，人力资源支撑实体经济发展的作用不断优化。①

（二）牢固树立新时代科学的金融改革建设发展观

发挥好现代金融在现代经济体系中的重要作用，根本在于牢固树立科学的金融改革建设发展观。在根本的金融发展观方面，必须牢固坚持党对金融工作的集中统一科学化领导，坚持以人民为中心共建共享的根本发展思想，坚持质量第一、效益优先的建设方针，坚持社会主义市场经济的改革方向，坚持金融服务实体经济的根本建设宗旨，处理好现代金融与实体经济、直接金融与间接金融、金融创新与金融风险、金融开放与金融稳定、网络金融与传统金融等重大关系，守住不发生系统性金融风险的底线，更好地发挥现代金融在现代经济体系中的重要作用。

——牢固坚持党对金融工作的集中统一科学化领导。

坚持党对经济工作的集中统一科学化领导，是习近平新时代中国特色社会主义经济思想最鲜明的政治特征，是当代中国特色社会主义政治经济学最本质的思想原则。习近平指出，坚持党的领导，发挥党总揽全局、协调各方的领导核心作用，是我国社会主义市场经济体制的一个重要特征。改革开放以来我国经济社会发展之所以能够取得世所罕见的巨大成就，我国人民生活水平之所以能够大幅度提升，都同我们坚定不移坚持党的领导、充分发挥各级党

① 《习近平在中共中央政治局第三次集体学习时强调　深刻认识建设现代化经济体系重要性　推动我国经济发展焕发新活力迈上新台阶》，《人民日报》2018 年 1 月 31 日。

组织和全体党员作用是分不开的。

牢固坚持党对金融工作的集中统一科学化领导，首先要牢固坚持以人民为中心共建共享的根本发展思想；其次要加强党领导金融经济工作的制度化建设；最后要不断提高党领导金融经济工作的科学化水平。特别是要不断提高领导干部把握现代经济发展规律、现代金融发展规律的理论认识能力，全面提高领导干部领导金融经济工作的专业化水平，努力构建中国特色社会主义现代金融学。

实践发展永无止境，理论创新永无止境。习近平在党的十九大报告中指出："深化金融体制改革，增强金融服务实体经济能力，提高直接融资比重，促进多层次资本市场健康发展。健全货币政策和宏观审慎政策双支柱调控框架。深化利率和汇率市场化改革。健全金融监管体系，守住不发生系统性金融风险的底线。"①这是习近平新时代中国特色社会主义经济思想在金融领域的根本要求，是指导我国金融改革建设发展稳定的行动指南，是做好新时代金融经济工作的根本遵循。

——始终坚持金融服务实体经济的根本建设宗旨。

金融业是服务于实体经济的第三产业。是商品经济的需要产生了金融业，是市场经济的发展催生了金融业。始终坚持金融服务实体经济的根本建设宗旨，是事关现代金融业健康持续发展的生命线问题，必须引导金融业回归服务实体经济这个本源。

处理好现代金融与实体经济的关系。金融业是负债行业，是依附于实体经济的虚拟经济部门，其自身的高负债率和高风险性是行业固有的属性。工业革命以来，世界性的金融经济危机无一例外地告诉我们：脱离实体经济的金融膨胀，必然招致金融风险的威胁；严重的虚拟经济和泡沫经济，必然导致灾难性的金融经济后果。当前我国金融经济与实体经济的"虚实脱离"问题，必须引起全社会尤其是决策层的高度重视，要处理好现代金融与实体经济的关系，防范和化解重大金融风险威胁。特别要处理好银行风险、股市风险、楼市风险以及国际风险等多风险叠加冲击问题。

习近平指出，实体经济是一国经济的立身之本，是财富创造的根本源泉，

---

① 习近平：《决胜全面建成小康社会　夺取新时代中国特色社会主义伟大胜利——在中国共产党第十九次全国代表大会上的报告》（2017 年 10 月 18 日），人民出版社 2017 年版，第 34 页。

是国家强盛的重要支柱。现代金融建设与发展要紧紧围绕金融服务实体经济这一根本宗旨，坚持为深化供给侧结构性改革服务，为建设创新型现代化国家服务，为城乡区域协调发展、国际国内协调发展、绿色经济开放经济服务。特别是要在加快发展先进制造业，推动互联网、大数据、人工智能同实体经济深度融合，推动资源要素向实体经济积聚、政策措施向实体经济倾斜、工作力量向实体经济加强方面，充分发挥现代金融业对实体经济的重大驱动作用。①

坚持共建共享金融发展理念，发展惠及更多人群的普惠金融。普惠金融是联合国和世界银行近年来大力推行的一种金融理念，是指一个能有效为社会所有阶层和群体提供服务的金融体系。发展多业态的普惠金融组织体系，引导金融机构更多地将信贷资源配置到农业、农村、农民、中小微企业等重点领域和薄弱环节。让每一个人在有需求时都能以合适的价格享受到及时、有尊严、方便、高质量的各类型金融服务，使现代金融服务实体经济的根本建设宗旨落地每个领域与层面。要以金融基础设施建设为重点，着力完善支付结算、征信管理、国库经理等领域的服务，加快构建覆盖全社会的普惠金融体系，努力让更多人民群众享受到便捷、高效的金融服务。

处理好直接金融与间接金融的关系。直接金融与间接金融的关系，是现代金融体系内部最为重要的关系之一，影响着金融业的结构比重与发展方向。世界各国金融体系都拥有不同的结构，承担着不同的金融责任与功能。在发展中国家中，银行等间接金融在金融体系中的地位更加重要，是企业、居民、政府等部门主要的外部资金来源。发达国家的情况则不尽相同，在工业化国家中，以德国、日本为代表的银行贷款是企业融资的最重要渠道，银行业与工业发展高度相关，其金融体系体现为以银行业间接金融为基础的特征。而在以英国、美国为代表的一些国家中，由企业通过金融市场直接向贷款人进行融资的方式，即直接融资扮演的角色更为重要，这些国家银行部门的集中程度较低，其金融体系表现为以证券市场直接金融为导向的结构特征。

长期以来，我国金融业的间接融资比重高、直接融资比重低，严重影响着现代金融业的均衡发展。截至 2017 年底，在我国 194445 亿元的全社会融资结构中，直接金融仅占 6.8%，间接金融占 93.2%。从国民经济货币化程度来

① 《习近平在中共中央政治局第三次集体学习时强调　深刻认识建设现代化经济体系重要性　推动我国经济发展焕发新活力迈上新台阶》，《人民日报》2018 年 1 月 31 日。

看,2001—2017 年,国内生产总值年均增速 9.3%,货币供应量年均增速为 16.4%。1990 年我国货币和准货币(M2)15293.4 亿元,国内生产总值 18872.9 亿元,国民经济货币化程度为 81%;2017 年货币和准货币(M2)为 1676769 亿元,国内生产总值为 827121.7 亿元,国民经济货币化程度为 203%。处理好我国直接金融与间接金融的关系,对切实遵循金融服务实体经济根本建设宗旨,具有重大而迫切的现实意义。

(三)坚持高质量金融改革建设发展方针,扎实推进现代金融制度体系建设

现代金融制度体系是国民经济管理体制的重要组成部分,指金融机构、金融市场和金融业务的组织管理制度,包括现代金融业的设置方式、组成结构、隶属关系、职能划分、行为规范和经营目标等。经过改革开放四十年的迅猛发展,我国现代金融体系的建设与发展,亦取得举世瞩目的历史性成就。金融业成为国民经济极其重要的产业,金融体系成为经济体系的重要构成,为国民经济持续健康发展作出了极其重要的历史性贡献。

目前我国现代金融体系初步建立,金融机构、金融市场、金融监管等体系逐步完善,为我国金融经济与社会发展作出了重大贡献。目前我国金融体系问题主要表现为以下方面:一是货币体系与资金市场发展不协调;二是大金融机构与中小金融机构发展不协调;三是间接金融与直接金融发展不协调;四是金融监管与金融创新不协调。特别是金融风险、虚拟经济的监测、监管能力建设滞后,不能适应经济社会持续健康发展的要求。

——坚持高质量高效益金融改革建设发展方针。

坚持高质量金融改革建设发展方针,不仅是决定我国金融业现代化的根本问题,而且还是直接影响甚至决定我国整个国民经济现代化建设发展的重大问题。实现国民经济高质量发展,我国金融体系的建设与发展,首先要进入高质量、高效益发展的新时代。坚持社会主义市场经济改革方向,坚持质量第一效益优先金融建设方针,大力推动现代金融体系建设,完善货币体系、银行体系、证券体系、保险体系、监管体系等,充分发挥现代金融服务实体经济的重要作用。

加快金融体系现代化建设进程,提高金融服务实体经济效率。现代金融制度体系建设必须服从和服务于推动经济更高质量、更有效率、更加公平、更可持续发展的经济体制改革总目的。一是健全商业性金融、开发性金融、政策

性金融、合作性金融分工合理、相互补充的金融机构体系。二是构建多层次、广覆盖、有差异的银行机构体系，培育公平透明、监管有效、健康发展的资本市场。三是推进汇率和利率市场化，提高金融机构管理水平和服务质量。四是加强金融宏观审慎管理制度建设，改革完善适应现代金融市场发展的金融监管框架，健全符合我国国情和国际标准的监管规则。

——加快构建现代化金融体系。

完备、发达、具有影响力的现代金融体系，对一个国家的国民经济体系建设至关重要。全面推进我国现代金融体系建设，主要包括现代金融货币体系建设、机构体系建设、市场体系建设和监管体系建设等。新时代我国金融改革建设发展，要重点构建多要素、多层次、多系统协同发展的现代金融体系，完善现代金融货币体系、机构体系、市场体系和监管体系。

重点推进现代金融机构体系建设。完善人民银行货币政策机构体系、银行证券保险监管机构体系建设，提高现代金融调控和监管能力。推进商业性金融、开发性金融、政策性金融、合作性金融等分工合理、相互补充的金融机构体系建设，提高金融业务机构服务实体经济的质量效率。推进多层次、广覆盖、多样化的现代银行机构体系建设，特别是大力发展普惠金融和多业态中小微金融组织，提高金融业务机构的现代化科学管理水平和服务质量。全面规范发展互联网金融和民间金融，推动互联网金融和民间金融的透明化、法治化建设进程，重点加强规范小额贷款、融资担保机构等法治化发展。

重点推进现代金融市场体系建设。建立健全公平透明、健康发展的现代金融市场体系，促进多层次货币资本市场体系建设，包括货币市场、资本市场、国债市场、股票市场、外币市场等多层次金融市场体系建设。建立健全各类金融市场的准入、竞争、退出制度体系，加大让市场起决定性作用的市场力量的建设力度。建立健全金融市场价格机制体系，重点建设市场化导向与决定的利率机制、汇率机制。建立健全银行业市场、证券业市场、保险业市场之间，以及国内金融市场与国际金融市场之间的制度联系体系。建立健全金融创新市场、衍生产品市场的风险管控制度体系。建立健全货币政策和宏观审慎政策双支柱调控框架。

——推进金融系统各项改革进程。

坚持社会主义市场经济改革方向，推进金融系统各项改革进程，构建适合新时代高质量发展要求的现代金融体系。改革开放是决定当代中国命运的关键抉择，当然也是决定当代中国金融发展的关键抉择。在推进现代金融体系建设方面，坚持社会主义市场经济改革方向，核心是要坚持市场在金融资源配置中起决定性所用，促使金融市场资金能够按照市场化原则在各部门、各行业、各企业之间高效流动。

在金融系统人事与薪酬制度体系建设方面，要重点推进金融系统人事制度改革与薪酬机制建设，切实贯彻落实让市场在人力资源配置中起决定性作用和更好发挥政府作用的改革精神，大力推进金融系统从业人员能进能出、管理层能上能下、员工薪酬能增能减的改革进程。

在完善区域金融市场建设方面，要坚持协调发展理念的正确指引，努力构建适合区域经济平衡发展要求的现代区域金融体系，加大力度解决我国区域金融经济发展中的不平衡不充分问题，切实推动建设高质量的平衡发展的区域金融市场。

在推动金融市场国际化建设方面，要坚持开放发展理念的正确指引，处理好金融开放与金融稳定的关系。在保持金融市场整体稳定的基础上，加快金融市场的国际化水平进程，进一步审慎地开放资本账户，推动资本的国际流动，建立健全企业间跨境资本流动市场机制，

在完善金融价格机制形成方面，重点要完善利率、汇率及其收益率的市场化形成机制。利率和汇率是最重要的货币资金价格机制，利率汇率机制市场化改革关乎金融体制改革的全局，其形成机制的优化直接关系到资金配置的效率。要建立健全市场主导的利率汇率决定机制，增强人民币汇率双向浮动弹性，保持人民币汇率稳定，保持人民币在国际货币中的定位。

（四）提高金融监管强度与有效性，防范和化解各类金融风险

现代金融业是社会信息化、网络化、科技化程度最高的国民经济系统。金融业内生的不稳定性和投机性，极易使人性的贪婪与投机、一夜暴富的心理，催生出更大的“庞氏骗局”和“羊群效应”，同时在日益信息化和网络化的条件下加倍地放大，从而使得现代金融业越来越成为国民经济运行中风险最容易产生、聚集、扩散、传染的高风险行业。如果金融监管不及时不到位，必然就会引发一系列金融风险事件，甚至发生系统性的金融经济危机。世界各国的金融体系都是国民经济体系中最受严格监管的部门，目的是保护投资者和权益者利益，维护国家金融秩序和经济稳定。

处理好金融创新与金融风险的关系。金融创新泛指金融领域出现的各种金融新现象，包括新的金融市场、新的金融资产、新的支付转账媒介和金融电子技术等。金融创新给金融业带来了深刻而广泛的影响，提高了金融机构的运作效率，丰富了金融市场的交易品种，促进了金融业的迅速发展，同时也给金融经济带来了严重的风险考验。随着我国经济市场化、全球化的迅猛发展，我国金融创新呈现快速发展势头。走向新时代高质量经济发展阶段，必须处理好金融创新与金融风险的关系，借鉴欧美发达国家金融创新监管经验，建立健全适合我国国情的现代金融监管体系，防范和化解各类金融风险，尤其是各种新型的网络金融风险，增强为实体经济服务的能力水平。

处理好网络金融与传统金融的关系。随着我国网络技术的不断发展，我国的移动支付平台迅速崛起，相应的网络金融产业迅速发展。网络不是法外之地，在享受网络金融作为普惠金融的一种手段所带来的便利的同时，也要加强网络金融的监管体系建设，建立健全基于传统金融体制下的有系统的网络金融监管体系，将网络金融平台纳入全过程全覆盖监管范围，建立健全网络金融法律法规制度，防范和化解网络金融风险事件。

处理好金融开放与金融稳定的关系。随着我国金融领域的不断对外开放，特别是人民币国际化进程加快，国内金融机构对外拓展提速，处理好金融开放与金融稳定的关系越来越重要。在保证国内金融经济形势相对稳定的基础上，要坚持以开放发展理念为指引，积极稳妥推动金融业对外开放，建立健全更加开放的金融体系，构建金融业对外开放的新格局。稳步推进人民币国际化，合理安排金融开放顺序，协调推进金融业对内对外双向开放，促进国内国际金融要素有序流动、金融资源高效配置、金融市场深度融合，建立与国际金融市场相适应的会计准则、法律法规和监管规则，提升我国金融市场国际化竞争能力。

处理好杠杆金融与投机金融的关系。杠杆金融就是借贷金融，正常的合理的金融借贷，是金融经济的正当业务范畴。问题的要害是金融借贷的杠杆行为，纯粹是出于投机性动机，且超出实际偿付能力的加杠杆投机。如果加杠杆投机泛滥，必然导致严重的金融风险威胁。因此要科学地分析研究不同部门、不同领域、不同地区的杠杆问题，严格区分正常性的生产经营活动的债务需求与非正常性的投机炒作的借贷盲动。要正确看待当前全局性的“去杠杆”战略举措，科学分析全国的金融杠杆形势与风险，既不能刻意回避掩盖矛盾风险,也不能夸大其词影响稳定全局。要时刻铭记以人民为中心共建共享的发展思想,以金融服务实体经济为根本的金融宗旨,协调各类金融机构做好“去杠杆”工作,重点解决企业、居民、政府部门过高的“杠杆化”问题。保障合理的正常的借贷需求,遏制不合理不正常的杠杆投机,推动金融经济与实体经济的协调发展。

加速推进现代化金融监管体系建设进程。在全球范围,现代金融监管面临世界性难题和风险挑战:一是经济全球化和金融自由化的负面影响,导致金融监管研究和对策分析相对滞后。二是日新月异的金融创新活动使实施监管的技术性、复杂性要求增高,难度增大,成本上升。三是金融风险与经济社会的关联度不断增强,所要求的综合监管协调能力越来越高。四是会计报表的真实性和准确性存在严重问题,金融监管面临高科技信息化网络化的挑战。

新时代加速推进我国金融监管体系现代化建设,首先要完善货币政策与调控体系,建立健全货币政策和宏观审慎政策双支柱调控框架。通过加强对系统重要性金融机构监管、提高流动性和资本要求等方式,有效维护金融稳定、防范金融体系系统性风险。其次要实行全覆盖全过程穿透式金融监管,所有金融业务与活动都要纳入国家的风险管控系统。通过互联网、大数据等信息化技术,及时有效识别和化解风险。以防范系统性金融风险为底线,建立健全现代金融风险预警机制。最后要加快金融监管的法治化建设进程,完善金融机构法人治理结构,加强宏观审慎管理制度建设,防控各类金融风险事件,守住不发生系统性金融风险的底线。

全面推进防范和化解金融风险制度建设。在全面加强金融业合规性监管的同时,特别要进一步加强对金融创新的风险监管,避免大规模非系统性金融风险演变为全局系统性金融风险的可能。同时,对新兴网络金融产业出台相应的法律法规,处理好网络金融与传统金融的关系,规范网络金融行为,引导两种金融体系更好为实体经济服务。重点推进金融宏观审慎管理制度建设,改革完善宏观金融监管体系框架,建立健全现代金融监管规则体系。加强中央层级的金融协调监管机构建设,构建货币政策与审慎管理相协调的金融管理体制;统筹监管系统重要性金融机构、金融控股公司和重要金融基础设施;统筹金融系统综合统计调查与信息化建设;强化银行证券保险以及网络金融、社会借贷等综合监管功能建设;完善中央与地方分工合作的金融监管体制;大力开发和使用各种金融风险管理工具,健全监测预警、压力测试、评估处置和市场稳定机制，实现金融风险监管全覆盖，防止发生系统性、区域性金融风险，不断提高我国金融监管建设的现代化水平。

六、推进新时代现代调控制度体系建设

政府宏观调控是国家使用各种经济和非经济手段对宏观经济运行状态进行调节和干预，使国民经济朝着既定的目标持续健康地发展。科学有效的政府宏观调控是国民经济持续健康发展的重要条件，市场失灵是政府宏观调控必然性的根本缘由。政府宏观调控目标主要包括经济增长、充分就业、物价稳定、国际收支平衡等，宏观调控对象主要是国民经济运行中的货币收支体系，包括企业、居民、政府、国外等经济部门的货币收支体系。宏观调控手段包括国家规划、产业政策、投资政策、货币政策、财政政策、贸易政策、消费政策等。

（一）全面提升政府宏观调控研究能力

政府宏观调控研究能力决定着政府宏观调控决策的科学性。新时代推进我国宏观调控制度体系建设的逻辑起点，是首先要不断提高政府宏观调控研究能力，增强政府对宏观经济形势的预判能力和国民经济运行规律的把握水平，用更有预见、更加科学的现代调控理论，构建更加现代化的宏观调控体系。特别是要增强对市场失灵、政府失灵、政府与市场关系、政府绩效机制等问题研究。

——深化市场失灵问题研究，提高政府宏观调控的针对性。

市场失灵是政府宏观调控必然性的根本缘由，深化市场失灵问题研究也就是增强政府宏观调控的针对性。所谓市场失灵是指市场机制失去效率，意指通过市场机制所实现的资源配置，没有达到帕累托最优状态，或市场机制未能实现某些合意的社会经济目标。在具体量化的意义上，市场失灵表现为市场价格没有反映出真正的社会边际成本和社会边际效用。

导致市场失灵的因素很多，其中不完全竞争、外部经济和公共产品是导致市场失灵的三大根源。微观经济领域中的市场失灵，主要表现在垄断、外部性和公平方面。宏观经济领域中的市场失灵，主要是市场机制并不能做到宏观总量之间的协调运行，有效需求或供给失衡必然导致宏观经济的不平衡，造成资源配置的低效率或浪费。

严重的市场失灵会导致严重的经济矛盾甚至经济危机。新时代有效推进现代调控制度体系建设，首先要深化市场失灵问题研究，特别是从不完全竞争、外部经济、公共产品等方面深化研究，全面提升政府宏观调控的针对性。

——深化政府失灵问题研究，提高政府自身改革的自觉性。

所谓政府失灵是指政府职能或政策失去效力。一般指国民经济运行或者资源配置过程中，依赖政府干预而必然产生的一些难以克服的毛病和故障，如官僚主义、信息阻塞、利益机制失调、行政成本扩大等。政府失灵主要包括两大类型失灵：一是运行型的政府失灵现象；二是制度型的政府失灵现象。前者是指政府在干预经济过程中，由于操作失当而引致的经济失败；后者是指特定的政府官僚制度所导致的低效率、自我扩张和权力寻租等缺陷。

传统的政府调控理论关于政府不失灵有四个假设：一是政府作为公共政策主体，能自动地将社会福利最大化纳入自己的目标函数。二是政府作为追求社会福利最大化的决策者，能拥有科学决策所必需的充分信息。三是政府无需成本就可以提出和实施各种经济政策。四是政府能够出于公心抵御各种利益集团的利益诱惑。事实上这些假设在现实中的存在都是不充分的，因此政府失灵在任何国家任何时候都是难以避免的。

政府失灵现象的普遍存在是由政府内在和外在多种原因综合作用的结果，其主要产生根源可概括为自然垄断论、能力有限论、政治局限论、信息缺陷论、环境决定论、理性预期论、官员动机论等。一般认为，导致政府失灵有四大内在原因：一是政府存在信息上的局限性；二是政府对私人市场反应的控制能力有限；三是政府对官僚机构本身的控制能力有限；四是政治运作程序方面存在局限性。

新时代有效推进现代调控制度体系建设，要更加注重对政府失灵问题的深入研究，特别是要从政府自身的垄断性、局限性、自利性等方面，深入研究制度型和运行型的政府失灵问题，全面提升政府自身改革的自觉性和科学性。

——深化政府市场关系研究，构建功能互补政市关系。

作为两种独立运行的行为主体，政府与市场二者之间存在着优势和功能互补的关系。市场是资源配置方式，政府是公共权力组织。市场是人类分工与发展的必然产物，政府也是人类分工与发展的必然产物。因为各有比较优势，因而各自产生存在；因为互相依赖互为因果，因而彼此需要彼此作用。

处理好政府和市场的关系，首先必须明确政府和市场的优势与功能互补关系，并由此划分清楚二者各自不同的作用边界。本质区别不明，作用边界不清，既形不成真正的市场经济，也产生不出有效的政府行政。在现代市场经济资源配置的意义上，这就要求更加尊重市场规律，充分发挥市场在资源配置中的决定性作用；更加重视政府责任，充分发挥政府在公共管理与服务方面的决定性作用。

新时代正确处理政府和市场的相互关系，关键在于把握好政府和市场的关系度问题，防范和化解过度市场化和过度行政化这两个极端现象的产生。尤其是在公共教育、医疗、住房、社会保障等公共性极强的重要领域，要高度重视解决政府与市场的双失灵和政府与市场的双逐利问题。既要完善现代化的市场经济体系，让市场在资源配置中起决定性作用，又要健全现代化的政府调控体系，让政府在公共管理与服务中发挥决定性作用。通过双向构建公平、效率、法治、透明的政府—市场激励约束模式，综合提高经济社会资源配置的公平效率水平，特别是要努力破除公共资源、公共服务和公共权力的既得利益链条，切实解决既得利益输送和利益固化等问题。

——深化政府绩效机制研究，推进政府管理绩效改革。

绩效是政策的生命线，调控绩效是政府调控的生命线。在市场经济法则既定的环境中，政府经济行为与调控绩效对促进国民经济持续健康发展起着决定性的作用。实现国民经济社会持续健康发展，全面推进政府调控绩效建设，是极其重要的经济政治建设议题。

全面推进政府调控绩效建设，关键在于坚持政府行政中的服务导向、结果控制、简化程序等原则，把市场竞争机制引入政府的公共管理和公共服务领域，强调在政府行政中开展为质量而竞争的极端重要性，提高政府公共管理与服务的行政效率，不断满足社会公众日益增长的美好生活需要。①

全面推进政府调控绩效建设，重心是政府的公信力和行动力建设：一是全面推进宏观调控决策的科学化和民主化建设，这是确保宏观调控绩效的前提。二是全面推进宏观调控实施的法治化和透明化建设，这是实现宏观调控绩效的关键。三是全面推进宏观调控督查的执行力和奖惩力建设，这是保障宏观调控绩效的重要手段。四是全面推进财政货币政策组合效应建设，这是提高宏观调控绩效的重要内容。

① 参见范柏乃：《政府绩效评估与管理》，复旦大学出版社 2007 年版。

新时代推进政府调控绩效建设的主要对策：一是完善政府行政部门的社会角色，引导政府自动、灵活、低成本地运行。二是转变政府行政权力的运行方式，推进政府行政和公共管理重心的下移，让更多民众成为行政权力使用的监督者和获益者。三是完善政府宏观调控绩效考核标准，强化行政成本和绩效双重标准建设，更加关心政府服务效率、服务质量方面的结果。四是强化政府行政管理与服务质量的最终目标，使更多的社会公众能够便捷地得到服务，把社会公众满意度作为评价政府行政的核心指标。五是把政治取向和管理取向合二为一，即在关心政府行政的民主性、合法性和公正性等问题的同时，同样重视政府管理与服务的效率、效能和效益等深层问题。

（二）推进政府调控思想与体制机制创新建设

科学有效的宏观调控思想与体制机制创新建设，是完善社会主义市场经济体制、提高政府宏观调控能力的必然要求。我国现代化建设事业进入新时代，必然要求政府调控体制机制创新建设，也要同步进入高质量和高效益发展的新时代。推进新时代政府调控思想与体制机制创新建设，要以新时代中国特色社会主义经济思想为指导，贯彻创新、协调、绿色、开放、共享的发展理念，坚持稳中求进工作总基调，坚持质量第一、效益优先建设方针，紧紧围绕加快建设现代化经济体系，不断创新宏观调控思路、完善宏观调控方式方法，构建更高质量、更有效率、更加公平、更可持续的政府宏观调控体制机制。

——坚持正确的宏观调控思想理念。

科学把握新时代中国特色社会主义对宏观调控提出的新要求。当前，世情国情党情发生历史性变化，全面建设社会主义现代化经济强国、实现中华民族伟大复兴的中国梦，需要我们认真总结党的十八大以来宏观调控的有效做法和成功经验，牢牢把握我国经济社会主要矛盾的变化，牢牢把握所处的转变发展方式、优化经济结构、转换增长动力的攻关期，牢牢把握加快建设现代化经济体系的战略目标，进一步创新和完善宏观调控思想理念。①

我国社会主要矛盾的新变化，要求宏观调控紧紧围绕满足人民日益增长的美好生活需要促进更平衡更充分的发展。宏观调控要坚持以人民为中心的

① 参见徐绍史：《创新和完善宏观调控》，本书编写组编著：《党的十九大报告辅导读本》，人民出版社2017年版，第250—256页。

发展思想，聚焦人民对美好生活的需要，着力深化供给侧结构性改革，全面实施创新驱动发展战略，大力推进生态文明建设，促进城乡区域协调发展，积极推动解决社会主要矛盾。同时应看到，我国仍处于并将长期处于社会主义初级阶段的基本国情没有变，我国是世界最大发展中国家的国际地位没有变，必须坚持党的基本路线，坚持发展是第一要务不动摇，努力实现更平衡更充分的发展。

全面建设社会主义现代化经济强国，要求切实增强宏观调控的战略定力。一是紧紧咬定目标，坚持质量第一、效益优先，保持宏观政策的连续性和稳定性，强化风险防控，稳扎稳打、久久为功。二是优化目标路径，既要保持经济平稳增长，为促改革、调结构创造良好条件；又要抓住时机持续推进结构优化升级，增强发展内生动力，为经济持续健康发展夯实根基。

以新发展理念引领经济发展，要求进一步丰富和健全宏观调控目标体系。宏观调控工作思路必须更多聚焦实现经济持续健康发展，遵循经济和社会发展规律，创新和完善宏观调控方式方法。要立足新的发展理念，创新监管和服务方式，发挥国家发展规划的战略导向作用，健全财政、货币、产业、区域等经济政策协调机制。建立健全重大问题研究、民主决策和政策评估调整机制，善于利用互联网、大数据等手段促进治理能力现代化。

新时代坚持正确的宏观调控思想理念，一要加强总量性指标和结构性指标的统筹。既防止经济运行大幅波动，保持经济总量平衡；又有效引导各方面加大供给侧结构性改革力度，不断提高经济发展质量和效益。二要加强全国指标和地方指标的统筹。全国指标要充分考虑地区差异，为各地因地制宜留出合理空间；地方指标要加强与国家规划计划、宏观政策的衔接，确保国家战略有效实施。三要加强约束性指标和预期性指标的统筹。强化民生保障、公共服务、生态环保指标的刚性约束，兑现对人民的承诺；发挥预期性指标的导向作用，有效引导社会资源配置和市场预期。

——加强宏观调控方式方法手段建设。

新时代建设现代化宏观调控制度体系，要求进一步加强宏观调控方式方法手段建设。围绕充分发挥市场作用和更好发挥政府作用的核心思想，把有效市场和有为政府更好结合起来，综合使用多种方式方法手段，最大限度地提高全社会资源配置效率。一是遵循市场经济发展规律，最大限度减少政府对微观事务的干预，更多运用价格、税收、利率等市场化法治化手段实现调控目标、优化资源配置。二是推进政府积极主动作为，近期要围绕打好防范化解重大风险、精准脱贫、污染防治三大攻坚战，充分整合各方面资源力量重点突破。三是创新运用大数据、云计算等现代信息技术手段，加快统计体系改革，推动信息资源共享，为宏观调控提供科学支撑和保障。

充分发挥国家发展规划的战略导向作用。国家发展规划是宏观调控的重要载体，集中体现党和国家的战略意图与中长期发展目标，必须举全党全社会之力推进实施。一是强化规划引导约束。增强国家中长期规划和年度计划对公共预算、国土开发、资源配置等政策措施的宏观引导、统筹协调功能，实现宏观调控的目标和手段有机结合，提高规划的引领性、指导性和约束性。二是健全规划体系。加强规划统筹管理，构建层次分明、功能清晰、相互协调的发展规划体系，强化专项规划和区域规划对总体规划、地方规划对国家规划的支撑，提升规划的系统性。三是创新规划实施机制。加强对中长期规划实施的中期评估、终结评估、年度评估，强化国家战略在各层面的统一落实。

推进宏观经济调控政策协调机制建设。加强对宏观经济政策的综合协调，实现宏观调控目标制定和政策手段运用机制化，增强宏观调控的针对性、前瞻性、灵活性和协同性，促进多重目标、多种政策、多项改革平衡协调联动。一是加强部门层面的政策协调。强化宏观经济政策统筹，加强对政策时序、边界、方向、目标的协调，实现财政、货币、产业、区域、投资等政策的优化组合，形成调控合力。二是加强中央和地方层面的政策协调。中央层面要搞好顶层设计，充分考虑地方实际，最大限度调动地方积极性；地方层面要强化对宏观经济政策的理解、执行和传导，引导市场主体积极响应和实现宏观政策意图。三是加强国际层面的政策协调。以更加宽广的全球视野，积极主动参与国际宏观经济政策沟通协调及国际经济规则调整和构建，努力营造良好的外部经济环境。

注重引导市场行为和社会预期。围绕处理好政府和市场关系，提高宏观调控的科学性和有效性。一是加强对重大经济金融风险的预警防范和应对处置建设。强化底线思维，建立健全风险识别和监测预警体系，重点提高财政、金融、房地产、能源资源、生态环境等方面的风险防控能力，坚决防范系统性区域性风险。二是大力加强政府宏观调控监管能力建设。密切关注新技术新产业新业态新模式发展，主动优化服务、创新监管，明规矩于前、寓严管于中、施重惩于后、存包容于严，为新兴生产力成长开辟更大空间。三是强化社会预期管理。把预期管理作为宏观调控的重要内容,提高政策透明度和可预期性,用稳定的宏观经济政策稳住市场预期,用重大改革举措落地增强发展信心。

（三）推进宏观调控政策体系现代化建设

现代宏观调控政策体系是一个多政策系统构成的综合体,需要综合运用国家规划、财政、金融、产业政策等手段,发挥价格、税收、利率、汇率等杠杆的作用,加强和改善宏观经济调控,科学引导市场行为和社会预期。① 推进我国宏观调控政策体系现代化建设,包括完善财政政策、货币政策、产业政策和国民收入分配政策等体系建设;完善税率、利率、汇率、存款准备金率、再贴现率和再贷款利率等工具体系建设;完善诱导性政策、强制性政策、直接性政策、间接性政策、一般性政策、特殊性政策、事前性政策和事后性政策等多种形式政策体系建设。

推进宏观调控政策体系现代化建设,是一项非常复杂的社会系统工程,不仅需要有正确的反映国民经济发展运行规律的调控思想为指导,还要有系统的调控政策工具手段来综合实施,综合发挥国家规划、财政、货币、消费、投资、产业、区域、贸易等政策工具的相互作用,构建更加科学有效的宏观政策体系,提高政府宏观调控策略选择能力与水平。围绕国民经济持续健康发展目标,建立健全产业发展政策、创新驱动政策、地区发展政策、城乡发展政策、投资融资政策等,提高全社会全要素资源配置效率。围绕全体人民共同富裕的根本发展宗旨,建立健全国民收入分配政策,调控国民收入分配格局,推进人民共建共享和共同富裕发展。围绕实现人民美好生活目标,完善与发展居民消费政策,提高居民消费水平和综合生活质量。围绕经济全球化战略目标,建立健全对外经济发展政策,发挥国际比较优势,防控国际经济金融风险,保障国家经济安全。围绕实现宏观经济稳定目标,建立健全宏观经济预警监管机构体系,提高国家经济金融风险监管能力与水平。

推进现代产业政策体系建设。产业政策是国家制定和实施的用以调节供给总量与供给结构为主要对象,进而促进经济增长和发展的经济政策组合。产业政策具有调整经济结构、影响长期发展、弥补市场失灵、调节社会供给等

① 参见[美]曼昆:《经济学原理(第6版)·宏观经济学分册》,梁小民、梁铄译,北京大学出版社2012年版。

功能。根据不同的分类标准,产业政策可以分为:一般性的产业政策、选择性的产业政策;资源配置政策、产业结构政策、产业组织政策;积极的产业政策、消极的产业政策;持久性的产业政策和过渡性的产业政策等。产业政策在具体设计时要注意政策的科学性和完善性,处理好产业政策与市场机制的相互关系。新时代推进我国宏观调控政策体系现代化建设,需要不断提高产业政策的科学性和有效性。围绕构建现代产业体系、推动产业中高端发展,统筹存量调整和增量优化,大力实施创新驱动发展战略,在人力资本提升、知识产权保护、科技创新等方面加大政策投入、支持与保障力度,全面推动供给侧结构性改革,促进国民经济高质量发展。

推进现代需求政策体系建设。需求政策是国家制定和实施的用以调节需求总量与需求结构为主要对象,进而促进经济增长与发展的经济政策组合。需求政策具有调整需求结构、影响长期发展、弥补市场失灵、调节社会需求等功能。根据不同的分类标准,需求政策可以分为投资政策、消费政策、贸易政策等。需求政策在具体设计时要注意政策的科学性和完善性,处理好投资、消费、出口之间的相互关系。新时代推进投资政策体系建设,要处理好政府投资与企业投资、国有投资与民营投资、长期投资与短缺投资的关系,不断提高投资政策的科学性和有效性。推进消费政策体系建设,要处理好居民消费与政府消费、长期消费与短缺消费、城乡消费与区域消费、国内消费与国际消费的关系,把握消费转型升级趋势,推进收入分配改革,不断提高消费政策的科学性和有效性。

推进现代财政政策体系建设。财政政策是国家制定的指导财政工作的方针、准则和措施的总称,是根据既定的国民经济与社会发展目标,通过财政收入和支出的变动来影响经济社会活动水平的经济政策。财政政策类型有多种形式,包括短期性财政政策、长期性财政政策;微观财政政策、宏观财政政策;自动稳定的财政政策、相机抉择的财政政策等。新时代推进宏观调控政策体系现代化建设,首先要不断提高财政政策的科学性和有效性,加快建设现代财政制度政策体系,建立健全税种科学、税率公平、征管高效、法治严明的现代税收制度;建立健全权责清晰、财力协调、区域均衡的中央和地方财政关系;建立健全规范透明、标准科学、约束有力的财政预算制度,提高财政资金综合使用效率和效益。

推进现代货币政策体系建设。货币政策是货币当局为实现特定的国民经济目标而采取的各种控制和调节货币供应量或信用,来影响国民经济运行的方针、政策和措施的总称。广义的货币政策包括与货币银行有关的一切政策措施与管理;狭义的货币政策是指国家为实现其宏观经济目标所采取的调节货币供应量的政策,主要是一般性货币政策工具、选择性货币政策工具和其他货币政策工具。一般性货币政策工具,即传统的三大货币政策工具,包括再贴现政策、存款准备金政策和公开市场业务政策。选择性货币政策工具和其他货币政策工具,包括消费者信用控制、证券信用控制、不动产信用控制以及直接或间接信用控制等政策。新时代推进宏观调控政策体系现代化建设,要不断提高我国货币政策的科学性和灵活性。围绕增强金融服务实体经济能力和促进国民经济持续健康发展目标,健全货币政策和宏观审慎政策双支柱调控框架,深化利率和汇率市场化改革,提高直接融资比重,促进多层次资本市场健康发展,健全金融监管体系,守住不发生系统性金融风险的底线。

推进现代政府行政体系建设。政府行政体系建设是政府宏观调控制度体系建设的前提保障。没有高质量、高效益的政府行政体系的现代化建设,就没有高质量高效益的政府宏观调控制度体系的现代化。新时代全面推进政府行政体系现代化建设,要按照建立中国特色社会主义政府行政管理体制目标,处理好政府与市场、政府与居民、政府与企业、政府与事业、政府与社会的关系,建设职能科学、结构优化、廉洁高效、人民满意的法治政府和服务型政府。要根据新时代建设法治政府和服务型政府的职能目标要求,加快政府行政职能转变,优化政府行政组织结构,健全政府宏观调控体系,完善政府考核评价体系,全面提升政府行政的科学化、法治化、现代化水平。

第四篇　新时代经济建设战略选择

走向本世纪中叶全面建设社会主义现代化经济强国,新时代经济建设战略选择是事关全局的重大战略议题,直接决定着我国现代化经济强国建设的进程与成效。党的十八大以来,以习近平同志为核心的党中央,根据我国经济发展实际和世界经济发展变化趋势,作出了一系列重大经济建设战略部署。全面深化新时代经济建设战略研究,加快建设创新型国家,深化供给侧结构性改革,推进新型城镇化建设,实施乡村振兴战略,推进区域经济协调发展,推进对外经济协调发展,对全面建设社会主义现代化经济强国具有极其重要的现实意义。

一、加快建设创新型国家

创新是引领发展的第一动力,是建设现代化经济体系的战略支撑。加快建设创新型国家,是我国新时代解决人民日益增长的美好生活需要和不平衡不充分的发展之间的矛盾的必然要求,是我国抓住全球新一轮科技革命和产业革命机会的不二选择,是全面建设社会主义现代化国家和实现中华民族伟大复兴的必由之路。党的十九大报告突出强调创新驱动发展的重大战略意义,鲜明提出 2035 年要迈进创新型国家的前列,本世纪中叶要建成社会主义现代化强国,要求必须坚定实施创新驱动发展战略,加快建设创新型国家。

(一) 正确认识创新驱动发展的战略意义

关于什么是创新型国家,目前国际上并没有严格的统一界定,但国际学术界已经达成了基本共识:创新型国家是指以科技创新为经济社会发展核心驱动力的国家,即把那些将科技创新作为国家基本战略,大幅提高创新能力,形成强大竞争优势的国家,称为创新型国家。目前世界上公认的创新型国家有

20个左右,包括美国、德国、日本、芬兰、以色列、韩国等等。这些国家一般具备以下四个特征:整个社会对创新活动的投入较高,全社会研发投入即R&D支出占GDP的比重一般在2%以上;科技进步贡献率达70%以上;对外技术依存度通常在30%以下;创新产出高,产业技术创新能力强。此外,这些国家所获得的三方专利(美国、欧洲和日本授权的专利)数占世界总量的绝大多数。

马克思认为,生产力是推动社会历史发展诸因素中最活跃、最革命的因素,也是推动社会生产发展的决定性、第一性的因素。他十分重视科学力量的发展及其在生产中的应用、对生产关系和社会关系的变革作用。马克思指出,科学是作为独立的力量被并入劳动过程,生产力的发展归根到底来源于智力劳动特别是自然科学的发展。马克思在《经济学手稿》(1861—1863)中做了大量的论述:资本家要想在激烈的商品经济竞争中获得超额利润,唯一途径就是利用科技手段提高生产力,从而降低必要劳动时间。通过机器的采用和新的生产方法的使用,能够使得劳动生产力大幅度提高,从而推动经济迅速发展。

赋予创新经济学含义的学者是美籍奥地利经济学家约瑟夫·熊彼特,我们今天讨论的创新很大程度上也是源于熊彼特传统。熊彼特关于创新的主要观点可以归纳为三个方面:第一,创新与科学、发明不一样,科学是科学家的事情,发明是技术专家的事情,而创新则是企业家的天职,"只要发明还没有得到实际上的应用,那么在经济上就是不起作用的。"第二,创新的本质是建立一种新的生产函数,包括引进新产品、引用新技术即新的生产方法、开辟新市场、控制原材料的新供应来源、实现企业的新组织等等。第三,由创新引发的创造性毁灭是经济发展的基本动力,因为创新会打破既有的市场均衡,通过创新获得的超额利润是对企业家的最高奖赏。① 熊彼特在对经济周期与三次产业革命中的技术创新进行比较研究后提出,科技是决定经济实现繁荣、衰退、萧条和复苏周期过程的主要因素。德国经济学家门施(G.Mensch)在《技术的僵局》一书中,利用现代统计方法,通过对112项重要的技术创新考察发现,科技是经济发展新高潮的基础。当前全球正处于大的技术变革时代,大数据、人工智能、"互联网+"等正在推动着科技与经济的深入融合。

新中国成立初期,毛泽东就号召全国人民"向科学进军",1963年又进一

① 参见[美]约瑟夫·熊彼特:《经济发展理论》,商务印书馆1990年版。

步强调,科学技术这一仗,一定要打好,而且必须打好。不搞科学技术,生产力就无法提高。改革开放之后邓小平多次强调"科学技术是第一生产力"。党的十四大报告首次提到了"创新问题",党中央更加高度重视创新。党的十七大报告明确指出,提高自主创新能力,建设创新型国家,是国家发展战略的核心。党的十八大以来,党中央把创新提到了前所未有的高度。习近平总书记指出,创新是一个民族进步的灵魂,是一个国家兴旺发达的不竭动力,也是中华民族最深沉的民族禀赋。在激烈的国际竞争中,惟创新者进,惟创新者强,惟创新者胜。综合国力竞争说到底是创新的竞争。创新是引领发展的第一动力,抓创新就是抓发展,谋创新就是谋未来。党的十八届五中全会将科技创新提升和深化为包括理论创新、制度创新、科技创新、文化创新等在内的全面创新,丰富和发展了创新理论。

我国改革开放发展历程是不断创新的实践写照。在理论创新方面,先后提出社会主义本质论、社会主义初级阶段理论、社会主义市场经济理论、改革开放理论、科学发展观、"五位一体"总体布局、"四个全面"战略布局、新发展理念等等,有力地促进了中国特色社会主义事业的蓬勃发展。在制度创新方面,强调制度创新是持续创新的保障,是激发各类创新主体活力的关键。制度创新是经济长期增长和人类社会进步的原因。改革开放以来,一系列的制度创新成为我国经济社会发展的原动力。例如,家庭联产承包责任制,国有企业改革,社会主义市场经济体制,公有制为主体、多种所有制经济共同发展的基本经济制度,按劳分配为主体、多种分配方式并存的分配制度,等等。在文化创新方面,强调文化也是生产力,是国家核心竞争力的重要组成部分。文化创新是全面创新的根基,是各类创新的精神动力。让创新在全社会蔚然成风,需要营造良好的创新文化氛围,而创新文化需要文化创新的推动。在科技创新方面,强调科技创新是国家竞争力的核心,在全面创新中起引领作用。习近平总书记指出,谁牵住了科技创新这个"牛鼻子",谁走好了科技创新这步先手棋,谁就能占领先机、赢得优势。实施创新驱动发展战略,要紧紧抓住科技创新这个关键。只有牢牢抓住科技创新这个"牛鼻子",摆脱核心关键技术受制于人的窘境,我国才能真正成为世界科技强国和经济强国。

(二) 加快建设创新型国家的现实基础与挑战

目前我国整体已经进入工业化中后期,拥有较为完备的产业体系、强大的制造能力和广阔的市场空间,科技创新能力明显提升。中国科学技术发展战略研究院发布的《国家创新指数报告2016—2017》显示,中国国家创新指数排名提升至第17位。但我国科技发展水平特别是关键核心技术创新能力同国际先进水平相比还有很大差距,同实现“两个一百年”奋斗目标的要求还很不适应。

自2011年起,中国科学技术发展战略研究院每年发布一次《国家创新指数报告》,从创新资源、知识创造、企业创新、创新绩效和创新环境五个方面构建了国家创新指数的指标体系,选取了研发经费投入之和占全球总量的95%以上的40个科技创新活动活跃的国家进行研究。40个国家可以划分为三个集团,综合指数排名前15的国家主要为欧美发达经济体,分别是美国、日本、瑞士、韩国、丹麦、瑞典、德国、荷兰、新加坡、英国、芬兰、法国、以色列、奥地利和挪威。第16—30位为其他发达国家和少数新兴经济体,属于第二集团,我国已处于这一集团的领先位置。第三集团的国家多为发展中国家。

——加快建设创新型国家的现实基础。

近年来我国科技投入一直呈不断上升趋势,全社会研发经费每年以10%左右的速度递增,科技创新为经济发展、社会进步、民生改善、国家安全提供了重要支撑。一些重大和关键领域取得了举世瞩目的巨大成就。在基础研究和高科技研究领域取得了一批重大成果,突破了一批关键技术。在信息、生物、新能源、新材料、航空航天、纳米等领域取得了一大批重要原始创新成果。神威超算、量子通信、北斗导航等标志性科技创新成果不断涌现,从“神舟”飞天到“蛟龙”入海,从高速铁路到国产大飞机,从超级杂交水稻到基因测序,都对我国经济社会发展产生了重大的积极影响,也为下一步实现创新驱动发展积累了基础。2013—2015年开展的第四次国家技术预测动员近两万名专家对13个重点领域1049项技术进行的中外技术竞争分析表明,我国居于领先地位的技术占17%,并行技术占31%,跟踪技术占52%,①显示我国科技创新进入“三跑并存”阶段。2016年公布的第五次国家技术预测结果为:在1346项技术中,领先的占16.3%,并跑的占30%,跟跑的占53.7%。2017年我国全社会的研发经费1.75万亿元,投入强度为2.12%,已经超过了欧盟15国2.08%的平均水平;研发人员也在逐年增加,已居世界第一位;我国科研人员目前每

① 袁立科等:《我国技术总体处于怎样的水平》,《光明日报》2015年5月8日。

年发表的科技论文数量仅次于美国，稳居世界第二；45 岁以下中青年科研人员占研究队伍总人数已经超过 80%。

党的十八届三中全会把深化科技体制改革作为全面深化改革的重要内容作了部署，从处理好政府和市场关系入手，对强化企业技术创新主体地位、加强知识产权运用和保护、国家科研资源管理和项目评价机制作出了战略性制度设计。2015 年 3 月中共中央、国务院发布的《关于深化体制机制改革加快实施创新驱动发展战略的若干意见》，从战略思路和目标、环境营造、市场导向、金融支持、人才机制、政策统筹等方面对实施创新驱动发展战略的体制机制改革作出了详尽安排。针对科技成果转化率低这一制约我国创新发展的顽疾，2015 年 8 月修订后的《促进科技成果转化法》颁布，放大了国家设立的机构转化科技成果的权利，加大了对相关人员的奖励，鼓励科研人员离岗创业。针对创新发展的人才制约，2016 年 3 月，中央印发了《关于深化人才发展体制机制改革的意见》，向用人主体放权、为人才松绑，对人才管理、培养、评价、流动和创新创业激励等方面的体制机制改革提出了创新要求。

2016 年 5 月，《国家创新驱动发展战略纲要》发布，明确了我国到 2050 年建成世界科技创新强国的"三步走"战略目标，详尽规划了我国创新驱动发展的方向、目标和工作重点。2016 年 7 月发布的《关于进一步完善中央财政科研项目资金管理等政策的若干意见》，进一步完善了科研经费管理，给予科研项目承担单位更多的自主权，减轻科技人员经费报销负担，腾出更多的时间专心做科研。2016 年 11 月发布的《关于实行以增加知识价值为导向分配政策的若干意见》，充分发挥收入分配对创新发展的激励导向作用。2017 年 9 月发布的《关于营造企业家健康成长环境弘扬优秀企业家精神更好发挥企业家作用的意见》十分及时，有助于提升企业家的信心，优化创新环境，为创新型国家建设作出更大贡献。2018 年 5 月发布的《关于进一步激励广大干部新时代新担当新作为的意见》提出建立健全容错纠错机制，宽容干部在工作中特别是改革创新中的失误错误，旗帜鲜明为敢于担当的干部撑腰鼓劲，给敢担当敢作为、敢闯敢拼的干部吃了一颗"定心丸"。2018 年 7 月国家科技领导小组的成立，将更好地协调各部门和各类资源，加快推进创新型国家建设。

——加快建设创新型国家面临的现实挑战。

改革开放以来我国很好地利用了后发优势，创造了经济发展奇迹，创新能力也得到了大幅提升，但也形成了一定程度的路径依赖和后发劣势。备受社会各界关注的"中兴事件"暴露出我国发展的"痛点"。同建设世界科技强国的目标相比,我国发展还面临重大科技瓶颈,关键领域核心技术受制于人的格局没有从根本上改变,科技基础仍然薄弱,科技创新能力特别是原创能力还有很大差距。① 一是产业创新能力比较薄弱的问题依然存在,科技与经济"两张皮"问题尚未得到根本解决,科技成果转移和转化需要加快,企业主导产业技术研发创新的体制机制尚未完全形成。二是推动科技创新的制度创新尚不足。创新创业还存在不少有形和无形的障碍,市场准入、资金配置、人才流动、成果转化等方面不够顺畅,体制机制创新相对滞后,与创新驱动发展的要求还不能完全适应。国家出台的一些鼓励创新的政策举措还没有完全落实,不同层级、不同部门缺乏统筹衔接,存在政策"打架"现象,科技投入与创新需求存在较大差距。三是引领未来创新发展的根基依然不牢固。原始创新能力仍然不强,缺乏世界级的创新成果。核心技术和关键技术自给率低,占固定资产投资40%左右的设备投资中,有60%以上要靠进口来满足,高技术含量的关键装备基本上依赖进口。近年来我国制造企业500强研发强度一直徘徊在2%,低于世界500强3%—5%的平均水平。近年来我国高新技术产品出口居世界第一位,但是加工贸易占70%以上,而技术含量较高的软件和芯片出口比重不到10%。我国高技术产业主营业务收入中三资企业占到60%;高技术产品出口份额中外商独资企业占到50%以上。四是政府治理能力转换和提升的过程性与创新发展要求的迫切性之间存在矛盾。党的十九大报告指出,使市场在资源配置中起决定性作用,更好发挥政府作用。简政放权不是一放了之,而是要积极转变政府职能。政府治理能力的转换和提升需要一个过程,而创新发展的要求又是急迫的。创新经常意味着"创造性破坏",革命性的新概念、新技术、新产品层出不穷,既会加速产业、企业以及各类社会组织的创新,也会加快劳动力等生产要素的流动,还会加快生产和生活方式的变革,这些都对政府职能提出诸多新要求,从而对政府治理能力、对干部的素质能力提出了新挑战。

(三)加快构建适宜创新型发展的创新生态系统

创新生态系统是指在一定的区域范围内,由各个创新主体、创新环节和创

① 《习近平谈治国理政》第二卷,外文出版社2017年版,第268页。

新因素之间组成的相互联系和依赖的生态链。创新生态系统有不同的层次，如微观主体（如企业）的创新生态、区域创新生态和国家创新生态。创新生态系统有各种不同的表述，这里我们通过构成创新生态系统的供给、需求和环境等各个要素展开讨论。

——增加创新供给，构建创新型发展的现代化动能体系。

提高创新能力，首先要解决的是创新产品或服务"有没有"即科技的供给问题。要增加科技供给，至少需要从资金、人才和体制机制上下功夫。

增加研发投入，特别是基础研究的投入。党的十九大报告指出，要瞄准世界科技前沿，强化基础研究，实现前瞻性基础研究、引领性原创成果重大突破。基础研究是实现重大原始创新的前提和保障。近年来，创新型国家更是加大了在基础研究上的投入。美国在基础研究上的投入强度保持在18%左右，日本则在13%左右，法国等欧洲国家超过25%，瑞士更是接近30%。过去10多年间，我国用于基础研究的经费数额从156亿元增加到920亿元，但投入的强度要远低于这些国家，多年来一直不到6%。我国企业的基础研究经费所占的比重不到1%，而创新型国家企业的基础研究经费一般占3%—8%。针对基础研究这一短板，应进一步加大基础研究投入，引导和带动社会力量提高对基础性研究的关注，为建设创新型国家的战略目标奠定坚实基础。引导和鼓励有实力的企业开展或投资基础研究。

增加人才供给，释放创新活力。人才是创新的根基，人才是建设创新型国家的核心要素。硬实力、软实力，归根结底要靠人才实力。创新驱动的实质是人才驱动，谁拥有一流的创新人才，谁就拥有了创新的优势和主导权。针对创新短板，要培养更多基础研究人才，重视与基础研究相关的学科建设，完善基础研究人才的成长环境和培养机制。研究型大学承担着知识创造和人才培养的使命，不能过于强调成果转化率，要给它们能够踏踏实实去自由探索，培养基础研究人才的稳定的、基本的财政支持。不要以出成果的名义干涉科学家的研究，不要用死板的制度约束科学家的研究活动。① 当前最迫切和最重要的是释放人才活力。营造更加宽松的创新环境，鼓励试错，宽容失败；向用人主体放权，为人才松绑，把创新人才的时间和精力从不合理的课题申报、经费管理和成果评价等体系中解放出来；发挥市场力量汇集科技领军人才和领先

① 《习近平谈治国理政》第二卷，外文出版社2017年版，第276页。

创新团队，制定更高效、更合理的人才流动政策，吸引更多国际顶尖人才来华工作，让人才在不同创新主体之间、不同地区自由流动；给予创新团队更多自主权，让创新团队薪酬不受工资总额限制，赋予科研人员科技成果所有权和长期使用权。

破除体制机制障碍，完善国家创新体系。近年来，国家创新体系建设取得很大成就，极大地提升了我国的创新能力。但是各个体系之间仍存在不协同、不开放的问题，影响了包括高等院校、科研院所、创新基地等各类科技力量创新作用的发挥，需要从体制机制上加以解决。一是必须优化创新协同机制，大力推动建立政产学研金介“六位一体”的多方创新协同机制。加强区域间科技合作，推动创新要素向区域特色产业聚集，培育一批具有国际竞争力的产业集群。营造公平竞争的市场环境，建立公平的市场准入规则，要努力消除实际存在的行业垄断和市场分割，构建更加公平公正、开放统一的市场环境，构建普惠性创新支持政策体系，创造各种所有制企业公平竞争、平等获得资源的市场环境。要有重点地落实政策，降低企业创新的成本和风险，如切实落实研究开发费用税前加计扣除政策，以多种方式加强鼓励创新的需求政策，激发创新活力。二是整合各类科技资源，加强具有世界一流水平的战略科技创新基地建设，发挥骨干企业和转制院所作用，提高产业关键技术研发攻关水平，促进技术成果工程化、产业化；推进科技基础条件平台建设，加快建立健全开放共享的运行服务管理模式和支持方式。三是进一步完善军民科技融合机制，建设军民两用技术创新基地和转移平台，扩大民口科研机构和科技型企业对国防科技研发的承接范围。四是培育、支持和引导科技中介服务机构向服务专业化、功能社会化、组织网络化、运行规范化方向发展，壮大专业研发设计服务企业，培育知识产权服务市场，完善技术交易市场体系；加快发展科技服务业；充分发挥科技社团在推动全社会创新活动中的作用。

——提升创新需求，推动科技与经济社会发展的深入融合。

推动科技与经济社会发展深度融合是创新攻坚的内在要求和最终目的，不仅仅要创“芯”，而且要用“芯”。正如习近平总书记指出的，我们自己推出的新技术新产品，在应用中出现一些问题是自然的。可以在用的过程中继续改进，不断提高质量。如果大家都不用，就是报一个课题完成报告，然后束之高阁，那永远发展不起来。因此，我们需要完善国产关键核心技术的产业化应用机制。打破制约创新的行业垄断和市场分割，纠正地方政府不当补贴以及利用行政权力限制、排除创新产品应用等行为,为产业发展营造公平的市场环境。一分规划九分落实,落实好相关创新政策是推动关键核心技术攻坚落地的关键。制定政府采购中首购和订购的实施细则,在招投标、合同和价格方面给予首台首套设备政策优惠。针对高技术含量首台首套产品,在符合《补贴与反补贴协议》情况下,允许实行后补偿式研发采购政策,即根据首台首套设备研发成本,补贴其一定比例的研发经费。近年来,以直接满足政府需求为初衷的商业化前政府采购(而非采购现有产品或服务)制度日益受到各国政府的青睐。政府预先向市场发布未来需求,包括技术规格、产品性能和采购规模等,在企业提交的创新解决方案基础上,政企双方签订创新采购合同。当创新产品性能在合同约定的框架内能满足采购需求时,政府部门须按照约定的规模和价格完成采购。商业化前政府约定采购有助于形成稳定的市场预期,对保障创新收益、提高创新主体的积极性,加快关键核心技术市场化和产业化意义重大。

目前,产学研协同技术转移转化的影响力在不断提升,发展也在加快,但是产学研结合在实践中仍存在一些问题,转移转化的能力与意愿都有待提高。我国的产学研合作大多以资源交易为主,企业关心从大学获得技术解决方案,大学则希望从企业拿到科研经费,合作层次停留在某一个项目或技术开发上,有些合作仅仅是通过临时组合来争取政府项目,属于短期性、形式化和松散型的"一锤子买卖",大学抱怨无法得到更多的利益,企业难以参与核心技术的开发,不利于形成产学研协同创新的良性循环。有资料显示,我国企业中,60%有产学研合作的经历,但认为可以合作的只有20%。导致合作不成功的原因很多,从企业来看,主要有:缺乏协调产学研合作中的利益机制,没有支撑产学研协同创新的成果转化经验及资金实力缺乏等方面的原因;而从学校科研机构来看,产学研合作动力不足、能力有限,技术经纪、项目评估等中介机构发展滞后也是制约因素。因此,应进一步完善技术转化转移体系,以利益分享、产权保护为核心,打造链接国内外技术、资本、人才等创新资源的技术转化转移网络系统。

——倡导创新文化,营造强化知识产权创造保护运用的创新环境。

从文化的视野看,创新是一种文化现象。创新文化是一切创新的精神源泉,是创新驱动发展的根基。没有创新文化,整个社会的创新就会受到压抑和阻碍。当前我国需要着力培育创新文化,弘扬科学家精神、企业家精神和工匠精神；健全容错纠错机制，宽容失败，营造有利于创新的文化氛围和制度环境，激发创新潜能；转变政府职能，深化“放管服”改革，营造创新创业生态，激发创新活力。

知识产权创造使创新由无形转化为有形，是评价创新最重要的指标。保护知识产权的本质就是保护创新者对知识产权享有合理的垄断权以鼓励创新。知识产权的运用是科技成果向现实生产转化的桥梁。知识产权的创造、保护和运用都有一个从低水平到高水平的缓慢发展过程，在这个过程中，需要法律法规的推进，完善知识产权法律体系，推动创新者创造知识产权，让创新者的知识产权得到保护；通过提高立法标准和执法水平，加大对知识产权侵权违法与不正当竞争行为的惩治力度，实行侵权惩罚性赔偿制度，提高违法成本；推行“尊重知识、崇尚创新、保护知识产权”的价值观，在全社会普及知识产权知识，培养公众的知识产权的权利观念和规则意识。

二、深化供给侧结构性改革

深化供给侧结构性改革是以习近平同志为核心的党中央综合研判世界经济形势和我国经济实际作出的重大决策。新时代我国经济已由高速增长阶段转向高质量发展阶段，正处在转变发展方式、优化经济结构、转换增长动力的攻关期。深化供给侧结构性改革对于推动我国经济高质量发展、全面建设社会主义现代化经济强国具有重大现实意义。

（一）正确认识供给侧结构性改革

供给侧结构性改革是党中央综合研判世界经济形势作出的重大决策。2008年国际金融危机爆发后，西方国家贸易保护主义抬头，经济进入深度调整期。目前世界经济逐渐走出国际金融危机阴影，但仍然没有找到全面复苏的新引擎。与此同时，全球范围内新一轮科技革命与产业变革蓄势待发，其主要特点是重大颠覆性技术不断涌现，科技成果转化速度加快，产业组织形式和产业链条更具垄断性。为占据下一轮全球产业革命的制高点，发达国家纷纷出台应对举措，美国“再工业化”战略、德国“工业4.0”战略等应运而生，新技术革命正在有力推动全球供给体系调整。新一轮科技革命和产业变革与我国加快转变经济发展方式形成历史性交汇，我们必须把握住这个历史性机遇。

习近平总书记指出:“我们要紧紧抓住经济调整的窗口期,扎扎实实推进供给侧结构性改革。如果我们在这个问题上不着力、不抓紧,一旦其他大国结构调过来了,我们就会在下一轮国际竞争中陷于被动。”①

供给侧结构性改革是党中央综合研判我国经济实际作出的重大决策。我国经济在 2010 年第一季度增长 12.4%之后增速开始一路下行,中央对经济“怎么看”和“怎么干”,从“三期叠加”到“新常态”,再到供给侧结构性改革,经历了一个不断探索、深化认识的过程。为了应对中国经济新常态,党中央根据经济走势做出判断,如果继续仅从投资、消费、出口这三个领域来考虑应对之策,经济增速下行的趋势很难遏制,通过深入分析供求矛盾,得出了必须从供给侧着手的结论。“当前和今后一个时期,我国经济发展面临的问题,供给和需求两侧都有,但矛盾的主要方面在供给侧。比如,我国一些行业和产业产能严重过剩,同时大量关键装备、核心技术、高端产品还依赖进口,国内庞大的市场没有掌握在我们自己手中。”②

习近平总书记在 2015 年 11 月初的中央财经领导小组第十一次会议上首次提出“供给侧结构性改革”,指出要在适度扩大总需求的同时,着力加强供给侧结构性改革,着力提高供给体系质量和效率,增强经济持续增长动力,推动我国社会生产力水平实现整体跃升。供给侧结构性改革思想,既深化了“怎么看”和“怎么干”的认识,又进一步明确了主攻方向、总体思路和工作重点。之后习近平总书记又在不同场合就如何理解、如何落实供给侧结构性改革作了论述,系统回答了为什么要进行供给侧结构性改革、供给侧结构性改革改什么、怎样进行供给侧结构性改革等重大理论和实践问题。

党的十九大之前,供给侧结构性改革的主要任务是“三去一降一补”:去产能、去杠杆、去库存、降成本、补短板。党的十九大之后,明确了我国社会主要矛盾已经转化为人民日益增长的美好生活需要和不平衡不充分的发展之间的矛盾。在继续推进“三去一降一补”的同时,紧扣“提高供给体系质量”这个主攻方向,深化供给侧结构性改革有了更为丰富的内涵。随着经济形势的变化,供给侧结构性改革的侧重点不断调整。例如 2018 年中央经济工作会议要

---

① 习近平:《在中央财经领导小组第十四次会议上的讲话》(2016 年 12 月 21 日),人民网,2017 年 6 月 21 日。

② 习近平:《在省部级主要领导干部学习贯彻党的十八届五中全会精神专题研讨班上的讲话》(2016 年 1 月 18 日),《人民日报》2016 年 5 月 10 日。

求在“破”“立”“降”上下功夫。所谓“破”“立”“降”，是指大力破除无效供给，把处置“僵尸企业”作为重要抓手，推动化解过剩产能；大力培育新动能，强化科技创新，推动传统产业优化升级，培育一批具有创新能力的排头兵企业；大力降低实体经济成本，降低制度性交易成本，降低用能、物流成本。在当前经济运行稳中有变、外部环境发生明显变化的情况下，要做好稳就业、稳金融、稳外贸、稳外资、稳投资、稳预期，要求把补短板作为当前深化供给侧结构性改革的重点任务。

供给侧结构性改革的正确含义，可以用“供给侧+结构性+改革”这样一个公式来理解，“即从提高供给质量出发，用改革的办法推进结构调整，矫正要素配置扭曲，扩大有效供给，提高供给结构对需求变化的适应性和灵活性，提高全要素生产率，更好满足广大人民群众的需要，促进经济社会持续健康发展。”①

“供给侧”是指经济运行的主要矛盾在供给侧。供给和需求是市场运行的基本力量。供给管理和需求管理是对市场经济运行进行宏观管理的两种基本方法，目的是保持社会总供给和社会总需求在总量和结构上达到基本平衡，从而促进经济持续健康地发展。在实际的经济运行中，如果主要矛盾出现在供给侧，则宏观经济管理方法以供给管理为主；如果主要矛盾出现在需求侧，则宏观经济管理方法以需求管理为主。

2016 年 1 月 18 日，习近平在省部级主要领导干部学习贯彻党的十八届五中全会精神专题研讨班上的讲话中指出：“需求侧管理，重在解决总量性问题，注重短期调控，主要是通过调节税收、财政支出、货币信贷等来刺激或抑制需求，进而推动经济增长。供给侧管理，重在解决结构性问题，注重激发经济增长动力，主要通过优化要素配置和调整生产结构来提高供给体系质量和效率，进而推动经济增长。”②近些年来，随着我国宏观经济运行中的供求矛盾发生变化，主要矛盾在供给侧，宏观经济管理势必要从注重需求管理转变为注重供给管理。

“结构性”是指供给侧的矛盾主要是“结构”而非“总量”。习近平指出：

---

① 龚雯、许志峰、王珂：《七问供给侧结构性改革——权威人士谈当前经济怎么看怎么干》，《人民日报》2016 年 1 月 4 日。

② 习近平：《在省部级主要领导干部学习贯彻党的十八届五中全会精神专题研讨班上的讲话》（2016 年 1 月 18 日），《人民日报》2016 年 5 月 10 日。

“结构性”三个字十分重要，简称“供给侧改革”也可以，但不能忘了“结构性”三个字。供给侧结构性改革，重点是解放和发展社会生产力，用改革的办法推进结构调整，减少无效和低端供给，扩大有效和中高端供给，增强供给结构对需求变化的适应性和灵活性，提高全要素生产率。

“改革”是指解决供给侧结构性矛盾的途径是“深化改革”。习近平指出：供给侧结构性改革，说到底最终目的是满足需求，主攻方向是提高供给体系质量和效率，根本途径是深化改革。由于病根都是体制问题，都要依靠改革创新来化解，因此，改革需要在束缚生产力发展的体制机制上下功夫。

正确认识供给侧结构性改革，需要澄清以下几个认识误区。

误区一：将供给侧结构性改革等同于西方供给学派。供给侧结构性改革提出不久，一些人认为它是西方供给学派的翻版。其实，二者有着本质的不同。习近平总书记指出，首先要讲清楚，我们讲的供给侧结构性改革，同西方经济学的供给学派不是一回事，不能把供给侧结构性改革看成是西方供给学派的翻版，更要防止有些人用他们的解释来宣扬“新自由主义”，借机制造负面舆论。

西方供给学派是针对 20 世纪 70 年代美国等西方国家出现的“滞胀”问题而产生的一种经济学说。供给学派认为，滞胀完全是长期推行凯恩斯主义需求管理政策所造成的累积效应。凯恩斯主义持续的需求扩张不一定会造成实际产量的增长，很可能只是单纯地增加货币量，引发通货膨胀，进而影响投资增长和设备更新，使技术变革延缓。供给学派主要提出两大政策主张，一是减税特别是削减边际税率。二是减少政府干预，恢复自由竞争，大幅度削减那些过时的、不必要的、妨碍自由竞争的规章条例。供给学派的理论渊源实际上来源于古典经济学。供给主义不过就是要回归到亚当·斯密以及 19 世纪古典经济学家的扩大生产能力、减少政府干预、发挥个人创造力的基本思想。供给学派的理论和政策主张受到里根的重视，在 20 世纪 80 年代成为里根政府制定政策的依据，形成所谓的“里根经济学”。

学者们探讨了关于供给侧结构性改革的理论基础问题，多数认为马克思主义政治经济学是供给侧结构性改革的理论基础。马克思对社会总资本再生产的分析表明，社会总产品是否能顺利实现，归根到底取决于各生产部门是否按客观的比例进行生产和交换。马克思深刻分析了供给与需求在数量和结构上的平衡。供给侧结构性改革是马克思主义政治经济学基本原理同中国实践相结合的产物,是马克思主义政治经济学的中国化成果,是马克思主义政治经济学的历史传承和创新发展。

误区二:将供给侧结构性改革视为计划经济的复归。"恰恰相反,供给侧结构性改革就是要充分发挥市场在资源配置中的决定性作用,通过进一步完善市场机制,矫正以前过多依靠行政配置资源带来的要素配置扭曲。为此,要调整各类扭曲的政策和制度安排,进一步激发市场主体活力,更好发挥市场在资源配置中的决定性作用,这是社会主义市场经济在新形势下的完善和深化,决不是要回到计划经济的老路上。过去正是由于市场机制的作用发挥得不够,政府干预过多,导致市场不能及时出清,引发各种结构性矛盾。比如,一些没效益的'僵尸企业',有些地方非要硬撑着给贷款、给补贴。"①

误区三:把供给侧改革与需求侧管理对立起来。"认为推进供给侧结构性改革就是实行需求紧缩。供给和需求不是非此即彼的关系,两者互为条件,相互转化,两手都得抓,但主次要分明。当前经济周期性矛盾和结构性矛盾并存,但主要矛盾已转化成结构性问题。因此,必须在适度扩大总需求和调整需求结构的同时,着力加强供给侧结构性改革,把改善供给结构作为我们的主攻方向,实现由低水平供需平衡向高水平供需平衡跃升。当然,推进供给侧结构性改革过程中,需要营造稳定的宏观环境,在需求政策上,既不能搞强刺激,也要防止出现顺周期紧缩。"②

误区四:认为供给侧改革的目标仅是"三去一降一补"。"三去一降一补"是针对阶段性的突出矛盾采取的应对举措,目的是矫正要素配置扭曲,扩大有效供给。在此基础上,供给侧结构性改革"着力提高供给体系质量和效率,增强经济持续增长动力,推动我国社会生产力水平实现整体跃升"。

(二)深化供给侧结构性改革的宏观动力维度

当前中国经济正在从要素驱动向创新驱动转变。"研究经济增长的经济学家已经发现,无论是穷国还是富国,经济增长的发动机必定安装在相同的四个轮子上。这四个轮子或者说经济增长的因素就是:人力资源(劳动供给、教

---

① 龚雯、许志峰、王珂:《七问供给侧结构性改革——权威人士谈当前经济怎么看怎么干》,《人民日报》2016年1月4日。

② 龚雯、许志峰、王珂:《七问供给侧结构性改革——权威人士谈当前经济怎么看怎么干》,《人民日报》2016年1月4日。

育、技能、纪律、激励)；自然资源(土地、矿产、燃料、环境质量)；资本(工厂、机器、道路、知识产权、社会分摊资本)；技术变革和创新(科学、工程、管理、企业家才能)。”①这就是一般经济学中所说的决定经济增长的四个因素：劳动、土地、资本、技术。在核算经济增长时，因为一国土地的数量是常数，所以常忽略不计。而技术变革和创新对于经济增长的作用，通常体现于全要素生产率(产出增长减去所有投入要素加权总和的增长，一般认为主要来源于技术变革和创新)，这样，经济增长可以分解为三个部分：劳动(L)的增长乘以它的权数；资本(K)的增长乘以它的权数；全要素生产率(TFP)。简单地说，经济增长有三大动力：劳动、资本、全要素生产率。

长期以来，中国经济增长主要依靠低成本要素驱动，甚至中国工业化进程被描述为低成本的快速工业化。近年来，这种低成本的要素驱动型增长动力越来越难以持续下去。一方面，劳动要素新供给的数量在不断下降，2011—2020年期间新成长劳动力每年将以1%的速度递减。2012年以来中国劳动就业年龄人口的绝对数量每年都以二三百万左右的规模在减少，同时中国工资增长超过劳动生产率的增长，制造业单位劳动力成本(工资与劳动生产率的比率)提高的速度明显高于主要制造业大国，中国制造业单位劳动力成本相对于美、日、德、韩等国的比例在2004—2013年期间提高了10%—15%左右②；另一方面，资本回报率不断下降，资本要素供给的数量驱动力量日趋减弱。据估算，2011年以来中国资本回报率呈大幅下滑的趋势，2011—2013年资本回报率分别为21.1%、16.6%和14.7%。针对工业资本回报率的估算表明，2002年工业边际资本产出率为0.61，2012年该值已下降至0.28。因此，面对要素收益递减趋势，未来经济增长的动力源泉愈来愈依赖于提高全要素生产率。③

从经济增长的宏观动力维度看，三大动力的结构调整是大势所趋，必须不断提高全要素生产率。而提高全要素生产率，除了进一步优化资源配置，推动各种形式的创新，最为关键的是要进一步完善科技创新的体制机制。因此，我们要以推动科技创新为核心，引领科技体制及其相关体制深刻变革：一是要加

---

① [美]保罗·萨缪尔森等：《经济学》(第十九版)，商务印书馆2013年版，第456—457页。

② 黄群慧：《论中国工业的供给侧结构性改革》，《中国工业经济》2016年第9期；蔡昉、都阳：《积极应对我国制造业单位劳动力成本过快上升问题》，《前线》2016年第5期。

③ 白重恩、张琼：《中国的资本回报率及其影响因素分析》，《世界经济》2014年第10期。

快建立科技咨询支撑行政决策的科技决策机制；二是要加快推进重大科技决策制度化；三是要完善符合科技创新规律的资源配置方式；四是要着力改革和创新科研经费使用和管理方式；五是要改革科技评价制度，正确评价科技创新成果的科学价值、技术价值、经济价值、社会价值、文化价值。①

（三）深化供给侧结构性改革的中观产业维度

从供给侧结构性改革的中观产业维度看，2017 年三次产业增加值占 GDP 比重分别为：第一产业占 7.9%，第二产业占 40.5%，第三产业占 51.6%。虽然第三产业占比已经超过第二产业占比，但由于第二产业中的制造业有其特殊的重要性，因此，促进制造业转型升级是优化产业结构的重中之重。2017 年 12 月 12 日，习近平总书记在视察江苏时指出："必须始终高度重视发展壮大实体经济，抓实体经济一定要抓好制造业。"这一重要讲话，深刻指出了制造业之于实体经济、实体经济之于经济发展的重大意义，具有很强的针对性和指导性。

深化农业供给侧结构性改革，应着重以农业供给侧结构性改革为主线走好中国特色社会主义乡村振兴道路，即城乡融合发展之路，共同富裕之路，质量兴农之路，乡村绿色发展之路，乡村文化兴盛之路，乡村善治之路，中国特色减贫之路，从而达到产业兴旺、生态宜居、乡风文明、治理有效、生活富裕的总要求。

深化工业供给侧结构性改革，应着重加快建设制造强国，加快发展先进制造业，推动互联网、大数据、人工智能和实体经济深度融合。支持传统产业优化升级，促进我国产业迈向全球价值链中高端，培育若干世界级先进制造业集群。

深化服务业供给侧结构性改革，应着力落实现代服务业改革发展举措，包括打破垄断，放松管制，扩大服务业对内、对外开放；改革对服务业限制较多的投资审批体制；创新服务业新业态、新模式的监管方式；深化服务业价格改革等。加快在医疗、养老、教育、文化、体育等多领域推进"互联网+"。

在产业向集群化、融合化和生态化发展的过程中，是否需要以及需要什么样的产业政策存在争议。多数观点认为产业政策应从选择性转向功能性。

---

① 《习近平谈治国理政》第二卷，外文出版社 2017 年版，第 273—274 页。

（四）深化供给侧结构性改革的微观企业维度

从供给侧结构性改革的微观企业维度看，要毫不动摇坚持我国基本经济制度，推动各种所有制经济健康发展，通过供给侧结构性改革，既要促进公有制经济发展，也要促进非公有制经济发展。公有制经济、非公有制经济应该相辅相成、相得益彰，而不是相互排斥、相互抵消。当前，一方面要继续深化国有企业改革，另一方面要贯彻落实促进民营企业发展的政策措施。

深化国有企业改革，应着重贯彻落实好《中共中央国务院关于深化国有企业改革的指导意见》，主要包括分类推进国有企业改革，完善现代企业制度，完善国有资产管理体制，发展混合所有制经济，强化监督防止国有资产流失，加强和改进党对国有企业的领导，为国有企业改革创造良好环境条件。①

为促进民营企业发展，我国接续出台了一大批相关政策措施，但"由于一些原因，这些政策的配套措施还不是很实，政策落地效果还不是很好，主要问题是：市场准入限制仍然较多；政策执行中'玻璃门'、'弹簧门'、'旋转门'现象大量存在。……对目前遇到的困难，有的民营企业家形容为遇到了'三座大山'：市场的冰山、融资的高山、转型的火山。尽管这些问题大多处在政策执行层面，是政策执行落实不到位形成的，但影响了政策的有效性，必须下决心解决……确保各项政策百分之百落到实处。政策不落实或落实不到位、落实走样等问题，主要是'最后一公里'问题"②。

当前在外部环境发生明显变化的情况下，民营企业遇到不少困难，需要在深化供给侧结构性改革过程中既要帮助企业解困，又要想方设法激发民营企业活力。在深化供给侧结构性改革的过程中，需要注意增强改革的系统性整体性协同性，否则，根据"木桶原理"，某一方面出现了短板，都会制约供给侧结构性改革的整体进程。

三、推进新型城镇化建设

城镇化是伴随工业化发展，非农产业在城镇集聚、农村人口向城镇集中的自然历史过程，是人类社会发展的客观趋势，是国家现代化的重要标志。新型

① 详见《中共中央国务院关于深化国有企业改革的指导意见》（中发〔2015〕22号）。

② 《习近平谈治国理政》第二卷，外文出版社2017年版，第261页。

城镇化在我国经济社会发展中处于特殊重要地位,是现代化的必由之路。要深刻认识城镇化对经济社会发展的重大意义,牢牢把握城镇化蕴含的巨大机遇,准确研判城镇化发展的新趋势新特点,妥善应对城镇化面临的风险挑战,走以人为本、四化同步、优化布局、生态文明、文化传承的中国特色新型城镇化道路。①

(一) 城镇化是现代化的必由之路

工业革命以来的经济社会发展史表明,一国要成功实现现代化,在工业化发展的同时,必须注重城镇化发展。当今中国,城镇化与工业化、信息化和农业现代化同步发展,是现代化建设的核心内容,彼此相辅相成。工业化处于主导地位,是发展的动力;农业现代化是重要基础,是发展的根基;信息化具有后发优势,为发展注入新的活力;城镇化是载体和平台,承载工业化和信息化发展空间,带动农业现代化加快发展,发挥着不可替代的融合作用。城镇化是保持经济持续健康发展的强大引擎,是加快产业结构转型升级的重要抓手,是解决农业农村农民问题的重要途径,是推动区域协调发展的有力支撑,是促进社会全面进步的必然要求。积极稳妥扎实有序推进城镇化,是推动我国从经济大国向经济强国迈进的重要动力,对全面建成小康社会、加快社会主义现代化建设进程、实现中华民族伟大复兴的中国梦,具有重大现实意义和深远历史意义。

新型城镇化不仅对我国意义重大,对世界发展也将起到积极的推动作用。在我们这样一个拥有 13 亿多人口的发展中大国实现城镇化,在人类发展史上没有先例。习近平总书记指出,我国是世界上最大的发展中国家,产业、城乡、地区发展具有不平衡性,新型工业化、城镇化、区域发展留给我们的战略回旋余地还很大,这样有利于我们把发展的主动权牢牢掌握在自己手里。② 城镇化目标正确、方向对头,走出一条新路,将有利于释放内需巨大潜力,有利于提高劳动生产率,有利于破解城乡二元结构,有利于促进社会公平和共同富裕,而且世界经济和生态环境也将从中受益。

改革开放以来,伴随着工业化进程加速,我国城镇化的快速推进,吸纳了

① 《国家新型城镇化规划(2014—2020 年)》,新华网,2014 年 3 月 17 日。

② 《习近平主持召开政治局会议:向深化改革要动力》,新华网,2014 年 2 月 24 日。

大量农村劳动力转移就业，提高了城乡生产要素配置效率，推动了国民经济持续快速发展，带来了社会结构深刻变革，促进了城乡居民生活水平全面提升，取得的成就举世瞩目。在城镇化快速发展过程中也存在一些突出矛盾和问题。建设健康和可持续的新型城镇化刻不容缓。习近平总书记审时度势，对新型城镇化建设的主要任务及工作目标做了明确的战略部署。

第一，要有历史耐心，不要急于求成。虽然现阶段世界经济深度调整、复苏动力不足、地缘政治影响加重，我国经济下行压力加大、发展中深层次矛盾凸显，全社会对新型城镇化充满期待，但习近平总书记冷静地指出，"要围绕提高城镇化质量，因势利导、趋利避害，积极引导城镇化健康发展"①，要把握正确的指导思想，认识到城镇化发展是一个自然历史过程，我们必须从我国社会主义初级阶段基本国情出发，坚持遵循规律、因势利导，而不能揠苗助长、急于求成，使城镇化成为一个顺势而为、水到渠成的发展过程。推进城镇化既要积极、又要稳妥、更要扎实，方向要明，步子要稳，措施要实。如果城镇化路子走偏了，存在的问题得不到及时化解，则可能积重难返，带来巨大风险。

第二，推进以人为核心的城镇化。目前我国户籍人口城镇化率，远低于常住人口城镇化水平，数以亿计的农民工随经济形势起伏而往返于城市和乡村，农民工问题成为城镇化发展过程中的一大问题。新型城镇化必须以人为本，"推进以人为核心的城镇化，提高城镇人口素质和居民生活质量，把促进有能力在城镇稳定就业和生活的常住人口有序实现市民化作为首要任务"②，李克强总理也强调，新型城镇化贵在突出"新"字、核心在写好"人"字③。要解决好已经转移到城镇就业的农业转移人口落户问题，就要全面放开建制镇和小城市落户限制，有序开放中等城市落户限制，合理确定大城市落户条件，严格控制特大城市人口规模。要发展各具特色的城市产业体系，强化城市间专业化分工协作，增强中小城市产业承接能力；要优化布局，根据资源环境承载能力构建科学合理的城镇化宏观布局，把城市群作为主体形态，促进大中小城市和小城镇合理分工、功能互补、协同发展。在城镇化发展过程中，不仅要让转移人口能够留在城市，还要让城市居民过上有尊严的生活。要深入实施城镇

---

① 《中央经济工作会议举行，习近平温家宝李克强作重要讲话》，新华网，2012 年 12 月 16 日。

② 《十八大以来重要文献选编》(上)，中央文献出版社 2014 年版，第 592 页。

③ 《李克强强调：扎实推进以人为核心的新型城镇化》，中国政府网，2014 年 9 月 16 日。

棚户区改造，特别是在中西部发展仍然比较滞后、棚户区比较集中的情况下，要更加注重中西部地区城镇化，要实行差别化的落户政策，加强中西部地区重大基础设施建设和引导产业转移。

第三，努力提高城镇建设用地利用效率。在城镇化建设过程中，如何提高城镇建设用地的利用效率，实现土地利用集约化就成为城镇化健康发展的关键一环。要切实提高城镇建设用地集约化程度，就要在居住、工业、农业、生态的用地需求之间进行权衡，在眼前需要和长远发展之间进行统筹。具体而言，就要适当控制工业用地，优先安排和增加住宅用地，合理安排生态用地，保护城郊菜地和水田，统筹安排基础设施和公共服务设施用地；完善各类建设用地标准体系，严格执行土地使用标准，适当提高工业项目容积率、土地产出率门槛；盘活利用现有城镇存量建设用地，建立存量建设用地退出激励机制，推进老城区、旧厂房、城中村的改造和保护性开发，发挥政府土地储备对盘活城镇低效用地的作用；坚持和完善最严格的耕地保护制度，严格土地用途管制，统筹耕地数量管控和质量、生态管护，完善耕地占补平衡制度，建立健全耕地保护激励约束机制。

第四，建立多元可持续的资金保障机制。巧妇难为无米之炊，推进以人为本的新型城镇化，没有稳定可持续的资金来源作保障是万万不行的。党的十八届三中全会强调，我们应该建立透明规范的城市建设投融资机制，允许地方政府通过发债等多种方式拓宽城市建设融资渠道，允许社会资本通过特许经营等方式参与城市基础设施投资和运营，研究建立城市基础设施、住宅政策性金融机构；应完善地方税体系，逐步建立地方主体税种，建立财政转移支付同农业转移人口市民化挂钩机制。对于社会普遍关注的地方政府债务风险防范化解问题，习近平总书记指出，在经济发展中，要切实注重防范地方债务风险，应该坚持开前门、堵后门、筑围墙等相结合，把短期应对措施和长期制度建设结合起来，做好化解地方政府性债务风险各项工作；加强源头规范，把地方政府性债务分门别类纳入全口径预算管理，严格政府举债程序；明确责任落实，省区市政府要对本地区地方政府性债务负责任；强化教育和考核，从思想上纠正不正确的政绩导向。

第五，优化城镇化布局和形态。优化城镇化空间布局和城镇规模结构，要以区域的土地、水资源、大气环流特征和生态环境承载能力为主要参考依据。《全国主体功能区规划》对城镇化总体布局做了安排，提出了构建以陆桥通道、沿长江通道为两条横轴,以沿海、京哈京广、包昆通道为三条纵轴,以轴线上城市群和节点城市为依托、其他城镇化地区为重要组成部分,大中小城市和小城镇协调发展的“两横三纵”城镇化战略格局。没有规矩,不成方圆。习近平总书记指出,“要一张蓝图干到底,不要‘翻烧饼’”①。推进城镇化,既要优化宏观布局,也要搞好城市微观空间治理。对于已经形成的京津冀、长三角、珠三角等东部地区城市群,要注重优化提升;同时要培育发展中西部地区城市群,使之成为带动中西部和东北地区发展的重要增长极,推动国土空间均衡开发;城市群内部要建立发展协调机制,统筹制定实施城市群规划,明确城市群发展目标、空间结构和开发方向,明确各城市的功能定位和分工,统筹交通基础设施和信息网络布局,加快推进城市群一体化进程;要促进各类城市协调发展:优化城镇规模结构,增强中心城市辐射带动功能,加快发展中小城市,有重点地发展小城镇,促进大中小城市和小城镇协调发展;要强化综合交通运输网络支撑,强化城市群之间交通联系,加快城市群交通一体化规划建设,发挥综合交通运输网络对城镇化格局的支撑和引导作用。

第六,将生态文明融入城镇化全过程。习近平总书记非常重视生态文明建设与城镇化相融的问题。他在天津考察时对中新天津生态城建设提出明确要求,“生态城要兼顾好先进性、高端化和能复制、可推广两个方面,在体现人与人、人与经济活动、人与环境和谐共存等方面作出有说服力的回答,为建设资源节约型、环境友好型社会提供示范”。② 他在致生态文明贵阳国际论坛的贺信中强调,“在走向生态文明新时代,建设美丽中国,是实现中华民族伟大复兴的中国梦的重要内容”。要“形成节约资源、保护环境的空间格局、产业结构、生产方式、生活方式,为子孙后代留下天蓝、地绿、水清的生产生活环境”。③ 这是中国领导人对全世界的庄严承诺,彰显了我国建设生态文明的坚定决心。将生态文明融入新型城镇化建设全过程,就要着力推进绿色发展、循环发展、低碳发展,尽可能减少对自然的干扰和损害,节约集约利用土地、水、能源等资源。城镇建设,要实事求是确定城市定位、科学规划和务实行动,避免走弯路;要依托现有山水脉络等独特风光,让城市融入大自然,让居民望得见山、看得见水、记得住乡愁。

---

① 《十八大以来重要文献选编》(上),中央文献出版社 2014 年版,第 600 页。

② 《习近平在天津考察》,新华网,2013 年 5 月 15 日。

③ 《习近平致生态文明贵阳国际论坛 2013 年年会的贺信》,新华网,2013 年 7 月 20 日。

（二）新型城镇化建设需要着力处理好的两对关系

新型城镇化战略的本质就是从人民群众的根本利益出发，构建以人为核心、以质量为关键、以改革为动力、以生态为约束的新型城镇化发展道路。习近平总书记在中央城镇化工作会议上指出："城镇化是涉及全国的大范围社会进程，一开始就要制定并坚持好正确原则，一旦走偏，要纠正起来就很难了。"习近平总书记强调，推进城镇化，还要注意两对关系。一是市场和政府的关系，二是中央和地方的关系。①

处理好政府和市场的关系。推进城镇化，既要坚持使市场在资源配置中起决定性作用，又要更好发挥政府在创造制度环境、编制发展规划、建设基础设施、提供公共服务、加强社会治理等方面的职能，而且不可偏废，要发挥"两只手"各自的比较优势。城镇化的健康发展需要"有形的手"和"无形的手"相互配合，政府要积极发挥规划引导作用，使城镇化始终不偏离正确的发展方向。在政府加强战略规划制定的同时，更要充分发挥市场机制的决定性作用，提高城镇化过程中的资源配置效率，要采取有效措施鼓励民间资本参与城镇化建设项目的投资和运营，要在社会事务性管理服务上引入竞争机制，政府通过购买服务的方式与民间组织实现合理分工，充分发挥企业、中介机构和非营利性组织在城镇化发展中的重要作用。

处理好中央和地方的关系。中央和地方的关系是一个动态演进的过程，需要根据经济社会历史条件的变化适时调整，没有一个可以"毕其功于一役"的终极方案。我国地区差异性大，新型城镇化发展必须坚持因地制宜、分类指导的方针。一是在财税分配制度上作出妥善安排，合理确定中央和地方的税收分配比例，加大国家财政转移支付力度，科学构建地方税源体系；二是深化行政体制改革，优化政府权力结构，将立法权、经济管理权、人事任免权等在中央和地方间进行科学划分并在较长时间保持稳定，增强地方发展的自主权，避免因收权放权、领导和被领导等关系导致的中央地方间的竞争博弈，构建协作共赢的中央和地方关系。中央制定大政方针、确定城镇化总体规划和战略布局，地方则从实际出发，贯彻落实好总体规划，制定相应规划，创造性开展建设和管理工作。习近平总书记指出，城市规划在城市发展中起着重要引领作用，考察一个城市首先看规划，规划科学是最大的效益，规划失误是最大的浪费，

① 《十八大以来重要文献选编》（上），中央文献出版社 2014 年版，第 592 页。

规划折腾是最大的忌讳。[①] 加强政府对城镇化建设的统筹管理，就要制定实施好国家新型城镇化规划，加强重大政策统筹协调，各地区要研究提出符合实际的推进城镇化发展意见。培养一批专家型的城市管理干部，用科学态度、先进理念、专业知识建设和管理城市。建立空间规划体系，推进规划体制改革，加快规划立法工作。城市规划要由扩张性规划逐步转向限定城市边界、优化空间结构的规划。

（三）完善新型城镇化健康发展的保障措施

持续进行的新型城镇化，将为数以亿计的中国人从农村走向城市、走向更高水平的生活创造新空间。但这一过程不是新型城镇化发展的“独角戏”，如何充分发挥我国社会制度、经济基础和其他各方面对新型城镇化的支撑作用，直接影响城镇化发展的质量和速度。习近平总书记对新型城镇化健康发展的保障措施非常关注，有不少重要的论述。

第一，实现城镇化与区域发展相协调。习近平总书记强调促进区域协调发展，必须充分发挥各地区的资源禀赋比较优势，因地制宜，探索各具特色的城镇化发展模式。习近平总书记强调，要继续深入实施区域发展总体战略，完善并创新区域政策，缩小政策单元，重视跨区域、次区域规划，提高区域政策精准性，按照市场经济一般规律制定政策。坚定不移实施主体功能区规划，使自然条件不同区域按照主体功能区定位推动发展。要扎扎实实打好扶贫攻坚战，让贫困地区群众生活不断好起来，贫困地区要把提高扶贫对象生活水平作为衡量政绩的主要考核指标，扶贫工作要科学规划、因地制宜、抓住重点，提高精准性、有效性、持续性。对于近几年区域协同发展的着力点，他认为要重点实施好“一带一路”、京津冀协同发展和长江经济带三大战略。[②] 特别是在推进京津冀协同发展问题上，习近平总书记明确提出，“要立足各自比较优势、立足现代产业分工要求、立足区域优势互补原则、立足合作共赢理念，以京津冀城市群建设为载体、以优化区域分工和产业布局为重点、以资源要素空间统筹规划利用为主线、以构建长效体制机制为抓手，从广度和深度上加快发

---

① 《习近平在北京考察，就建设首善之区提五点要求》，新华网，2014年2月26日。

② 《中央经济工作会议在京举行》，新华网，2014年12月11日。

展”。[①] 推动区域协调发展，不仅仅需要经济上分工互补，还要求在行政管理体制方面进行相应的变革创新，这就要完善设市标准，严格审批程序，对具备行政区划调整条件的县可有序改市；对吸纳人口多、经济实力强的镇，可赋予同人口和经济规模相适应的管理权；建立和完善跨区域城市发展协调机制。

第二，在城镇化进程中统筹城乡发展。习近平总书记非常重视“三农”问题，他明确指出，“小康不小康，关键看老乡”，中国要强，农业必须强；中国要美，农村必须美；中国要富，农民必须富。[②] 现阶段农业还是“四化同步”的短腿，农村还是全面建成小康社会的短板，因此我们必须坚持把解决好“三农”问题作为全党工作重中之重，始终把“三农”工作牢牢抓住、紧紧抓好。必须健全体制机制，形成以工促农、以城带乡、工农互惠、城乡一体的新型工农城乡关系，让广大农民平等参与现代化进程、共同分享现代化成果。一是加快构建新型农业经营体系。主要是坚持家庭经营在农业中的基础性地位，鼓励土地承包经营权在公开市场上向专业大户、家庭农场、农民合作社、农业企业流转，鼓励农村发展合作经济，鼓励和引导工商资本到农村发展适合企业化经营的现代种养业，允许农民以土地承包经营权入股发展农业产业化经营等。二是赋予农民更多财产权利。主要是依法维护农民土地承包经营权，保障农民集体经济组织成员权利，保障农户宅基地用益物权，慎重稳妥推进农民住房财产权抵押、担保、转让试点。三是推进城乡要素平等交换和公共资源均衡配置。主要是保障农民工同工同酬，保障农民公平分享土地增值收益；完善农业保险制度；鼓励社会资本投向农村建设，允许企业和社会组织在农村兴办各类事业；统筹城乡义务教育资源均衡配置，整合城乡居民基本养老保险制度、基本医疗保险制度，推进城乡最低生活保障制度统筹发展，稳步推进城镇基本公共服务常住人口全覆盖，把进城落户农民完全纳入城镇住房和社会保障体系。

第三，在城镇化过程中要注重历史文化保护。在我国城镇化发展过程中，曾经出现过一味模欧仿美甚至赶欧超美的现象，盲目兴建大广场、宽马路、摩天楼，结果导致城市发展千城一面，习近平总书记告诫我们，对于这种将“新型城镇化”简单理解成“钢筋水泥化”、盲目大拆大建等不良倾向，必须高度警惕、坚决杜绝。为此他特意到首都博物馆参观北京历史文化展览，以实际行动

① 《打破“一亩三分地”，习近平就京津冀协同发展提七点要求》，新华网，2014年2月27日。
② 《十八大以来重要文献选编》（上），中央文献出版社2014年版，第658页。

告诉全社会,历史文化是城市的灵魂,以“城镇化”为名破坏原有城市风格、大肆拆除历史文化建筑,不仅抹杀了城市发展厚重的历史,也抽走了城市未来发展的灵魂,因此我们必须像爱惜自己的生命一样保护好城市历史文化遗产。习近平总书记在参观时明确指出,搞历史博物展览,为的是见证历史、以史鉴今、启迪后人。要在展览的同时高度重视修史修志,让文物说话、把历史智慧告诉人们,激发我们的民族自豪感和自信心,坚定全体人民振兴中华、实现中国梦的信心和决心。在城镇建设中传承文化,就要注重发展有历史记忆、地域特色、民族特点的美丽城镇,要将现代元素的融入和传统优秀文化的保护弘扬结合起来,延续城市历史文脉;要把让群众生活更舒适的理念融入城镇建设全过程,体现在每一个细节中;要加强建筑质量管理制度建设;要注意保留村庄原始风貌,慎砍树、不填湖、少拆房,尽可能在原有村庄形态上改善居民生活条件。

四、推进农业现代化建设

我国农业生产稳定增长,农民收入持续提高,农村面貌发生了巨大变化。但城乡经济发展失衡、公共资源与公共服务不均等、城乡居民收入差距大等矛盾仍很突出。习近平总书记指出:“城乡发展不平衡不协调,是我国经济社会发展存在的突出矛盾,是全面建成小康社会、加快推进社会主义现代化必须解决的重大问题。改革开放以来,我国农村面貌发生了翻天覆地的变化。但是,城乡二元结构没有根本改变,城乡发展差距不断拉大趋势没有根本扭转。根本解决这些问题,必须推进城乡发展一体化。”①

(一)饭碗任何时候都要牢牢端在自己手上

我国依靠占世界9%的耕地,养活了近世界20%的人口,这是我国最大的国情,也是今后粮食发展面临的最大挑战。党的十八大以来,习近平总书记高度重视国家粮食安全问题。2013年12月,习近平总书记在中央农村工作会议上指出,“解决好吃饭问题始终是治国理政的头等大事”,中国人的饭碗任

① 习近平:《关于〈中共中央关于全面深化改革若干重大问题的决定〉的说明》,《人民日报》2013年11月16日。

何时候都要牢牢端在自己手上。我们的饭碗应该主要装中国粮，一个国家只有立足粮食基本自给，才能掌握粮食安全主动权，进而才能掌握经济社会发展这个大局。① 对此，我们必须要有清醒的认识。

第一，粮食要"以我为主、立足国内"。中国应该制定和实行怎样的粮食安全战略，国内理论界有不同的意见。有的认为应该加大农业保护，严格限制进口；有的认为农业应该赶快走出去，到海外种粮；也有的认为应该在全球化的条件下，更多地通过国际贸易满足国内粮食需求。我国是人口大国，不可能完全依靠国际市场解决粮食问题，以大米为例，目前国际大米年均贸易量为3000多万吨，而我国每年大米的消费量超过近1.4亿吨，国际贸易总量不及我国实际需求的1/4。更何况现阶段国际粮食供求关系一直偏紧，如果我国大量进口粮食，国际粮价势必飞涨，对整个国际粮食贸易格局造成很大冲击，而且向其他国家"讨饭吃"，则可能处处受制于人，失去经济自主权。因此在充分考虑国情、国际局势和内在发展需要基础上，2013年11月，习近平总书记在山东农科院座谈时提出："历史经验告诉我们，一旦发生大饥荒，有钱也没用。解决13亿人吃饭问题，要坚持立足国内"②。我们要记住习近平总书记的告诫，中国人的饭碗任何时候都要牢牢端在自己手上，里面要装着中国粮，这样才能掌握粮食安全主动权，有利国家全局发展。

第二，饭碗里装中国粮的政策内涵。2013年我国粮食产量达到6.02亿吨，而2014年2月10日发布的《中国食物与营养发展纲要（2014—2020年）》提出，到2020年中国的粮食产量要稳定在5.5亿吨以上。国外一些研究机构解读称，中国将粮食产量目标设定在低于国内消费量的水平，意味着中国粮食自给自足政策内涵发生改变，并认为未来中国粮食进口将增加，5.5亿吨只是底线目标。以我为主、立足国内是保障国家粮食安全的战略立足点，基本含义就是中国人的饭碗任何时候都要牢牢端在自己手上，我们的饭碗应该主要装中国粮。确保谷物基本自给、口粮绝对安全，明确了保障国家粮食安全的优先次序，就是集中力量先把最基本、最重要的保住。按照我国粮食的统计口径，目前谷物产量占国内粮食产量的90%以上。实现了谷物基本自给，中国的粮食安全就有了保障。因此，确保谷物基本自给、口粮绝对安全，绝不意味着中

---

① 《十八大以来重要文献选编》（上），中央文献出版社2014年版，第661页。
② 《习近平：手中有粮，心中不慌》，新华网，2013年11月28日。

国要放松国内粮食生产，也不意味着政府要减轻保障国家粮食安全的责任。

第三，粮食适度进口也是一个重要原则。粮食不仅包括水稻、玉米、小麦等基本口粮，也包括大豆、花生等油料作物以及畜禽水产等动物性食品，要做到所有粮食全部自给，既无可能也无必要。“立足国内”和“适当进口”不是非此即彼的对立关系，而是彼此搭配、互为补充。习近平总书记在强调立足国内解决粮食问题的同时，也提出要“更加积极地利用国际农产品市场和农业资源，有效调剂和补充国内粮食供给”。这一重要原则也要充分理解。

如果把粮食仅仅定义为稻谷、小麦、玉米，我国的粮食供求基本是平衡的。但如果把范围扩至大麦、大豆，乃至油菜籽、食糖以及畜禽产品等，可以说，我们还未完全实现粮食的自给自足。因此，为确保国家粮食安全，必须构建和完善国家粮食安全体系。

一是坚决守住耕地保护红线。面对日益缩减的耕地面积，2013 年 12 月，习近平总书记在中央政治局会议上明确要求，要毫不动摇坚持最严格的耕地保护制度和节约用地制度。坚决守住耕地保护红线和粮食安全底线，确保实有耕地数量基本稳定。必须坚定不移推进节约集约用地，优化土地利用结构，提高土地利用效率。① 在随后召开的中央农村工作会议上，习近平总书记再次强调，耕地红线要严防死守，18 亿亩耕地红线仍然必须坚守，同时现有耕地面积必须保持基本稳定，并明确提出要划定永久基本农田。习近平总书记的这一战略思路是将耕地数量作为保证粮食安全的首要前提，通过保地为保粮奠定基础，通过保量为保质创造条件，最终实现粮地共存、质量兼顾。这一思路抓住了粮食问题的关键所在，是实现我国粮食安全的根本保证。

二是调动和保护生产粮食的积极性。目前，我国粮食政策体系在支持方式、补贴标准、执行成本等方面存在着一些问题，导致出现“最低收购价格刚性化发展”与“粮食生产区域分工制度危机”两大困局。为了让农民安心种粮、主产区努力抓粮、社会主体愿意储粮，习近平总书记在 2013 年底的中央农村工作会议上提出，要让农民种粮有利可图、让主产区抓粮有积极性，要探索形成农业补贴同粮食生产挂钩机制，让多生产粮食者多得补贴，把有限资金真正用在刀刃上。搞好粮食储备调节，调动市场主体收储粮食的积极性，有效利

① 《中央政治局：出台实施国家新型城镇化规划》，新华网，2013 年 12 月 3 日。

用社会仓储设施进行储粮。[①] 这些政策思路最后落实在中央一号文件中。

三是给农业插上科技的翅膀。科学技术是第一生产力，习近平总书记特别强调农业科技的重要作用，2013 年 11 月在山东农科院考察时明确提出，“农业出路在现代化，农业现代化关键在科技进步。我们必须比以往任何时候都更加重视和依靠农业科技进步，走内涵式发展道路”，并形象地比喻为“要给农业插上科技的翅膀”。农业科技要实现突破，首先要有高水平的技术研发，习近平总书记指出，“按照增产增效并重、良种良法配套、农机农艺结合、生产生态协调的原则，促进农业技术集成化、劳动过程机械化、生产经营信息化、安全环保法治化，加快构建适应高产、优质、高效、生态、安全农业发展要求的技术体系”。其次针对农业科技研发、推广和应用对农业科技人员、农民提出的更高能力要求，他认为“要适时调整农业技术进步路线，加强农业科技人才队伍建设，培养新型职业农民”。并强调，农业科技创新离不开国家的大力扶持和推动。

四是善于用好两个市场、两种资源。习近平总书记指出，应该善于用好两个市场、两种资源，适当增加进口和加快农业走出去步伐，把握好进口规模和节奏。[②] 对于如何利用好“两个市场”，2014 年 12 月，习近平总书记在中央农村工作会议上指出，要“抓紧制定重要农产品国际贸易战略，加强进口农产品规划指导，优化进口来源地布局，建立稳定可靠的贸易关系”。加快实施农业走出去战略，培育具有国际竞争力的粮棉油等大型企业。支持到境外特别是与周边国家开展互利共赢的农业生产和进出口合作。这为更好确保我国粮食安全做了全面、系统部署。另外习近平总书记还积极推动农业领域的国际合作、互利互惠，例如他在 2013 年上海合作组织成员国元首理事会第十三次会议上，倡导建立粮食安全合作机制，在农业生产、农产品贸易、食品安全等领域加强合作，确保粮食安全。

（二）加快构建新型农业经营体系

构建城乡发展一体化体制机制，首先要创新农业经营体制，提升农业对城乡发展一体化的支撑能力，促进城乡各个产业互动发展，实现农业现代化和新

---

① 《十八大以来重要文献选编》（上），中央文献出版社 2014 年版，第 664 页。

② 《十八大以来重要文献选编》（上），中央文献出版社 2014 年版，第 666 页。

型工业化、信息化、城镇化同步发展。习近平总书记指出：加快构建新型农业经营体系，“主要是坚持家庭经营在农业中的基础性地位，鼓励土地承包经营权在公开市场上向专业大户、家庭农场、农民合作社、农业企业流转，鼓励农村发展合作经济，鼓励和引导工商资本到农村发展适合企业化经营的现代种养业，允许农民以土地承包经营权入股发展农业产业化经营等”①。

2013 年 3 月，在全国两会上，习近平总书记到江苏代表团参加讨论，在回顾新中国成立 60 多年农村先由分到合，再由合到分过程后，他指出，“改革开放从农村破题，大包干是改革开放的先声。当时中央文件提出要建立统分结合的家庭承包责任制，但实践结果是，‘分’的积极性充分体现了，但‘统’怎么适应市场经济、规模经济，始终没有得到很好的解决”。习近平总书记的重要论述切中了实际。我们在以家庭承包经营为基础，统分结合的双层经营体制时，主要强调了“分”，在“统”上设计不够，与市场经济、城镇化发展相脱离。

加快构建新型农业经营体系，是党的十八届三中全会根据我国当前农业农村发展新形势和同步推进工业化、信息化、城镇化、农业现代化的要求提出的进一步深化农村改革的重大任务，也是加快我国农业现代化进程的必然要求。当前，国内主要农产品价格普遍高于进口农产品价格，越来越多的农民不愿从事超小规模农业经营，这为扩大农业经营规模提供了条件。据调查，农业规模至少要达到 30 亩，才能使农业经营主体的实际生活水平不低于主要劳动力在非农部门就业农户。这就需要促使农民转移就业和土地流转，加快构建新型农业经营体系。

2013 年的中央一号文件，特别强调了农业生产经营体制创新，这是多年来所未有的。“以家庭承包经营为基础、统分结合的双层经营体制”是中央长期的既定方针，并写入了宪法。要继续完善和创新，只能是以适当方式强化“统”的一面，而“统”的载体和途径，只能是加强合作制。2015 年中央一号文件，在深化农村改革的诸多任务中，再次对创新农业经营体系进行部署。坚持和完善农村基本经营制度，坚持农民家庭经营主体地位，引导土地经营权规范有序流转，创新土地流转和规模经营方式，积极发展多种形式适度规模经营，提高农业组织化程度。

---

① 习近平：《关于〈中共中央关于全面深化改革若干重大问题的决定〉的说明》，《人民日报》2013 年 11 月 16 日。

在农村土地经营管理上,要坚持农村土地集体所有权,这是构建新型农业经营体系的关键。要坚持稳定土地承包关系并保持长久不变,依法维护农民土地承包经营权,赋予农民对承包地占有、使用、收益、流转及承包经营权抵押、担保权能。要坚持按照依法自愿有偿原则,有序流转土地承包经营权,允许农民以承包地经营权入股发展农业产业化经营,强调承包经营权流转市场化,鼓励承包土地在公开市场上向专业大户、家庭农场、农民合作社、农业企业流转,发展多种形式的规模经营。这些决策,明确了土地产权、承包权和使用权分离的界限,澄清了人们对土地权益的模糊认识,有利于克服土地产权虚化的弊端,有利于保障农民土地承包经营的权利,有利于提高土地适度规模经营的效益。但也要注意,我国目前还有6亿多农村常住人口,短时期内要使他们中的大多数人转移到城镇居住显然不现实。农业人口的减少,只能是一个伴随着城市化水平逐步提高的自然进程,农村在相当时期内还难以彻底改变人多地少的格局,这就是我国农业现代化的现实起点。因此,社会转型阶段要切实保障农民生计和社会稳定,就要坚持农民的地由农民种和因地制宜发展多种形式适度规模经营的基本取向。① 推进新型农业经营体系发展,要符合农村的实际,尊重农民的意愿。

在农业经营方式上,一是鼓励发展合作经济,扶持规模化、专业化、现代化经营。在加大政策扶持力度的同时,允许财政项目资金直接投向符合条件的合作社,允许财政补助形成的资产转交合作社持有和管护,允许合作社开展信用合作。这就为新型合作经济组织发展提供了更为有利的政策环境。农民合作社作为农村集体经济的新型实体,可以抓住机遇、培育经营活力、增强发展能力、壮大经济实力。二是鼓励工商资本到农村发展适合企业化经营的现代种养业,向农业输入现代生产要素和经营模式。这表明支持工商资本进入现代农业,但同时要求工商资本与农户建立紧密的利益联结机制,积极创建现代农业示范基地,大力培育农产品品牌,促进农业产业集群发展,努力提高现代农业的规模化、专业化、标准化、集约化经营水平。

(三)赋予农民更多财产权利

习近平总书记指出:“赋予农民更多财产权利。主要是依法维护农民土

① 参见陈锡文:《适应经济发展新常态,加快转变农业发展方式》,《求是》2015年第5期。

地承包经营权，保障农民集体经济组织成员权利，保障农户宅基地用益物权，慎重稳妥推进农民住房财产权抵押、担保、转让试点。”[①]城乡发展一体化，核心是城乡主体权利，构建全体居民共享发展成果的体制机制，形成造福百姓、富裕农民的利益格局。重点是拓展农民增收渠道，增加农民收入来源，提高财产性收入。

土地，是农村集体和农民的最大资产。但长期以来，农民的财产数量不少，但收入功能很差，农民收入中直接来自于财产性收益微乎其微。作为农村集体经济组织的成员，大多数农民没有充分地分享到集体资产的增值收益；相对于城镇居民私有房产产权，我国农民既没有宅基地的用益物权，也没有自己住房的完全产权。农民的房产不能进行财产权抵押，不能在房产市场进行公开转让和交易，没有资产功能。所以农民收入主要由种养殖经营性收入和外出打工的工资性收入构成，基本上没有财产性收入。总体上看，农民人均纯收入增长幅度近年来高于城市居民，但从绝对数看，农村和城市居民人均收入差距拉大。

新时代农业和农村经济变化，对农民收入影响主要有以下几个方面：一是家庭收入保持平稳。土地流转和新型经营主体的发育将有利于家庭经营收入的增长。但随着新常态经济增速的回落、农产品市场需求走弱，价格对农民收入的拉动作用有所减弱。受成本“地板”和价格“天花板”的双重挤压[②]，农户务农种粮收益有限，比较效益较低的问题仍比较突出。二是工资性收入增幅趋缓。我们分析新常态下，农民务工收入将受到一定影响，工资增长幅度将下降。三是转移性收入增长面临挑战。随着财政收入增速有所放缓，继续以直接补贴等形式增加农民的转移性收入面临较大压力。四是财产性收入增长潜力较大。近年来，受农村土地征收补偿水平提高、农民土地流转和房屋出租增多、参加入股投资分红人数增加等因素影响，农民财产性收入不断增长，已经成为农民收入特别是局部地区农民收入的重要增长源。从长远来看，随着农村产权市场不断完善，农民财产性收入还有很大的增长空间。[③]

党的十八届三中全会明确：赋予农民更多财产权利。保障农民集体经济

---

① 习近平：《关于〈中共中央关于全面深化改革若干重大问题的决定〉的说明》，《人民日报》2013 年 11 月 16 日。

② 何帆：《21 世纪的中国仍然是小农经济？——农业部农村经济研究中心研究员温铁军专访》，《国际经济评论》2000 年第 Z6 期。

③ 参见张红宇：《新常态下的农民收入问题》，《农民日报》2015 年 4 月 3 日。

组织成员权利,积极发展农民股份合作,赋予农民对集体资产股份占有、收益、有偿退出及抵押、担保、继承权。保障农户宅基地用益物权,改革完善农村宅基地制度,选择若干试点,慎重稳妥推进农民住房财产权抵押、担保、转让,探索农民增加财产性收入渠道。党的十八届三中全会还提出,深化农村产权制度改革,建立农村产权流转交易市场,开展农村集体建设用地使用权、土地承包经营权、集体资产产权、林权、股权等各种产权公开、公正流转交易,促进农业农村资源资本化,让农民增加财产性收入。这些规定不仅从体制机制上提出了增加农民财产性收入的途径,而且从工作部署上提出了有操作性的具体措施,拓宽了农民增加收入的渠道,有助于农民和城市居民一样共享发展成果。

2014 年 9 月 29 日,习近平总书记主持召开中央全面深化改革领导小组第五次会议,审议了《关于引导农村土地承包经营权有序流转发展农业适度规模经营的意见》和《积极发展农民股份合作赋予集体资产股份权能改革试点方案》。习近平总书记指出,我们要在坚持农村土地集体所有的前提下,促使承包权和经营权分离,形成所有权、承包权、经营权三权分置、经营权流转的格局。要加强引导,不损害农民权益,不改变土地用途,不破坏农业综合生产能力。要尊重农民意愿,坚持依法自愿有偿流转土地经营权,不能搞强迫命令,不能搞行政瞎指挥。要坚持规模适度,重点支持发展粮食规模化生产。要让农民成为土地适度规模经营的积极参与者和真正受益者。要根据各地基础和条件发展,确定合理的耕地经营规模加以引导,不能片面追求快和大,更不能忽视了经营自家承包耕地的普通农户仍占大多数的基本农情。对工商企业租赁农户承包地,要有严格的门槛,建立资格审查、项目审核、风险保障金制度,对准入和监管制度作出明确规定。他强调,积极发展农民股份合作、赋予集体资产股份权能改革试点的目标方向,是要探索赋予农民更多财产权利,明晰产权归属,完善各项权能,激活农村各类生产要素潜能,建立符合市场经济要求的农村集体经济运营新机制。搞好这项改革,一项重要基础工作是保障农民集体经济组织成员权利。要探索集体所有制有效实现形式,发展壮大集体经济。试点过程中,要防止侵吞农民利益,试点各项工作应严格限制在集体经济组织内部。我国农村情况千差万别,集体经济发展很不平衡,要搞好制度设计,有针对性地布局试点。①

---

① 《习近平主持召开中央全面深化改革领导小组第八次会议》,新华网,2014 年 12 月 30 日。

今后，农民通过土地承包经营权有序流转发展农业适度规模经营，通过发展农民股份合作赋予集体资产股份权能，从而逐步实现土地资源变资产，资产变资本，资本变资金，资金变效益，有利于进一步释放农村生产力，有利于农民增收、农业增效、农村转型。

（四）城乡要素平等交换和公共资源均衡配置

党的十六大以来，随着统筹城乡发展、推进新农村建设，农村基础设施和公共服务建设不断加强，全民义务教育制度基本落实，新型农村合作医疗、新型农村社会养老保险制度实现全覆盖，城乡统一的社会保障体系初步建立。但由于历史欠账较多，农村基础设施建设总体滞后，城乡公共服务不均等，农村发展资源短缺、动力不足。这已成为制约城乡统筹发展和农村可持续发展的瓶颈。习近平总书记提出："城乡要素平等交换和公共资源均衡配置，主要是保障农民工同工同酬，保障农民公平分享土地增值收益；完善农业保险制度；鼓励社会资本投向农村建设，允许企业和社会组织在农村兴办各类事业；统筹城乡义务教育资源均衡配置，整合城乡居民基本养老保险制度、基本医疗保险制度，推进城乡最低生活保障制度统筹发展，稳步推进城镇基本公共服务常住人口全覆盖，把进城落户农民完全纳入城镇住房和社会保障体系。"①

党的十八届三中全会强调，建立健全统筹城乡基础设施和公共服务建设的体制机制，引导更多的现代生产要素流向农村，促进公共资源配置向农村倾斜，统筹城乡基础设施建设，推进城乡基本公共服务均等化。一方面要求维护农民生产要素权利，保障农民工同工同酬，保障农民公平分享土地增值收益，保障金融机构农村存款主要用于农业农村。另一方面鼓励社会资本投向农村建设，允许企业和社会组织在农村兴办各类事业。中央政治局第二十二次集体学习时习近平总书记明确提出："努力在统筹城乡关系上取得重大突破，特别是要在破解城乡二元结构、推进城乡要素平等交换和公共资源均衡配置上取得重大突破，给农村发展注入新的动力，让广大农民平等参与改革发展进程、共同享受改革发展成果。"②

---

① 习近平：《关于〈中共中央关于全面深化改革若干重大问题的决定〉的说明》，《人民日报》2013 年 11 月 16 日。

② 《习近平在中共中央政治局第二十二次集体学习时强调：健全城乡发展一体化体制机制，让广大农民共享改革发展成果》，《人民日报》2015 年 5 月 2 日。

城乡发展一体化，重点是城乡基础设施和公共服务一体化。推进城乡要素平等交换和公共资源均衡配置，主要体现为农村的生产要素，比如土地、劳动力、资金能够在价格机制的作用下，得到合理配置。城乡要素交换不平等由来已久。劳动要素方面，进城务工农民没有实现与城镇职工同工同酬，相同劳动岗位农民工所得收入只相当于城镇职工的一半左右。土地要素方面，农民城乡土地交换中得到的补偿较少。资金要素方面，农村存款资金大量流向非农产业和城市，农民长期面临“贷款难”的困惑。同时实现城乡基本公共服务均等化。

中国农业一直走的是外延式的扩展道路。把城市、工业发展起来反哺农业，这在一定的历史阶段是可行的，但在今天的大背景下应该让工业和农业两个轮子一起转，我国农业才能走出困境。舒尔茨认为，农业必须培育内生性物质基础，自身必须强起来，不能光靠工业反哺。我们今天应该两条腿走路，刘易斯和舒尔茨都要用，结合中国的实际，让城乡要素平等交换，这是解决“三农”问题的出路。从新结构经济学理论来看，把市场机制和政府作用有机结合起来，既把市场作为资源配置的决定性基础机制，又强调发挥政府因势利导的积极有为作用，以克服城乡要素的不平等性。

按照党的十八届三中全会要求，要加快建立土地、资金和人才资源城乡平等交换机制和补偿机制。在土地方面，要改革征地制度，不能继续靠牺牲农民土地财产权利来降低工业化城镇化成本。切实建立和完善城乡统一的建设用地市场，进一步改革征地制度，调整土地出让收益分配关系，提高对农民的征地补偿标准和用于农业基础设施建设的投入比重，保护农民土地权益。在资金方面，既要加大财政投入和政策性金融投入力度，又要发展新型农村金融组织，创新金融产品，同时要引导企业和社会投入农村基础设施和公共事业建设。在劳动力流动方面，要加快形成城乡统一的劳动力市场，推进城乡劳动力同工同酬同保障，逐步实现同城同待遇。此外，要建立以城带乡联动机制，推动城市优质资源向农村延伸，构建统筹城乡的基础设施建设体系。加快农村社会事业发展，健全农村基本公共服务制度框架，逐步提高农村基本公共服务的标准和保障水平，形成城乡基本公共服务一体化。

五、实施乡村振兴战略

新中国成立后特别是改革开放以来，我们党努力探索乡村振兴发展之路。

党的十九大首次提出实施乡村振兴战略，并把这一战略写进了党章，彰显出党中央对农业农村现代化的高度重视及解决“三农”问题的决心。乡村振兴战略是我们党在中国特色社会主义新时代解决“三农”问题的新思路，是实现“两个一百年”奋斗目标的新布局，是我们党以人民为中心发展理念的新体现。

（一）深刻把握新时代乡村振兴战略的历史必然性

经过长期努力与探索，我国从站起来到富起来，开始进入强起来的时代。在新时代，社会主要矛盾已经转化为人民日益增长的美好生活需要与不平衡不充分发展之间的矛盾，而城乡区域发展的不协调，正是这一矛盾的集中体现。农业是国民经济发展的“短板”、农村是社会发展的“洼地”，如果不能尽快缩小城乡发展差距，必然会影响全面小康社会的建设，影响新“两步走”战略目标的实现。因此，必须坚定不移地贯彻创新、协调、绿色、开放、共享的发展理念，实施乡村振兴战略，加快推进农业农村的现代化。

实施乡村振兴战略是推进现代化进程的必然选择。从世界各国发展历程来看，在以城市为中心的现代化推进过程中，农村衰落是一个普遍现象。随着农村资源的外流，导致了农村空心化、劳力老龄化、土地荒疏化，农业成为国民经济的“短板”，农村成为落后的地域，城市和农村现代化水平落差极大，城乡发展不平衡问题突出，并伴生着大量城市贫民窟的存在，不仅严重影响了国家持续发展，而且造成社会周期性动荡。我国虽然贫民窟问题并不严重，但是，留守老人、留守儿童问题则非常严重，成为重大的社会问题。拉美国家掉入发展“陷阱”的警示，日本、中国台湾地区乡村振兴的成功，昭示我们：现代化加速过程中要及时解决乡村衰败问题，解决好农民问题。上个世纪 70 年代，日本推动了“一村一品”运动，每个地方都发展具有当地特色的产品和产业，促进乡村的持续发展。“一村一品”运动的提倡者、大分县知事平松守彦出版了介绍“一村一品”运动的书籍，阐释了乡村振兴的重要作用，对于我国实施乡村振兴具有借鉴意义。

实施乡村振兴战略是我国人口国情的必然选择。我国是一个人口大国，2017 年常住人口城镇化率 58.52%，按照 13.9 亿人口计算，还有 5.7 亿多人口生活在农村。如果按照国家新型城镇化战略目标，2020 年城镇化率达到 60%，每年新增人口 735 万人（2017 年），2020 年人口总量达到 14.1 亿人，农村仍有5.46亿人。如果按照联合国人口署关于中国人口增长中方案，即妇女总和生育率保持在1.6水平，2030年我国人口将达到15亿左右，按照70%的城镇化率计算，仍有5亿多人口生活在农村。还有一点值得关注，随着我国转方式调结构步伐加快、人工智能的推进，有关资料显示将有40%的就业岗位将消失，城市适合农民的就业空间将被大大压缩，我国城镇化率可能难以像发达国家那样达到80%以上的水平。有专家估计，我国城镇化率的拐点，可能在70%左右。有鉴于我国乡村承载着30%人口的美好生活，把乡村建设成"产业兴旺、生态宜居、乡风文明、治理有效、生活富裕"的美好家园，让人们"一个不能少"地过上小康生活，是全党和国家的重要任务。

实施乡村振兴战略是解决新时代主要矛盾的必然选择。人们美好生活的需要，需要乡村振兴。人们美好生活需要是多方面的，乡村的发展，可以满足人们日益增长的物质和精神需要，乡村发展重要性日益凸显，为乡村振兴提供了历史机遇。

一是乡村产业是国民经济的新增长点。发展乡村产业，即现代农业、乡村旅游文化产业、农业加工业、农村电商产业，不仅可以满足国家粮食安全的需要、满足居民食品安全和多样性的需要，而且，还能通过推动一产、二产、三产的融合，构建"农业+电商+物流+金融+销售"的现代农业体系，培育国民经济新的增长点。从国际经验来看，发达国家工业食品的消费约占饮食消费的90%，是消费主流，我国尚不足40%，仍有巨大的成长空间，有资料显示，以农产品为基础的食品产业成为新常态下，增长速度最快的非周期性产业；以绿色生态、农耕文化为基础的乡村文化旅游产业，也成为经济增长的新亮点。

二是农村产业发展打造了新的就业池。随着世界经济增长放缓和我国供给侧结构性改革步伐加快，产业升级、去过剩产能、一般制造业外迁，以及人工智能的推广，多种力量交织在一起，减少了城市就业岗位及非农产业就业需求，相对应的是，农村产业的发展，吸引了农民工返乡就业、城里年轻人下乡创业。目前，有迹象表明，随着人工智能的推广，制造业和服务业都将挤出大量的劳动力。有专家预测，未来30年将有40%的职业消失，就业需求不足，直接影响了农民工的就业，尤其是大量1980年前出生的农民工，将失去工作岗位。国家统计局农民工监控报告显示，我国1980年前出生的农民工大约0.6亿人，如果经济增长继续放缓、产业升级步伐加快，老一代农民工将最先被挤出，新生代农民工也有失去就业岗位的危险。因此，发展农村产业，分流城市就业压力，是一项重要的任务。

三是乡村生态和谐的宜居环境是养老休闲的好地方。乡村田园风光、人与自然和谐的生态环境，吸引城市居民到乡村和小城镇生活，同时，乡村产业发展也吸引了农民工返乡创业，回归乡里。再加上，十几年来，我国新农村建设成效显著，农村道路、卫生环境、通信交通、社会治理都有根本性的变化，美丽乡村的建设，不仅缩小了城乡生活差距，还凸显了村社共同体和谐生活方式的优势，充满人气的社会生活，也满足人们某些精神上的需要。当然，它离人们对宜居的要求还是有一定的距离，需要加快乡村的建设，留住乡愁、满足乡恋。

四是乡村是中华文明的教育基地。中华文明是生态文明，几千年来"人与自然和谐"的理念贯穿于农耕活动中，先人创造了众多"天人合一"的农业生产系统，比如，浙江青田稻鱼共生模式、云南元阳高山梯田等众多农业文化遗产，都是传承生态文明的鲜活案例。中华文明是古老文明，拥有五千多年的历史，是完整延续下来的唯一文明形态，是充满智慧的文明，先人创造很多的"巧夺天工"的公共工程，比如著名的水利工程都江堰、闻名遐迩的古长城等，建设和创造了很多蕴含民族智慧的民居建筑和源远流长的民俗生活。中华文明是农耕文明，乡村是炎黄子孙的老家，血脉相承、绵延不断，每个中华儿女、每个炎黄子孙都会"回归故里"，祭拜祖先、瞻仰祖宅，追溯民族的兴衰和家族的繁衍，接受传统的洗礼和教育，以增强民族的自豪感、坚定文化的自信心。

（二）实施乡村振兴战略的深刻内涵及时代创新

在2004年党的十六届四中全会上，胡锦涛代表党中央提出了"两个趋向"的重要判断，即在工业化初始阶段，农业支持工业、为工业提供积累是带有普遍性的倾向；但在工业化达到相当程度后，工业反哺农业、城市支持农村，实现工业与农业、城市与农村协调发展，也是带有普遍性的倾向。在同年的经济工作会议上，胡锦涛又明确提出：中国现在总体上已到了以工促农、以城带乡的发展阶段。这标志着我国发展战略的调整，乡村发展进入一个新的历史阶段。2005年中央农村工作会议作出了建设社会主义新农村的决定。在2006年中央一号文件中，提出了"生产发展、生活宽裕、乡风文明、村容整齐、管理民主"的20字方针，从此对农村实行了多予少取放活的政策，取消了征收两千多年的农业税，各种资源向农村倾斜，新农村建设轰轰烈烈地展开。新农村建设十几年来,农村发生了巨大的变化。在党的十九大上,习近平总书记代表党中央,针对新时代的社会主要矛盾,又作出了实施乡村振兴的战略决策,提出了“产业兴旺、生态宜居、乡风文明、治理有效、生活富裕”的新 20 字方针。如果说前一个新农村建设 20 字方针是 1.0 版,新 20 字方针就是 2.0 版,是新时代建设社会主义新农村的总路线、总纲领,既是一脉相承的,也是与时俱进的。

新 20 字方针,是新农村建设在新时代的升级版,基本内涵有很大的不同,要求更高。在新 20 字方针中,保留了乡风文明的提法,强调了乡风文明建设始终是乡村振兴的题中应有之义,要长抓不懈。

从“生产发展”到“产业兴旺”,强调了在生产发展的基础上,乡村具有优势的各种产业和新型业态要全面发展。过去把生产发展重点放在农业生产上,通过区域化种植、规模化生产、产业化经营,增加了农产品的产量和品种,也提高了农产品的质量。生产发展的一个重要标志是,粮食产量大幅度提高,达到历史最好水平,连续 5 年保持在 6 亿吨以上。产业兴旺则不同,强调创立现代农业生产体系,实现一产、二产、三产的融合发展,构建从田野到餐桌的现代农业产业链,不仅保证人民对食品的多种需求,还要保证食品安全、农民增收;还强调乡村产业多业并举,不仅推动现代农业的融合发展,还要促进乡村旅游、休闲养老、民俗文化、乡村电商及农村金融业等多种新型业态的综合发展,确保乡村产业的成长性和可持续性。

从“生活宽裕”到“生活富裕”,强调了农民经济收入和生活水平要进一步提高。生活宽裕是指随着生产的发展,生活得到了改善,这一点我们做到了。实施新农村建设的十几年,农民纯收入增长了 4.12 倍,生活得到改善。但是,距生活富裕还有很大的差距,农民经常会“因病返贫”“因残致贫”。生活富裕就是要体现在:一是农民收入增长的速度要高于城市居民收入增长的速度,进一步缩小城乡收入差距。2017 年农民可支配收入实际增速是 7.3%,城市居民可支配收入增速是 6.5%,城乡收入比是 2.7∶1。二是要提高公共服务的均等化水平,尤其是提高农村医疗保障和养老保障的水平,提高优势教育资源和医疗资源向乡村的倾斜,提高农民生活水平。三是加大对农村基础设施的投资力度,解决好信息、通信、物流、交通等瓶颈问题,补齐农村生产生活设施的短板。总之,要通过乡村振兴,确保农民“一个不能少”地进入小康社会。

从“村容整齐”到“生态宜居”，强调乡村人居环境的整体改善、人与自然的和谐。村容整齐主要是人居环境的治理，村庄道路修缮、生活垃圾处理、厨卫设施改建、村庄规划制订等表层的改观。而生态宜居要从人与自然和谐关系上入手，通过田园综合体的建设，生态有机农业的发展，农林牧渔各业的协调发展、环境的综合治理、生活方式的改变，形成人—植物—动物活动的有机循环，人与自然的深度和谐，使乡村更加美丽宜居。

从“管理民主”到“治理有效”，强调要建立一套自治、法治、德治的乡村治理体系。管理民主重点放在完善村民自治制度，强调农村事务要民主决策、依法决策。治理有效的基础是发挥农村基层组织的重要作用，形成乡村治理体系。农村在实行家庭承包制之后，绝大多数村庄村民自治组织软弱，基层党组织涣散，农民合作组织不发达，呈现一片散沙的状态。构建治理体系，必须从强化基层组织入手。一是要强化农村基层党组织的领导作用和组织能力。中国共产党的特殊优势在于：拥有坚强的基层党组织、超强的组织动员能力。这种优势，随着农村党组织的边缘化而弱化了，所以，要加强农村党组织的领导作用。二是完善农民自治组织，强化村委会的管理能力，选好村庄领导者。三是建立农民合作社，发挥合作社的组织作用，通过合作增强农民发展现代农业的能力，分享乡村振兴的发展红利。

党的十九大报告中，习近平总书记关于实施乡村振兴战略的阐述，有三个创新性的重要提法：

一是农业农村农民问题，是关系国计民生的一个根本性问题。如上所述，无论现在，还是未来，乡村人口都将维持在5亿多人的规模，“三农”问题能否解决，直接关乎国家的战略大局，关乎我党战略目标的实现。首先，关系粮食安全。在日益激烈的大国博弈中，粮食成为最为锐利的武器，只有确保粮食安全，才能确保民族独立和国家主权。其次，关系国民经济转型。现代农业和乡村旅游业，是国民经济的新增长点，不仅创造了大量的增加值，推动了国民经济的增长，而且创造了众多的就业岗位，增加了农民收入，扩大了国内需求，为中国超过美国成为世界第一消费大国，作出了重大贡献。最后，关系新“两步走”战略目标的实现。如果没有农民富起来、没有乡村强起来，就不可能在2035年基本实现现代化，也就更不可能在本世纪中叶建成社会主义现代化强国，实现中华民族伟大复兴。

二是坚持农业农村优先发展。在党中央作出了两个趋向判断之后，国家制定了对农村“多予、少取、放活”的方针，取消了征收了两千多年的农业税，增加了对农村的投入，大力支持农业发展、提高农村公共服务水平、建设农村基础设施、改善农村生产生活环境，加快新农村的建设，缩小了城乡差距。党的十九大报告中又提出了“要坚持农业农村优先发展”，这是对新时代工农关系、城乡关系的新认识，是发展战略的重大调整。新中国成立以来，我国实施追赶战略，长期实行工业优先发展、城市重点发展的政策，农业农村是农产品供应者、工业品消费市场，资金积累源泉，劳动力蓄水池，是工业城市的附属，农业农村的发展是围绕工业城市需要来进行的。而农业农村优先发展的提出，跳出了围绕工业城市谋发展的思路，要按照农业农村发展规律，按照城乡融合发展要求，优先发展农业农村。这就要求在国家政策规划的制订中，要把农业农村发展放在优先的位置，在资金安排上，项目安排上，教育投入上，农村基础设施建设上，要优先安排、大量投入；要通过顶层设计建立和健全有利于生产要素向农业农村流动的体制机制；要通过制度改革，调整国民收入分配格局，建立农民分享发展红利的社会制度。

三是第二轮土地承包到期后再延长三十年。这个明确的提法，表明了党中央坚持土地承包关系稳定并长久不变的态度，给农村土地制度改革指明了方向。在现阶段农村正在开展承包地确权、登记、颁证工作，推进三权分置改革，加快土地流转，碰到了一个棘手问题，就是第二轮土地承包快要到期，带有很强的政策不确定性。人们对土地承包到期后的政策走向，心有疑问，举棋不定，严重影响了农业农村现代化发展。习近平总书记代表党中央，在党的十九大报告中明确回答这个问题，给农民吃了定心丸：土地承包权长久不变；给投资农村产业的人吃了定心丸：鼓励土地经营权流转，支持发展现代农业。这个政策的提出，极大地推动了土地三权分置的改革，加快了土地流转和规模化经营，为农业农村现代化奠定了制度基础。

（三）实施乡村振兴战略面临的挑战与机遇

乡村振兴的基础是乡村产业的兴旺和发达、农业劳动生产效率的提高、农民的城镇化。要达到这个目标，一个艰巨的工作，就是减少农户、转移农业劳动力，加快城镇化。从改革开放 40 年来看，我国已有 2.7 亿农民转移到非农产业，形成了庞大的“农民工”群体，为中国成为世界制造业大国，为国家的富强作出了巨大的贡献。但是，随着世界经济衰退和我国经济进入新常态，经济转型升级加快，进一步推进城镇化面临着新的挑战。

吸纳农民城镇化的就业空间有缩小的趋向。成功的城镇化，是城市产业可以为进城农民创造足够的就业岗位，使之可以在城市中安居乐业。相反，进城农民无业可就，转为城市贫民，形成贫民窟，这标志着城镇化的失败。发展中国家城市存在大量贫民窟，是一个普遍现象。目前，我国农民工就业分布，主要集中在劳动密集型、传统产业就业。近年来，随着经济转型和人工智能的推进，创造的就业岗位呈现下降趋向。除批发零售业就业占比向上外，其他产业，尤其是制造业和建筑业就业占比呈现下滑趋势。一个值得重视的现象是，虽然服务业创造了大量的就业机会，但是，服务业为农民工提供的是临时性、非保障性的就业机会，不能保障农民在城市中长期居住。近年来，随着人工智能的推进，智慧制造、智慧城市等都在大量地挤出劳动力，不仅是将农民工从制造业中挤出，而且，也从服务业中挤出。无人商店、无人车站、无人售票公交、智慧交通等的出现，将有大量劳动力被替代，"智慧"替代"劳动"将愈演愈烈。一是人工智能方兴未艾，据有关专家预计，未来 30 年将有 40%以上的职业将不再存在，工人、收银员、营业员、操作员、驾驶员、会计、办公人员、快递员、服务员等首当其冲；二是不仅是农民工就业岗位减少，很多高素质劳动者的就业机会也减少，即中产阶级的失业；三是青年农民工对中老年农民工就业岗位的挤占。有数据显示，我国新生代农民工主要就业在制造业，1980 年前出生的农民主要就业在建筑业、居民服务修理和其他服务业，随着制造业就业机会减少，新生代农民工将挤占老年农民工的就业岗位，老年农民工将最先被迫返乡。如果农民不能减少、城镇化速度放缓，必然影响乡村产业的发展，影响乡村振兴战略的实施。

乡村振兴迎来了一个新的历史机遇。我国经济进入新时代，人均 GDP 达到中高收入国家的水平，消费升级、市场规模扩大为乡村产业的兴旺和发达创造了历史机遇。随着中等收入人群的扩大，消费呈现四大特点：一是食品加工化。随着越来越多的人离开农产品产地、随着互联网和物流业的发达，由于信息传递快、运输和支付的便捷，人们对初加工、深加工的食品需求日益增长。二是商品品质化。随着人们对食品安全意识的提高，追求食品品质要求越来越高，代表高品质的品牌产品受到了消费者的青睐，形成强劲的品牌需求。三是生活休闲化。不仅物质商品的休闲化，功能食品、保健食品、休闲食品的需求增加，而且，精神产品，如文化艺术、休闲旅游、娱乐服务等需求也大幅度增长,其中,民俗文化、乡村旅游方兴未艾。四是购物网络化。被称为中国“新四大发明”的高铁网络、电子商务、移动支付、共享经济,改变了人们的生活和消费习惯。消费人群、消费习惯的改变,使乡村价值得到重新挖掘,形成新的发展红利。首先,农产品,尤其是特色产品、优质产品、名牌产品、绿色产品有了广阔的升值空间,拉动了生态农业、有机农业、特色农业、高科技农业等新型农业的发展。其次,乡村环境,尤其田园风光、古村建筑、民俗饮食等有了升值的前景,拉动了乡村民俗旅游、休闲旅游、民居养老等产业的发展。再次,乡村服务业,其中服务于现代农业的生产性服务业呈现高成长性、农村电商业迅速覆盖中国农村、交通物流业有了发展的空间。比如,发达国家蔬菜冷链运输覆盖率达到95%,目前,我国只有10%,最好的地区冷链覆盖率也仅有40%。只有提高冷链覆盖率,才能保证鲜活的农产品送到城市居民家中。现代农业的发展,为农民带来收入的增加和就地转移、城镇化的机会。以美国为例,消费一美元食物当中,它的价值链的增值分解为,生产环节增值占10.4%,食物加工环节占15%,包装环节占2.5%,流通环节占3.2%,批发环节占9.1%,零售环节占12.9%,饮食服务环节占32%,能源环节占5.1%,金融保险占3.1%,广告占2.5%,其他占3.2%。数据说明,如果农民只从事农业生产,仅获得增加值的10.4%,如果从事农产品加工就可获得增加值的15%,如果从事农产品销售服务业就可获得增加值27.7%。所以,发展现代农业,建设从田野到餐桌的农产品产业链,就可以获得53.1%的农产品增加值,大大拓展农民增收的空间,不仅如此,农产品产业链中的各个环节还创造了大量就业机会,形成新的就业池,吸纳农民就地城镇化。

(四) 实施乡村振兴战略的重点及重要举措

乡村振兴是一个系统工程,重在综合推进、城乡融合发展,培育乡村发展的内在动力和构建持续发展的体制机制。主要体现在如下四个方面:

加快推进农村土地制度的改革,优化农村土地资源配置。农村土地制度是乡村振兴的基础,也是社会制度的基础。加快土地制度的创新和改革,是推进乡村振兴战略的基础工程。党的十九大作出了第二轮土地承包到期再延长30年的决定,对于统一思想认识、推动土地制度改革意义重大。首先,加快完善承包地三权分置制度,在坚持集体土地所有权、明确农户承包权的基础上,推动土地经营权向新型农业经营主体集中,实现土地的规模经营,提高土地经营效率,促进现代农业的发展,同时增加农民的财产收入。其次,探索宅基地的所有权、资格权、使用权的三权分置改革,落实宅基地的集体所有权、保障宅基地的农户资格权、放活宅基地的使用权。通过适度放活宅基地使用权,盘活宅基地资源,扶持乡村产业的发展,比如,各地民宿经济、养老经济方兴未艾。随着农村土地制度的改革,培育了土地流转市场,提高了土地利用效率,确保了农民财产权益,增加了农民财产收入,推动了乡村产业的兴旺。

加快发展农民合作社,壮大集体经济实力。无论是发展现代农业、还是发展乡村旅游业,都需要将2亿农户组织起来,实现规模经营、产业化发展、一体化运作,农民合作社是不可或缺的组织者。从各地的实践来看,无论是工商企业下乡发展现代农业,还是农户自己发展现代农业、乡村旅游业以及金融机构进农村,都面临一个面对数量众多的小农户,组织成本过高、组织过程复杂的问题,同时,政府也面临一个如何让农民分享乡村发展红利的问题。解决问题的关键,是谁来组织农民?工商企业或政府都不是合适的组织者,农民合作社是农民的自组织,代表农民的利益,有能力将分散农户整合起来,形成规模经营,掌握农户的信息流、资金流、产品流,减少了组织成本,提高了农民的整体实力,既有助于减少工商企业的组织成本、降低金融机构风险,又有助于农民通过合作社,以集体的身份和力量参与乡村产业的发展,分享乡村振兴红利。"合作社+农业产业化龙头企业""合作社+农村电商""合作社+供销社""合作社+金融机构"等多种"合作社+"就是农民分享乡村振兴红利的渠道。

发展合作社,要支持农民土地合作社的发展。鼓励农民在自愿的基础上,以土地承包权入股,建立土地股份合作社,推动农民的规模经营、一体经营、融合经营,提高农民的资本积累能力、竞争能力,以集体农民的身份参与现代农业的发展,分享乡村振兴的红利。在新农村建设和精准扶贫的过程中,全国涌现了很多农民通过土地合作,发展现代农业和非农产业,获得乡村发展红利,脱贫致富、奔小康的鲜活案例。实践证明,农民组织起来,发展合作经济,是推动乡村振兴和分享发展红利的重要途径。

发展合作社,要支持农民综合合作社的发展。在推动合作社的发展中,不仅要鼓励农民专业合作社的发展,还要根据我国乡村村社共同体的地缘特点,鼓励和支持以土地合作为基础,展开信用合作、供销合作,形成综合性合作社,并鼓励发展合作联社。综合合作社是集土地合作、资金合作、供销合作于一体的合作社,还可以是专业分工基础上的跨地域合作联社。

打造网络平台，内置化市场关系。农产品产地远离消费者市场，远离大都市圈，怎样跨越距离、信息的峡谷，把商品生产者、服务提供者与市场消费者联系起来，解决信息不对称问题，是乡村产业发展的难题。解决这个难题的钥匙就是充分开发互联网资源，利用网络平台扩大信息传递功能，构建市场朋友圈，建立生产者与消费者的信息互动，实现从田野到餐桌的现代农业产业链，借助农村电商、网络支付、商品物流等信息和物流网络，解决生产什么、卖给谁的问题，将市场关系内置在农民可控制、可掌握的范围内。通过信息掌控+物流快递，可以及时地满足消费者的安全需要、多样性需要，从而扩大市场容量、增加经济收入。安徽省砀山县是一个农村电商发达的县，著名的砀山梨很大部分都是由农村电商售出的。很多的农民，尤其是青年农民在电商服务业和物流业中就业。

以乡村特色小镇为载体，推动农民就地城镇化。乡村产业的兴旺和发达，必然形成加工业、服务业为基础的特色小镇，产生聚集效应和名牌效应，这是产业的发展规律。产业的聚集，必然带动特色小镇的发展，进而推动农民的城镇化。近年来，我国出台了很多扶持特色小镇的政策，推动了乡村特色小镇的发展。但是，各地也出现了人为造镇、“强迫”农民进镇的现象，不利于特色小镇的健康发展。要确保特色小镇在乡村振兴中的重要作用，首先，要科学规划、谋划产业布局。要认识到乡村特色小镇，是农产品加工业、乡村服务业聚集的客观需要，它有着自身的特殊条件和发展规律，需要深入地研究产业发展特性、地理区位优势，实施科学规划，避免把建制镇人为地确定为特色小镇，遍地开花地开展造城运动，防止特色小镇的空心化。其次，要完善小城镇特色产业的政策扶持机制，在项目立项、贷款、税收、国家投资等方面优先安排，鼓励城市工业下移，落户小城镇，深度开发和利用当地农村资源，形成具有区域特色的优势产业，支撑农民的就地城镇化。再次，以特色小镇为突破口，探索宅基地的三权分置，适度促进宅基地使用权的流转，形成有利于特色小镇发展的土地制度。需要进一步研究，可否允许农民以村庄宅基地置换小城镇的宅基地，可否允许农民建房节约的宅基地使用权流转，可否允许城市居民与农民合资建房等问题。在特定区域、有限放开农村宅基地的市场，有助于形成小城镇的极化效应，吸附农民、城市居民、工商企业向小城镇集聚，引导资金、技术、信息下乡，推动特色小镇加工业、服务业的发展、创造大量就业岗位，实现农民的就地转移。

（五）深化新时代乡村振兴战略思想研究

实施乡村振兴战略是新时代现代化强国建设的重要举措，是解决农业农村农民问题的重要抓手。深化新时代乡村振兴战略思想研究，要以习近平新时代中国特色社会主义思想为指引，按照“产业兴旺、生态宜居、乡风文明、治理有效、生活富裕”的总体要求，从推动乡村产业振兴、人才振兴、文化振兴、生态振兴、组织振兴等方面进行深入研究。

——深化乡村振兴战略重要性研究。

实施乡村振兴战略，是开启全面建设社会主义现代化国家新征程的必然选择。党的十九大报告强调：“农业农村农民问题是关系国计民生的根本性问题，必须始终把解决好‘三农’问题作为全党工作重中之重。”这是党的十九大报告对“三农”地位的总判断，既有“重中之重”地位的再强调，又有“关系国计民生的根本性问题”的新定调。这表明，“三农”作为国之根本，“三农”工作重中之重的地位依然没有变，特别是在新时期解决人民日益增长的美好生活需要和不平衡不充分的发展之间的矛盾，实现决胜全面小康的大头、重点和难度都在“三农”，“三农”工作重中之重的地位不仅不能削弱，而且更要加强，起到了澄清认识、统一思想、精准聚力的作用。事实上，我国城乡居民收入差距较大，农业基础不稳固，农村事业发展滞后等问题依然客观存在，这些不解决好，全面建设社会主义现代化国家就成了无源之水、无本之木。因此，实施乡村振兴战略是我国全面建成小康社会的关键环节，是实现中华民族伟大复兴中国梦的客观要求，也是我们党落实为人民服务这一根本宗旨的重要体现。

实施乡村振兴战略，是实现“两个一百年”奋斗目标的必然要求。党的十九大报告清晰擘画全面建成社会主义现代化强国的时间表、路线图，即在2020年全面建成小康社会、实现第一个百年奋斗目标的基础上，再奋斗15年，在2035年基本实现社会主义现代化。从2035年到本世纪中叶，在基本实现现代化的基础上，再奋斗15年，把我国建成富强民主文明和谐美丽的社会主义现代化强国。整体上看，实施乡村振兴战略，正是以习近平同志为核心的党中央在深刻把握我国现实国情农情，深刻认识我国城乡关系变化特征和现代化建设规律的基础上，着眼于党和国家事业全局，着眼于实现“两个一百年”的伟大目标和补齐农业农村短板的问题导向，对“三农”工作作出的重大战略部署、提出的新的目标要求，必将在我国农业农村发展乃至现代化进程中写下划时代的一笔。

实施乡村振兴战略，是实现全体人民共同富裕的必然要求。中国特色社会主义进入新时代，中国社会主要矛盾已经转化为人民日益增长的美好生活需要和不平衡不充分的发展之间的矛盾。这个“历史性变化”对中国将来的发展提出了新要求、新指引。在新的历史时期，必须坚持以人民为中心的发展思想，不断促进人的全面发展、全体人民共同富裕。但也不得不清醒地看到，当前，我国乡村仍然面临着发展滞后的严峻形势，乡村振兴战略正是就此问题提出来的。我国有五千多年的悠久历史，乡村是中华民族传统文明的发源地，在经济社会发展中一直占有重要地位，乡村的富庶是盛世历史的重要标志。新中国成立以来，无论是改革开放前还是改革开放后较长时期内，整个经济社会发展的重心都是城市和工业，而乡村和农业则为此作出了巨大贡献和牺牲。乡村振兴战略强调坚持农业农村优先发展，是对乡村地位和作用的充分肯定，是实现中华民族伟大复兴的中国梦的历史使命。乡村振兴是建设社会主义现代化国家的必然要求。我国城镇化水平不高、农村人口总量庞大的现实国情决定了没有农业农村现代化，就不会有国家的现代化，也不可能实现全体人民共同富裕的社会主义本质目标。

新时代谋划实施乡村振兴战略，要全面总结本世纪以来特别是最近五年的“三农”工作和历史性变革，系统分析新时代我国社会主要矛盾转化在农业领域、农村地区和农民群体中的具体体现，贯彻习近平新时代中国特色社会主义思想和基本方略，按照决胜全面小康社会和开启全面建设社会主义现代化国家新征程的要求进行考虑设计，引入新思想、新手段和新平台。

一是重视不同区域乡村发展的差异性。乡村振兴战略实施的基本地点在乡村，全国不同类型和不同地区乡村在振兴的内容上是有很大差异的，各地必须实行统筹规划、分类推进，在追求粮食安全、产业效益、生态环境建设保护上进行理性选择。我国乡村的地域辽阔，乡村类型多样复杂，乡村与乡村之间差异很大。比如，有的乡村距离城镇很近或者就在城镇规划范围之内，区域人口属于净流入趋势，未来的发展趋势是要融入城镇，而有的乡村距离城镇很远，农业人口向非农产业和城镇大规模转移，区域人口属于净流出趋势，未来的发展趋势是少耕休耕、退耕还林还草或者纳入生态风景旅游区建设等。要以国家主体功能区规划为依据，推进乡村多功能性建设和专业化发展，对乡村进行分类，明确未来发展目标定位，实行宜粮则粮、宜经则经、宜草则草、宜牧则牧、宜林则林、宜渔则渔、宜退则退、宜居则居。第一类是在粮食主产区和核心产区，要重点加强粮食综合生产能力建设，确保国家粮食安全，把中国人的饭碗牢牢端在自己手中。第二类是在重要农产品生产区和农业产业化发展区，要按照产业兴旺、生态宜居、乡风文明、治理有效、生活富裕的总要求，把地方特色农业做强做亮，建立健全绿色低碳循环发展的经济体系，不断发展新产业新业态，拓展农业产业链价值链供应链，大力提高农业现代化水平，推进农村一二三产业融合发展，提高产业发展效益。在农业产业的发展选择上，要面向世界，有竞争优势；面向未来，立“工匠精神”；面向现代化，提平台高度。第三类是在不适宜发展粮食生产和不适宜发展农业产业的区域，要有计划有步骤地退出农业商品化生产，加强生态环境建设保护，着力解决突出环境问题，保护性开发农业多功能性，推进农业可持续发展，建设美丽乡村，满足人民日益增长的美好生态环境需要。不管哪一类地区，在现阶段都要支持和鼓励农民就业创业，拓宽增收渠道。

二是重视向农村引入新的先进生产要素。诺贝尔经济学奖获得者舒尔茨在《改造传统农业》一书中指出，要通过引进新的生产要素及人力资本投资来改造传统农业，这是提升农业发展水平的根本途径。从我国实施乡村振兴战略的方针政策来看，也要注意遵循这一重要原则。一要做好人力的文章。大力促进乡村地区、涉农部门和涉农产业人的全面发展，配好用好干部，加快弥补人才、知识和技能短板。进一步扶持农民向非农产业和城镇转移，积极引导和支持城镇市民下乡和农民工返乡创业，推进城乡一体化发展，实现城乡融合发展，提高乡村人口的社会流动能力和社会流动性。加强农村教科文卫事业发展，大力提高教育培训质量，培养造就一支懂农业、爱农村、爱农民的“三农”工作队伍。二要做地权的文章。大力加强农村基础设施建设，提高乡村公路、水利、电力、电信、燃气和社区建设水平。借鉴城市土地制度改革及国际经验，探索建立农地收储和整治机构，提供“土地银行”中介服务。大规模推进土地整理，提高土地质量等级。深化农村土地制度改革，完善承包地“三权”分置制度。保持土地承包关系稳定并长久不变，第二轮土地承包到期后再延长三十年，稳定长期投资预期，激发农业劳动者积极性。三要做好资本的文章。深化农村集体产权制度改革，保障农民财产权益，壮大集体经济。构建现代农业产业体系、生产体系、经营体系，发展多种形式适度规模经营，培育新型农业经营主体，实现小农户和现代农业发展有机衔接。改革创新金融体制，探索设立乡村开发基金等，服务乡村振兴。四要做好技术的文章。既要推进物的现代化,更要推进人的现代化,还要推进生态建设的现代化。促进地方特色农业发展分工分业,有所创新,错位发展,促进区域内联合与合作,拓展区外乃至全国和世界市场,拉长农业产业链条,探索跨行业融合产业,推进严格管理,打造品牌效应。探索组建专业化运作的商会协会,发挥商会作用;成立投资管理服务公司,发挥企业运作作用;开行运输班列,发挥交通物流支撑作用;健全监督管理法规制度,发挥标准规范作用。

三是重视进一步拓宽乡村建设发展主体。乡村振兴战略实施的重要主体既有乡村力量,也有城镇力量;既有党政力量,也有市场力量,还有社会力量;既有国内各界的力量,也有国外支持的力量;国家要加强顶层设计,推进分工合作,建立健全体制机制和政策体系。一要搭建有形之手。在党中央、国务院统一领导下,各地各部门要成立党政领导协调小组,精心组织、高位推动,协调解决各种重大问题。党的十九大报告指出,农业农村农民问题是关系国计民生的根本性问题,必须始终把解决好"三农"问题作为全党工作重中之重。各地区各部门坚持农业农村优先发展,加强统一领导组织管理服务,巩固和完善农村基本经营制度,推进完善农业支持保护制度,健全农业社会化服务体系。二要用好无形之手,发挥企业在投资管理服务方面的重要作用。从适应市场经济发展要求进行谋划,让市场在资源配置中起决定性作用,政府更好地发挥作用。三要拓展社会之手,探索政府购买服务和促进行业联合的新机制。动员和组织全社会力量参与乡村振兴工作,从生存条件、生产条件、生活条件和生态条件角度,共建美丽中国。加强和改进农村基层基础工作,健全自治、法治、德治相结合的乡村治理体系。

——深化实施乡村振兴战略要点研究。

实施乡村振兴战略,是党的十九大作出的重大决策部署,是决胜全面建成小康社会、全面建设社会主义现代化国家的重大历史任务,是新时代做好"三农"工作的总抓手。做好乡村振兴战略这篇大文章,不可能是一蹴而就的,需要绵绵用力,久久为功,需要全体党员干部们与广大农村群众一道,用狠抓落实的精神和作风贯彻好乡村产业振兴、人才振兴、文化振兴、生态振兴、组织振兴这"五个振兴",使这一战略落地生根、开花结果。

第一,重点推动乡村产业振兴。产业兴旺是重点。必须坚持质量兴农、绿色兴农,以农业供给侧结构性改革为主线,加快构建现代农业产业体系、生产体系、经营体系,提高农业创新力、竞争力和全要素生产率,加快实现由农业大国向农业强国转变。

一是夯实农业生产能力基础。深入实施藏粮于地、藏粮于技战略，严守耕地红线，确保国家粮食安全，把中国人的饭碗牢牢端在自己手中。全面落实永久基本农田特殊保护制度，加快划定和建设粮食生产功能区、重要农产品生产保护区，完善支持政策。大规模推进农村土地整治和高标准农田建设，稳步提升耕地质量，强化监督考核和地方政府责任。加强农田水利建设，提高抗旱防洪除涝能力。实施国家农业节水行动，加快灌区续建配套与现代化改造，推进小型农田水利设施达标提质，建设一批重大高效节水灌溉工程。加快建设国家农业科技创新体系，加强面向全行业的科技创新基地建设。深化农业科技成果转化和推广应用改革。加快发展现代农作物、畜禽、水产、林木种业，提升自主创新能力。高标准建设国家南繁育种基地。推进我国农机装备产业转型升级，加强科研机构、设备制造企业联合攻关，进一步提高大宗农作物机械国产化水平，加快研发经济作物、养殖业、丘陵山区农林机械，发展高端农机装备制造。优化农业从业者结构，加快建设知识型、技能型、创新型农业经营者队伍。大力发展数字农业，实施智慧农业林业水利工程，推进物联网试验示范和遥感技术应用。

二是实施质量兴农战略。制定和实施国家质量兴农战略规划，建立健全质量兴农评价体系、政策体系、工作体系和考核体系。深入推进农业绿色化、优质化、特色化、品牌化，调整优化农业生产力布局，推动农业由增产导向转向提质导向。推进特色农产品优势区创建，建设现代农业产业园、农业科技园。实施产业兴村强县行动，推行标准化生产，培育农产品品牌，保护地理标志农产品，打造一村一品、一县一业发展新格局。加快发展现代高效林业，实施兴林富民行动，推进森林生态标志产品建设工程。加强植物病虫害、动物疫病防控体系建设。优化养殖业空间布局，大力发展绿色生态健康养殖，做大做强民族奶业。统筹海洋渔业资源开发，科学布局近远海养殖和远洋渔业，建设现代化海洋牧场。建立产学研融合的农业科技创新联盟，加强农业绿色生态、提质增效技术研发应用。切实发挥农垦在质量兴农中的带动引领作用。实施食品安全战略，完善农产品质量和食品安全标准体系，加强农业投入品和农产品质量安全追溯体系建设，健全农产品质量和食品安全监管体制，重点提高基层监管能力。

三是构建农村一二三产业融合发展体系。大力开发农业多种功能，延长产业链、提升价值链、完善利益链,通过保底分红、股份合作、利润返还等多种形式,让农民合理分享全产业链增值收益。实施农产品加工业提升行动,鼓励企业兼并重组,淘汰落后产能,支持主产区农产品就地加工转化增值。重点解决农产品销售中的突出问题,加强农产品产后分级、包装、营销,建设现代化农产品冷链仓储物流体系,打造农产品销售公共服务平台,支持供销、邮政及各类企业把服务网点延伸到乡村,健全农产品产销稳定衔接机制,大力建设具有广泛性的促进农村电子商务发展的基础设施,鼓励支持各类市场主体创新发展基于互联网的新型农业产业模式,深入实施电子商务进农村综合示范,加快推进农村流通现代化。实施休闲农业和乡村旅游精品工程,建设一批设施完备、功能多样的休闲观光园区、森林人家、康养基地、乡村民宿、特色小镇。对利用闲置农房发展民宿、养老等项目,研究出台消防、特种行业经营等领域便利市场准入、加强事中事后监管的管理办法。发展乡村共享经济、创意农业、特色文化产业。

第二,大力推动农村人才振兴。实施乡村振兴战略,必须破解人才瓶颈制约。要把人力资本开发放在首要位置,畅通智力、技术、管理下乡通道,造就更多乡土人才,聚天下英才而用之。

一是大力培育新型职业农民和加强农村专业人才队伍建设。全面建立职业农民制度,完善配套政策体系。实施新型职业农民培育工程。支持新型职业农民通过弹性学制参加中高等农业职业教育。创新培训机制,支持农民专业合作社、专业技术协会、龙头企业等主体承担培训。引导符合条件的新型职业农民参加城镇职工养老、医疗等社会保障制度。鼓励各地开展职业农民职称评定试点。建立县域专业人才统筹使用制度,提高农村专业人才服务保障能力。推动人才管理职能部门简政放权,保障和落实基层用人主体自主权。推行乡村教师"县管校聘"。实施好边远贫困地区、边疆民族地区和革命老区人才支持计划,继续实施"三支一扶"、特岗教师计划等,组织实施高校毕业生基层成长计划。支持地方高等学校、职业院校综合利用教育培训资源,灵活设置专业(方向),创新人才培养模式,为乡村振兴培养专业化人才。扶持培养一批农业职业经理人、经纪人、乡村工匠、文化能人、非遗传承人等。

二是发挥科技人才支撑作用和引进各类人才。全面建立高等院校、科研院所等事业单位专业技术人员到乡村和企业挂职、兼职和离岗创新创业制度,保障其在职称评定、工资福利、社会保障等方面的权益。深入实施农业科研杰出人才计划和杰出青年农业科学家项目。健全种业等领域科研人员以知识产权明晰为基础、以知识价值为导向的分配政策。探索公益性和经营性农技推广融合发展机制,允许农技人员通过提供增值服务合理取酬。全面实施农技推广服务特聘计划。建立自主培养与人才引进相结合,学历教育、技能培训、实践锻炼等多种方式并举的人力资源开发机制。建立城乡、区域、校地之间人才培养合作与交流机制。全面建立城市医生、教师、科技文化人员等定期服务乡村机制。研究制定鼓励城市专业人才参与乡村振兴的政策。

三是鼓励社会各界投身乡村建设。建立有效激励机制,以乡情乡愁为纽带,吸引支持企业家、党政干部、专家学者、医生教师、规划师、建筑师、律师、技能人才等,通过下乡担任志愿者、投资兴业、包村包项目、行医办学、捐资捐物、法律服务等方式服务乡村振兴事业。研究制定管理办法,允许符合要求的公职人员回乡任职。吸引更多人才投身现代农业,培养造就新农民。加快制定鼓励引导工商资本参与乡村振兴的指导意见,落实和完善融资贷款、配套设施建设补助、税费减免、用地等扶持政策,明确政策边界,保护好农民利益。发挥工会、共青团、妇联、科协、残联等群团组织的优势和力量,发挥各民主党派、工商联、无党派人士等积极作用,支持农村产业发展、生态环境保护、乡风文明建设、农村弱势群体关爱等。实施乡村振兴"巾帼行动"。加强对下乡组织和人员的管理服务,使之成为乡村振兴的建设性力量。

第三,加快推动农村文化振兴。乡村振兴,乡风文明是保障。必须坚持物质文明和精神文明一起抓,提升农民精神风貌,培育文明乡风、良好家风、淳朴民风,不断提高乡村社会文明程度。

一是加强农村思想道德建设和传承发展农村优秀文化。以社会主义核心价值观为引领,坚持教育引导、实践养成、制度保障三管齐下,采取符合农村特点的有效方式,深化中国特色社会主义和中国梦宣传教育,大力弘扬民族精神和时代精神。加强爱国主义、集体主义、社会主义教育,深化民族团结进步教育,加强农村思想文化阵地建设。深入实施公民道德建设工程,挖掘农村传统道德教育资源,推进社会公德、职业道德、家庭美德、个人品德建设。推进诚信建设,强化农民的社会责任意识、规则意识、集体意识、主人翁意识。立足乡村文明,吸取城市文明及外来文化优秀成果,在保护传承的基础上,创造性转化、创新性发展,不断赋予时代内涵、丰富表现形式。切实保护好优秀农耕文化遗产,推动优秀农耕文化遗产合理适度利用。深入挖掘农耕文化蕴含的优秀思想观念、人文精神、道德规范，充分发挥其在凝聚人心、教化群众、淳化民风中的重要作用。划定乡村建设的历史文化保护线，保护好文物古迹、传统村落、民族村寨、传统建筑、农业遗迹、灌溉工程遗产。支持农村地区优秀戏曲曲艺、少数民族文化、民间文化等传承发展。

二是加强农村公共文化建设。按照有标准、有网络、有内容、有人才的要求，健全乡村公共文化服务体系。发挥县级公共文化机构辐射作用，推进基层综合性文化服务中心建设，实现乡村两级公共文化服务全覆盖，提升服务效能。深入推进文化惠民，公共文化资源要重点向乡村倾斜，提供更多更好的农村公共文化产品和服务。支持“三农”题材文艺创作生产，鼓励文艺工作者不断推出反映农民生产生活尤其是乡村振兴实践的优秀文艺作品，充分展示新时代农村农民的精神面貌。培育挖掘乡土文化本土人才，开展文化结对帮扶，引导社会各界人士投身乡村文化建设。活跃繁荣农村文化市场，丰富农村文化业态，加强农村文化市场监管。

三是开展移风易俗行动。广泛开展文明村镇、星级文明户、文明家庭等群众性精神文明创建活动。遏制大操大办、厚葬薄养、人情攀比等陈规陋习。加强无神论宣传教育，丰富农民群众精神文化生活，抵制封建迷信活动。深化农村殡葬改革。加强农村科普工作，提高农民科学文化素养。

第四，加快推动乡村生态振兴。乡村振兴，生态宜居是关键。良好生态环境是农村最大优势和宝贵财富。必须尊重自然、顺应自然、保护自然，推动乡村自然资本加快增值，实现百姓富、生态美的统一。

一是统筹山水林田湖草系统治理。把山水林田湖草作为一个生命共同体，进行统一保护、统一修复。实施重要生态系统保护和修复工程。健全耕地草原森林河流湖泊休养生息制度，分类有序退出超载的边际产能。扩大耕地轮作休耕制度试点。科学划定江河湖海限捕、禁捕区域，健全水生生态保护修复制度。实行水资源消耗总量和强度双控行动。开展河湖水系连通和农村河塘清淤整治，全面推行河长制、湖长制。加大农业水价综合改革工作力度。开展国土绿化行动，推进荒漠化、石漠化、水土流失综合治理。强化湿地保护和恢复，继续开展退耕还湿。完善天然林保护制度，把所有天然林都纳入保护范围。扩大退耕还林还草、退牧还草，建立成果巩固长效机制。继续实施三北防护林体系建设等林业重点工程，实施森林质量精准提升工程。继续实施草原生态保护补助奖励政策。实施生物多样性保护重大工程，有效防范外来生物入侵。

二是加强农村突出环境问题综合治理。加强农业面源污染防治,开展农业绿色发展行动,实现投入品减量化、生产清洁化、废弃物资源化、产业模式生态化。推进有机肥替代化肥、畜禽粪污处理、农作物秸秆综合利用、废弃农膜回收、病虫害绿色防控。加强农村水环境治理和农村饮用水水源保护,实施农村生态清洁小流域建设。扩大华北地下水超采区综合治理范围。推进重金属污染耕地防控和修复,开展土壤污染治理与修复技术应用试点,加大东北黑土地保护力度。实施流域环境和近岸海域综合治理。严禁工业和城镇污染向农业农村转移。加强农村环境监管能力建设,落实县乡两级农村环境保护主体责任。

三是建立市场化多元化生态补偿机制。落实农业功能区制度,加大重点生态功能区转移支付力度,完善生态保护成效与资金分配挂钩的激励约束机制。鼓励地方在重点生态区位推行商品林赎买制度。健全地区间、流域上下游之间横向生态保护补偿机制,探索建立生态产品购买、森林碳汇等市场化补偿制度。建立长江流域重点水域禁捕补偿制度。推行生态建设和保护以工代赈做法,提供更多生态公益岗位。

第五,加快推动乡村组织振兴。乡村振兴,组织振兴是基石。基础不牢,地动山摇。“火车跑得快,全靠车头带”,在实现乡村振兴的过程中,基层党组织是“指挥所”更是“先锋队”,要更好地发挥基层党组织的作用。

一是完善党的农村工作领导体制机制。各级党委和政府要坚持工业农业一起抓、城市农村一起抓,把农业农村优先发展原则体现到各个方面。健全党委统一领导、政府负责、党委农村工作部门统筹协调的农村工作领导体制。建立实施乡村振兴战略领导责任制,实行中央统筹、省负总责、市县抓落实的工作机制。党政一把手是第一责任人,五级书记抓乡村振兴。县委书记要下大气力抓好“三农”工作,当好乡村振兴“一线总指挥”。各部门要按照职责,加强工作指导,强化资源要素支持和制度供给,做好协同配合,形成乡村振兴工作合力。

二是加强农村基层党组织建设。扎实推进抓党建促乡村振兴,突出政治功能,提升组织力,抓乡促村,把农村基层党组织建成坚强战斗堡垒。强化农村基层党组织领导核心地位,创新组织设置和活动方式,持续整顿软弱涣散村党组织,稳妥有序开展不合格党员处置工作,着力引导农村党员发挥先锋模范作用。建立选派第一书记工作长效机制,全面向贫困村、软弱涣散村和集体经济薄弱村党组织派出第一书记。实施农村带头人队伍整体优化提升行动,注重吸引高校毕业生、农民工、机关企事业单位优秀党员干部到村任职,选优配强村党组织书记。健全从优秀村党组织书记中选拔乡镇领导干部、考录乡镇机关公务员、招聘乡镇事业编制人员制度。加大在优秀青年农民中发展党员力度。建立农村党员定期培训制度。全面落实村级组织运转经费保障政策。推行村级小微权力清单制度,加大基层小微权力腐败惩处力度。严厉整治惠农补贴、集体资产管理、土地征收等领域侵害农民利益的不正之风和腐败问题。

三是加强"三农"工作队伍建设。把懂农业、爱农村、爱农民作为基本要求,加强"三农"工作干部队伍培养、配备、管理、使用。各级党委和政府主要领导干部要懂"三农"工作、会抓"三农"工作,分管领导要真正成为"三农"工作行家里手。制定并实施培训计划,全面提升"三农"干部队伍能力和水平。拓宽县级"三农"工作部门和乡镇干部来源渠道。把到农村一线工作锻炼作为培养干部的重要途径,注重提拔使用实绩优秀的干部,形成人才向农村基层一线流动的用人导向。

六、推进区域经济协调发展

区域协调发展是我国现代化经济强国建设的重要内容,也是社会主义经济建设的重大战略选择。党的十八大以来,以习近平同志为核心的党中央着力推进区域协调发展,形成以"一带一路"建设、京津冀协同发展、长江经济带发展三大战略为引领,统筹推进西部大开发、东北振兴、中部崛起和东部率先发展四大板块联动发展的区域发展总体格局,区域发展协同性不断增强。

(一)深化区域经济协调发展战略研究

党的十九大立足于我国社会主要矛盾的转化,着力解决发展不平衡不充分问题,以全方位、系统化视角,提出实施区域协调发展战略,这是以习近平同志为核心的党中央着眼于新时代建设现代化经济体系,针对区域协调发展新特征作出的重大战略部署,契合经济发展的历史逻辑、理论逻辑和实践逻辑,具有深远的历史意义和现实意义。

——理论视角:区域发展与区域协调

在人类历史的发展过程中,不同发展阶段影响区域发展的因素是不同的。工业化前期阶段,影响农业发展的是农业自然资源条件,如气候、水、土地资源等,对区域发展具有根本性作用;工业化阶段,煤、铁、石油、天然气、有色金属和非金属矿产资源在区域发展中处于支配和中心地位,这些都是影响区域发展的传统因素。进入工业化后期,信息化、全球化、人力资本、制度等因素的重要性不断上升,成为主导区域发展的新因素。很长时间内,区域发展被认为是单纯的经济行为,因此区域发展的过程就被理解为简单的工业化过程。因此,许多早期的区域发展理论都是以经济增长为核心的,追求最大增长原则。随着区域发展研究和实践的不断深化,越来越多的人意识到区域发展的过程并不仅仅是经济行为,还是社会行为,更重要的是对自然生态系统产生的效益将直接反馈到长远的经济效益方面。着眼于区域发展的综合过程、追求区域发展综合效益就成为当代区域发展的新指向。影响区域发展过程的变量不一定只是经济因素,也包括社会价值观、环境伦理观、生态文明水平等非经济因素。

20 世纪 70 年代,由于经济增长停滞、结构矛盾突出、社会问题严重、环境日益恶化,区域发展的经济社会内涵被拓展为收入的持续增加、技术进步、产业结构升级、对外经济联系的扩大、需求结构变化、制度变革等一系列经济社会过程,影响区域发展因素也随之出现了许多新内容,尤其是和人类活动相关的文化因素。如今,信息化、国际化、科技发展和创新能力等已成为影响我国区域发展的新因素,使得我国区域发展过程与格局出现了较大变化。新因素对于区域发展格局形成与演化的作用机制也在发生着变化。如新产业空间形成的主导因素、区域比较优势、区域竞争力等,改变了以往自然资源条件、交通地理位置等传统因素主导的格局,而以科技创新为主体的区域创新能力、体制优势、文化和价值观的包容性等影响作用越来越大。

区域协调发展是指各区域在发展过程中,区域之间关系日益密切、相互依赖日益加深、发展上关联互动,使区域间的经济差异稳定在合理、适度的范围内,各区域优势互补、共同发展、共同繁荣,从而达到各区域经济均衡持续发展的过程。

从理论上看,衡量区域发展是否协调有四个指标:1.区域经济发展的差距能否控制在合理区间,具体衡量的指标就是人均地区生产总值。2.各地区的老百姓能否享受到均等化的基本公共服务。基本公共服务是在区域经济差距缩小的进程中,政府提供给老百姓的公共产品,是应早于经济差距缩小而实现的。3.不同地区各自的比较优势能否得到充分发挥,这也是区域协调发展的根本动力。4.人与自然的关系能否处在和谐共生的状态。

人是区域发展最活跃的因素,是区域协调发展的核心,区域协调发展最终体现在人的获得感均等、公平。2017 年 12 月,在中央经济工作会议上,习近平总书记指出,“均等”“平衡”“相当”是我国区域协调发展的目标。一是基本公共服务均等化。基本公共服务是最基本的民生需求,范围包括公共教育、就业创业、社会保险、医疗卫生、社会服务、住房保障、文化体育、残疾人服务等八个领域。基本公共服务均等化是指全体公民都能公平地获得大致均等的基本公共服务。二是基础设施通达程度比较均衡。基础设施对经济增长有重要影响。基础设施水平的高低往往决定了一个地区贸易成本的大小,各地区内以及地区间贸易成本的不同又决定了产业的空间分布,进而影响各地福利水平与社会总效率。三是人民生活水平大体相当。实施区域协调发展战略,要践行以人民为中心的发展思想,坚持共享发展,解决好收入差距问题,使发展成果更多更公平惠及全体人民。要落实好区域协调发展战略,促进各地区协同推进现代化建设,努力实现全体人民共同富裕。

新时代实施区域协调发展战略有重大意义。实施区域协调发展战略是拓展区域发展新空间的内在要求。随着大规模基础设施特别是高速铁路网和通信网的建设,我国区域间互联互通达到前所未有的水平,为从整体上形成东西南北纵横联动区域发展新格局创造了条件。实施区域协调发展战略,将区域、城乡、陆海等不同类型、不同功能的区域纳入国家战略层面统筹规划、整体部署,推动区域互动、城乡联动、陆海统筹,这对于优化空间结构、拓展区域发展新空间具有重大战略意义。①

实施区域协调发展战略是建设现代化经济体系的重要组成部分。当前,我国经济已由高速增长阶段转向高质量发展阶段,区域经济发展必须加快转变发展方式、优化经济结构和转换增长动力。实施区域协调发展战略,推动各区域充分发挥比较优势,深化区际分工;促进要素有序自由流动,提高资源空间配置效率;缩小基本公共服务差距,使各地区群众享有均等化的基本公共服务;推动各地区依据主体功能定位发展,促进人口、经济和资源、环境的空间均

① 王一鸣:《实施区域协调发展战略》,《经济日报》2017 年 11 月 16 日。

衡,进而实现各区域更高质量、更有效率、更加公平、更可持续的发展。

实施区域协调发展战略是实现"两个一百年"奋斗目标的重大举措。全面建成小康社会,要突出抓重点、补短板、强弱项。要紧紧抓住集中连片特殊困难地区这个重点,农村贫困人口脱贫这个短板,坚决打好精准脱贫攻坚战。实施区域协调发展战略,促进各地区协同推进现代化建设,努力实现全体人民共同富裕。

——战略视角:区域发展空间格局与区域发展战略新内涵

从我国经济发展不同历史阶段看,不论是20世纪50年代提出处理好沿海工业和内地工业关系,还是到20世纪80年代提出"两个大局"战略构想,到提出实施西部大开发战略、振兴东北地区等老工业基地,每个阶段都着眼于解决各种不协调问题,推动形成更高层次的均衡发展。特别是党的十八大以来,以习近平同志为核心的党中央积极推进"一带一路"建设、京津冀协同发展和长江经济带,统筹推进西部大开发、东北振兴、中部崛起和东部率先发展四大板块,通过大破大立,重塑了经济格局,开创了发展新局面。

我国区域经济发展空间格局重塑。改革开放以来,根据区域经济发展的过程分析,我们大体可以把区域发展战略与政策的转变分为四个不同的阶段。即,1979—1998年向沿海倾斜的不平衡发展阶段,1999—2011年区域发展总体战略实施阶段,2012—2017年经济区与经济带相结合的全面协调发展阶段,2017年后实施区域协调发展战略的阶段。

2012年召开的党的十八大,以及2015年通过的国家"十三五"规划,对新常态下我国的区域经济发展战略提出了新的思路。2014年12月,中央经济工作会议明确提出"要重点实施'一带一路'建设、京津冀协同发展和长江经济带三大战略"。此后,作为我国经济发展在空间格局上的重大创新,"三大战略"的顶层设计逐渐落实为具体行动。目前,"三大战略"已基本成型,覆盖我国大部分地区。"三大战略"范围内容纳的人口、经济体量在全国都有举足轻重的地位,彼此间存在紧密联系,共同构成当代我国区域经济空间格局的骨架。

"一带一路"是指"丝绸之路经济带"和"21世纪海上丝绸之路"。丝绸之路经济带沿线包括30个国家,人口22亿人,GDP总规模16万亿美元。作为区域经济发展战略,覆盖国内省份以中西部地区为主,通过丝绸之路经济带建设,可以对接欧、亚、非国家,展开经济交流和经贸合作,充分发挥地缘优势。

丝绸之路经济带以亚欧大陆桥为主交通轴，一路延伸，在我国范围内覆盖天山北坡城市群、兰西城市群、宁夏沿黄城市群、关中地区，并沿铁路延伸辐射至中原城市群和东部沿海，向西南地区拓展至成渝城市群和滇中城市群。

丝绸之路经济带上，经济发展程度较高的是成渝城市群和关中城市群，是丝绸之路经济带的核心城市群。丝绸之路经济带对沿线城市进行充分的要素整合，关中城市群高校云集，是西部地区唯一的高新技术产业开发带，能源矿产资源丰富；成渝城市群劳动力充足，水能资源丰富；天山北坡城市群、兰西城市群、滇中城市群拥有丰富的自然资源储备，包括能源、有色金属等。丝绸之路经济带沿线地区具有不同的要素禀赋优势，通过政策引导，可加强彼此之间的经济联系，推动实现区域协同发展。

21 世纪海上丝绸之路覆盖了三个国家级城市群，即长三角城市群、海峡西岸城市群、珠三角城市群。此外，还有区域性城市群北部湾城市群。海峡西岸城市群经济发展水平和对外开放程度高，同时作为著名侨乡，是对外交流历史文化软实力的重要支撑，是建设 21 世纪海上丝绸之路的核心。长三角城市群发展水平较高，区域一体化基础较好，通过 21 世纪海上丝绸之路建设，可增强上海自贸试验区的辐射带动效应。珠三角城市群经济基础良好，与沿线国家航线短，区位优势明显，有重要的港口城市和国际空港，是 21 世纪海上丝绸之路的前沿阵地。北部湾城市群是中国同东盟合作的重要门户，是建设 21 世纪海上丝绸之路的重要通道。

京津冀协同发展的地域范围包括京、津、冀三省市，总人口超过 1 亿人，地区生产总值占全国的 1/10 以上，是环渤海经济圈的核心区域，辐射山东、辽宁。作为我国经济第三增长极，京津冀协同发展意义重大，是国家层面的重要战略。通过对京津冀三地的要素整合，推动产业升级转移，构建交通一体化网络，扩大环境容量生态空间，实现区域协同发展，可对其他地区开展区域合作起到示范作用。

长江经济带是承东启西、对接"一带一路"的核心经济带，包括 11 个省市，人口约 6 亿人，GDP 总量超过全国的 40%。它是我国区域经济发展的重要引擎，包括长三角城市群、长江中游城市群、成渝城市群三个国家级城市群及滇中城市群和黔中城市群两个区域性城市群。其沿线城市群发展水平梯度差异较明显，自西向东发展水平依次提高，形成以长三角城市群为龙头，长江中游城市群和成渝城市群为重要支撑，以滇中城市群和黔中城市群为补充的格局。

新时代实施区域协调发展战略的新内涵。党的十九大报告把我国此前实施的区域发展总体战略首次提升为区域协调发展战略，这既是对原有区域发展战略的丰富完善，也是对坚持区域协调发展的全面提升，并赋予其重大历史使命，战略指向十分明确。

将加大对老少边穷等短板区域的扶持摆在重要位置。党的十九大报告明确提出加大力度支持革命老区、民族地区、边疆地区、贫困地区加快发展，这表明弱势地区的发展成为影响区域协调发展的关键短板。要坚定不移实施精准脱贫，确保全面建成小康社会之际解决区域性整体贫困，不断增强落后地区的自我发展能力；拓展灵活多样的资金、项目、技术、智力等扶持方式，创新政府部门、企业、社会组织等多元化主体对口帮扶的模式；建立规范稳定的转移支付、扶持协作机制；吸引更多的人才投身开发建设。①

优化调整东、中、西、东北四大地区发展战略的重点任务。党的十九大报告对四大地区发展战略重点作出了明确论述，要求“强化举措推进西部大开发形成新格局，深化改革加快东北等老工业基地振兴，发挥优势推动中部地区崛起，创新引领率先实现东部地区优化发展”。西部开发要紧抓贫困地区脱贫这一历史机遇，继续巩固基础设施建设和生态环境保护，着力加强特色优势产业发展和提升内生发展能力，稳步提高基本公共服务均等化水平，确保同步实现全面建成小康社会进而开启现代化建设进程。东北振兴要针对体制性和结构性矛盾加大改革力度，围绕人才流失多等突出问题重点突破，促进政府职能、营商环境、思想观念的转变和市场化水平的提升。中部崛起要强化区位交通优势，加快承接东部产业转移和拓展西部市场，重点培育特色优势产业集群，增强中心城市和重点城市群的集聚功能，促进形成要素顺畅流动和资源高效配置的格局。东部率先要强化作为改革开放创新领头羊的使命担当，推动产业转型升级和创新驱动发展。

强化城市群在推进新型城镇化中的主体地位。党的十九大报告提出以城市群为主体构建大中小城市和小城镇协调发展的城镇格局，表明城市群不仅在形态上，而且在规划、建设等各方面都将在推进新型城镇化进程中占有主体地位，明确了未来我国新型城镇化的模式、路径和重点。要优化提升东部发达

---

① 高国力：《深入实施区域协调发展战略》，《经济日报》2017 年 11 月 3 日。

地区城市群,加强城市间分工协同,引导超大特大城市功能合理疏解;培育发展中西部城市群,促进集中集聚集约化发展,强化中心城市辐射带动功能,积极承接东部产业转移和吸纳返乡农民工,加快建设成为人口就地城镇化的主要载体;以城市群为抓手促进大中小城市协调发展,合理控制超大特大城市规模,加快培育新生中小城市,推进特色小镇多样化建设;理性引导城市群的规划和建设,避免贪大贪多贪快,加强城市群治理机制的创新,建立城市群发展的监测、评估指标和方法,促进城市群健康有序发展。

突出国家重大区域发展战略的引领带动作用。党的十九大报告提出"以疏解北京非首都功能为'牛鼻子'推动京津冀协同发展,高起点规划、高标准建设雄安新区。以共抓大保护、不搞大开发为导向推动长江经济带发展"。这表明以京津冀协同发展、长江经济带发展等为主的国家重大区域发展战略对于推动我国区域协调发展意义重大。要以雄安新区的规划、开发和建设作为重大历史性机遇,带动北京非首都功能疏解,促进京津冀形成交通互联、生态共治、产业关联的分工协作格局,探索人口和经济密集区域优化开发新模式。发挥长江经济带联通东中西部地区的独特优势,加快沿江基础设施建设和生态环境保护,优化沿江城镇、人口和产业空间布局,强化重点城市群的集聚辐射功能,建设成为促进东中西区域协调发展的重要支撑带。加强"一带一路"建设与国家重大区域战略统筹对接,明确不同区域对接"一带一路"的重点方向,统筹布局安排,促进形成重点区域内外开放的良性互动。

全面推进主体功能区配套政策完善和市县层面落地。党的十九大报告明确提出"构建国土空间开发保护制度,完善主体功能区配套政策","形成节约资源和保护环境的空间格局、产业结构、生产方式、生活方式"。对于我国国土面积大、人口分布广、资源环境禀赋差异性强的基本国情,主体功能区成为建设生态文明和美丽中国的重要支撑和保障。要继续推进主体功能区建设试点示范,总结经验教训及时推广完善,支持形成主体功能区建设的多样化模式和路径。加强不同部门和地区间统筹协调,加快建立政策沟通和评估机制,促进形成政策合力,确保政策实施的有效可行,为主体功能区市县层面有效落地提供有力支撑。

——现实视角:区域协调发展重大成效与面临的问题

改革开放 40 年来,特别是党的十八大以来,我国区域经济发展战略有效实施,促进了区域经济快速发展,加快了经济结构的优化升级,区域协调发展取得重大成效。在肯定成绩的同时,更要看到当前区域协调发展中还存在诸多问题。

党的十八大以来区域协调发展的主要成效。党的十九大报告在关于"过去五年的工作和历史性变革"的相关内容中,主要从三个方面论述和肯定了我国区域发展取得的成效。一是"城镇化率年均提高一点二个百分点,八千多万农业转移人口成为城镇居民"。从过去五年的城镇化发展实践看,农业转移人口市民化步伐不断加快,城镇化率从52.6%提高到58.5%。六千多万贫困人口稳定脱贫,年均脱贫1300多万人,贫困发生率从10.2%下降到4%以下。二是"区域发展协调性增强,'一带一路'建设、京津冀协同发展、长江经济带发展成效显著"。区域发展的协调性增强主要表现为持续推进"西部开发、东北振兴、中部崛起、东部率先"四大地区发展战略,四大地区间发展差距得到有效控制。三是"生态文明制度体系加快形成,主体功能区制度逐步健全,国家公园体制试点积极推进"。资源有偿使用和生态补偿制度稳步探索,环境治理体系改革力度加大,空间规划体系改革试点全面启动。以三江源作为我国首个国家公园体制试点,相继在东、中、西、东北四大地区分别启动了国家公园体制试点。

区域协调发展面临的问题。城乡发展不平衡、区域发展不平衡是我国发展不平衡不充分中尚未解决的突出问题,也是区域协调发展中存在的主要问题。

地区之间发展水平的差距还比较大。由于自然、地理和社会历史等多重原因,我国地区之间经济发展长期存在较大差别。虽然近年来我国区域发展差距加速扩大的势头有所减缓,但区域间人均发展水平的差距仍然过大,而且呈继续扩大的态势。从我国区域经济布局的四大板块来看,2017年我国东、中、西和东北四大区域数字中国发展指数分别为74.2、70.7、68.6和69.8,东部地区数字中国发展水平优势明显;从增速看,东部地区2017年数字中国发展指数同比增长2.26%,同样高于中部(2.1%)、西部(1.26%)和东北(0.89%),反映出发展水平差距呈现不断加大趋势。2017年统计年鉴资料显示,东部地区GDP占52.6%,中部地区占21%,西部地区占20%,东北地区占6.5%,四大板块不平衡问题依然突出。从2016年人均GDP、国土经济密度(每平方公里GDP)和交通建设用地占比(反映城市路网发达程度)看,发达省份与欠发达省份平均差距为4—6倍,地区差异依然很大。

基本公共服务仍有较大的短板。近年来,虽然我国地区间基本公共服务均等化水平有所提高,但这些指标都是按照常住人口来计算,公共资源也更多是按照户籍人口进行分配的,因此真正受益的对象多为本地户籍人口,在医疗卫生、社保、教育等领域尤其突出,这导致区域间的基本公共服务差距远比指标反映的更为严重。基本公共服务仍然存在有效供给不足、总体水平偏低、城乡和区域发展不平衡、中小城镇公共服务缺乏吸引力等问题。基本公共服务的规模和质量难以满足群众日益增长的需求;农村、贫困地区和针对社会弱势群体的基本公共服务尚未得到充分保障。

资源禀赋错配发展仍未得到有效解决。区域协调发展的一个重要方面是合理有效地发挥各地区的比较优势,从而实现全国整体利益的最大化。但是长期以来,我国一直存在资源禀赋错配发展的问题。一些地方政府出于政绩考核和地方财政的需要,没有充分考虑自身的自然地理条件和比较优势,"捡到篮子里都是菜",盲目招商上项目,破坏产业链条的连接和延伸,圈地盘抢资源,搞无序低效竞争,导致产业同构、同质化,自然资源被低效率使用,这已成为制约我国区域协调发展的重要瓶颈。当前,我国的经济发展正面临着资源和环境的双重约束,中西部等后发地区在发展中面临更加严峻的考验,缩小与东部地区的差距将更为困难。同时,中西部地区生态比较脆弱,产业梯次转移、能源资源开发也对生态环境造成一定的负面影响,资源环境约束压力不断增大,迫切要求加快经济增长方式转型。

区域协调发展的体制机制还不够健全。目前我国的区域协调组织尚处在一种松散的模式下,缺乏政策的集体约束力,无法形成稳定的制度结构。由于我国传统的行政区和经济区相分割,以及传统的地方政府政绩考核指标,都导致地方政府更多地追求任职任期的短期利益,缺乏区域长期合作的积极性。所以当前区域协调发展的体制机制不完善,城乡区域间制度设计不衔接,条块分割、行政封锁、利益藩篱导致资源配置不合理等问题较为突出,已经成为制约区域协调发展的短板。

——实践视角:实施区域协调发展战略的路径选择

现代化经济体系建设内部的各个部分、方面、要素之间都是相互联系、相互制约的。当前我国经济发展进入新常态,经济社会能否实现高质量发展,并不取决于东部、局部发达城市的发展,而是取决于能否有效解决制约经济发展的短板因素。围绕党的十九大报告提出的新时代我国区域协调发展战略的主要任务，要加快制度创新步伐，突破制约区域协调发展的瓶颈制约，推动区域协调发展。

构建高质量的区域协调发展体系。一是区域发展国家战略要实现精准突破。京津冀协同发展以疏解北京非首都功能为重点，规划建设雄安新区；以生态优先、绿色发展为引领，以共抓大保护、不搞大开发为导向推动长江经济带发展；围绕"一带一路"建设，要创新对外投资方式，集中精力和资源加强开放合作。二是东中西部协调发展要实施差异化战略。要强化举措推进西部大开发形成新格局，深化改革加快东北等老工业基地振兴，发挥优势推动中部地区崛起。规划建设粤港澳大湾区，发挥其创新引领的示范作用，形成东部地区优化发展的新优势。三是要补齐区域发展的短板。要大力支持革命老区、民族地区、边疆地区、贫困地区改善基础设施，提高基本公共服务能力。四是绿色发展理念在区域发展中进一步体现，严格实施主体功能区制度，规范国土空间开发秩序，完善生态补偿和交易机制。

构建以城市群为核心的城镇协调发展格局。城市群是区域协调发展的重要平台和支撑，提高城市群质量，关键是形成大中小城市协调发展的城镇格局。一要优化提升东部地区城市群、培育发展中西部地区城市群。优先发展京津冀、长三角、珠三角三大城市群，推进东北地区、中原地区、长江中游、成渝地区、关中平原等城市群建设，加强城市间协同发展，形成一批能参与国际合作和竞争、促进区域协调发展的城市群。二要强化大城市对中小城市的辐射和带动作用。完善城市群协调机制，推动城际快速交通体系建设，促进城市间产业分工、基础设施、生态保护、环境治理等协调联动，构建大中小城市及小城镇协调发展的城镇格局。选择城镇体系健全、资源环境承载能力强、辐射带动作用强的区域，培育区域性城市群、新生中小城市，推进特色小镇多样化建设。

构建全方位的区域开放新布局。推动形成对外开放新格局中的区域开放布局。依托"一带一路"，构建对外开放的空间新格局，需要统筹内陆和沿边的双向开放。要以"一带一路"建设为重点，形成陆海内外联动、东西双向互济的开放格局。西部和东北地区要谋划与"一带一路"建设的对接，建设对外开放大通道、大平台、大布局，形成新动能，释放区域发展潜力；东部地区需要积极参与全球经济合作和竞争，以服务贸易为重点推动形成区域开放新高地；内陆和沿边地区要加快基础设施建设，扩大与"一带一路"沿线国家的贸易投资规模，加快沿边口岸建设，在扩大开放中促进区域协调发展。

构建利益共享的区域协调发展机制。一要完善政府协调机制。对于重大区域发展战略与规划要完善其实施机制，积极协调各区域、各部门利益关系，着力推进区域发展战略和规划的实施。积极推进基本公共服务均等化，在社会事业发展的规划过程中，应当适当地向中西部倾斜，将更多的设施、项目和公共事业机构安排到中西部地区。二要发挥市场机制的决定性作用。进一步加快市场经济体制改革，清理废除妨碍市场公平的各种规定和做法，加快生产要素在不同区域间的优化配置，加快建立全国统一开放、竞争有序的市场体系。三要建立健全区际利益补偿机制。建立健全生态补偿机制，在重点生态功能区深入开展补偿示范区建设。建立资源利用区与资源开采区之间利益补偿机制，从制度上保证资源开采区利益，促进不同区域之间利益协调平衡。

（二）加快推进“一带一路”建设战略思想

“一带一路”是“丝绸之路经济带”和“21 世纪海上丝绸之路”的简称，2013 年 9 月和 10 月由中国国家主席习近平分别提出建设“丝绸之路经济带”和“21 世纪海上丝绸之路”的战略构想。“一带一路”旨在借用古代丝绸之路的历史符号，高举和平发展的旗帜，以构建人类命运共同体为主题，积极发展与沿线国家的经济合作伙伴关系，共同打造政治互信、经济融合、文化包容的利益共同体、命运共同体和责任共同体。2015 年 3 月 28 日，国家发展改革委、外交部、商务部联合发布了《推动共建丝绸之路经济带和 21 世纪海上丝绸之路的愿景与行动》。

——加快推进“一带一路”建设具有重大战略意义。

“一带一路”源于历史上的陆、海两条丝绸之路，“一带一路”倡议与世界区域经济发展新格局新变化相呼应，“一带一路”建设是中国积极融入世界经济体系的新作为。在历史上，丝绸之路是起始于古代中国，连接亚洲、非洲和欧洲的古代陆上商业贸易路线，最初的作用是运输古代中国出产的丝绸、瓷器等商品，后来成为东方与西方之间在经济、政治、文化等诸多方面进行交流的主要道路。1877 年，德国地理学家李希霍芬在其著作《中国》一书中，把“从公元前 114 年至公元 127 年间，中国与中亚、中国与印度间以丝绸贸易为媒介的这条西域交通道路”命名为“丝绸之路”，这一名词很快被学术界和大众所接受，并正式运用。

丝绸之路从运输方式上，主要分为陆上丝绸之路和海上丝绸之路。陆上丝绸之路，是指西汉（前202—8年）汉武帝派张骞出使西域开辟的以首都长安（今西安）为起点，经凉州、酒泉、瓜州、敦煌、中亚国家、阿富汗、伊朗、伊拉克、叙利亚等而达地中海，以罗马为终点，全长6440公里。这条路被认为是联结亚欧大陆的古代东西方文明的交汇之路，而丝绸则是最具代表性的货物。海上丝绸之路，是指古代中国与世界其他地区进行经济文化交流交往的海上通道，最早开辟也始于秦汉时期，从广州、泉州、宁波、扬州等沿海城市出发，从南洋到阿拉伯海，甚至远达非洲东海岸的海上贸易的“海上丝绸之路”。随着时代发展，丝绸之路成为古代中国与西方所有政治经济文化往来通道的统称。除了“陆上丝绸之路”和“海上丝绸之路”，还有北向蒙古高原，再西行天山北麓进入中亚的“草原丝绸之路”等。

“一带一路”倡议与世界区域经济发展新格局新变化相呼应。当今世界正发生复杂深刻的变化，国际金融危机深层次影响继续显现，世界经济缓慢复苏、发展分化，国际投资贸易格局和多边投资贸易规则酝酿深刻调整，各国面临的发展问题依然严峻。共建“一带一路”顺应世界多极化、经济全球化、文化多样化、社会信息化的潮流，秉持开放的区域合作精神，致力于维护全球自由贸易体系和开放型世界经济。共建“一带一路”旨在促进经济要素有序自由流动、资源高效配置和市场深度融合，推动沿线各国实现经济政策协调，开展更大范围、更高水平、更深层次的区域合作，共同打造开放、包容、均衡、普惠的区域经济合作架构。共建“一带一路”符合国际社会的根本利益，彰显人类社会共同理想和美好追求，是国际合作以及全球治理新模式的积极探索，将为世界和平发展增添新的正能量。

共建“一带一路”致力于亚欧非大陆及附近海洋的互联互通，建立和加强沿线各国互联互通伙伴关系，构建全方位、多层次、复合型的互联互通网络，实现沿线各国多元、自主、平衡、可持续的发展。“一带一路”的互联互通项目将推动沿线各国发展战略的对接与耦合，发掘区域内市场的潜力，促进投资和消费，创造需求和就业，增进沿线各国人民的人文交流与文明互鉴，让各国人民相逢相知、互信互敬，共享和谐、安宁、富裕的生活。

“一带一路”建设是中国积极融入世界经济体系的新作为。我国改革开放事业取得了巨大成就，以开放促改革是中国改革开放的基本经验，其成功秘诀在于通过主动融入世界市场积极参与全球竞争。新时代迫切需要加强以“一带一路”为引领构建开放型经济新体制，通过融入国际治理和开展企业间的跨国产权合作,全面统筹促进国内各领域改革发展,全面建设社会主义现代化经济强国。经过 40 年的改革开放,我国经济正在实行从“引进来”到“引进来”和“走出去”并重的重大转变,已经出现了市场、资源能源、投资“三头”对外深度融合的新局面。新时代坚持对外开放的基本国策,推进“一带一路”建设,构建全方位开放新格局,深度融入世界经济体系,既是中国扩大和深化对外开放的需要,也是加强和亚欧非及世界各国互利合作的需要。

新时代推进“一带一路”建设的重大意义。“一带一路”战略目标是要建立一个政治互信、经济融合、文化包容的利益共同体、命运共同体和责任共同体,是包括欧亚大陆在内的世界各国,构建一个互惠互利的利益、命运和责任共同体。“一带一路”是中国与丝路沿线国家分享优质产能,共商项目投资、共建基础设施、共享合作成果,内容包括道路联通、贸易畅通、货币流通、政策沟通、人心相通等“五通”。“一带一路”建设肩负着三大使命:

一是探寻经济增长之道。“一带一路”是在后金融危机时代,作为世界经济增长火车头的中国,将自身的产能优势、技术与资金优势、经验与模式优势转化为市场与合作优势,实行全方位开放的一大创新。通过“一带一路”建设共同分享中国改革发展红利、中国发展的经验和教训。中国将着力推动沿线国家间实现合作与对话,建立更加平等均衡的新型全球发展伙伴关系,夯实世界经济长期稳定发展的基础。习近平指出,“一带一路”贯穿欧亚大陆,东边连接亚太经济圈,西边进入欧洲经济圈,大致涉及六十五个国家,总人口四十四亿,生产总值二十三万亿美元,分别占全球的百分之六十二点五、百分之二十八点六。通过“一带一路”建设把沿线国家团结起来,我们就可以在全球和地区大竞争中站稳脚跟、赢得主动。① 以“一带一路”建设为契机,开展跨国互联互通,提高贸易和投资合作水平,推动国际产能和装备制造合作,本质上是通过提高有效供给来催生新的需求,实现世界经济再平衡。特别是在当前世界经济持续低迷的情况下,如果能够使顺周期下形成的巨大产能和建设能力走出去,支持沿线国家推进工业化、现代化和提高基础设施水平的迫切需要,有利于稳定当前世界经济形势。

二是实现全球化再平衡。传统全球化由海而起,由海而生,沿海地区、海

---

① 习近平:《在推进“一带一路”建设工作座谈会上的讲话》(2016 年 8 月 17 日),中共中央文献研究室编:《习近平关于社会主义经济建设论述摘编》,中央文献出版社 2017 年版,第 276 页。

洋国家先发展起来，陆上国家、内地则较落后，形成巨大的贫富差距。传统全球化由欧洲开辟，由美国发扬光大，形成国际秩序的“西方中心论”，导致东方从属于西方、农村从属于城市、陆地从属于海洋等一系列不平衡不合理效应。如今，“一带一路”正在推动全球再平衡。“一带一路”鼓励向西开放，带动西部开发以及中亚、蒙古国等内陆国家和地区的开发，在国际社会推行全球化的包容性发展理念；同时，“一带一路”是中国主动向西推广中国优质产能和比较优势产业，将使沿线国家首先获益，也改变了历史上中亚等丝绸之路沿途地带只是作为东西方贸易、文化交流的过道而成为发展“洼地”的面貌。这就超越了欧洲人所开创的全球化造成的贫富差距、地区发展不平衡，推动建立持久和平、普遍安全、共同繁荣的和谐世界。

三是开创地区新型合作。中国改革开放是当今世界最大的创新，“一带一路”作为全方位对外开放战略，正在以经济走廊理论、经济带理论、21 世纪的国际合作理论等创新经济发展理论、区域合作理论、全球化理论。“一带一路”强调共商、共建、共享原则，超越了“马歇尔计划”、对外援助以及走出去战略，给 21 世纪的国际合作带来新的理念。比如，“经济带”概念就是对地区经济合作模式的创新，其中经济走廊——中蒙俄经济走廊、新亚欧大陆桥、中国—中亚经济走廊、孟中印缅经济走廊、中国—中南半岛经济走廊等，以经济增长极辐射周边，超越了传统发展经济学理论。“丝绸之路经济带”概念，不同于历史上所出现的各类“经济区”与“经济联盟”，同以上两者相比，经济带具有灵活性高、适用性广以及可操作性强的特点，各国都是平等的参与者，本着自愿参与，协同推进的原则，发扬古丝绸之路兼容并包的精神。

——新时代推进“一带一路”建设的基本原则。

恪守联合国宪章的宗旨和原则。遵守和平共处五项原则，即尊重各国主权和领土完整、互不侵犯、互不干涉内政、平等互利、和平共处。一是坚持开放合作。“一带一路”相关的国家基于但不限于古代丝绸之路的范围，各国和国际、地区组织均可参与，让共建成果惠及更广泛的区域。二是坚持和谐包容。倡导文明宽容，尊重各国发展道路和模式的选择，加强不同文明之间的对话，求同存异、兼容并蓄、和平共处、共生共荣。坚持市场运作。遵循市场规律和国际通行规则，充分发挥市场在资源配置中的决定性作用和各类企业的主体作用，同时发挥好政府的作用。三是坚持互利共赢。兼顾各方利益和关切，寻求利益契合点和合作最大公约数，体现各方智慧和创意，各施所长，各尽所能，把各方优势和潜力充分发挥出来。① 习近平指出，通过"一带一路"建设，我们将开展更大范围、更高水平、更深层次的区域合作，共同打造开放、包容、均衡、普惠的区域合作架构。②

坚持共商共建共享原则。习近平指出，"一带一路"建设秉持的是共商、共建、共享原则，不是封闭的，而是开放包容的；不是中国一家的独奏，而是沿线国家的合唱。"一带一路"建设不是要替代现有地区合作机制和倡议，而是要在已有基础上，推动沿线国家实现发展战略相互对接、优势互补。③ 东南亚地区自古以来就是海上丝绸之路的重要枢纽，中国愿同东盟国家加强海上合作，使用好中国政府设立的中国—东盟海上合作基金，发展好海洋合作伙伴关系，共同建设21世纪海上丝绸之路。中国愿通过扩大同东盟国家各领域务实合作，互通有无、优势互补，同东盟国家共享机遇、共迎挑战，实现共同发展、共同繁荣。④ "一带一路"是全世界的共同发展机遇。新时代需要新思维。"一带一路"建设将为中国和沿线国家共同发展带来巨大机遇。"一带一路"是开放的，是穿越非洲、环连亚欧的广阔"朋友圈"，所有感兴趣的国家都可以添加进入"朋友圈"。"一带一路"是多元的，涵盖各个合作领域，合作形式也可以多种多样。"一带一路"是共赢的，各国共同参与，遵循共商共建共享原则，实现共同发展繁荣。这条路不是某一方的私家小路，而是大家携手前进的阳光大道。

坚持互利共赢原则。在中央财经领导小组第八次会议上，习近平指出，推进"一带一路"建设，要诚心诚意对待沿线国家，做到言必信、行必果。要本着互利共赢的原则同沿线国家开展合作，让沿线国家得益于我国发展。要实行包容发展，坚持各国共享机遇、共迎挑战、共创繁荣。要做好"一带一路"总体布局，尽早确定今后几年的时间表、路线图，要有早期收获计划和领域。推进

① 国家发展改革委、外交部、商务部：《推动共建丝绸之路经济带和21世纪海上丝绸之路的愿景与行动》（2015年3月28日）。

② 习近平：《发挥亚太引领作用　应对世界经济挑战》（2015年11月18日），《人民日报》2015年11月19日。

③ 习近平：《迈向命运共同体　开创亚洲新未来》（2015年3月28日），《人民日报》2015年3月29日。

④ 习近平：《携手建设中国—东盟命运共同体》（2013年10月3日），《人民日报》2013年10月4日。

“一带一路”建设要抓落实，由易到难、由近及远，以点带线、由线到面，扎实开展经贸合作，扎实推进重点项目建设，脚踏实地、一步一步干起来。在十八届中央政治局第三十一次集体学习时，习近平指出，“一带一路”建设是我国在新的历史条件下实行全方位对外开放的重大举措、推行互利共赢的重要平台。我们必须以更高的站位、更广的视野，在吸取和借鉴历史经验的基础上，以创新的理念和创新的思维，扎扎实实做好各项工作，使沿线各国人民实实在在感受到“一带一路”给他们带来的好处。①

——新时代推进“一带一路”建设的总体思路。

一是深化国际合作。习近平指出，“一带一路”和互联互通是相融相近、相辅相成的。如果将“一带一路”比喻为亚洲腾飞的两只翅膀，那么互联互通就是两只翅膀的血脉经络。第一，以亚洲国家为重点方向，率先实现亚洲互联互通。“一带一路”源于亚洲、依托亚洲、造福亚洲，关注亚洲国家互联互通，努力扩大亚洲国家共同利益。“一带一路”是中国和亚洲邻国的共同事业，中国将周边国家作为外交政策的优先方向，践行亲、诚、惠、容的理念，愿意通过互联互通为亚洲邻国提供更多公共产品，欢迎大家搭乘中国发展的列车。第二，以经济走廊为依托，建立亚洲互联互通的基本框架。目前，中方制定的“一带一路”规划基本成形。这包括在同各方充分沟通的基础上正在构建的陆上经济合作走廊和海上经济合作走廊。这一框架兼顾各国需求，统筹陆海两大方向，涵盖面宽，包容性强，辐射作用大。中方愿同有关国家进一步协商，完善合作蓝图，打牢合作基础。第三，以交通基础设施为突破，实现亚洲互联互通的早期收获。丝绸之路首先得要有路，有路才能人畅其行、物畅其流。中方高度重视联通中国和巴基斯坦、孟加拉国、缅甸、老挝、柬埔寨、蒙古国、塔吉克斯坦等邻国的铁路、公路项目，将在推进“一带一路”建设中优先部署。只有让大家尽早分享到早期收获，“一带一路”才有吸引力和生命力。第四，以建设融资平台为抓手，打破亚洲互联互通的瓶颈。亚洲各国多是发展中国家，普遍缺乏建设资金，关键是盘活存量、用好增量，将宝贵的资金用在刀刃上。中国出资四百亿美元成立丝路基金，为“一带一路”沿线国家基础设施、资源开发、产业合作和金融合作等与互联互通有关的项目提供投融资支持。丝路

① 习近平：《在十八届中央政治局第三十一次集体学习时的讲话》（2016 年 4 月 29 日），《人民日报》2016 年 5 月 1 日。

基金是开放的，可以根据地区、行业或者项目类型设立子基金，欢迎亚洲域内外的投资者积极参与。第五，以人文交流为纽带，夯实亚洲互联互通的社会根基。中国支持不同文明和宗教对话，鼓励加强各国文化交流和民间往来，支持丝路沿线国家联合申请世界文化遗产，鼓励更多亚洲国家地方省区市建立合作关系。亚洲旅游资源丰富，出国旅游的人越来越多，应该发展丝绸之路特色旅游，让旅游合作和互联互通建设相互促进。互联互通需要大量专业人才，中国将帮助周边国家培养自己的专家队伍。中国也愿派出更多留学生、专家学者到周边国家学习交流。

二是创新合作模式。2013 年 9 月 7 日，习近平在纳扎尔巴耶夫大学的演讲中指出，我们可从以下几个方面先做起来，以点带面，从线到片，逐步形成区域大合作。第一，加强政策沟通。各国可以就经济发展战略和对策进行充分交流，本着求同存异原则，协商制定推进区域合作的规划和措施，在政策和法律上为区域经济融合"开绿灯"。第二，加强道路联通。上海合作组织正在协商交通便利化协定。尽快签署并落实这一文件，将打通从太平洋到波罗的海的运输大通道。在此基础上，我们愿同各方积极探讨完善跨境交通基础设施，逐步形成连接东亚、西亚、南亚的交通运输网络，为各国经济发展和人员往来提供便利。第三，加强贸易畅通。丝绸之路经济带总人口近三十亿，市场规模和潜力独一无二。各国在贸易和投资领域合作潜力巨大。各方应该就贸易和投资便利化问题进行探讨并作出适当安排，消除贸易壁垒，降低贸易和投资成本，提高区域经济循环速度和质量，实现互利共赢。第四，加强货币流通。中国和俄罗斯等国在本币结算方面开展了良好合作，取得了可喜成果，也积累了丰富经验。这一好的做法有必要加以推广。如果各国在经常项下和资本项下实现本币兑换和结算，就可以大大降低流通成本，增强抵御金融风险能力，提高本地区经济国际竞争力。第五，加强民心相通。国之交在于民相亲。搞好上述领域合作，必须得到各国人民支持，必须加强人民友好往来，增进相互了解和传统友谊，为开展区域合作奠定坚实民意基础和社会基础。①

三是国内国外统筹联动。"一带一路"建设覆盖到多个国家，同时也强调中国各地区有机会参与。开展合作要统筹国际国内两个市场、两种资源，特别

① 习近平：《弘扬人民友谊　共创美好未来》（2013 年 9 月 7 日），《人民日报》2013 年 9 月 8 日。

是要重视发挥国内经济的支撑辐射和引领带动作用。要统筹“走出去”和“引进来”，鼓励国内企业到沿线国家投资经营，也欢迎沿线国家企业到我国投资兴业。双向开放才能实现更好的利益融合。“一带一路”建设是推进我国新一轮对外开放的重要抓手，要以此带动我国东中西部梯次联动并进。要加强区域政策协同配合，加强“一带一路”建设同京津冀协同发展、长江经济带发展等国家战略的对接，同西部开发、东北振兴、中部崛起、东部率先发展、沿边开发开放的结合，带动形成全方位开放、东中西部联动发展的局面。有关地区和部门要树立全局意识，树立全国一盘棋思想，加强协调，形成合力，更好维护和发展国家利益。我们鼓励和支持地方发挥自身优势参与“一带一路”建设，地方则应该立足本地实际，以内外联动的大视野创造性开展工作，但不要打乱仗。要加强相邻省份、产业关联度高的省份之间的协作，形成发展和对外合作的集群优势。要加强内部关键环节建设，打通各种“断头路”“肠梗阻”，同时从硬件和软件两方面完善同周边国家在口岸、道路、政策、规制等各方面的联通。要进一步厘清政府和企业、政府和市场的关系。在初期阶段，政府的角色不可或缺，发挥主要作用是有必要的。随着工作深入推进，主体还是应该交给企业和市场，政府发挥好服务保障作用。要通过推进“一带一路”建设，倒逼国内改革开放，着力推进开放型经济体制建设。对不符合“一带一路”建设需要、不符合构建开放型经济体制的政策规定，要全面梳理、改革完善。

四是成立亚洲基础设施投资银行。在中央财经领导小组第八次会议上，习近平指出，要以创新思维办好亚洲基础设施投资银行和丝路基金。发起并同一些国家合作建立亚洲基础设施投资银行是要为“一带一路”有关沿线国家的基础设施建设提供资金支持，促进经济合作。设立丝路基金是要利用我国资金实力直接支持“一带一路”建设。要注意按国际惯例办事，充分借鉴现有多边金融机构长期积累的理论和实践经验，制定和实施严格的规章制度，提高透明度和包容性，确定开展好第一批业务。亚洲基础设施投资银行和丝路基金同其他全球和区域多边开发银行的关系是相互补充而不是相互替代的，将在现行国际经济金融秩序下运行。中方提出“一带一路”和亚洲基础设施投资银行倡议，就是本着亲诚惠容的周边外交理念，致力于同亚洲国家一道解决本地区面临的现实问题，共同发展。亚洲基础设施投资银行将同现有国际发展金融机构优势互补。中国愿同各成员国一道，将亚洲基础设施投资银行打造成专业、高效、廉洁的新型多边开发银行，共同为促进亚洲和世界经济繁荣作出贡献。亚投行应该奉行开放的区域主义,同现有多边开发银行相互补充,应该以其优势和特色给现有多边体系增添新活力,促进多边机构共同发展,努力成为一个互利共赢和专业高效的基础设施投融资平台,在提高地区基础设施融资水平、促进地区经济社会发展中发挥应有作用。中国是国际发展体系的积极参与者和受益者,也是建设性的贡献者。倡议成立亚投行,就是中国承担更多国际责任、推动完善现有国际经济体系、提供国际公共产品的建设性举动,有利于促进各方实现互利共赢。

（三）加快推进京津冀协同发展战略思想

京津冀协同发展,核心是京津冀三地作为一个整体协同发展,要以疏解非首都核心功能、解决北京“大城市病”为基本出发点,调整优化城市布局和空间结构,构建现代化交通网络系统,扩大环境容量生态空间。推进产业升级转移,推动公共服务共建共享,加快市场一体化进程,打造现代化新型首都圈,努力形成京津冀目标同向、措施一体、优势互补、互利共赢的协同发展新格局。实现京津冀协同发展、创新驱动,推进区域发展体制机制创新,是面向未来打造新型首都经济圈、实现国家发展战略的需要,对于全国城镇群地区可持续发展具有重要示范意义。

——加快推进京津冀协同发展建设具有重大战略意义。

京津冀地区作为我国三大经济增长极之一,区域发展不平衡问题突出。京津冀处于东部地区,贯通南北,连接陆海,地域面积 21.6 万平方公里,人口 1.1 亿,是我国经济最具活力、开放程度最高、创新能力最强、吸纳人口最多的区域之一。京津冀以全国 2.3%的国土面积,承载了全国 8%的人口,贡献了全国 10%以上的国内生产总值。全国有 25%的外商直接投资落地这一区域,研发经费支出也占全国 15%。以京津冀为中心的区域经济发展战略,将构建中国东部沿海地区新的经济增长极,并将会极大地带动整个北方地区的经济发展。但与珠三角和长三角相比较,经济发展不平衡,特别是环首都贫困带的存在,极大地制约着京津冀地区的一体化发展。

京津冀地区同属京畿重地,战略地位十分重要。当前面临着生态环境持续恶化、城镇体系发展失衡、区域与城乡发展差距不断扩大等突出困难和问题。尤其是北京“大城市病”突出,水资源匮乏,人口规模已近天花板,京津两极过于“肥胖”,周边中小城市过于“瘦弱”,区域发展差距悬殊,发展不平衡问题严重。京津冀地区的发展潜力和实际发展效果之间的巨大差异，发达的京津两市与较贫穷的环京津地区之间的巨大差异，京津对于环境的敏感与河北省重化工业燃料结构之间的巨大差异，充分说明了必须下决心破解首都发展长期积累的深层次矛盾和问题，优化提升首都功能，探索人口经济密集地区优化开发模式；必须破除隐形壁垒、打破行政分割，实现优势互补、一体化发展，为全国区域协调发展体制机制创新提供经验；必须优化生产力布局和空间结构，打造具有较强竞争力的世界级城市群；必须引领经济发展新常态，增强对环渤海地区和北方腹地的辐射带动能力，为全国转型发展和全方位对外开放作出更大贡献。

习近平非常关心京津冀区域协同发展。京津冀协同发展从战略构想到顶层设计，再到基本思路、方式方法和重大举措，都是习近平总书记亲自决策推动的。2013 年 5 月，习近平在天津调研时提出要谱写新时期社会主义现代化的京津“双城记”。2013 年 8 月，习近平在北戴河主持研究河北发展问题时明确提出了要推动京津冀协同发展。2014 年 2 月 26 日，习近平视察北京并发表重要讲话，强调京津冀协同发展是一个重大国家战略，并全面系统阐述了其重大意义、推进思路和重点任务。2015 年 2 月和 4 月，习近平先后主持召开中央财经领导小组会议、中央政治局常委会会议和中央政治局会议，研究审议《京津冀协同发展规划纲要》并发表重要讲话，进一步明确了有序疏解北京非首都功能、推动京津冀协同发展的目标、思路和方法。2017 年 2 月 23 日至 24 日，习近平视察河北、北京并发表重要讲话，分别就河北雄安新区规划建设和北京城市规划建设、北京冬奥会筹办等作出重要指示。习近平站在党和国家事业发展全局高度，以大历史观来谋划这一区域未来发展，果断提出京津冀协同发展战略，充分体现出了强烈的使命担当、深邃的战略眼光和高超的政治智慧，是习近平新时代中国特色社会主义思想的重要内容。

——新时代京津冀协同发展战略选择。

习近平京津冀协同发展思想包括以下四个方面内容：一是通过京津冀协同发展，疏解北京非首都功能，是一个巨大的系统工程；二是要做好顶层设计和发展规划，形成空间结构合理的大首都城市群体系；三是要加快推进产业、交通、市场等的一体化进程；四是要高起点、高标准建设雄安新区。

通过京津冀协同发展，疏解北京非首都功能，是一个巨大的系统工程。习近平总书记指出，北京、天津、河北人口加起来有一亿多，土地面积有二十一万六千平方公里，京津冀同属京畿重地，地缘相接、人缘相亲，地域一体、文化一脉，历史渊源深厚、交往半径相宜，完全能够相互融合、协同发展。实现京津冀协同发展、创新驱动，是面向未来打造新的首都经济圈、推进区域发展体制机制创新的需要，是探索完善城市群布局和形态、为优化开发区域发展提供示范和样板的需要，是探索生态文明建设有效路径、促进人口经济资源环境相协调的需要，是实现京津冀优势互补、促进环渤海经济区发展、带动北方腹地发展的需要。做好这项工作意义重大。对这个问题的认识，要上升到国家战略层面。京津冀协同发展不仅仅是解决北京发展面临的矛盾和问题的需要，也不仅仅是解决天津、河北发展面临的矛盾和问题的需要，而且是优化国家发展区域布局、优化社会生产力空间结构、打造新的经济增长极、形成新的经济发展方式的需要，是一个重大国家战略。疏解北京非首都功能、推进京津冀协同发展，是一个巨大的系统工程。目标要明确，通过疏解北京非首都功能，调整经济结构和空间结构，走出一条内涵集约发展的新路子，探索出一种人口经济密集地区优化开发的模式，促进区域协调发展，形成新增长极。思路要明确，坚持改革先行，有序配套推出改革举措。方法要明确，放眼长远、从长计议，稳扎稳打、步步为营，锲而不舍、久久为功。

要做好顶层设计和发展规划，形成空间结构合理的大首都城市群体系。要着力加强顶层设计，抓紧编制首都经济圈一体化发展的相关规划，明确三地功能定位、产业分工、城市布局、设施配套、综合交通体系等重大问题，并从财政政策、投资政策、项目安排等方面形成具体措施。要着力调整优化城市布局和空间结构，促进城市分工协作，提高城市群一体化水平，提高其综合承载能力和内涵发展水平。习近平指出，目前，京津冀在城市布局方面存在的主要问题是，京津两极过于"肥胖"，周边中小城市过于"瘦弱"，不同规模城市间没有形成合理的分工和分布格局。要统筹考虑这一区域的空间结构，提高国土空间利用效率，促进城市分工协作，提高城市群一体化水平。京津冀城市群是我国三大城市群之一。城市群是京津冀实现区域合作、优势互补、互联互通、协同发展的重要载体。从国内外区域经济圈发展看，超大城市周边都有一批布局合理、层次鲜明、功能互补、规模适度的重要节点城市，对区域经济社会发展起着强有力的支撑作用。要加强规划和建设，提高城市综合承载能力和内涵发展水平，突出城市地域特点和人文特色，围绕首都形成核心区功能优化、辐射区协同发展、梯度层次合理的大首都城市群体系。发展城市群，不能只考虑居住空间,还要考虑就业容量、配套设施、服务功能、资源环境等。如果能培育若干集聚人口能力较强的城市,就能完善城市群结构,从京津双城记发展到多城记,有效吸引过于密集的中心城区人口自愿向外转移。[①] 要着力扩大环境容量生态空间,加强生态环境保护合作,在已经启动大气污染防治协作机制的基础上,完善防护林建设、水资源保护、水环境治理、清洁能源使用等领域合作机制。从生态系统整体性着眼,可考虑加大河北特别是京津保中心区过渡带地区退耕还湖力度,成片建设森林,恢复湿地,提高这一区域可持续发展能力。

要加快推进产业、交通、市场等的一体化进程。推进京津冀协同发展,要立足各自比较优势、立足现代产业分工要求、立足区域优势互补原则、立足合作共赢理念,以京津冀城市群建设为载体、以优化区域分工和产业布局为重点、以资源要素空间统筹规划利用为主线、以构建长效体制机制为抓手,从广度和深度上加快发展,努力打造现代化的新型首都经济圈;推进京津双城联动发展,要加快破解双城联动发展存在的体制机制障碍,按照优势互补、互利共赢、区域一体原则,以区域基础设施一体化和大气污染联防联控作为优先领域,以产业结构优化升级和实现创新驱动发展作为合作重点,把合作发展的功夫主要下在联动上,努力实现优势互补、良性互动、共赢发展。要搞好产业一体化和分工合作。习近平指出,产业一体化是京津冀协同发展的实体内容和关键支撑。要着力加快推进产业对接协作,理顺三地产业发展链条,形成区域间产业合理分布和上下游联动机制,对接产业规划,不搞同构性、同质化发展。要先行推动京津冀交通一体化。要着力构建现代化交通网络系统,把交通一体化作为先行领域,加快构建快速、便捷、高效、安全、大容量、低成本的互联互通综合交通网络。要着力加快推进市场一体化进程,下决心破除限制资本、技术、产权、人才、劳动力等生产要素自由流动和优化配置的各种体制机制障碍,推动各种要素按照市场规律在区域内自由流动和优化配置。

高起点、高标准建设雄安新区。规划建设雄安新区,要在党中央领导下,坚持稳中求进工作总基调,牢固树立和贯彻落实新发展理念,适应把握引领经济发展新常态,以推进供给侧结构性改革为主线,坚持世界眼光、国际标准、中国特色、高点定位,坚持生态优先、绿色发展,坚持以人民为中心、注重保障和

① 习近平:《在北京市考察工作结束时的讲话》(2014 年 2 月 26 日)。中共中央文献研究室编:《习近平关于社会主义经济建设论述摘编》,中央文献出版社 2017 年版,第 251—252 页。

改善民生,坚持保护弘扬中华优秀传统文化、延续历史文脉,建设绿色生态宜居新城区、创新驱动发展引领区、协调发展示范区、开放发展先行区,努力打造贯彻落实新发展理念的创新发展示范区。规划建设雄安新区要突出七个方面的重点任务:一是建设绿色智慧新城,建成国际一流、绿色、现代、智慧城市。二是打造优美生态环境,构建蓝绿交织、清新明亮、水城共融的生态城市。三是发展高端高新产业,积极吸纳和集聚创新要素资源,培育新动能。四是提供优质公共服务,建设优质公共设施,创建城市管理新样板。五是构建快捷高效交通网,打造绿色交通体系。六是推进体制机制改革,发挥市场在资源配置中的决定性作用和更好发挥政府作用,激发市场活力。七是扩大全方位对外开放,打造扩大开放新高地和对外合作新平台。

(四)加快推动长江经济带发展战略思想

推动长江经济带发展是党中央作出的重大决策,是关系国家发展全局的重大战略。按照党的十九大部署,要"以共抓大保护、不搞大开发为导向推动长江经济带发展",也就是要坚持生态优先、绿色发展,把修复长江生态环境放在首要位置,统筹推进长江重大生态修复、航道治理、沿江公用码头等重大工程和项目建设,构建高质量综合立体交通走廊,发挥长三角、长江中游、成渝城市群的辐射带动作用,支持区域性中心城市的发展,优化产业布局,推动长江上中下游协同发展、东中西部联动合作,建设成为我国生态文明建设的先行示范带、创新驱动带、协调发展带。

——推动长江经济带发展具有重大战略意义。

长江、长江流域和长江经济带具有重要战略地位。长江是我国第一大河,世界第三长河,干流流经青、藏、川、滇、渝、鄂、湘、赣、皖、苏、沪九省二市,干流全长6300公里,流域面积180万平方公里,约占全国总面积的五分之一。它自西向东横贯我国中部,战略地位十分重要,是中华民族的母亲河和中华民族发展的重要支撑。长江流域气候温暖、雨量充沛、支流湖泊众多。经过几千年的开发建设,长江流域已成为我国农业、工业、商业、文化教育和科学技术等方面最发达的地区之一。新中国成立以来特别是改革开放以来,长江流域经济社会迅猛发展,综合实力快速提升,是我国经济重心所在、活力所在。长江是我国国土空间开发最重要的东西向轴线,货运量位居全球内河第一;长江流域是世界上人口最多、产业规模最大、城市体系最为完整的流域,在我国区域发展总体格局中具有重要战略地位。长江经济带覆盖上海、江苏、浙江、安徽、江西、湖北、湖南、重庆、四川、云南、贵州等 11 省市，面积约 205 万平方公里，人口和生产总值均超过全国的 40%。长江经济带横跨我国东中西三大区域，具有独特优势和巨大发展潜力。改革开放以来，长江经济带已发展成为我国综合实力最强、战略支撑作用最大的区域之一。

推动长江经济带发展是党中央、国务院作出的重大决策部署。在国际环境发生深刻变化、国内发展面临诸多矛盾的背景下，依托黄金水道推动长江经济带发展，有利于挖掘中上游广阔腹地蕴含的巨大内需潜力，促进经济增长空间从沿海向沿江内陆拓展；有利于优化沿江产业结构和城镇化布局，推动我国经济提质增效升级；有利于形成上中下游优势互补、协作互动格局，缩小东中西部地区发展差距；有利于建设陆海双向对外开放新走廊，培育国际经济合作竞争新优势；有利于保护长江生态环境，引领全国生态文明建设，对于全面建成小康社会，实现“两个一百年”奋斗目标和中华民族伟大复兴的中国梦具有重要现实意义和深远战略意义。习近平在党的十九大报告中明确指出：“以共抓大保护、不搞大开发为导向推动长江经济带发展。”这是在新的历史起点上推动长江经济带发展的总要求和根本遵循。

推动长江经济带发展，是党中央、国务院主动适应把握引领经济发展新常态，科学谋划中国经济新棋局，作出的既利当前又惠长远的重大决策部署。2013 年 7 月，习近平在武汉调研时指出，长江流域要加强合作，发挥内河航运作用，把全流域打造成黄金水道。2014 年 12 月，习近平作出重要批示，强调长江通道是我国国土空间开发最重要的东西轴线，在区域发展总体格局中具有重要战略地位，建设长江经济带要坚持一盘棋思想，理顺体制机制，加强统筹协调，更好发挥长江黄金水道作用，为全国统筹发展提供新的支撑。2016 年 1 月 5 日，习近平在重庆召开推动长江经济带发展座谈会并发表重要讲话，全面深刻阐述了长江经济带发展战略的重大意义、推进思路和重点任务。此后，又多次发表重要讲话，强调推动长江经济带发展必须走生态优先、绿色发展之路，涉及长江的一切经济活动都要以不破坏生态环境为前提，共抓大保护、不搞大开发，共同努力把长江经济带建成生态更优美、交通更顺畅、经济更协调、市场更统一、机制更科学的黄金经济带。2016 年 1 月 26 日中央财经领导小组会议上，习近平强调，推动长江经济带发展，理念要先进，坚持生态优先、绿色发展，把生态环境保护摆上优先地位，涉及长江的一切经济活动都要以不破坏生态环境为前提,共抓大保护,不搞大开发。思路要明确,建立硬约束,长江生态环境只能优化、不能恶化。

2016 年 9 月,《长江经济带发展规划纲要》正式印发。纲要从规划背景、总体要求、大力保护长江生态环境、加快构建综合立体交通走廊、创新驱动产业转型升级、积极推进新型城镇化、努力构建全方位开放新格局、创新区域协调发展体制机制、保障措施等方面描绘了长江经济带发展的宏伟蓝图,是推动长江经济带发展重大国家战略的纲领性文件。2018 年 4 月 26 日,习近平总书记在武汉主持召开深入推动长江经济带发展座谈会并发表重要讲话强调,新形势下推动长江经济带发展,关键是要正确把握整体推进和重点突破、生态环境保护和经济发展、总体谋划和久久为功、破除旧动能和培育新动能、自我发展和协同发展的关系,坚持新发展理念,坚持稳中求进工作总基调,坚持共抓大保护、不搞大开发,加强改革创新、战略统筹、规划引导,以长江经济带发展推动经济高质量发展。

——新时代长江经济带发展的战略定位、发展理念和发展方向。

战略定位是科学有序推动长江经济带发展的重要前提和基本遵循。长江经济带有四大战略定位:生态文明建设的先行示范带、引领全国转型发展的创新驱动带、具有全球影响力的内河经济带、东中西互动合作的协调发展带。2016 年 1 月 5 日,在推动长江经济带发展座谈会上,习近平总书记指出,长江和长江经济带的地位和作用,说明推动长江经济带发展必须坚持生态优先、绿色发展的战略定位,这不仅是对自然规律的尊重,也是对经济规律、社会规律的尊重。推动长江经济带发展必须从中华民族长远利益考虑,走生态优先、绿色发展之路,使绿水青山产生巨大生态效益、经济效益、社会效益,使母亲河永葆生机活力。

推动长江经济带发展,理念要先进,坚持生态优先、绿色发展,把生态环境保护摆上优先地位,涉及长江的一切经济活动都要以不破坏生态环境为前提,共抓大保护,不搞大开发。思路要明确,建立硬约束,长江生态环境只能优化、不能恶化。要促进要素在区域之间流动,增强发展统筹度和整体性、协调性、可持续性,提高要素配置效率。要发挥长江黄金水道作用,产业发展要体现绿色循环低碳发展要求。推进要有力,必须加强领导、统筹规划、整体推动,提升发展质量和效益。

长江经济带要探索横向生态补偿机制,重点要做好四方面工作:一是保护和改善水环境。二是保护和修复水生态。三是有效保护和合理利用水资源。四是有序利用长江岸线资源。[①] 总体上看，实施长江经济带发展战略要加大力度。必须从中华民族长远利益考虑，把修复长江生态环境摆在压倒性位置，共抓大保护、不搞大开发，努力把长江经济带建设成为生态更优美、交通更顺畅、经济更协调、市场更统一、机制更科学的黄金经济带，探索出一条生态优先、绿色发展新路子。[②]

习近平指出，长江经济带建设最大的挑战是如何打破行政区划界限和壁垒，形成市场体系统一开放、基础设施共建共享、生态环境联防联治、流域管理统筹协调的新机制。推动长江经济带发展必须建立统筹协调、规划引领、市场运作的领导体制和工作机制。这需要把改善长江流域生态环境作为最紧迫而重大的任务，加强流域生态系统修复和环境综合治理，大力构建绿色生态廊道。把长江黄金水道作为重要依托，抓好航道畅通、枢纽互通、江海联通、关检直通，高起点高水平建设综合立体交通走廊。把引导产业优化布局作为协调协同发展重点，坚持创新发展，着力建设现代产业走廊。把推动新型城镇化作为重要抓手，为区域经济协调发展提供重要支撑。

长江经济带作为流域经济，涉及水、路、港、岸、产、城和生物、湿地、环境等多个方面，是一个整体，必须全面把握、统筹谋划。要增强系统思维，统筹各地改革发展、各项区际政策、各领域建设、各种资源要素，使沿江各省市协同作用更明显，促进长江经济带实现上中下游协同发展、东中西部互动合作，把长江经济带建设成为我国生态文明建设的先行示范带、创新驱动带、协调发展带。要优化已有岸线使用效率，把水安全、防洪、治污、港岸、交通、景观等融为一体，抓紧解决沿江工业、港口岸线无序发展的问题。要优化长江经济带城市群布局，坚持大中小结合、东中西联动，依托长三角、长江中游、成渝这三大城市群带动长江经济带发展。

推动长江经济带发展必须建立统筹协调、规划引领、市场运作的领导体制和工作机制。推动长江经济带发展领导小组要更好发挥统领作用。发展规划要着眼战略全局、切合实际，发挥引领约束功能。保护生态环境、建立统一市场、加快转方式调结构，这是已经明确的方向和重点，要用“快思维”、做加法。

---

① 中国共产党中央委员会:《长江经济带发展规划纲要》(2016 年 3 月 25 日)。

② 《习近平在武汉主持召开深入推动长江经济带发展座谈会并发表重要讲话》，新华网，2018 年 4 月 26 日。

而科学利用水资源、优化产业布局、统筹港口岸线资源和安排一些重大投资项目,如果一时看不透,或者认识不统一,则要用“慢思维”,有时就要做减法。对一些二选一甚至多选一的“两难”“多难”问题,要科学论证,比较选优。对那些不能做的事情,要列出负面清单。市场、开放是推动长江经济带发展的重要动力。推动长江经济带发展,要使市场在资源配置中起决定性作用,更好发挥政府作用。沿江省市要加快政府职能转变,提高公共服务水平,创造良好市场环境。沿江省市和国家相关部门要在思想认识上形成一条心,在实际行动中形成一盘棋,共同努力把长江经济带建成生态更优美、交通更顺畅、经济更协调、市场更统一、机制更科学的黄金经济带。

长江生态环境保护是一项系统工程,涉及面广,必须打破行政区划界限和壁垒,有效利用市场机制,更好发挥政府作用,加强环境污染联防联控,推动建立地区间、上下游生态补偿机制,加快形成生态环境联防联治、流域管理统筹协调的区域协调发展新机制。一是建立负面清单管理制度。二是加强环境污染联防联控。三是建立长江生态保护补偿机制。按照“谁受益谁补偿”的原则,探索上中下游开发地区、受益地区与生态保护地区进行横向生态补偿。四是开展生态文明先行示范区建设。

长江拥有独特的生态系统,是我国重要的生态宝库。当前和今后相当长一个时期,要把修复长江生态环境摆在压倒性位置,共抓大保护,不搞大开发。要把实施重大生态修复工程作为推动长江经济带发展项目的优先选项,实施好长江防护林体系建设、水土流失及岩溶地区石漠化治理、退耕还林还草、水土保持、河湖和湿地生态保护修复等工程,增强水源涵养、水土保持等生态功能。要用改革创新的办法抓长江生态保护。要在生态环境容量上过紧日子的前提下,依托长江水道,统筹岸上水上,正确处理防洪、通航、发电的矛盾,自觉推动绿色循环低碳发展,有条件的地区率先形成节约能源资源和保护生态环境的产业结构、增长方式、消费模式,真正使黄金水道产生黄金效益。

——推动长江经济带发展的基本原则、发展目标和空间布局。

1. 基本原则。江湖和谐、生态文明。建立健全最严格的生态环境保护和水资源管理制度,强化长江全流域生态修复,尊重自然规律及河流演变规律,协调处理好江河湖泊、上中下游、干流支流等关系,保护和改善流域生态服务功能,走出一条绿色低碳循环发展的道路。二是改革引领、创新驱动。坚持制度创新、科技创新,推动重点领域和关键环节改革先行先试。健全技术创新市场导向机制，增强市场主体创新能力，促进创新资源综合集成。建设统一开放、竞争有序的现代市场体系，不搞“政策洼地”，不搞“拉郎配”。三是通道支撑、协同发展。充分发挥各地区比较优势，以沿江综合立体交通走廊为支撑，推动各类要素跨区域有序自由流动和优化配置。建立区域联动合作机制，促进产业分工协作和有序转移，防止低水平重复建设。四是陆海统筹、双向开放。深化向东开放，加快向西开放，统筹沿海内陆开放，扩大沿边开放。五是统筹规划、整体联动。着眼长远发展，做好顶层设计，加强规划引导，既要有“快思维”、也要有“慢思维”，既要做加法、也要做减法，统筹推进各地区各领域改革和发展。①

2. 发展目标。推动长江经济带发展的目标是：到 2020 年，生态环境明显改善，水资源得到有效保护和合理利用，河湖、湿地生态功能基本恢复，水质优良（达到或优于Ⅲ类）比例达到 75%以上，森林覆盖率达到 43%，生态环境保护体制机制进一步完善；长江黄金水道瓶颈制约有效疏畅、功能显著提升，基本建成衔接高效、安全便捷、绿色低碳的综合立体交通走廊；创新驱动取得重大进展，研究与试验发展经费投入强度达到 2. 5%以上，战略性新兴产业形成规模，培育形成一批世界级的企业和产业集群，参与国际竞争的能力显著增强；基本形成陆海统筹、双向开放，与“一带一路”建设深度融合的全方位对外开放新格局；发展的统筹度和整体性、协调性、可持续性进一步增强，基本建立以城市群为主体形态的城镇化战略格局，城镇化率达到 60%以上，人民生活水平显著提升，现行标准下农村贫困人口实现脱贫；重点领域和关键环节改革取得重要进展，协调统一、运行高效的长江流域管理体制全面建立，统一开放的现代市场体系基本建立；经济发展质量和效益大幅提升，基本形成引领全国经济社会发展的战略支撑带。到 2030 年，水环境和水生态质量全面改善，生态系统功能显著增强，水脉畅通、功能完备的长江全流域黄金水道全面建成，创新型现代产业体系全面建立，上中下游一体化发展格局全面形成，生态环境更加美好、经济发展更具活力、人民生活更加殷实，在全国经济社会发展中发挥更加重要的示范引领和战略支撑作用。

3. 空间布局。形成“一轴、两翼、三极、多点”新格局。空间布局是落实长江经济带功能定位及各项任务的载体，也是长江经济带规划的重点，经反复研

---

① 中国共产党中央委员会：《长江经济带发展规划纲要》（2016 年 3 月 25 日）。

究论证，形成了“生态优先、流域互动、集约发展”的思路，提出了“一轴、两翼、三极、多点”的格局。“一轴”是指以长江黄金水道为依托，发挥上海、武汉、重庆的核心作用，以沿江主要城镇为节点，构建沿江绿色发展轴。突出生态环境保护，统筹推进综合立体交通走廊建设、产业和城镇布局优化、对内对外开放合作，引导人口经济要素向资源环境承载能力较强的地区集聚，推动经济由沿海溯江而上梯度发展，实现上中下游协调发展。“两翼”是指发挥长江主轴线的辐射带动作用，向南北两侧腹地延伸拓展，提升南北两翼支撑力。南翼以沪瑞运输通道为依托，北翼以沪蓉运输通道为依托，促进交通互联互通，加强长江重要支流保护，增强省会城市、重要节点城市人口和产业集聚能力，夯实长江经济带的发展基础。“三极”是指以长江三角洲城市群、长江中游城市群、成渝城市群为主体，发挥辐射带动作用，打造长江经济带三大增长极。(1)长江三角洲城市群。充分发挥上海国际大都市龙头作用，提升南京、杭州、合肥都市区国际化水平，以建设世界级城市群为目标，在科技进步、制度创新、产业升级、绿色发展等方面发挥引领作用，加快形成国际竞争新优势。(2)长江中游城市群。增强武汉、长沙、南昌中心城市功能，促进三大城市组团之间的资源优势互补、产业分工协作、城市互动合作，加强湖泊、湿地和耕地保护，提升城市群综合竞争力和对外开放水平。(3)成渝城市群。提升重庆、成都中心城市功能和国际化水平，发挥双引擎带动和支撑作用，推进资源整合与一体发展，推进经济发展与生态环境相协调。“多点”是指发挥三大城市群以外地级城市的支撑作用，以资源环境承载力为基础，不断完善城市功能，发展优势产业，建设特色城市，加强与中心城市的经济联系与互动，带动地区经济发展。

——推动长江经济带发展需要正确把握的五个关系。

第一，正确把握整体推进和重点突破的关系，全面做好长江生态环境保护修复工作。推动长江经济带发展，前提是坚持生态优先。要从生态系统整体性和长江流域系统性着眼，统筹山水林田湖草等生态要素，实施好生态修复和环境保护工程。要坚持整体推进，增强各项措施的关联性和耦合性，防止畸重畸轻、单兵突进、顾此失彼。要坚持重点突破，在整体推进的基础上抓主要矛盾和矛盾的主要方面，努力做到全局和局部相配套、治本和治标相结合、渐进和突破相衔接，实现整体推进和重点突破相统一。

第二，正确把握生态环境保护和经济发展的关系，探索协同推进生态优先和绿色发展新路子。推动长江经济带绿色发展，关键是要处理好绿水青山和金山银山的关系。这不仅是实现可持续发展的内在要求，而且是推进现代化建设的重大原则。生态环境保护和经济发展不是矛盾对立的关系，而是辩证统一的关系。生态环境保护的成败归根到底取决于经济结构和经济发展方式。要坚持在发展中保护、在保护中发展，不能把生态环境保护和经济发展割裂开来，更不能对立起来。

第三，正确把握总体谋划和久久为功的关系，坚定不移将一张蓝图干到底。推动长江经济带发展是一个系统工程，不可能毕其功于一役。要做好顶层设计，以钉钉子精神，脚踏实地抓成效。要深入推进《长江经济带发展规划纲要》贯彻落实，结合实施情况及国内外发展环境新变化，组织开展《规划纲要》中期评估，按照新形势新要求调整完善规划内容。要对实现既定目标制定明确的时间表、路线图，稳扎稳打，分步推进。

第四，正确把握破除旧动能和培育新动能的关系，推动长江经济带建设现代化经济体系。发展动力决定发展速度、效能、可持续性。要扎实推进供给侧结构性改革，推动长江经济带发展动力转换，建设现代化经济体系。要以壮士断腕、刮骨疗毒的决心，积极稳妥腾退化解旧动能，破除无效供给，彻底摒弃以投资和要素投入为主导的老路，为新动能发展创造条件、留出空间，实现腾笼换鸟、凤凰涅槃。

第五，正确把握自身发展和协同发展的关系，努力将长江经济带打造成为有机融合的高效经济体。长江经济带作为流域经济，涉及水、路、港、岸、产、城等多个方面，要运用系统论的方法，正确把握自身发展和协同发展的关系。长江经济带的各个地区、每个城市在各自发展过程中一定要从整体出发，树立“一盘棋”思想，实现错位发展、协调发展、有机融合，形成整体合力。

七、推进对外经济协调发展

改革开放是我国社会主义现代化建设的关键抉择，对外经济协调发展是现代化建设的重要内容，也是社会主义经济建设的重大战略选择。新时代对外经济协调发展战略选择，是党的十八大以来以习近平同志为核心的党中央推进我国经济对外开放发展的理论成果，是适应经济全球化新趋势、准确判断国际形势新变化、深刻把握国内改革发展新要求作出的重大战略部署，是全面指导新时代我国经济对外发展的战略方针。新时代对外经济发展战略选择，可以从构建开放型经济新体制、加快转变外贸发展方式、积极参与全球经济治理等方面来深入把握和理解。

（一）构建开放型经济新体制

党的十八大以来，以习近平同志为核心的党中央提出了确立开放发展新理念，全面提高开放型经济水平，构建开放型经济新体制的发展目标。与封闭型经济不同，开放型经济对接国内经济和国际市场，要素、商品与服务自由跨国界流动，充分参加国际分工，发挥本国经济比较优势，实现最优资源配置和最高经济效率。在经济全球化条件下，发展开放型经济已成为世界潮流。一国经济发展水平越高，市场化程度越高，越接近于开放型经济。

——深刻把握新时代开放发展的重大意义。

经济全球化促进了以中国为代表的新兴市场国家和发展中国家崛起。经济全球化潮流不可阻挡，国际力量“东升西降”“南升北降”态势更加明显，以中国为代表的新兴市场和发展中国家群体性崛起。世界正处于大发展大变革大调整时期，对外经济发展面临的外部环境和国际形势正在发生深刻复杂变化，挑战和机遇并存，机遇大于挑战。新兴市场国家和发展中国家对世界经济增长的贡献率已经达到80%。按汇率法计算，这些国家的经济总量占世界的比重接近40%。保持现在的发展速度，10年后将接近世界总量一半①。2016年，金砖五国占全球经济的比重达22.4%，较2007年提高8.8个百分点。我国于2013年成为世界最大对外贸易国，非金融类对外直接投资快速增长，中国装备“走出去”已经获得重大成果，其中铁路、电力、通信、能源等重大项目越来越多，形成了“投资中国”与“投资世界”双向投资并驾齐驱的新格局。多边、双边等经贸合作进一步拓展和深化。

国际上某些反全球化和贸易保护势力威胁世界经济稳定。目前世界经济格局深度调整，在曲折中深入发展成为经济全球化的特征。以贸易和投资自由化便利化为代表的经济全球化促进了世界和平、稳定和繁荣，符合世界各国共同利益和代表人类文明发展方向，但经济全球化从来不是一帆风顺而是在

① 习近平：《顺应时代潮流 实现共同发展——在金砖国家工商论坛上的讲话》（2018年7月25日），新华网，2018年7月26日。

曲折中向前发展。近年来，世界经济疲弱，发展失衡、治理困境、公平赤字等问题更加突出，反全球化思潮涌动，保护主义和内顾倾向有所上升，给世界经济贸易发展蒙上了阴影。2008 年诺贝尔经济学奖获得者克鲁格曼创立了新贸易理论和空间经济学理论，指出各国依靠各自的要素禀赋，使价值链和产业链在全球范围内进行专业化分工、合作、生产与贸易，从而能够获得最大化的规模经济和集聚效应。这个理论很好地解释了二战后全球经济，特别是国际贸易蓬勃发展的根本动因所在。经济学理论告诉我们，贸易保护主义是一种为了保护本国制造业免受国外竞争压力，对进口产品设定高关税、进口配额或以其他方式限制和减少进口的经济政策。它对世界经济稳定构成威胁，任何旨在促进个别或少数经济体增长的保护主义措施，都将有害于全球经济，发展中的经济体受害更大。

中国坚定地支持全球化和贸易自由化，与世界各国在开放合作基础上实现包容共享共赢。经济全球化是时代大潮，深入发展的大势不可逆转，但速度可能有所放缓、动力可能有所转换、规则可能有所改变。如何更好适应和引导经济全球化，推动经济全球化朝着更加开放、包容、普惠、平衡、共赢的方向发展，是中国与世界各国的共同责任。正如习近平在博鳌亚洲论坛 2018 年年会上指出的，中国在对外开放中展现大国担当，从引进来到走出去，从加入世界贸易组织到共建"一带一路"，为应对亚洲金融危机和国际金融危机作出重大贡献，连续多年对世界经济增长贡献率超过 30%，成为世界经济增长的主要稳定器和动力源，促进了人类和平与发展的崇高事业。中国以改革开放应对贸易保护主义，以互利共赢为目标坚定地支持全球化和贸易自由化，表明了中国的责任担当。这是在反全球化势力抬头背景下，中国向国际社会承诺更深度开放的一种态度、一种姿态，推动中国的对外开放向全方位地营造市场环境转变，以着力提升中国的金融业竞争力、现代产业体系竞争力和知识产权保护力，表明中国希望更好配置国际国内两种资源、更好发挥国际国内两个市场作用，充分展示与世界各国在开放合作基础上实现"包容共享共赢"、助推人类命运共同体建设的善意。

——大力推进新时代开放发展的思想建设。

开放是国家繁荣发展的必由之路。以开放促改革、促发展，是我国现代化建设不断取得新成就的重要法宝。推动形成全面开放新格局，发展更高层次的开放型经济，这是以习近平同志为核心的党中央适应经济全球化新趋势、准确判断国际形势新变化、深刻把握国内改革发展新要求作出的重大战略部署。

中国要坚持开放发展,积极融入经济全球化。习近平指出:“要准确把握经济全球化新趋势和我国对外开放新要求。改革开放是我国经济社会发展的动力。不断扩大对外开放、提高对外开放水平,以开放促改革、促发展,是我国发展不断取得新成就的重要法宝。开放带来进步,封闭导致落后,这已为世界和我国发展实践所证明。党的十八大以来,我们乘势而上,加快构建开放型经济新体制,更高水平的开放格局正在形成。”①一个国家强盛才能充满信心开放,而开放促进一个国家强盛。党的十一届三中全会以来我国改革开放的成就充分证明,对外开放是推动我国经济社会发展的重要动力。随着我国经济总量跃居世界第二,随着我国经济发展进入新常态,我们要保持经济持续健康发展,就必须树立全球视野,更加自觉地统筹国内国际两个大局,全面谋划全方位对外开放大战略,以更加积极主动的姿态走向世界。

经济全球化是社会生产力发展的客观要求和科技进步的必然结果,要坚持全球化思维,积极主动推动贸易和投资便利化,与世界经济深度融合。习近平指出:“要坚持全球化战略思维,这次结构性改革必须有国际视野,更坚定地扩大对外开放。我多次强调,中国对外开放的大门一旦打开,就不可能关上,开放程度会越来越大,开放水平会越来越高,介入全球化能力会越来越强。”②“二十年前甚至十五年前,经济全球化的主要推手是美国等西方国家,今天反而是我们被认为是世界上推动贸易和投资自由化便利化的最大旗手,积极主动同西方国家形形色色的保护主义作斗争。这说明,只要主动顺应世界发展潮流,不但能发展壮大自己,而且可以引领世界发展潮流。”③

习近平强调:“历史地看,经济全球化是社会生产力发展的客观要求和科技进步的必然结果,不是哪些人、哪些国家人为造出来的。经济全球化为世界经济增长提供了强劲动力,促进了商品和资本流动、科技和文明进步、各国人民交往……当年,中国对经济全球化也有过疑虑,对加入世界贸易组织也有过

① 《习近平谈治国理政》第二卷,外文出版社 2017 年版,第 99—100 页。

② 习近平:《围绕贯彻党的十八届五中全会精神做好当前经济工作》(2015 年 12 月 18 日),中共中央文献研究室编:《习近平关于社会主义经济建设论述摘编》,中央文献出版社 2017 年版,第 299 页。

③ 习近平:《在省部级主要领导干部学习贯彻党的十八届五中全会精神专题研讨班上的讲话》(2016 年 1 月 18 日),中共中央文献研究室编:《习近平关于社会主义经济建设论述摘编》,人民出版社 2017 年版,第 300—301 页。

忐忑。但是,我们认为,融入世界经济是历史大方向,中国经济要发展,就要敢于到世界市场的汪洋大海中去游泳,如果永远不敢到大海中去经风雨、见世面,总有一天会在大海中溺水而亡。所以,中国勇敢迈向了世界市场。在这个过程中,我们呛过水,遇到过漩涡,遇到过风浪,但我们在游泳中学会了游泳。这是正确的战略抉择。""当然,我们也要承认,经济全球化是一把'双刃剑'。当世界经济处于下行期的时候,全球经济'蛋糕'不容易做大,甚至变小了,增长和分配、资本和劳动、效率和公平的矛盾就会更加突出,发达国家和发展中国家都会感受到压力和冲击。反全球化的呼声,反映了经济全球化进程的不足,值得我们重视和深思。"①

习近平指出:"人类已经成为你中有我、我中有你的命运共同体,利益高度融合,彼此相互依存。每个国家都有发展权利,同时都应该在更加广阔的层面考虑自身利益,不能以损害其他国家利益为代价。我们要坚定不移发展开放型世界经济,在开放中分享机会和利益、实现互利共赢。不能一遇到风浪就退回到港湾中去,那是永远不能到达彼岸的。我们要下大气力发展全球互联互通,让世界各国实现联动增长,走向共同繁荣。我们要坚定不移发展全球自由贸易和投资,在开放中推动贸易和投资自由化便利化,旗帜鲜明反对保护主义。搞保护主义如同把自己关进黑屋子,看似躲过了风吹雨打,但也隔绝了阳光和空气。打贸易战的结果只能是两败俱伤。"②

坚持开放发展是正确的路径选择。新时代我国经济深度融入世界经济,对提高对外开放水平提出了新的更高要求,要完善对外开放战略布局,推进双向开放,促进国内国际要素有序流动、资源高效配置、市场深度融合,这是我们党在新的历史起点上,对我国未来对外开放作出的重大战略部署。坚持向发达国家开放与向发展中国家开放更好结合,扩大同各国的利益交汇点。坚持向发达国家开放和向发展中国家开放并重,积极发展全球伙伴关系,全面发展同各国的平等互利合作,实现出口市场多元化、进口来源多元化、投资合作伙伴多元化。

要坚持多边开放与区域开放更好结合,做开放型世界经济的建设者贡献

① 习近平:《共担时代责任　共促全球发展》(2017 年 1 月 17 日),《人民日报》2017 年 1 月 18 日。

② 习近平:《共担时代责任　共促全球发展》(2017 年 1 月 17 日),《人民日报》2017 年 1 月 18 日。

者。世贸组织代表的多边贸易体制和自由贸易区代表的区域贸易安排,是驱动经济全球化发展的两个"轮子"。世贸组织有160多个成员,涵盖全球98%的贸易额,具有广泛代表性。世贸组织规则是经济全球化的重要制度保障,符合世界各国的共同利益。进入21世纪以来,多边贸易体制发展进程受阻,开放水平更高、灵活性更强的区域贸易安排蓬勃发展,成为驱动经济全球化的主引擎。积极参与全球治理体系改革和建设,支持多边贸易体制,促进自由贸易区建设,推动建设开放型世界经济。这既是拓展自身开放空间的需要,也体现了维护国际经济秩序的责任担当。

开放是国家繁荣发展的必由之路。必须顺应我国经济深度融入世界经济的趋势,奉行互利共赢的开放战略,坚持内外需协调、进出口平衡、引进来和走出去并重、引资和引技引智并举,发展更高层次的开放型经济,积极参与全球经济治理和公共产品供给,提高我国在全球经济治理中的制度性话语权,构建广泛的利益共同体。2018年4月,习近平在博鳌亚洲论坛2018年年会上再次宣布了我国对外开放的重大举措:第一,大幅度放宽市场准入。第二,创造更有吸引力的投资环境。第三,加强知识产权保护。

——大力推进构建开放型经济体制建设。

对外开放是我国的基本国策。当前,世界多极化、经济全球化进一步发展,国际政治经济环境深刻变化,创新引领发展的趋势更加明显。我国改革开放正站在新的起点上,经济结构深度调整,各项改革全面推进,经济发展进入新常态。面对新形势新任务新挑战,要统筹开放型经济顶层设计,加快构建开放型经济新体制,进一步破除体制机制障碍,使对内对外开放相互促进,引进来与走出去更好结合,以对外开放的主动赢得经济发展和国际竞争的主动,以开放促改革、促发展、促创新,建设开放型经济强国,为实现"两个一百年"奋斗目标和中华民族伟大复兴的中国梦打下坚实基础。

构建开放型经济新体制的总体要求。第一,建立市场配置资源新机制。促进国际国内要素有序自由流动、资源全球高效配置、国际国内市场深度融合,加快推进与开放型经济相关的体制机制改革,建立公平开放、竞争有序的现代市场体系。第二,形成经济运行管理新模式。按照国际化、法治化的要求,营造良好法治环境,依法管理开放,建立与国际高标准投资和贸易规则相适应的管理方式,形成参与国际宏观经济政策协调的机制,推动国际经济治理结构不断完善。推进政府行为法治化、经济行为市场化,建立健全企业履行主体责任、政府依法监管和社会广泛参与的管理机制，健全对外开放中有效维护国家利益和安全的体制机制。第三，形成全方位开放新格局。坚持自主开放与对等开放，加强走出去战略谋划，实施更加主动的自由贸易区战略，拓展开放型经济发展新空间。继续实施西部开发、东北振兴、中部崛起、东部率先的区域发展总体战略，重点实施"一带一路"、京津冀协同发展和长江经济带三大战略，推动东西双向开放，促进基础设施互联互通，扩大沿边开发开放，形成全方位开放新格局。第四，形成国际合作竞争新优势。巩固和拓展传统优势，加快培育竞争新优势。以创新驱动为导向，以质量效益为核心，大力营造竞争有序的市场环境、透明高效的政务环境、公平正义的法治环境和合作共赢的人文环境，加速培育产业、区位、营商环境和规则标准等综合竞争优势，不断增强创新能力，全面提升在全球价值链中的地位，促进产业转型升级。①

（二）加快转变外贸发展方式

新时代对外经济发展，要加快转变外贸发展方式，增强对外贸易综合竞争力。要改善贸易结构，提高一般贸易水平和加工贸易质量，完善鼓励出口政策，妥善应对各种贸易摩擦。要建设法治化的市场营商环境，加强引进外资工作，坚持引资引技引智并举，更好发挥外资企业对促进实体经济发展的重要作用。

——深刻把握新时代外贸发展形势变化。

新旧动能转换成为世界经济复苏繁荣的关键。国际金融危机爆发以来，深层次影响持续显现，世界经济复苏艰难曲折，全球贸易增速连续多年低于世界经济增速，跨国投资尚未恢复到危机前水平。近期世界经济呈现回暖向好态势，全球贸易和投资回升，国际金融市场总体稳定，新一轮科技革命和产业变革蓄势待发，人工智能、大数据、量子信息、生物技术等新产业、新技术、新业态层出不穷，将会给全球发展和人类生产生活带来翻天覆地的变化。但世界经济尚未走出亚健康和弱增长的调整期，深层次结构性矛盾并未有效解决，新的增长动力仍未形成，潜在增长率不升反降，不确定因素较多。

国际产业分工格局发生新变化，对外经济贸易需要加快培育竞争新优势。一方面，国际产业分工变动中的一些中高端制造业向发达国家回流，替代部分

① 中共中央、国务院：《关于构建开放型经济新体制的若干意见》（2015 年 5 月 5 日）。

跨境贸易和投资。全球贸易增速已连续多年低于世界经济增速,跨国投资远未恢复到国际金融危机前的水平。新一轮科技革命和产业变革蓄势待发,全球产业链、供应链、价值链加速整合。另一方面,我国经济发展进入新常态,劳动力成本持续攀升,资源约束日益趋紧,环境承载能力接近上限,传统竞争优势受到削弱,传统发展模式遭遇瓶颈。面对严峻复杂的国内外环境,如何发挥我国人力资源丰富、市场规模庞大、基础设施比较完善、产业配套齐全的比较优势,不断完善创新发展的制度环境和政策环境,从而实现加工贸易加快转型升级和服务贸易持续快速发展,是对外开放工作必须把握的主攻方向。

我国对外贸易实现了历史性跨越,但大而不强的问题较为突出。我国经济正处在转变发展方式、优化经济结构、转换增长动力的攻关期。从我国对外贸易发展现状来看有三点基本认识:一是在对外贸易规模继续发展的同时贸易结构不断优化。从规模看,2013 年我国货物进出口贸易额双双跃居世界第一。从结构看,我国服务贸易在对外贸易总量中比重上升,增长速度快于货物贸易,在货物出口贸易中的高新技术产品出口比重增加,中西部出口比重上升。二是"引进来"与"走出去"相结合发展很快。2010 年我国吸收外商投资首次突破千亿美元大关以来,吸收外商投资继续保持平稳增长。吸收外商投资的趋势新变化包括:平均项目吸收外资规模提高,服务业吸收外资比重超过制造业,中西部吸收外商投资比重上升而东部下降;与此同时,我国企业"走出去"发展很快。三是中西部地区对外开放加速。近些年来,我国中西部地区对外开放加速,四川、重庆、河南、广西等省区市对外贸易增长速度快于东部省市,形成了若干内陆地区的开放经济高地。特别是 2013 年 11 月党的十八届三中全会《决定》中提出扩大内陆沿边开放,成为完善区域开放格局的新的重大指导方针。近些年来,全球迎来新一轮基建投资大潮,对通信、港口、交通等基础设施需求量非常大。《国际商业监测》报告预测,到 2030 年全球基础设施投资需求将达 57 万亿美元,其中水和水处理、能源及交通建设约占 80%,成为国际基础设施投资建设最主要领域。

——转变外贸发展方式势在必行。

从国内环境看,一是我国的比较优势发生新变化。近年来,我国要素成本持续攀升,资源环境约束加大,传统比较优势明显弱化。与此同时,我国人力资本、资金供给、科技创新、基础设施、产业集聚等方面的能力持续增强,资本技术密集型的比较优势正在形成和强化,培育国际经济合作和竞争新优势的基础更加坚实。二是我国的综合国力和国际地位持续上升。我国已经成为世界第二大经济体，在全球经济中的重要性和影响力显著上升。我们参与国际事务的能力明显增强，比以往更有条件主动谋划新的对外开放战略布局，更有条件主动为国内发展营造良好的外部环境。三是经济发展新常态要求进一步提高对外开放水平。随着经济发展进入新常态，我国调整经济结构、转变经济发展方式的任务更为迫切，需要通过扩大对外开放引进先进要素，提升产业核心竞争力；需要改变我国在国际分工中以组装制造为主的局面，全方位参与全球价值链，提高我国产业在全球价值链中的地位。习近平总书记指出："要抓住时机进行全球布局。充分利用我国市场潜力、建设能力、资本实力，在全球范围内争取能源资源和基础设施项目，收购优质企业、营销渠道、核心技术、关键设备，吸引一批高端人才，加快产业、企业、装备走出去步伐，转移国内部分过剩产能。"①

转变外贸发展方式要善于发挥比较优势。习近平指出："做好经济外交工作，要突出发挥比较优势这个重点，善于在国际竞争中扬长补短。我们拥有丰富的劳动力资源，广阔的市场空间，还有三万多亿美元外汇储备，这些都是我们可以用的牌。同时，我国人多地少、能源资源紧缺、生态环境恶化，这些因素决定了我们需要更多利用国际资源。我国产能过剩的现实矛盾也需要向国外转移和依靠国际市场消化。关键是要把我们的优势和劣势搞清楚，在此基础上，完善布局，定好政策，搭建有利于发挥优势的经贸合作平台，以我之优势对他人之劣势，以他人之优势补我之劣势。在全面对外开放的条件下，发挥优势也好，弥补劣势也好，都不是我们关起门来说了算的。要推动形成更加公平合理的全球治理体系，深度参与新的国际经贸谈判和规则制定，推动投资和贸易自由化制度安排，使我国人民巧于制造、善于通商的优势充分发挥出来。"②

转变外贸发展方式要加快贸易强国建设。改革开放40年来，我国对外贸易实现了历史性跨越，但大而不强的问题较为突出，主要是创新能力较弱，出口产品质量、档次和附加值不高。党的十九大报告提出拓展对外贸易，推进贸易强国建设，就是要加快转变外贸发展方式，从以货物贸易为主向货物和服务

---

① 习近平：《在中央经济工作会议上的讲话》（2014年12月9日），中共中央文献研究室编：《习近平关于社会主义经济建设论述摘编》，中央文献出版社2017年版，第294页。

② 习近平：《在中央经济工作会议上的讲话》（2013年12月10日），中共中央文献研究室编：《习近平关于社会主义经济建设论述摘编》，中央文献出版社2017年版，第288页。

贸易协调发展转变，从依靠模仿跟随向依靠创新创造转变，从大进大出向优质优价、优进优出转变。一是加快货物贸易优化升级，加快外贸转型升级基地、贸易平台、国际营销网络建设，鼓励高新技术、装备制造、品牌产品出口，引导加工贸易转型升级。二是促进服务贸易创新发展，鼓励文化、旅游、建筑、软件、研发设计等服务出口，大力发展服务外包，打造“中国服务”国家品牌。三是培育贸易新业态新模式。坚持鼓励创新、包容审慎的原则，逐步完善监管制度、服务体系和政策框架，支持跨境电子商务、市场采购贸易、外贸综合服务等健康发展，打造外贸新的增长点。四是实施更加积极的进口政策，扩大先进技术设备、关键零部件和优质消费品等进口，促进进出口平衡发展。办好中国国际进口博览会，打造世界各国展示国家形象、开展国际贸易的开放型合作平台。

新时代加快对外贸易优化升级，要实施优进优出战略，推动外贸向优质优价、优进优出转变，加快建设贸易强国。促进货物贸易和服务贸易融合发展，大力发展生产性服务贸易。巩固提升传统出口优势，促进加工贸易创新发展。优化对外贸易布局，推动出口市场多元化，提高新兴市场比重，巩固传统市场份额。鼓励发展新型贸易方式。发展出口信用保险。积极扩大进口，优化进口结构，更多进口先进技术装备和优质消费品。积极应对国外技术性贸易措施，强化贸易摩擦预警，化解贸易摩擦和争端。

——加快转变外贸发展方式的战略举措。

首先，转变外贸发展方式，要改善外商投资环境。当前全球引资竞争日趋激烈，不少国家要素成本比我国更低，政策优惠力度比我国更大。培育引资竞争新优势，不是竞相攀比优惠政策，而是要营造稳定公平透明、法治化、可预期的营商环境。一是加强利用外资法治建设。加快统一内外资法律法规，制定新的外资基础性法律。清理涉及外资的法律法规和政策文件，与国家对外开放大方向和大原则不符的要限期废止或修订。二是完善外商投资管理体制。我国 11 个自贸试验区试行准入前国民待遇加负面清单管理制度取得显著成效，设立外资企业的时间由过去 1 个月减少到 3 天左右。我国全面实行准入前国民待遇加负面清单管理制度，这是外商投资管理体制的根本性变革。三是营造公平竞争的市场环境。凡是在我国境内注册的企业，都要一视同仁、平等对待。中国政府将在资质许可、标准制定、政府采购、享受“中国制造 2025”政策等方面，依法给予内外资企业同等待遇。四是保护外商投资合法权益。

要认真落实《中共中央国务院关于完善产权保护制度依法保护产权的意见》，不以强制转让技术作为市场准入的前提条件，加强知识产权保护，严厉打击侵权假冒违法犯罪行为。

其次，转变外贸发展方式，要优化区域开放布局。一是加大西部开放力度。坚持以开放促开发的思路，完善口岸、跨境运输等开放基础设施，实施更加灵活的政策，建设好自贸试验区、国家级开发区、边境经济合作区、跨境经济合作区等开放平台，打造一批贸易投资区域枢纽城市，扶持特色产业开放发展，在西部地区形成若干开放型经济新增长极。二是赋予自贸试验区更大改革自主权。我国自贸试验区建设取得多方面重大进展，形成了一批改革创新重要成果。下一步要着眼于提高自贸试验区建设质量，对标国际先进规则，强化改革举措系统集成，鼓励地方大胆试、大胆闯、自主改，形成更多制度创新成果，进一步彰显全面深化改革和扩大开放的试验田作用。三是探索建设自由贸易港。自由港是设在一国（地区）境内关外、货物资金人员进出自由、绝大多数商品免征关税的特定区域，是目前全球开放水平最高的特殊经济功能区。香港、新加坡、鹿特丹、迪拜都是比较典型的自由港。我国海岸线长，离岛资源丰富。探索建设中国特色的自由贸易港，打造开放层次更高、营商环境更优、辐射作用更强的开放新高地，对于促进开放型经济创新发展具有重要意义。

再次，转变外贸发展方式，要创新对外投资合作方式。近十年来我国对外投资快速增长，跻身对外投资大国行列。但总体看，企业走出去仍处于初级阶段，利用两个市场、两种资源的能力不够强，非理性投资和经营不规范等问题较为突出，一些领域潜藏着风险隐患。对外投资既要鼓励，也要加强引导。党的十九大报告要求创新对外投资方式，形成面向全球的贸易、投融资、生产、服务网络。一是促进国际产能合作，带动我国装备、技术、标准、服务走出去。二是加强对海外并购的引导，重在扩大市场渠道、提高创新能力、打造国际品牌，增强企业核心竞争力。三是规范海外经营行为，引导企业遵守东道国法律法规、保护环境、履行社会责任，遏制恶性竞争。四是健全服务保障，加强和改善信息、法律、领事保护等服务，保障海外人员安全，维护海外利益。

最后，转变外贸发展方式，要促进贸易和投资自由化便利化。实行高水平的贸易和投资自由化便利化政策。这不仅要求不断提高自身开放水平，也要求更加主动塑造开放的外部环境。一是支持多边贸易体制。落实世贸组织《贸易便利化协定》，推动世贸组织部长级会议取得积极成果，推进多哈回合剩余议题谈判，积极参与服务贸易协定、政府采购协定等谈判。二是稳步推进自由贸易区建设。推动区域全面经济伙伴关系协定早日达成，推进亚太自贸区建设，逐步构筑起立足周边、辐射"一带一路"、面向全球的高标准自由贸易区网络。三是提高双边开放水平。继续与有关国家商谈高水平的投资协定以及各种形式的优惠贸易安排，妥善应对贸易摩擦。

（三）积极参与全球经济治理

随着我国对外开放的日益发展，我国经济与世界经济的关系更加紧密，我国参与全球经济治理的紧迫性和重要性不断提高，必须更加积极主动地推进体制机制创新，增强对外开放的体制优势，提高我国在全球经济治理中的制度性话语权。习近平在党的十九大报告中指出，中国秉持共商共建共享的全球治理观，倡导国际关系民主化，坚持国家不分大小、强弱、贫富一律平等，支持联合国发挥积极作用，支持扩大发展中国家在国际事务中的代表性和发言权。中国将继续发挥负责任大国作用，积极参与全球治理体系改革和建设，不断贡献中国智慧和力量。

——新时代积极参与全球经济治理的重大意义。

随着我国经济发展对世界经济增长的贡献率越来越重要，我国在全球经济治理体系中的制度性话语权显著提升。与此同时，随着我国日益走近世界舞台中央，国际社会希望中国在国际事务中发挥更大作用、在应对全球性挑战中承担更多责任。如何扮演好新的国际角色，承担与自身发展阶段相适应的责任，是不容回避的重要课题。特别是随着"一带一路"实施，以政策沟通、设施联通、贸易畅通、资金融通、民心相通为主要内容，如何与沿线各国共同打造政治互信、经济融合、文化包容的利益共同体、责任共同体和命运共同体，造福沿线国家人民，备受关注。

经济全球化曲折深入发展，国际治理体系面临深刻变革。伴随着新兴经济体的发展，全球经济治理体系的弊端日益显现。以贸易和投资自由化便利化为代表的经济全球化，促进了世界和平、稳定和繁荣，符合世界各国的共同利益，代表了人类文明发展的方向。经济全球化从来不是一帆风顺，而是在曲折中向前发展。国际金融危机后，世界贸易组织主导的贸易自由化进程严重受阻，国际贸易投资规则竞争更趋激烈。发达国家为了维护既得利益，在多边或区域贸易安排中，将劳工标准、环境保护、知识产权、政府采购、竞争中立等新议题纳入谈判，以抬高发展中国家参与经济全球化的门槛。以金砖国家为代表的新兴经济体，贸易和投资等经济联系薄弱，在世界经济价值链体系中处于外围地位，经济一体化程度低，集体行动能力差。近年来，世界经济疲弱，发展失衡、治理困境、公平赤字等问题更加突出，反全球化思潮涌动，保护主义和内顾倾向有所上升，给世界经济贸易发展蒙上了阴影。如何更好适应和引导经济全球化，推动经济全球化朝着更加开放、包容、普惠、平衡、共赢的方向发展，是中国与世界各国的共同责任。

中国在全球经济治理中面临诸多挑战。一是如何互利共赢、与合作伙伴共享开放利益，克服各种贸易和投资保护主义问题。随着中国对外经济贸易的飞速发展，国际社会对于中国扩大开放的反应已经在发生变化，从过去的欣赏和认可变为更关心世界能从中国的扩大开放中得到什么。根据国际货币基金组织进出口贸易统计，从 2012 年开始中国就成为 128 个经济体最大的贸易伙伴，中国货物贸易的增长速度很快，大量的贸易顺差不仅带来自身国际收支平衡的难度，也造成一些贸易伙伴的不满和贸易摩擦。中国正式提出实施企业“走出去”战略，中国企业海外投资额持续增长成为资本净输出国，与此同时，投资保护主义却一直困扰中国企业的一些投资活动。二是包括金融在内的一些垄断程度较高行业开放与风险的防控问题。要实现国际国内要素有序自由流动、资源高效配置、开放经济的安全高效，离不开垄断行业中的逐步开放与风险防范。三是如何提高我国在全球经济治理中的话语权以及支撑话语权的硬实力和软实力问题。比如，我国目前在能源金融法律和国际组织方面由于缺乏影响力，只能被动接受国际油价大幅波动带来的风险，对于石油美元和能源金融资本的冲击缺少制约手段，缺乏可资利用的能源多边外交平台。我国既要更加积极主动地参与国际规则制定，维护发展中国家的权益，又要看到国际规则变革在相当程度上反映了国际贸易投资的发展方向，许多方面与我国扩大开放的方向是一致的，必须以更加积极和自信的姿态，加快形成同国际贸易投资规则相适应的体制机制。

——积极参与全球治理特别是全球经济治理。

积极参与全球治理，就是要高度重视全球治理体制建设，提高我国参与全球治理的能力，深度参与全球治理，积极引导国际秩序变革方向。一是高度重视全球治理体制建设。现行全球治理体制无法有效应对全球性问题的蔓延，为中国参与全球治理变革、谋求全球治理主导权提供了战略机遇，中国要秉持

“共商、共建、共享”的全球治理理念,积极推动全球治理体制朝着更加公正合理有效的方向发展。习近平在许多场合表示,在政治安全和社会发展领域,中国坚定维护联合国的权威和地位,维护联合国在国际事务中的核心作用;在经济领域,中国支持以国际货币基金组织、世界贸易组织为核心的全球性国际组织的改革,支持将二十国集团打造成为世界经济的稳定器、全球增长的催化器、全球治理的推进器;在国际金融领域,中国倡导成立亚洲基础设施投资银行、参与建立金砖国家新开发银行等新型国际金融机制。二是提高我国参与全球治理的能力。全球治理格局取决于国际力量对比,全球治理体系变革源于国际力量对比变化。我们要坚持以经济发展为中心,集中力量办好自己的事情,不断增强我们在国际上说话办事的实力。我们要积极参与全球治理,主动承担国际责任,但也要尽力而为、量力而行。① 要提高我国参与全球治理的能力,着力增强规则制定能力、议程设置能力、舆论宣传能力、统筹协调能力。参与全球治理需要一大批熟悉党和国家方针政策、了解我国国情、具有全球视野、熟练运用外语、通晓国际规则、精通国际谈判的专业人才。要加强全球治理人才队伍建设,突破人才瓶颈,做好人才储备,为我国参与全球治理提供有力人才支撑。三是要深度参与全球治理,积极引导国际秩序变革方向。我们将秉持共商共建共享的全球治理观,积极参与全球治理体系改革和建设。坚定维护以联合国宪章宗旨和原则为核心的国际秩序和国际体系,推进国际关系民主化,支持扩大发展中国家在国际事务中的代表性和发言权。建设性参与国际和地区热点问题的解决进程,积极应对各类全球性挑战,维护国际和地区和平稳定。积极维护多边贸易体制主渠道地位,促进国际贸易和投资自由化便利化,反对一切形式的保护主义。中国将继续发挥负责任大国作用,不断为完善全球治理贡献中国智慧和力量。

积极参与全球经济治理,就是要推动国际经济治理体系改革完善,积极引导全球经济议程,维护和加强多边贸易体制,促进国际经济秩序朝着平等公正、合作共赢的方向发展,共同应对全球性挑战。一是维护多边贸易体制主渠道地位。坚持互利共赢原则,促进全球贸易投资的自由化和便利化,坚定反对各种形式的贸易保护主义。维护世界贸易组织在全球贸易投资中的主渠道地位,推动多边贸易谈判进程,促进多边贸易;体制均衡、共赢、包容发展,形成公

① 《习近平谈治国理政》第二卷,外文出版社 2017 年版,第 449 页。

正、合理、透明的国际经贸规则体系。二是强化区域和双边自由贸易体制建设。加快实施自由贸易区战略，逐步构筑高标准自由贸易区网络。积极同“一带一路”沿线国家和地区商建自由贸易区，加快区域全面经济伙伴关系协定、中国—海合会、中日韩自贸区等谈判，推动与以色列、加拿大、欧亚经济联盟和欧盟等建立自贸关系以及亚太自贸区相关工作。全面落实中韩、中澳等自由贸易协定和中国—东盟自贸区升级议定书。继续推进中美、中欧投资协定谈判。三是推动完善国际经济治理体系。积极参与全球经济治理机制合作，支持主要全球治理平台和区域合作平台更好发挥作用，推动全球治理体制更加公平合理。支持发展中国家平等参与全球经济治理，促进国际货币体系和国际金融监管改革。加强宏观经济政策国际协调，促进全球经济平衡、金融安全、稳定增长。积极参与网络、深海、极地、空天等领域国际规则和国际标准制定。

——积极推进“一带一路”国际合作和自由贸易区建设。

我国是经济全球化的积极参与者和坚定支持者，也是重要建设者和主要受益者。我国经济发展进入新常态，妥善应对我国经济社会发展中面临的困难和挑战，更加需要扩大对外开放。我们必须审时度势，努力在经济全球化中抢占先机、赢得主动，加快实施自由贸易区战略，是我国积极参与国际经贸规则制定、争取全球经济治理制度性权力的重要平台，我们不能当旁观者、跟随者，而是要做参与者、引领者，善于通过自由贸易区建设增强我国国际竞争力，在国际规则制定中发出更多中国声音、注入更多中国元素，维护和拓展我国发展利益。

坚持不懈推进“一带一路”国际合作建设，进一步深化全方位对外开放格局。党的十九大报告指出，积极促进“一带一路”国际合作，打造国际合作新平台，积极参与全球治理体系改革和建设，不断贡献中国智慧和力量。我们将坚持对外开放的基本国策，坚持打开国门搞建设，把“一带一路”与构建人类命运共同体更加紧密结合起来，与落实联合国 2030 年可持续发展议程紧密结合起来，打造国际合作新平台，增添共同发展新动力。遵循共商共建共享原则，弘扬和平合作、开放包容、互学互鉴、互利共赢的丝路精神，加强同沿线国家的政策沟通、设施联通、贸易畅通、资金融通、民心相通，把“一带一路”建成和平之路、繁荣之路、开放之路、创新之路、文明之路。

加快推进自由贸易区建设。“站在新的历史起点上，实现‘两个一百年’

奋斗目标、实现中华民族伟大复兴的中国梦,必须适应经济全球化新趋势、准确判断国际形势新变化、深刻把握国内改革发展新要求,以更加积极有为的行动,推进更高水平的对外开放,加快实施自由贸易区战略,加快构建开放型经济新体制,以对外开放的主动赢得经济发展的主动、赢得国际竞争的主动。"① 党的十九大报告指出,"我国经济已由高速增长阶段转向高质量发展阶段",要"赋予自由贸易试验区更大改革自主权,探索建设自由贸易港"。

——开创上海合作组织框架下的区域合作新模式。

上海合作组织是世界上幅员最广、人口最多的综合性区域合作组织,成员国的经济和人口总量分别约占全球的 20% 和 40%。上海合作组织拥有 4 个观察员国、6 个对话伙伴,并同联合国等国际和地区组织建立了广泛的合作关系,国际影响力不断提升,已经成为促进世界和平与发展、维护国际公平正义不可忽视的重要力量。2018 年 6 月 10 日,习近平在上海合作组织成员国元首理事会第十八次会议上的讲话中指出,以《上海合作组织宪章》《上海合作组织成员国长期睦邻友好合作条约》为遵循,构建起不结盟、不对抗、不针对第三方的建设性伙伴关系。这是国际关系理论和实践的重大创新,开创了区域合作新模式,为地区和平与发展作出了新贡献。上海合作组织始终保持旺盛生命力、强劲合作动力,根本原因在于它创造性地提出并始终践行"上海精神",主张互信、互利、平等、协商、尊重多样文明、谋求共同发展。这超越了文明冲突、冷战思维、零和博弈等陈旧观念,掀开了国际关系史崭新的一页,得到国际社会日益广泛的认同。② 商务部数据显示,2017 年中国与上合组织其他成员国贸易总额达 2176 亿美元,同比增长了 19%。截至 2018 年 3 月底,中国对上合组织成员国各类投资存量约为 840 亿美元,在上合组织成员国工程承包累计营业额达 1569 亿美元。

——积极推进构建人类命运共同体。

积极推进构建人类命运共同体建设,是新时代我国积极参与经济全球化的重大战略抉择,是顺应世界经济发展、人类和平与共的根本要求。党的十九大报告指出:世界正处于大发展大变革大调整时期,和平与发展仍然是时代主题。人类生活在同一个地球村,越来越成为你中有我、我中有你的命运共同

---

① 《习近平谈治国理政》第二卷,外文出版社 2017 年版,第 99 页。

② 习近平:《弘扬上海精神 构建命运共同体——在上海合作组织成员国元首理事会第十八次会议上的讲话》(2018 年 6 月 10 日),人民出版社 2018 年版,第 2 页。

体。与此同时,新兴市场国家和广大发展中国家快速崛起,“西方中心论”已难以为继,国际社会迫切呼唤新的全球治理理念,构建新的更加公正合理的国际体系和秩序,开辟人类更加美好的发展前景。

构建人类命运共同体思想指明了世界发展和人类未来的前进方向。当前,世界发展面临各种问题和挑战,经济全球化遭遇逆风,世界经济长期低迷,发展鸿沟日益突出,地区冲突频繁发生,恐怖主义、难民潮等全球性挑战此起彼伏,各种社会政治思潮交锋激荡。在此背景下,习近平切实回应国际社会的共同诉求,准确把握中国与世界关系的历史性变化,在达沃斯世界经济论坛年会和联合国日内瓦总部发表演讲,提出了中国的全球化观、全球治理观,全面阐述了构建人类命运共同体重要思想,其核心归结起来就是要和平不要战争,要发展不要贫穷,要合作不要对抗,要共赢不要单赢。

构建人类命运共同体思想反映了中外优秀文化和全人类共同价值追求。习近平深刻指出:人类正处在大发展大变革大调整时期。世界多极化、经济全球化深入发展,社会信息化、文化多样化持续推进,新一轮科技革命和产业革命正在孕育成长,各国相互联系、相互依存,全球命运与共、休戚相关,和平力量的上升远远超过战争因素的增长,和平发展、合作、共赢的时代潮流更加强劲。同时,人类也正处在一个挑战层出不穷、风险日益增多的时代。世界经济增长乏力,金融危机阴云不散,发展鸿沟日益突出,兵戎相见时有发生,冷战思维和强权政治阴魂不散,恐怖主义、难民危机、重大传染性疾病、气候变化等非传统安全威胁持续蔓延。人类与世界面对的这个现实,决定了构建人类命运共同体,事关人类发展的前途与命运,不仅有基础和条件,而且有迫切的需要。构建人类命运共同体,既是为当代人着想,也是为子孙后代负责。

构建人类命运共同体思想适应了新时代中国与世界关系的历史性变化。中国与世界的关系正站在新的历史起点上。一方面,中国越来越离不开世界,世界也越来越离不开中国。另一方面,中国的改革开放取得巨大成就离不开世界的支持合作,而日益崛起的中国有责任也有能力同各国分享发展机遇。中国发展得越好,就越有能力塑造和影响世界,为国际社会作出更大贡献。构建人类命运共同体思想就是中国为全球治理贡献的中国智慧、中国方案。

构建人类命运共同体思想的内涵核心,就是党的十九大报告所指出的建设持久和平、普遍安全、共同繁荣、开放包容、清洁美丽的世界。我们要从政治、安全、经济、文化、生态等方面推动构建人类命运共同体。在政治上,要相互尊重、平等协商,坚决摒弃冷战思维和强权政治,走对话而不对抗、结伴而不结盟的国与国交往新路。在安全上,要坚持以对话解决争端、以协商化解分歧,统筹应对传统和非传统安全威胁,反对一切形式的恐怖主义。在经济上,要同舟共济,促进贸易和投资自由化便利化,推动经济全球化朝着更加开放、包容、普惠、平衡、共赢的方向发展。在文化上,要尊重世界文明多样性,以文明交流超越文明隔阂、文明互鉴超越文明冲突、文明共存超越文明优越。在生态上,要坚持环境友好,合作应对气候变化,保护好人类赖以生存的地球家园。

构建人类命运共同体既是中国外交的崇高目标,也是世界各国的共同责任和历史使命。我们要深入贯彻落实构建人类命运共同体思想,不断开创中国外交新局面,同世界各国携手合作,共同努力建设一个更加美好的世界。首先,要坚持和平发展道路,推动建设相互尊重、公平正义、合作共赢的新型国际关系。我们不能因现实复杂而放弃梦想,不能因理想遥远而放弃追求。面对充满希望与挑战的世界,我们要坚定不移推动建设新型国际关系,为构建人类命运共同体打下坚实基础。我们将高举和平、发展、合作、共赢的旗帜,恪守维护世界和平、促进共同发展的外交政策宗旨,坚定不移在和平共处五项原则基础上发展同各国的友好合作。坚定维护国际公平正义,反对霸权主义和强权政治。坚决捍卫国家利益,永远不称霸,永远不搞扩张。其次,要不断完善外交布局,打造全球伙伴关系网络。我们将以周边和大国为重点,以发展中国家为基础,以多边为舞台,以深化务实合作、加强政治互信、夯实社会基础、完善机制建设为渠道,全面发展同各国友好合作,不断完善我国全方位、多层次、立体化的外交布局。推进大国协调和合作,构建总体稳定、均衡发展的大国关系框架,按照亲诚惠容理念和与邻为善、以邻为伴周边外交方针,深化同周边国家关系,秉持正确义利观和真实亲诚理念加强同发展中国家团结合作。

八、推进宏观经济调控建设

新时代我国经济由高速增长阶段转向高质量发展阶段,目前正处在转变发展方式、优化经济结构、转换增长动力的攻关期,完善我国宏观调控体制机制建设,提高宏观调控科学化水平,对于确保新时代国民经济持续健康发展具有极其重大的现实意义。新时代宏观调控建设必须坚持质量第一、效益优先的发展方针，努力实现经济增长、充分就业、物价稳定、国际收支平衡等目标，围绕社会总供给与总需求的再平衡，深化国民经济的结构性改革，推动经济发展质量变革、效率变革、动力变革，提高全要素生产率，着力加快建设实体经济、科技创新、现代金融、人力资源协同发展的产业体系，着力构建市场机制有效、微观主体有活力、宏观调控有度的经济体制，着力构建财政政策、货币政策、产业政策、贸易政策等相互协调的宏观调控政策体系，不断增强我国国民经济的综合创新力和竞争力。

（一）推进新时代宏观调控思想理论建设

党的十八大以来，我国宏观调控思想理论建设取得新进展，现代宏观调控思想认识不断成熟与发展，为迎接新形势与新挑战、进一步搞好宏观调控奠定了思想理论基础。党的十八届三中全会，围绕健全宏观调控体系，提出了以下重要的改革思想理论：首先强调宏观调控的主要任务是保持经济总量平衡，促进重大经济结构协调和生产力布局优化，减缓经济周期波动影响，防范区域性、系统性风险，稳定市场预期，实现经济持续健康发展。其次提出健全以国家发展战略和规划为导向、以财政政策和货币政策为主要手段的宏观调控体系，推进宏观调控目标制定和政策手段运用机制化，加强财政政策、货币政策与产业、价格等政策手段协调配合，提高相机抉择水平，增强宏观调控前瞻性、针对性、协同性，形成参与国际宏观经济政策协调的机制，推动国际经济治理结构完善。

党的十八届五中全会，围绕创新和完善宏观调控方式，进一步明确按照总量调节和定向施策并举、短期和中长期结合、国内和国际统筹、改革和发展协调的要求，完善宏观调控，采取相机调控、精准调控措施，适时预调微调，更加注重扩大就业、稳定物价、调整结构、提高效益、防控风险、保护环境。党的十九大报告围绕创新和完善宏观调控，强调发挥国家发展规划的战略导向作用，健全财政、货币、产业、区域等经济政策协调机制；强调完善促进消费的体制机制，增强消费对经济发展的基础性作用；强调深化投融资体制改革，发挥投资对优化供给结构的关键性作用。党的十九届三中全会进一步提出：科学设定宏观管理部门职责和权限，强化制定国家发展战略、统一规划体系的职能，更好发挥国家战略、规划导向作用。完善宏观调控体系，创新调控方式，构建发展规划、财政、金融等政策协调和工作协同机制。

加强宏观调控基础思想理论建设。中国特色社会主义政治经济学是新时代宏观调控的理论基础。习近平指出:“我们要立足我国国情和我国发展实践,深入研究世界经济和我国经济面临的新情况新问题,揭示新特点新规律,提炼和总结我国经济发展实践的规律性成果,把实践经验上升为系统化的经济学说,不断开拓当代中国马克思主义政治经济学新境界,为马克思主义政治经济学创新发展贡献中国智慧。”①习近平强调,马克思主义政治经济学是马克思主义的重要组成部分,也是我们坚持和发展马克思主义的必修课。我们党历来重视对马克思主义政治经济学的学习、研究、运用,在新民主主义革命时期创造性地提出了新民主主义经济纲领,在探索社会主义建设道路过程中对发展我国经济提出了独创性的观点,如提出社会主义社会的基本矛盾理论,提出统筹兼顾、注意综合平衡,以农业为基础、工业为主导、农轻重协调发展等重要观点。这些都是我们党对马克思主义政治经济学的创造性发展。

党的十一届三中全会以来,我们党把马克思主义政治经济学基本原理同改革开放新的实践结合起来,不断丰富和发展马克思主义政治经济学,形成了当代中国马克思主义政治经济学的许多重要理论成果,比如,关于社会主义本质的理论,关于社会主义初级阶段基本经济制度的理论,关于树立和落实创新、协调、绿色、开放、共享的发展理念的理论,关于发展社会主义市场经济、使市场在资源配置中起决定性作用和更好发挥政府作用的理论,关于我国经济发展进入新常态的理论,关于推动新型工业化、信息化、城镇化、农业现代化相互协调的理论,关于用好国际国内两个市场、两种资源的理论,关于促进社会公平正义、逐步实现全体人民共同富裕的理论,等等。这些理论成果,是适应当代中国国情和时代特点的政治经济学,不仅有力指导了我国经济发展实践,而且开拓了马克思主义政治经济学新境界。

新时代宏观调控思想理论涉及调控的指引思想、原则、方向,调控的体制基础、制度关系、调控理念、风险防控、国际视野等思想内容。搞好新时代我国宏观调控建设,不仅要有丰富的现代调控理论与知识,更要有中国特色社会主义的思想理论指引。新时代宏观调控思想理论的与时俱进,是搞好新时代宏

① 习近平:《在十八届中央政治局第二十八次集体学习时的讲话》(2015 年 11 月 23 日),中共中央文献研究室编:《习近平关于社会主义经济建设论述摘编》,中央文献出版社 2017 年版,第 327—328 页。

观调控实践的重要认识前提。

第一,坚持中国特色社会主义思想指引。只有社会主义才能救中国,只有中国特色社会主义才能发展中国。习近平指出,中国特色社会主义是科学社会主义理论逻辑和中国社会发展历史逻辑的辩证统一,是根植于中国大地、反映中国人民意愿、适应中国和时代发展进步要求的科学社会主义,是全面建成小康社会、加快推进社会主义现代化、实现中华民族伟大复兴的必由之路。中国特色社会主义是社会主义而不是其他什么主义,科学社会主义基本原则不能丢,丢了就不是社会主义。一个国家实行什么样的主义,关键要看这个主义能否解决这个国家面临的历史性课题。①

第二,坚持和完善社会主义基本经济制度。公有制为主体、多种所有制经济共同发展的基本经济制度,是中国特色社会主义制度的重要支柱,也是社会主义市场经济体制的根基。公有制经济和非公有制经济都是社会主义市场经济的重要组成部分,都是我国经济社会发展的重要基础。必须毫不动摇发展公有制和非公有制经济,完善产权保护制度,积极发展混合所有制经济,推动国有企业完善现代企业制度,支持非公有制经济健康发展。习近平指出,我们国家这么大、人口这么多,又处于并将长期处于社会主义初级阶段,要把经济社会发展搞上去,就要各方面齐心协力来干,众人拾柴火焰高。公有制经济、非公有制经济应该相辅相成、相得益彰,而不是相互排斥、相互抵消。②

第三,坚持党对经济工作的集中统一领导。中国共产党领导是中国特色社会主义最本质的特征,是中国特色社会主义制度的最大优势,是实现经济社会持续健康发展的根本政治保证。必须贯彻全面从严治党要求,不断增强党的创造力、凝聚力、战斗力,不断提高党的执政能力和执政水平,确保我国发展航船沿着正确航道破浪前进。③

第四,坚持以人民为中心的发展思想。坚持以人民为中心的发展思想,这是马克思主义政治经济学的根本立场。人民是推动发展的根本力量,实现好、

---

① 《习近平谈治国理政》,外文出版社 2014 年版,第 21、22 页。

② 习近平:《毫不动摇坚持我国基本经济制度,推动各种所有制经济健康发展》(2016 年 3 月 4 日),中共中央文献研究室编:《习近平关于社会主义经济建设论述摘编》,中央文献出版社 2017 年版,第 67 页。

③ 《中共中央关于制定国民经济和社会发展第十三个五年规划的建议》,人民出版社 2015 年版,第 6 页。

维护好、发展好最广大人民根本利益是发展的根本目的。要坚持把增进人民福祉、促进人的全面发展、朝着共同富裕方向稳步前进作为经济发展的出发点和落脚点，部署经济工作、制定经济政策、推动经济发展都要牢牢坚持这个根本立场。

第五，坚持创新协调绿色开放共享理念。创新、协调、绿色、开放、共享的发展理念是对我们在推动经济发展中获得的感性认识的升华，是对我们推动经济发展实践的理论总结。新发展理念是我国长时期发展思路、发展方向、发展着力点的集中体现，也是改革开放以来我国发展经验的集中体现，反映出我们党对我国发展规律的新认识。要坚持用新发展理念来引领和推动我国经济发展，不断破解经济发展难题，开创经济发展新局面。

第六，坚持全面深化改革的总目标。完善和发展中国特色社会主义制度，推进国家治理体系和治理能力现代化，是全面深化改革的总目标。根本目的是为党和国家事业发展、为人民幸福安康、为社会和谐稳定、为国家长治久安提供一整套更完备、更稳定、更管用的制度体系。

第七，坚持政府与市场"两只手"都要用好。在市场作用和政府作用的问题上，使市场在资源配置中起决定性作用和更好发挥政府作用，要讲辩证法、两点论，"看不见的手"和"看得见的手"都要用好，努力形成市场作用和政府作用有机统一、相互补充、相互协调、相互促进的格局，推动经济社会持续健康发展。深化经济体制改革，核心是处理好政府和市场的关系，关键是加快转变政府职能。该放给市场和社会的权一定要放足、放到位，该政府管的事一定要管好、管到位。要推进简政放权，强化事中事后监管，探索新的政府管理体制。

第八，坚持经济发展与防范风险双目标调控。宏观调控既要保持经济中高速增长，又要注重优化结构，守住不发生系统性风险的底线。发展必须是遵循经济规律的科学发展，必须是遵循自然规律的可持续增长。宏观政策要稳，微观政策要活，社会政策要托底。通过认识和更好地遵循经济发展规律，推进改革开放，转变发展方式，提高经济社会发展质量和效益，迈向持续健康发展的新常态。

第九，坚持国际国内两个市场、两种资源都要用好。新时代宏观调控要坚持对外开放基本国策，善于统筹国内国际两个大局，利用好国际国内两个市场、两种资源，发展更高层次的开放型经济，积极参与全球经济治理，同时坚决维护我国发展利益，积极防范各种风险，确保国家经济安全。既立足国内，充分运用我国资源、市场、制度等优势，又重视国内国际经济联动效应，积极应对外部环境变化，从全球经济联系中进行谋划，重视提高在全球范围配置资源的能力。

（二）深化新时代财政改革思想理论研究

财政是国家治理的基础和重要支柱，科学的财税体制是优化资源配置、维护市场统一、促进社会公平、实现国家长治久安的制度保障。深化新时代财政改革，必须完善立法、明确事权、改革税制、稳定税负、透明预算、提高效率，建立现代财政制度，发挥中央和地方两个积极性。

新时代财政改革的根本任务是加快建立现代财政制度，建立权责清晰、财力协调、区域均衡的中央和地方财政关系；建立全面规范透明、标准科学、约束有力的预算制度，全面实施绩效管理；深化税收制度改革，健全地方税体系；健全公共服务体系，推进基本公共服务均等化、普惠化、便捷化。

核心议题是深化财税体制改革，建立健全有利于转变经济发展方式、形成全国统一市场、促进社会公平正义的现代财政制度，建立税种科学、结构优化、法律健全、规范公平、征管高效的税收制度，建立事权和支出责任相适应的中央与地方财税制度，适度加强中央事权和支出责任。

着力改进预算管理制度。规范的预算制度是现代财政制度的基础。新时代财政改革要不断推进预算公开，完善预算体系，改进预算控制，加强预算管理。预算公开本质上是政府行为的透明，是建设阳光政府、责任政府、法治政府的需要。强化预算约束、规范政府行为、实现有效监督，加快建立全面规范、公开透明的现代预算制度。审核预算的重点由平衡状态、赤字规模向支出预算和政策拓展。建立跨年度预算平衡机制，建立权责发生制的政府综合财务报告制度，建立规范合理的中央和地方政府债务管理及风险预警机制。完善一般性转移支付增长机制，重点增加对革命老区、民族地区、边疆地区、贫困地区的转移支付。

着力深化税收制度改革。税制改革的根本目的是为企业、个人创造更加公平的经济环境，真正使市场在资源配置中起决定性作用。新时代深化税收制度改革，要优化税制结构、完善税收功能、稳定宏观税负、推进依法治税，建立有利于科学发展、社会公平、市场统一的税收制度体系，充分发挥税收筹集财政收入、调节分配、促进结构优化的职能作用。完善现代税收制度体系建设,逐步提高直接税比重,降低间接税水平,改革和完善资源税、增值税、所得税、消费税、环保税、养老税、财产税等制度政策。按照统一税制、公平税负、促进公平竞争的原则,加强对税收优惠特别是区域税收优惠政策的规范管理。

着力完善中央地方财税关系。中央与地方的财税关系,是财税体制改革的重要内容,关系经济持续健康发展和国家长治久安。根据建立事权和支出责任相适应的原则,调整中央和地方政府间财税关系,进一步理顺中央和地方收入划分,合理划分政府间事权和支出责任,促进权力和责任、办事和花钱相统一。适度加强中央事权和支出责任,理顺中央地方事权关系,明确中央与地方共同事权,改革转移支付制度。建立一般性转移支付的稳定增长机制,增加一般性转移支付规模和比例;清理、整合、规范专项转移支付项目,逐步取消竞争性领域专项和地方资金配套,严格控制专项转移支付规模,加强地方政府与承担的公共服务职能相适应的财源财力财权建设。

着力构建现代公共服务财税体系。围绕不断满足人民日益增长的美好生活需要,不断完善公共服务管理体制,健全公共服务体系,推进基本公共服务均等化、普惠化、便捷化,推进城乡区域基本公共服务制度统一。公共服务财税体系要能够促进政府职能部门把工作重心从单纯注重本行业本系统公共事业发展转向更多创造公平机会和公正环境,促进公共资源向基层延伸、向农村覆盖、向边远地区和生活困难群众倾斜,促进全社会受益机会和权利均等。政府改革要加强和优化政府在社会保障、教育文化、法律服务、卫生健康、医疗保障等方面的职能,更好保障和改善民生。同时要推动教育、文化、法律、卫生、体育、健康、养老等公共服务提供主体多元化、提供方式多样化,推进非基本公共服务市场化改革,引入竞争机制,扩大购买服务。加强、优化、统筹国家应急能力建设,构建统一领导、权责一致、权威高效的国家应急能力体系,提高保障生产安全、维护公共安全、防灾减灾救灾等方面能力,确保人民生命财产安全和社会稳定。

(三)深化新时代金融改革思想理论研究

金融是国家重要的核心竞争力,金融安全是国家安全的重要组成部分,金融制度是经济社会发展中重要的基础性制度。现阶段深化金融体制改革,核心议题是要紧紧围绕服务实体经济、防控金融风险、深化金融改革三项任务,创新和完善金融调控,促进经济和金融良性循环、健康发展。主要任务包括增强金融服务实体经济能力，提高直接融资比重，促进多层次资本市场健康发展，健全货币政策和宏观审慎政策双支柱调控框架，深化利率和汇率市场化改革；健全金融监管体系，守住不发生系统性金融风险的底线。特别是要加强和优化金融管理职能，增强货币政策、宏观审慎政策、金融监管协调性，优化金融监管力量，健全金融监管体系，维护国家金融安全。

新时代金融发展面对新挑战，只能用改革的办法解决矛盾，让市场在金融资源配置中起决定性作用。深化金融改革，优化金融机构体系，完善国有金融资本管理、外汇市场体制机制。完善现代金融企业制度和公司法人治理结构，强化风险内控机制建设和外部市场约束。坚持质量优先，引导金融业发展同经济社会发展相协调，促进融资便利化、降低实体经济成本、提高资源配置效率、保障风险可控。坚持市场导向，发挥市场在金融资源配置中的决定性作用。坚持社会主义市场经济改革方向，处理好政府和市场关系，完善市场约束机制，提高金融资源配置效率。只有更好服务实体经济，才能有效防控金融风险；只有不发生系统性金融风险，才能促进经济社会健康发展；只有深化改革，让市场在金融资源配置中起决定性作用，才能从制度上有效防控风险，促进金融与实体经济的良性互动。

关于金融更好服务实体经济。金融是资金的融通，是实体经济的血脉。金融必须回归本源，服务实体经济。更好为实体经济服务是金融的天职和宗旨，也是防范金融风险的根本举措，必须提高金融服务实体经济的能力和水平。习近平指出：金融是现代经济的核心，在很大程度上影响甚至决定着经济健康发展。① 如何让金融市场在保持稳定的同时有效服务实体经济，仍然是各国需要解决的重要课题。新时代我国金融业持续健康发展，必须让金融回归本源，服从服务于经济社会发展。金融业要把服务实体经济作为出发点和落脚点，全面提升金融服务效率和水平，把更多资源配置到经济社会发展的重点领域和薄弱环节，更好满足人民群众和实体经济多样化的金融需求。金融机构要清理规范中间业务环节，降低实体经济融资成本。不能盲目铺摊子，体内循环、脱实向虚。优化融资结构体系，打造满足实体经济需求的金融链。直接融资要补短板，建立健全多层次的资本市场体系；间接融资要调结构，国有大银行进行战略转型，发展中小银行和民营金融机构。解决好金融机构在内

① 《十八大以来重要文献选编》（中），中央文献出版社 2016 年版，第 781 页。

控管理、资产质量、服务水平、竞争能力等方面不适应实体经济发展的问题，真正以源头活水浇灌实体经济茁壮成长。

关于深化金融体制机制改革。深化改革是金融业发展的根本动力。新时代推进我国金融业持续健康发展，只有不断优化金融机构体系，完善金融企业制度，才能为金融业激发活力、行稳致远打下坚实基础。新时代防控金融风险，从根本上也要靠深化金融改革。新时代深化金融改革，坚持社会主义市场经济改革方向，发挥市场在金融资源配置中的决定性作用。要优化金融结构，完善金融市场、金融机构、金融产品体系；要完善国有金融资本管理，完善外汇市场体制机制；要完善现代金融企业制度，要完善公司法人治理结构，优化股权结构，建立有效的激励约束机制，强化风险内控机制建设，加强外部市场约束。特别是要加强金融监管协调、补齐监管短板，积极稳妥推进金融监管体制改革，守住不发生系统性金融风险的底线。

关于完善和发展资本市场。资本市场是实施国家经济发展战略、调整产业结构的重要平台和手段。新时代金融改革要把发展直接融资放在重要位置，培育公开透明和长期稳定健康发展的资本市场，形成融资功能完备、基础制度扎实、市场监管有效、投资者合法权益得到有效保护的多层次资本市场体系。着力加强多层次资本市场投资功能，优化企业债务和股本融资结构，使直接融资特别是股权融资比重显著提高。要创新金融风险管理工具，做好风险防范工作。

关于普惠金融、科技金融和绿色金融。发展普惠金融、科技金融、绿色金融是做好金融工作的重要抓手。发展普惠金融，目的就是要提升金融服务的覆盖率、可得性、满意度，满足人民群众日益增长的金融需求，特别是要让农民、小微企业、城镇低收入人群、贫困人群和残疾人、老年人等及时获取价格合理、便捷安全的金融服务。发展科技金融，为科技创新提供持续推动力。发展绿色金融，是实现绿色发展的重要措施，也是供给侧结构性改革的重要内容。发展普惠金融，有效缓解“三农”和中小微企业融资难、融资贵问题；发展科技金融，促进科技与金融深层次结合，支持国家创新驱动发展战略；发展绿色金融，支持和促进生态文明建设，助力国民经济绿色发展。

关于扩大金融开放和全球金融治理。改革开放是推动金融业发展的根本动力。习近平指出，要积极稳妥推动金融业对外开放，合理安排开放顺序，加快建立完善有利于保护金融消费者权益、有利于增强金融有序竞争、有利于防范金融风险的机制。要深化人民币汇率形成机制改革，稳步推进人民币国际化，稳步实现资本项目可兑换。切实推进金融创新，创新国际化的融资模式，深化金融领域合作，打造多层次金融平台，建立服务“一带一路”建设长期、稳定、可持续、风险可控的金融保障体系。放宽银行、证券、保险行业外资股比限制，同时要加大开放力度，加快保险行业开放进程，放宽外资金融机构设立限制，扩大外资金融机构在华业务范围，拓宽中外金融市场合作领域。习近平强调，国际金融危机不是经济全球化发展的必然产物，而是金融资本过度逐利、金融监管严重缺失的结果。要完善全球经济金融治理，提高世界经济抗风险能力。①

关于防范和化解金融风险。金融意味着资金使用者与所有者的分离，金融风险与生俱来。现代金融业链条长，市场信息不对称，价值实现过程曲折，利益诱惑大，参与者行为变化快；金融风险点多面广，隐蔽性、突发性、传染性、危害性强。防控金融风险特别是防止发生系统性金融风险是金融工作永恒的主题，要把主动防范化解系统性金融风险放在更加重要的位置。目前我国经济周期性、结构性、体制性矛盾叠加。虽然金融风险总体可控，但是一定要做好充分准备，既防“黑天鹅”，做好应对突发性事件的准备；也防“灰犀牛”，对诸如房地产泡沫破裂、大批“僵尸企业”倒闭、一些违规操作的金融机构退出等这样的大概率事件更要有总体预案。必须补齐监管短板，提高防范化解金融风险能力。以强化金融监管为重点，防范系统性金融风险为底线，加快相关法律法规建设，完善金融机构法人治理结构。同时，做好企业、政府、居民的杠杆调控，防控和化解企业、政府、居民的高杠杆风险。规范金融综合经营和产融结合，加强互联网金融监管，强化金融机构防范风险主体责任，从制度上避免风险漏洞。

关于加强党对金融工作的领导。习近平指出：新时代推进金融业持续健康发展，必须加强党对金融工作的领导，坚持稳中求进工作总基调，遵循金融发展规律，紧紧围绕服务实体经济、防控金融风险、深化金融改革三项任务，创新和完善金融调控，健全现代金融企业制度，完善金融市场体系，推进构建现代金融监管框架，加快转变金融发展方式，健全金融法治，保障国家金融安全，

---

① 习近平：《共担时代责任　共促全球发展——在世界经济论坛 2017 年年会开幕式上的主旨演讲》（2018 年 1 月 17 日），人民网，2017 年 1 月 18 日。

促进经济和金融良性循环、健康发展。[①] 做好新形势下金融工作,要坚持党中央对金融工作集中统一领导,确保金融改革发展方向正确,确保国家金融安全稳定。要落实全面从严治党要求,建好金融系统领导班子,强化对关键岗位、重要人员特别是一把手的监督。要扎扎实实抓好企业党的建设,加强理想信念教育,加强党性教育,加强纪律教育,加强党风廉政建设。要大力培养、选拔、使用政治过硬、作风优良、业务精通的金融人才,特别是要注意培养国际化的金融高端人才,努力建设一支宏大的德才兼备的高素质金融人才队伍。

① 《习近平谈治国理政》第二卷,外文出版社 2017 年版,第 278 页。

第五篇　新时代政治经济学建设

构建新时代中国特色社会主义政治经济学，是全面推进我国社会主义现代化经济思想理论建设的基础工程。习近平新时代中国特色社会主义经济思想，丰富和发展了马克思主义政治经济学，是中国特色社会主义政治经济学的最新成果。新时代努力构建中国特色社会主义政治经济学，必须以习近平新时代中国特色社会主义思想为指导，深刻把握习近平新时代中国特色社会主义经济思想的学理逻辑，深入研究习近平新时代中国特色社会主义经济思想的重要内容，在新时代改革发展建设中坚持和发展马克思主义政治经济学。特别是要深化新时代社会主义基本经济制度研究，深化国有企业改革和民营经济发展研究，牢固树立新时代党的经济领导思想，坚持社会主义经济建设的政治指引，全面提高新时代党领导经济工作的科学化水平，推进新时代人民共建共享经济体系建设，推进新时代党领导经济现代化能力建设，全面建设社会主义现代化经济强国。

一、深刻把握习近平新时代中国特色社会主义经济思想学理逻辑

党的十八大以来，以习近平同志为核心的党中央在推进我国全面建成小康社会、实现中华民族伟大复兴中国梦的历史进程中，把马克思主义政治经济学的基本原理与中国特色社会主义经济建设的具体实践相结合，深刻把握改革开放以来我国经济发展变革的时代性特征，提出了“学好用好政治经济学”、构建中国特色社会主义政治经济学体系的时代课题。在党的十九大报告中，习近平总书记系统论述了中国特色社会主义发展进入新时代，这也意味着中国社会主义政治经济学的发展进入一个新阶段。随后在 2017 年 12 月召开的中央经济工作会议上，首次明确提出“以新发展理念为主要内容的习近

平新时代中国特色社会主义经济思想”，并强调“习近平新时代中国特色社会主义经济思想，是5年来推动我国经济发展实践的理论结晶，是中国特色社会主义政治经济学的最新成果”①。深刻把握新时代中国特色社会主义经济思想的学理逻辑及其内在逻辑关联，有利于进一步增强习近平新时代中国特色社会主义经济思想指导全面建设社会主义现代化经济强国的理论自信和行动自觉。

（一）逻辑起点：中国特色社会主义进入新时代，是新时代中国特色社会主义经济思想的时代坐标

马克思曾明确指出：“人类始终只提出自己能够解决的任务，因为只要仔细考察就可以发现，任务本身，只有在解决它的物质条件已经存在或者至少是在生成过程中的时候，才会产生。”②这表明习近平新时代中国特色社会主义经济思想不是凭空产生的，而是中国特色社会主义经济建设的具体实践发展到一定阶段、理论与实践交融互动的思想升华，是与我国所处的现实社会环境和所面临的重大历史任务紧密联系在一起的。

历史方位和时代主题的确定，是一个新思想得以形成并发展的前提条件，也是构建其理论范式和学理体系的重要基础。对此，马克思曾明确指出：“人们在生产和交换时所处的条件，各个国家各不相同，而在每一个国家里，各个世代又各不相同。因此，政治经济学不可能对一切国家和一切历史时代都是一样的。”③这深刻地反映了“政治经济学作为一门历史的科学”，马克思始终坚持“从当前的国民经济的事实出发”来研究人们在生产中的社会关系，即从现实的经济关系和经济问题来对政治经济学展开系统研究。在现时代的中国，“从当前的国民经济的事实出发”实质上就是要从“中国特色社会主义发展进入新时代”这一全新而重大的经济事实出发。

从社会主义在中国建立和发展的历史谱系来看，中国特色社会主义发展进入新时代具有深刻的历史逻辑连续性，它既是对传统社会主义实践的坚持和发展，也是对改革开放以来中国特色社会主义40年来建设实践的继承和创

① 《中央经济工作会议在北京举行》，《人民日报》2017年12月21日。

② 《马克思恩格斯选集》第2卷，人民出版社1995年版，第33页。

③ 《马克思恩格斯文集》第9卷，人民出版社2009年版，第153页。

新。在1949年中华人民共和国成立后,以毛泽东同志为核心的党的第一代中央领导集体带领全国人民进行了大规模的经济恢复与建设,并顺利完成三大改造,使得社会主义制度在我国基本确立起来。在随后的社会主义建设过程中,为避免落入苏联模式的“窠臼”,毛泽东先后撰写了《论十大关系》《关于正确处理人民内部矛盾的问题》等经典著作,对如何开展社会主义建设作出了深刻思考,尤其是在读《苏联社会主义经济问题》及《政治经济学教科书》的过程中,毛泽东还提出了“不能孤立地看商品生产,要看它与什么经济相联系。商品生产和资本主义相联系,是资本主义商品生产;商品生产和社会主义相联系,是社会主义商品生产”①,并强调“这个法则是一个伟大的学校,只有利用它,才有可能教会我们的几千万干部和几万万人民,才有可能建设我们的社会主义和共产主义”②,这些重要论述是以毛泽东为代表的中国共产党人对开启马克思主义经济学中国化第二次飞跃进行艰辛探索的思想结晶。可以说,传统社会主义的实践探索为新时代中国特色社会主义的产生,奠定了坚实的物质基础、制度保障与理论准备。没有传统社会主义的历史根基,新时代就会成为无源之水、无本之木。另一方面,改革开放以来,新时代中国特色社会主义是以邓小平同志为核心的党的第二代中央领导集体所成功开创的中国特色社会主义发展到历史新阶段的现实产物,是在新的历史方位上对中国特色社会主义时代属性的坚持和创新,使得中国社会主义在纵向比较过程中具有鲜明的阶段性特征,并使这些特征打上了从站起来、富起来开始走向强起来的时代烙印。可以说,“中国特色社会主义的新时代”通过融合改革开放40年来我国社会主义建设所取得的新成就、出现的新情况、变化的新特点,“解决了许多长期想解决而没有解决的难题,办成了许多过去想办而没有办成的大事,推动党和国家事业发生历史性变革”③,这为我国继续向前发展奠定了最直接、最现实的基础,进而将中国特色社会主义建设推进到一个全新的起点和更高的阶段,使新时代显现出巨大的实践创造性和理论突破性。

---

① 中华人民共和国史学会:《毛泽东读社会主义政治经济学批注和谈话》(上),中华人民共和国史学会刊印,1998年,第50页。

② 《毛泽东文集》第八卷,人民出版社1999年版,第34页。

③ 习近平:《决胜全面建成小康社会　夺取新时代中国特色社会主义伟大胜利——在中国共产党第十九次全国代表大会上的报告》(2017年10月18日),《人民日报》2017年10月28日。

从社会主义生产方式的逻辑架构来看，中国特色社会主义进入新时代是我国社会生产力发生根本性跃升的必然结果。因为“每一历史时代的经济生产以及必然由此产生的社会结构，是该时代政治的和精神的历史的基础”①，这表明生产力的发展变化将会引起时代的主题、任务、性质发生相应改变，尤其是生产力的变迁和跃升将会对理论创新提出全新要求，正如马克思所说，“人们所达到的生产力的总和决定着社会状况”②。党的十八大以来，以习近平同志为核心的党中央基于对国内外宏观经济形势变化的分析判断、基于对经济增长速度逐渐放缓和质量效益提高的深刻关注，全面而系统地阐述了中国经济新常态的特征、新机遇及如何适应处理新常态下的新问题新矛盾；同时带领全国人民牢牢把握中国经济潜在增长率的新变化，从战略全局的高度科学认识新常态、辩证看待新常态、积极适应新常态，发挥经济体制改革的牵引作用，全面深化改革，使我国“经济保持中高速增长，在世界主要国家中名列前茅，国内生产总值从五十四万亿元增长到八十万亿元，稳居世界第二，对世界经济增长贡献率超过百分之三十”③，经济结构不断优化、农业现代化稳步推进、创新型国家建设成果丰硕，这些重大成就意味着我国社会生产力获得了极大跃升、中国社会主义发展的历史境遇发生了深刻变革。对此，习近平总书记在党的十九大报告中深刻指出：“中国特色社会主义进入新时代，意味着近代以来久经磨难的中华民族迎来了从站起来、富起来到强起来的伟大飞跃”④。在以“强起来”为主题的时代背景下，习近平新时代中国特色社会主义经济思想以解决经济改革和发展的重大问题为导向，把握时代脉搏、聆听时代声音，把问题意识和辩证思维结合起来，使马克思主义经济学中国化彰显出鲜明的时代特征。从“新时代”的事实出发到“问题导向”，再从“问题导向”倒逼“理论创新”，这既是改革开放 40 年来我国经济体制发展变革的现实路径，也是习近平新时代中国特色社会主义经济思想形成的内在逻辑。可以说，“新时代”的形成是中国社会主义在纵向历史维度与横向特定生产方式交融

---

① 《马克思恩格斯选集》第 1 卷，人民出版社 2012 年版，第 380 页。

② 《马克思恩格斯选集》第 1 卷，人民出版社 2012 年版，第 160 页。

③ 习近平：《决胜全面建成小康社会　夺取新时代中国特色社会主义伟大胜利——在中国共产党第十九次全国代表大会上的报告》（2017 年 10 月 18 日），《人民日报》2017 年 10 月 28 日。

④ 习近平：《决胜全面建成小康社会　夺取新时代中国特色社会主义伟大胜利——在中国共产党第十九次全国代表大会上的报告》（2017 年 10 月 18 日），《人民日报》2017 年 10 月 28 日。

互动的必然结果，它在时代特征和使命中重新标定了我国社会主义发展时代坐标与历史方位，丰富发展了马克思主义政治经济学的时代理论，为我们在时代征程中凝练和发展全面建设社会主义现代化国家的指导思想提供了理论支撑。

（二）逻辑内核：我国社会主要矛盾发生新变化，是新时代中国特色社会主义经济思想的立论依据

如何正确认识社会的主要矛盾，是一个重大的理论和实践问题。马克思在《资本论》第一卷曾明确指出："我要在本书研究的，是资本主义生产方式以及和它相适应的生产关系和交换关系"①，据此，马克思牢牢抓住资本主义社会的主要矛盾即资产阶级与无产阶级的矛盾，在劳动价值论的基础上，揭露了资本家剥削工人的秘密所在，深刻剖析了资本与劳动的对立，明确阐述了资本主义社会所产生的商品与货币的两极世界。随着资本积聚和资本集中的加剧，资产阶级和无产阶级之间的矛盾尖锐化到一定程度时，"资本主义私有制的丧钟就要响了。剥夺者就要被剥夺了"②。可以说，《资本论》主要分析了资产阶级与无产阶级之间的矛盾的产生、发展和变化的规律。

我国社会主义初级阶段的主要矛盾，与马克思在《资本论》中所剖析的资本主义社会主要矛盾有着本质区别。众所周知，在一个复杂事物的发展中，同时存在着许多矛盾，其中必有一种矛盾规定或影响着其他矛盾的存在和发展，对事物的发展起主导和决定作用，这种矛盾就是主要矛盾。"捉住了这个主要矛盾，一切问题就迎刃而解了"③。因而，在我国社会主义建立、巩固和发展完善的历史过程中，我们党非常重视社会主要矛盾的发展变化。中华人民共和国成立后，随着生产资料私有制的社会主义改造基本完成，社会主义制度得以在我国确立，原有的束缚生产力发展的落后制度体制被革除，这促使我国社会主要矛盾也发生深刻变化。对此，在1956年召开的党的八大上，会议指出："我们国内的主要矛盾，已经是人民对于建立先进的工业国的要求同落后的

---

① 《马克思恩格斯选集》第2卷，人民出版社2012年版，第82页。

② 《马克思恩格斯全集》第23卷，人民出版社1972年版，第831—832页。

③ 《毛泽东选集》第一卷，人民出版社1991年版，第322页。

农业国的现实之间的矛盾,已经是人民对于经济文化迅速发展的需要同当前经济文化不能满足人民需要的状况之间的矛盾”①,这一重要论述表明我国当时社会主要矛盾的实质是先进的社会主义制度同落后的社会生产力之间的矛盾,突出了发展生产力和实现工业化的重要性,这种对社会主义社会主要矛盾的认识基本上是正确的,符合当时我国的实际。但由于受赫鲁晓夫在苏共二十大所作的“秘密报告”以及波兰的波兹南事件、匈牙利事件等一系列国际事件的影响,加之国内极少数人借整风之机妄图否定党的领导和社会主义制度,在上述内外因素的综合作用下,使得党的八大决议对社会主要矛盾的正确认识不仅未能一如既往地长久坚持下去,反而发生了重大偏离。尤其是随着反右斗争的持续扩大,阶级斗争开始逐渐占据党和国家工作的中心地位,最终导致“文化大革命”的爆发。

党的十一届三中全会后,我们党重新恢复和确立了“解放思想、实事求是”的思想路线,为正确认识我国社会主要矛盾创造了有利条件。1979 年,邓小平在《坚持四项基本原则》一文中明确指出:“我们的生产力发展水平很低,远远不能满足人民和国家的需要,这就是我们目前时期的主要矛盾,解决这个主要矛盾就是我们的中心任务”②,这说明党的工作重心重新回到以经济建设为中心的轨道上来。随后,党的十一届六中全会通过的《关于建国以来党的若干历史问题的决议》重新肯定了党的八大对我国社会主要矛盾的正确认识,认为“在社会主义改造基本完成以后,我国所要解决的主要矛盾,是人民日益增长的物质文化需要同落后的社会生产之间的矛盾”③,并要求全党把工作重心转移到经济建设上来,大力发展生产力,不断改善人民的物质文化生活。党的十一届六中全会的这一“经典论断”,体现了我国社会主义初级阶段的现实国情。在此后的 30 多年中,我国一直沿用这一“经典论断”。可以说,这一“经典论断”统筹把握了生产力与生产关系、社会生产与社会消费的辩证关系,反映了我国的现实国情。我们党以此为理论基点,提出了一系列重大战略思想和发展理念来解决这一主要矛盾,由此推动了我国经济社会的快速、持

① 中共中央文献研究室:《建国以来重要文献选编》第 9 册,中央文献出版社 1994 年版,第 341 页。

② 《邓小平文选》第二卷,人民出版社 1994 年版,第 182 页。

③ 中共中央文献研究室:《三中全会以来重要文献选编》(下),人民出版社 1982 年版,第 839 页。

续、健康发展。

经过40年来的改革开放，一方面，我国社会生产力得到迅速发展，原先落后的社会生产状况得到了巨大改变，尤其是党的十八大以来，我国大力实施创新驱动发展战略，加快转变经济发展方式，积极引领经济新常态，经济实力和综合国力再上新台阶，社会生产供给能力大幅提升。另一方面，人民群众的生存需要已经得到基本满足，其整体生活水平已经走出贫困、越过温饱、实现小康，正朝着全面小康的水平迈进。可见，我国社会主要矛盾在社会生产与社会需求这两个方面都发生了显著而深刻的变化。与改革之初相比，社会生产既有量的扩张，也有质的飞跃；而社会需求也由原先简单的单向度消费转为复杂的多层次消费，消费需求更加复杂多样。亦藉于此，习近平总书记在党的十九大报告中深刻指出："中国特色社会主义进入新时代，我国社会主要矛盾已经转化为人民日益增长的美好生活需要和不平衡不充分的发展之间的矛盾。"①从生产供给的视域来看，"人民对美好生活的需要"意味着人民的基本生存需要已经得到满足，但供给体系没有根据需求变化与时俱进进行调整，人民群众更多元更高水平的新需求没有得到满足。因此，为更好满足人民多样化的生活需要、使人民拥有更多获得感、幸福感，就要加快从经济大国走向经济强国的步伐，就要从经济总量扩张向经济结构优化转变来实现经济健康持续发展，也就是从"有没有"向"好不好"迈进。从社会主要矛盾的主要方面来看，"不平衡不充分的发展"主要表现为生产力的布局仍不平衡，生产力的总体发展水平还不充分，特别是在经济发展中城乡之间、区域之间、不同群体之间的收入水平差距依然很大，就业、教育、医疗、居住、养老等主要民生领域的短板没有解决，在市场体制和政府职能、产品质量和生产数量、传统发展和创新驱动、经济建设和生态环保等方面仍存在不平衡，这些不平衡既是我国生产力发展不充分的具体表现，也是我国社会主义生产关系不完善的现实反映。因而，建设经济强国就必须立足于这些现实问题，通过深入推进供给侧结构性改革，以"三去一降一补"为抓手，大力优化供给结构、改善供给质量、提高供给效率、抓好供给管理，增强供给结构对需求变化的适应性和灵活性，进而着重解决新时代中国经济发展所面临的突出矛盾与困境，在促进供给与需求动态平衡的

① 习近平：《决胜全面建成小康社会　夺取新时代中国特色社会主义伟大胜利——在中国共产党第十九次全国代表大会上的报告》（2017年10月18日），《人民日报》2017年10月28日。

基础上更好满足人民对美好生活的需要，实现社会主义生产目的。同时，我们也必须深刻认识到，“我国仍处于并将长期处于社会主义初级阶段的基本国情没有变，我国是世界最大发展中国家的国际地位没有变”①，这就要求充分发挥我国社会主义制度的优越性，在解放和发展生产力的基础上更好地保护生产力，通过参与全球经济治理更好地利用“两个市场”、“两种资源”，促使我国经济发展质量与效益发生新的跃升。简言之，我国社会主要矛盾的变化是关系全局的历史性变化，对经济社会发展提出了许多新要求，既是构成新时代的基本内容，也是习近平新时代中国特色社会主义经济思想的现实基座。

（三）逻辑统领：坚持党对经济工作的集中统一领导，是新时代中国特色社会主义经济思想的政治保障

列宁指出：“一个阶级如果不从政治上正确地看问题，就不能维持它的统治，因而也就不能完成它的生产任务。”②这就是说，只有依靠党的正确领导，才能解决好为谁生产、依靠谁生产、怎样生产等问题。对此，毛泽东在新中国成立前夕召开的党的七届二中全会上的讲话中指出：“党的工作重心由乡村移到了城市”，“必须用极大的努力去学会管理城市和建设城市”。③“如果我们在生产工作上无知，不能很快地学会生产工作，不能使生产事业尽可能迅速地恢复和发展，获得确实的成绩，首先使工人生活有所改善，并使一般人民的生活有所改善，那我们就不能维持政权，我们就会站不住脚，我们就会要失败”④。要求全党要提高领导经济社会发展的能力，并向全党提出了“我们不但善于破坏一个旧世界，我们还将善于建设一个新世界”⑤的伟大号召。

改革开放以来，在党的领导下我们成功开创并发展了中国特色社会主义道路，在这一过程中，邓小平强调指出：“各个经济战线不仅需要进行技术上

---

① 习近平：《决胜全面建成小康社会　夺取新时代中国特色社会主义伟大胜利——在中国共产党第十九次全国代表大会上的报告》（2017 年 10 月 18 日），《人民日报》2017 年 10 月 28 日。

② 《列宁选集》第 4 卷，人民出版社 1995 年版，第 408 页。

③ 《毛泽东选集》第四卷，人民出版社 1991 年版，第 1427 页。

④ 《毛泽东选集》第四卷，人民出版社 1991 年版，第 1428 页。

⑤ 《毛泽东选集》第四卷，人民出版社 1991 年版，第 1439 页。

的重大改革，而且需要进行制度上、组织上的重大改革。”①因此，作为中国特色社会主义道路重要组成部分的社会主义市场经济建设，也必须在党的领导下才能继续推进。历史和现实表明，市场经济总是依附于并服务于一定的社会制度，它同资本主义制度相结合，曾推动生产力巨大发展，但也加剧了生产社会化与生产资料私人占有之间的矛盾，带来了不可克服的弊端。它同社会主义制度相结合，将会带来生产力更高的发展，并能克服资本主义市场经济的根本性缺陷。之所以会有这个优势，最根本的就是因为有中国共产党的领导，中国共产党全心全意为人民服务的根本宗旨，能够在生产力迅速发展的基础上使经济社会发展成果由全体人民所共享，消灭资本主义市场经济由于资本的逐利性所诱致的两极分化，从而确保市场经济的发展方向朝着共同富裕不断趋近，以体现社会主义的本质要求。因而，坚持共产党的领导是包括社会主义市场经济体制在内的中国特色社会主义最本质的特征。正如邓小平所指出的那样：“社会主义市场经济的优越性在哪里？就在四个坚持。四个坚持是‘成套设备’。在改革开放的同时，搞好四个坚持。”②邓小平所说的“四个坚持”，就是坚持四项基本原则，集中表现为坚持党的领导。

党的十八大以来，随着我国经济发展进入新常态，改革进入深水区，推动我国经济发展提质增效升级面临诸多机遇和挑战。解决好这些问题，关键在党。习近平总书记多次强调：“党是总揽全局、协调各方的，经济工作是中心工作，党的领导要在中心工作中得到充分体现，抓住了中心工作这个牛鼻子，其他工作就可以更好展开”③，并深刻指出：“做好经济工作，必须加强和改善党对经济工作的领导”④。在此基础上，习近平总书记在党的十九大报告中明确指出：“中国特色社会主义最本质的特征是中国共产党领导，中国特色社会主义制度的最大优势是中国共产党领导”⑤。这一重要论述深刻揭示了党的领导与中国特色社会主义的关系，反映了“坚持加强党对经济工作的集中统

① 《邓小平文选》第二卷，人民出版社 1994 年版，第 136 页。

② 冷溶、汪作玲：《邓小平年谱（1975—1997）（下）》，中央文献出版社 2004 年版，第 1363 页。

③ 中共中央文献研究室：《习近平关于社会主义经济建设论述摘编》，中央文献出版社 2017 年版，第 318 页。

④ 中共中央文献研究室：《习近平关于社会主义经济建设论述摘编》，中央文献出版社 2017 年版，第 320 页。

⑤ 习近平：《决胜全面建成小康社会　夺取新时代中国特色社会主义伟大胜利——在中国共产党第十九次全国代表大会上的报告》（2017 年 10 月 18 日），《人民日报》2017 年 10 月 28 日。

一领导”,这是“中国共产党的领导是中国特色社会主义最本质特征和最大优势”这一质的规定性在经济工作中的具体要求和生动体现。可以说,坚持党对经济工作的集中统一领导,是当代中国发展进步的根本保障,也是中国特色社会主义政治经济学最核心、最本质的特征。对此,习近平总书记指出:“能不能驾驭好世界第二大经济体,能不能保持经济社会持续健康发展,从根本上取决于党在经济社会发展中的领导核心作用发挥得好不好”①;党的领导的优越性在哪里?就在于它的先进性和统一性,集政治、思想、组织等一系列优势于一身。中国特色社会主义市场经济的发展历程表明,只有坚持党对经济工作的集中统一领导,才能准确把握时代变化的趋势、不断完善社会主义制度,把坚持以经济建设为中心同坚持四项基本原则、坚持改革开放统一起来,充分发挥经济和政治两方面的优势,确保我国经济发展始终沿着正确方向前进,为解放发展生产力、实现社会主义现代化提供有力政治保障;也只有坚持党的领导,才能更好发挥政府作用,因为党统揽全局、统筹布局、协调各方、制定政策,既是政府的向导和核心,又是实施政府宏观政策的组织保证;同时,党的坚强领导,能够协调各个方面,统筹调动多种力量形成合力,形成全面深化改革的持久动力,克服不平衡不充分发展的诸多问题,推进新时代国家治理体系和治理能力现代化。

(四) 逻辑指向:全面建设社会主义现代化强国,是新时代中国特色社会主义经济思想的重要目标

马克思在《德意志意识形态》《共产党宣言》《资本论》等经典著作中,从历史唯物主义关于生产方式制约整个社会生活过程的观点出发,指出了现代化的未来方向,揭示了现代化的本质特征,界定了现代化运动的历史任务。马克思认为,人类社会的现代化阶段,是发展过程中的一次飞跃,具有同以往各个历史发展阶段完全不同的重要特征。具体表现为:大工业生产、现代科学技术、世界整体性、高度的社会分化与社会整合、世俗化与城市化。其中,现代化重要支柱亦即现代化大工业生产、现代科学技术等,阐明了现代化的本质特

① 习近平:《以新的发展理念引领发展,夺取全面建成小康社会决胜阶段的伟大胜利》(2018年10月29日),中共中央文献研究室编:《习近平关于社会主义经济建设论述摘编》,中央文献出版社2017年版,第325页。

征，实际上也就指出了现代化的中心任务。对于以马克思主义作为指导思想的中国共产党来说，带领全国人民推进和实现社会主义现代化，把民族复兴的显性目标和共产主义的隐性目标耦合成同向的实践活动，既是中国社会历史发展规律的必然要求，也是马克思关于东方社会"跨越资本主义卡夫丁峡谷"的具体实现形式。

在追寻现代化的崭新道路上，中国共产党人孜孜以求，锲而不舍。早在1945年4月，抗日战争即将结束，毛泽东在中共七大上提出，新民主主义国家的建国目标是建立一个"独立、民主、自由、统一、富强的中国"①。中华人民共和国成立后，随着国民经济的不断恢复，毛泽东在1952年提出了过渡时期的总路线，突出强调了实现国家的社会主义工业化。随后在1954年9月15日，毛泽东在第一届全国人大第一次会议开幕词中提出："我国人民应当努力工作……准备在几个五年计划之内，将我们现在这样一个经济文化落后的国家，建设成为一个工业化的具有高度现代文化程度的伟大的国家"②。根据毛泽东的指示，周恩来提出了要实现工业、农业、交通运输和国防现代化的宏伟目标。随着社会主义建设的不断推进，1963年1月29日，周恩来第一次明确提出："我们要实现农业现代化、工业现代化、国防现代化和科学技术现代化，把我们祖国建设成为一个社会主义强国"③，这里将过去的"交通运输现代化"这一内容改成了"科学技术现代化"，突出了其重要地位，使四个现代化——经济现代化的内涵更加科学化和明确化了。1964年12月21日，周恩来在三届人大一次会议上再次郑重地提出了四个现代化的目标，并指出："为了实现这个伟大的历史任务，从第三个五年计划开始，我国的国民经济发展，可以按两步来考虑：第一步，建立一个独立的比较完整的工业体系和国民经济体系；第二步，全面实现农业、工业、国防和科学技术的现代化，使我国经济走在世界的前列"④。这是对党的八大规定的经济建设目标的完善和发展。这里，周恩来从中国国情出发，提出了一个重要的经济理论问题——不能孤立地提建立独立的、比较完整的工业体系，同时还应当完整地提出建立国民经济体系的问题，从而使关于四个现代化的思想又极大地深化了一步，更加完整化了。另

---

① 《毛泽东文集》第3卷，人民出版社1996年版，第334页。

② 《毛泽东文集》第6卷，人民出版社1999年版，第350页。

③ 《周恩来选集》下卷，人民出版社1984年版，第412页。

④ 《周恩来选集》下卷，人民出版社1984年版，第439页。

外,他关于“两步走”的思想也是十分可贵的,不仅保证了经济现代化按着稳妥的步子向前迈进,而且成为党的十一届三中全会以后我们党确立“三步走”的经济建设战略部署的基础。

改革开放以来,我们党在对传统计划经济体制的弊端进行深刻理论反思的同时,也结合我国经济建设实际对现代化发展战略进行了适当调整,逐渐形成了“中国特色的现代化理论”。对此,邓小平在会见日本首相大平正芳时首次提出了“小康”的概念。他说:“我们要实现的四个现代化,是中国式的四个现代化。我们的四个现代化的概念,不是像你们那样的现代化的概念,而是‘小康之家’”①。在此基础上,邓小平继续进行调查论证、反复考量,逐步形成并提出了“三步走”发展战略:第一步,在20世纪80年代实现国民生产总值比1980年翻一番,解决人民的温饱问题;第二步,从1991年到20世纪末,国民生产总值再增长一倍,使人民生活达到小康水平;第三步,到21世纪中叶,人均国民生产总值达到中等发达国家水平,人民生活比较富裕,基本实现现代化。这个经过邓小平深思熟虑提出的“三步走”战略构想,坚持从实际出发,把中国现代化的战略目标和发展步骤进一步具体化了,具有严谨的科学性和现实性,是一个切实可行的目标和步骤。随着社会主义现代化的历史性展开,在走向新世纪的重要时期,江泽民在党的十五大报告中提出了21世纪前50年分阶段的发展目标。他说:“展望下世纪,我们的目标是,第一个十年实现国民生产总值比2000年翻一番,使人民的小康生活更加宽裕,形成比较完善的社会主义市场经济体制;再经过十年的努力,到建党一百年时,使国民经济更加发展,各项制度更加完善;到世纪中叶建国一百年时,基本实现现代化,建成富强民主文明的社会主义国家。”②这里,把第三步战略划分为三个步骤,即我们常说的“新三步”,而第一小步的十年“使人民的小康生活更加宽裕”,其意蕴亦为全面建设小康社会的目标。“新三步”战略目标的提出,实现了我国社会主义现代化发展战略的又一次历史嬗变。

随着社会主义现代化建设历史进程的顺利推进,尤其是党的十八大以来,我国经济持续快速增长,各项事业不断进步,我们党根据新的情况与时俱进地制定体现更高要求的奋斗目标。为此,党的十九大明确提出了两个阶段的现

① 《邓小平文选》第二卷,人民出版社1994年版,第237页。

② 《江泽民文选》第二卷,人民出版社2006年版,第4页。

代化战略新安排:第一个阶段,从二〇二〇年到二〇三五年,在全面建成小康社会的基础上,再奋斗十五年,基本实现社会主义现代化。第二个阶段,从二〇三五年到本世纪中叶,在基本实现现代化的基础上,再奋斗十五年,把我国建成富强民主文明和谐美丽的社会主义现代化强国。[①] 党的十九大把“基本实现现代化”这一目标,从2050年提前到2035年,这意味着将原定的第二个百年奋斗目标实现时间提前了15年。这是在综合分析国际国内形势和我国发展条件之后作出的重大决策,也是我们党适应我国发展实际作出的必然选择,顺应人民对美好生活的新期待,体现了我们党高度的历史担当和使命追求。与三十多年前所提出的现代化目标侧重于物质层面的发展不同,党的十九大所提出的现代化目标是全面的目标,是覆盖经济、政治、文化、社会、生态等五大领域的目标。在推进新时代现代化的过程中,我们不仅要注重经济实力、科技实力的提升,而且要注重保障人民平等参与、平等发展的权利,注重法治建设,注重提高整个社会的文明程度,注重生态保护和环境治理。在现代化建设的新部署中,明确提出了建设社会主义现代化强国的目标。经过改革开放40年来的发展,我国GDP总额稳居世界第二,已成为真正意义上的经济大国,但把经济大国建设成为经济强国,则还需要经历相当长时间的奋斗才能实现。因此,我们更需要全面发展;更需要转变经济发展方式,提高经济发展的质量效益;更需要优化经济结构,调整经济布局,参与全球经济竞争,在全球价值链体系分工中,占领越来越多的制高点。可以说,全面建设社会主义现代化强国战略目标的提出,是我们党在全面建成小康社会奋斗目标完成之后新的奋斗目标,是我国社会主义现代化建设“三步走”总体战略的继续和深入,有利于保持“四个全面”战略布局的连续性和稳定性,对动员全党全国各族人民万众一心实现中华民族伟大复兴中国梦具有重大意义,进而与中华民族从站起来、富起来到强起来的历史逻辑高度契合。即全面建设现代化国家主要解决的是“强起来”的问题,在现代化建设中既要体现强国建设,又要彰显社会主义的本质特征,既要注重生产力的现代化发展,也要关注生产关系的现代化发展,始终贯穿于社会主义建设全过程。

---

① 习近平:《决胜全面建成小康社会　夺取新时代中国特色社会主义伟大胜利——在中国共产党第十九次全国代表大会上的报告》(2017年10月18日),《人民日报》2017年10月28日。

（五）逻辑枢纽：贯彻新发展理念、推动经济高质量发展，是新时代中国特色社会主义经济思想的主要内容

“发展”作为马克思主义基本原理的一个重要范畴，既是对立统一规律、质量互变规律和否定之否定规律的核心要义，也是生产力决定生产关系、经济基础决定上层建筑两对矛盾辩证统一的必然结论。在马克思看来，人类社会的发展是自然历史过程；生产力的发展，是人类社会发展的最终决定力量；生产力和生产关系、经济基础和上层建筑的矛盾运动，是社会发展的根本动力；生产发展必须正确处理人与人、人与社会、人与自然的关系，这些重要观点成为我们深化发展认识的理论渊源。

中华人民共和国成立后，毛泽东在对中国社会主义发展道路进行艰辛探索的过程中，先后撰写了《论十大关系》《关于正确处理人民内部矛盾的问题》等经典著作，提出了综合平衡、统筹兼顾的重要发展思想。毛泽东认为，“国家和工厂、合作社的关系，工厂、合作社和生产者个人的关系，这两种关系都要处理好，为此，就不能只顾一头，必须兼顾国家、集体和个人三个方面。也就是我们过去常说的‘军民兼顾’、‘公私兼顾’”①，并强调作计划、办事情、想问题，解决各项问题，都要从统筹兼顾这个观点出发，把坚持统筹兼顾同正确处理人民内部矛盾，同调动一切积极因素，建设社会主义强国的总目标结合起来。可以说，“统筹兼顾”代表了第一代中央领导集体发展观的全面性和系统性。

改革开放以来，邓小平在强调“发展是硬道理”“以经济建设为中心”的基础上，也注意到全面、协调、持续发展的问题。邓小平提出两个文明都搞好才是中国特色社会主义、“两手抓，两手都要硬”的方针，体现了全面发展的思想。党的十四大以来，中国改革发展进入建立社会主义市场经济体制的新阶段，以江泽民同志为核心的第三代中央领导集体强调发展是党执政兴国的第一要务，坚持用发展的办法解决前进中的问题，明确提出在发展社会主义市场经济条件下正确处理现代化建设中的一系列重大关系，并提出要“促进社会全面进步、实现人的全面发展”，进一步丰富了马克思主义的发展观。进入新世纪以来，以胡锦涛同志为总书记的党中央提出了“以人为本，全面协调可持续”的科学发展观，进一步回答了实现什么样的发展、怎样发展等重要问题，体现了我们党对共产党执政规律、社会主义建设规律、人类社会发展规律认识

① 《毛泽东文集》第7卷，人民出版社1999年版，第28页。

的进一步深化。

党的十八大以来，以习近平同志为核心的党中央为适应时代发展的新要求，始终坚持用发展的眼光看待问题和解决问题，并将发展尤其是促进经济高质量发展贯穿于历史逻辑始终，提出了以“创新、协调、绿色、开放、共享”为主要内容的新发展理念。其中，创新是促进经济高质量发展的第一动力，全面体现了人的发展、物的改进、人和物的结合方式改进的要求，制度创新、文化创新不仅可以激发劳动者推动生产力发展的积极性和主动性，还可以推进人和物结合方式的改进，提高全要素生产率；科技创新可以提高劳动者的劳动技能和创造能力。利用新技术改进生产工具，及时把技术创新产品用作生产资料和劳动对象，是创新发展推进生产力系统中物的改进的重要途径，也是我国经济转向高质量发展阶段、迈向中高端水平的必由之路。协调是促进经济高质量发展的内在要求，重在正确处理发展中的重大关系，改进生产力系统中人和物的结合方式，只有坚持协调发展，才能解决发展不平衡问题，推动新型工业化、信息化、城镇化、农业现代化同步发展，使我国经济提质增效、行稳致远；绿色是促进经济高质量发展的必要条件和人民对美好生活向往的重要体现，把节约资源和保护环境的基本要求植入生产力系统，重在改进物、改进人物结合方式，只有坚持绿色发展，树立和践行绿水青山就是金山银山的理念，才能建设美丽中国、解决人与自然和谐共生问题；开放是促进经济高质量发展的必由之路，重在拓展改进物、改进人物结合方式的地理空间，只有坚持开放发展，才能进一步提升开放型经济水平，更好利用两个市场、两种资源，解决发展内外联动问题；共享是中国特色社会主义的本质要求，也是促进经济高质量发展的根本目的所在，它重在通过公平、公正的发展成果分配调动人推动生产力发展的积极性和主动性，只有坚持共享发展，才能不断增进人民福祉、促进社会公平正义。可见，新发展理念集发展动力、发展机制、发展条件、发展环境、发展目标等为一体，是改革开放 30 多年来我国发展经验的深刻总结，是党的十八大以来党中央治国理政经济思想的一次全面系统阐述，既反映了促进生产力系统结构优化和功能改善的内在特性，发展生产力的具体路径和保护生产力的现实要求，又体现了应如何调节完善社会主义生产关系，全面构建以促进社会生产力发展水平为中心的新发展理念。

随着中国特色社会主义发展进入新时代，为深入剖析经济社会发展面临的现实问题和我国社会主要矛盾的变化，习近平总书记坚持唯物辩证法发展过程和发展结果相统一的要求，在党的十九大报告中深刻指出："我们要在继续推动发展的基础上，着力解决好发展不平衡不充分问题，大力提升发展质量和效益，更好满足人民在经济、政治、文化、社会、生态等方面日益增长的需要，更好推动人的全面发展、社会全面进步。"①在新常态背景下，我国经济发展也呈现出新的阶段性特征，对此，习近平总书记指出：我国经济已由高速增长阶段转向高质量发展阶段，正处在转变发展方式、优化经济结构、转换增长动力的攻关期。从马克思主义政治经济学的商品二重性原理出发，"质量"就是指产品能够满足人们实际需要的使用价值特性，而人的需要又是丰富多样、动态变化的，因而经济学意义上的"高质量"发展就是能够更好满足人民不断增长的真实需要的经济发展方式、结构和动力状态。② 与高速增长阶段不同，高质量发展要求经济发展从传统的工具理性转向更好满足人民美好生活需要的价值理性。这是因为与过去40年相比，中国经济发展质态从生产力落后转变为世界第二大经济体、从低收入国家进入中上等收入国家行列，从传统的非均衡发展转向更加注重区域城乡协调发展，从追求GDP增长目标转变为既要金山银山、又要绿水青山。经济发展质态的变化必然要求发展观的相应转变，因此，以创新、协调、绿色、开放、共享为主要内容的新发展理念，就成为我国在由经济大国走向经济强国、由全面建设小康社会走向全面建成小康社会并实现社会主义现代化的新起点上，对新时代高质量发展的新要求，这也是我国经济走向高质量发展的评判标准。而且，在新的发展阶段上，"稳中求进"的发展要求也内在地决定了经济运行必须是效率和质量导向的，即体现质量第一、效率优先，以实现更高质量、更有效率、更加公平、更可持续的发展。可以说，经济转向高质量发展的提出，反映了以习近平同志为核心的党中央对"实现什么样的发展、怎样发展"等问题的最新探索成果，既是对以往发展理念的丰富完善，也是在更高层次上对传统发展思想的升华与超越。从"转变经济增长方式"到"转变经济发展方式"，从"数量速度型"到"质量效益型"的转变，是实现从站起来、富起来到强起来的必然要求，也是发展在新时代的最显著特征，反映了我们党领导社会主义现代化建设的能力正在走向更加成熟。

---

① 习近平：《决胜全面建成小康社会　夺取新时代中国特色社会主义伟大胜利——在中国共产党第十九次全国代表大会上的报告》（2017年10月18日），《人民日报》2017年10月28日。

② 金碚：《关于"高质量发展"的经济学研究》，《中国工业经济》2018年第4期。

（六）逻辑重心：加快构建现代化经济体系，是新时代中国特色社会主义经济思想的关键支撑

任何经济体系都是一定生产方式的具体存在和现实表现，是包括经济运行方方面面在内的完整集合体。马克思认为，物质生产活动是人类生存发展的基本条件和实践活动，它构成任何时代社会经济体系的核心内容。据此，马克思从生产力和生产关系出发，将经济运行分为生产、交换、分配、消费等环节，对资本主义社会的经济运行展开了深入研究。其中，马克思关于生产劳动与非生产劳动的思想、必要劳动与剩余劳动的划分、简单再生产和扩大再生产的理论、生产与消费关系的理论，有助于我们在新时代背景下正确把握经济体系的一般结构及其内部各要素的相互关系和运行方式。

党的十八大以来，以习近平同志为核心的党中央在带领全国人民实现中华民族伟大复兴中国梦的历史进程中，不断推进马克思主义经济学的中国化，正确认识并积极引领中国经济发展新常态，随着中国特色社会主义发展进入新时代，“我国经济已由高速增长阶段转向高质量发展阶段，正处在转变发展方式、优化经济结构、转换增长动力的攻关期，建设现代化经济体系是跨越关口的迫切要求和我国发展的战略目标”①。这是针对我国经济发展内外部环境和条件新变化、经济结构存在的突出矛盾和问题、经济发展质量和效益整体偏低、国际竞争能力有待进一步提高等提出的战略性举措。

国家强，经济体系必须强。建设现代化经济体系是紧扣新时代我国社会主要矛盾转化、落实中国特色社会主义经济建设布局的内在要求，也是决胜全面建成小康社会、开启全面建设社会主义现代化国家新征程的基本途径。建设现代化经济体系，要深刻体现新发展理念，坚持质量第一、效益优先，推动质量、效益、动力变革，继续提高我国经济的创新力和竞争力。现代化经济体系是由社会经济活动各个环节、各个层面、各个领域的相互关系和内在联系构成的一个有机整体。这一体系是生产力与生产关系良性互动的经济体系，是促进我国经济转向高质量发展的经济体系，这就要求社会经济各部门、各环节协调配合、有序运转，使经济体系的运动具有内生创新动力、能与自然和谐相处、保证生产发展的可持续。因而，现代化经济体系要努力建设好“六个体系一

---

① 习近平：《决胜全面建成小康社会　夺取新时代中国特色社会主义伟大胜利——在中国共产党第十九次全国代表大会上的报告》（2017 年 10 月 18 日），《人民日报》2017 年 10 月 28 日。

个体制”,即:要建设创新引领、协同发展的产业体系;要建设统一开放、竞争有序的市场体系;要建设体现效率、促进公平的收入分配体系;要建设彰显优势、协调联动的城乡区域发展体系;要建设资源节约、环境友好的绿色发展体系;要建设多元平衡、安全高效的全面开放体系;要建设充分发挥市场作用、更好发挥政府作用的经济体制。[①] 具体来看,可以从这“六个体系一个体制”中剖析出八个主要特征,即:更高质量的经济发展、适度合理的经济增速、良好的市场经济体制、更高效益的经济水平、更高水平的城乡融合、更开放的全球分工、协同发展的产业体系、更加协调的区域发展。

建设现代化经济体系,是一项复杂的系统工程,需要多措并举、协调推进。对此,习近平总书记指出,建设现代化经济体系,要突出抓好以下几方面的工作,一是大力发展实体经济,筑牢现代化经济体系的坚实基础;二是加快实施创新驱动发展战略,强化现代化经济体系的战略支撑;三是积极推动城乡区域协调发展,优化现代化经济体系的空间布局;四是着力发展开放型经济,提高现代化经济体系的国际竞争力;五是深化经济体制改革,完善现代化经济体系的制度保障。[②] 在上述举措中,“大力发展实体经济”就是要以供给侧结构性改革为主线,把提高供给质量和改善供给结构作为主攻方向,坚持推进“三去一降一补”,发挥市场配置资源的决定性作用以优化存量资源配置,扩大优质增量供给,实现供需动态平衡;同时在淘汰落后产能和处置“僵尸企业”的过程中,要把科技、人才、资本等生产要素组合起来,注重加强实体经济、科技创新、现代金融、人力资源协同发展和相互促进,从而形成现代产业体系的整体发展效益。“实施创新驱动发展战略”就是要把创新作为引领发展的第一动力,加强国家创新体系建设,深化科技体制改革,建立以企业为主体、市场为导向、产学研深度融合的技术创新体系,以技术的群体性突破支撑引领新兴产业集群发展,通过创新驱动加快推进中国制造向中国创造转变,以创新要素的集聚与流动促进产业的转型升级与合理分工,进而提高我国经济发展质量和效益,加快我国从经济大国走向经济强国。“推动城乡区域协调发展”就是要大力实施乡村振兴战略,重塑城乡关系,坚持推进精准扶(脱)贫,深化农业供给

---

① 《习近平在中共中央政治局第三次集体学习时强调　深刻认识建设现代化经济体系重要性　推动我国经济发展焕发新活力迈上新台阶》,《人民日报》2018 年 2 月 1 日。

② 《习近平在中共中央政治局第三次集体学习时强调　深刻认识建设现代化经济体系重要性　推动我国经济发展焕发新活力迈上新台阶》,《人民日报》2018 年 2 月 1 日。

侧改革，实现城乡融合发展；同时，由于我国幅员辽阔，加之长期高速非均衡发展战略的实施，使得各地区的经济发展水平参差不齐，成为建设现代化经济体系的短板，因此要持续推进东、中、西部和东北地区协调联动发展，协调推动“一带一路”相关地区开发开放、京津冀协同发展、长江经济带保护发展、粤港澳大湾区建设，不断加大对革命老区、民族地区、边疆地区和贫困地区的支持力度，进而增强我国区域经济发展的整体性和协调性。“发展开放型经济”就是要积极参与全球经济治理，统筹国际国内两个大局，充分利用国内国外两个市场、两种资源，依托亚投行、丝路基金等国际金融合作机构，积极推进“一带一路”建设，提供更多国际公共产品，“坚持引进来和走出去并重，推动形成陆海内外联动、东西双向互济的开放格局，实行高水平的贸易和投资自由化便利化政策，探索建设中国特色自由贸易港”①，在坚持共商共建共享原则的基础上，积极发展全球伙伴关系，推动构建人类命运共同体。“深化经济体制改革”就是要加快构建市场机制有效、微观主体有活力、宏观调控有度的经济体制，这就要在坚持“两个毫不动摇”的基础上，以完善产权制度和要素市场化配置为重点，实现产权有效激励、要素自由流动；要尊重企业的主体地位，深化商事制度改革，全面实施市场准入负面清单制度，支持民营经济发展，激励企业家的创造性和能动性；要注重发挥国家发展规划的战略导向作用，坚持稳中求进的工作总基调，把握好政府与市场的关系，更好发挥政府作用，政府要围绕公共服务和市场监管，做到既不缺位也不越位。

总之，建设现代化经济体系贯穿于生产、分配、交换、消费诸环节，它要求经济制度、经济体制、经济改革、对外经济关系等在内的上层建筑与我国建设经济强国的奋斗目标相适应；同时，现代化经济体系作为生产力与生产关系良性互动的经济体系，既要通过建设现代产业体系、激发人的活力来促进生产力的现代化发展，又要通过推进经济治理体系和治理能力现代化来变革完善社会主义生产关系，即在解放、发展和保护生产力的基础上变革调整与之相适应的生产关系，这也是习近平新时代中国特色社会主义经济思想的研究对象所在。尤其是现代化经济体系既体现了重大问题导向，也体现了重大目标导向，它所蕴含的“七个组成部分”和“八个特征”，以及建设现代化经济体系的“五

① 习近平：《开放共创繁荣　创新引领未来——在博鳌亚洲论坛2018年年会开幕式上的主旨演讲》，《人民日报》2018年4月11日。

大路径”,都与习近平新时代中国特色社会主义经济思想所包含的“七个坚持”有着内在的逻辑一致性和内容的相似共通性,由此成为习近平新时代中国特色社会主义经济思想的逻辑重心和关键支撑。

(七)逻辑主线:在坚守以人民为中心的发展基础上实现共同富裕,是新时代中国特色社会主义经济思想的价值取向

“人民”作为社会生活和社会运动中的绝大多数人,既是历史唯物主义的一个重要范畴,也是共产主义运动的出发点和归宿点。对此,早在170年前,马克思、恩格斯在《共产党宣言》中就明确指出:“过去的一切运动都是少数人的,或者为少数人谋利益的运动。无产阶级的运动是绝大多数人的,为绝大多数人谋利益的独立的运动。”①这一重要论述表明共产主义运动的出发点和立足点就是为广大人民群众谋利益,它的依靠力量也就是工人阶级及广大群众,从而彰显了马克思主义政党的品质与属性规定。中国共产党历来重视对马克思主义政治经济学的学习、研究、运用,在新民主主义革命时期、社会主义建设时期、改革开放历史新时期,都对马克思主义政治经济学进行了创造性发展,形成了一系列创新理论成果。以人民为中心的发展思想解决了“为什么人、由谁享有”这个发展的根本问题,坚持发展为了人民、发展依靠人民、发展成果由人民共享,深化了马克思主义关于人民群众创造历史的观点,体现了中国特色社会主义的本质特征和社会主义市场经济发展的根本目的,体现了人民群众作为历史主体与价值主体的统一性。

党的十八大以来,以习近平同志为核心的党中央在推进马克思主义经济学中国化的历史进程中,继续秉承马克思主义政治经济学的光荣传统和阶级立场,时刻关注人民群众对切身利益的追求、对美好生活的向往,始终把以人民为中心的发展思想贯穿于治国理政的全过程。早在2012年,习近平同志当选总书记同中外记者进行见面会时就指出:“人民对美好生活的向往,就是我们的奋斗目标”②;随后在中央政治局第二十八次集体学习时强调:“要坚持以人民为中心的发展思想,这是马克思主义政治经济学的根本立场。要坚持把增进人民福祉、促进人的全面发展、朝着共同富裕方向稳步前进作为经济发展

① 《马克思恩格斯选集》第1卷,人民出版社2012年版,第411页。
② 《习近平谈治国理政》,外文出版社2014年版,第4页。

的出发点和落脚点，部署经济工作、制定经济政策、推动经济发展都要牢牢坚持这个根本立场。"①对此，以习近平同志为核心的党中央深入推进供给侧结构性改革，实施精准扶(脱)贫，补齐民生短板；深化国企改革，发展混合所有制经济，不断巩固完善社会主义基本经济制度，奠定了以人民为中心的坚实物质基础。同样，"以人民为中心"也是贯穿党的十九大报告的思维红线，习近平总书记在党的十九大报告中指出："带领人民创造美好生活，是我们党始终不渝的奋斗目标。必须始终把人民利益摆在至高无上的地位，让改革发展成果更多更公平惠及全体人民，朝着实现全体人民共同富裕不断迈进。"②同时，党的十九大报告在关于"八个明确"中的第二点指出："明确新时代我国社会主要矛盾是人民日益增长的美好生活需要和不平衡不充分的发展之间的矛盾，必须坚持以人民为中心的发展思想。"③可见，习近平总书记的这些重要论述更为明确地将人民作为利益和幸福的"主体"地位凸显出来，这是对"以人为本"的价值理念和价值原则在理论与实践上的双重深化，彰显了"人民"的历史主体性、实践主体性和价值主体性。在此基础上，习近平总书记在纪念马克思诞辰200周年的大会上进一步强调："我们要始终把人民立场作为根本立场，把为人民谋幸福作为根本使命"④，这是由"人民性"这一马克思主义最鲜明的品格所决定的。如果说"富起来"的政治经济学强调效率优先，兼顾公平，先富带后富，那么"强起来"的政治经济学则是强调全体人民的共同富裕，让人民共享改革发展的全部成果。与此相反，西方主流经济学过于看重资本的力量和价值，单纯片面强调和追求利润最大化，从而忽视了普通劳动者的真实情况和感受。这一发展观既没有立足于满足人的需求，也没有着眼于充分发挥人的积极性，虽然能在一定程度上促进经济增长，但这样的增长是不健康、不可持续的，经常被经济危机打断。

随着中国特色社会主义发展进入新时代，我国经济发展也进入一个新阶段。在这一新阶段，发展面临新条件、新任务，需要采取新战略、新政策。但战

① 《习近平在中共中央政治局第二十八次集体学习时强调 立足我国国情和我国发展实践 发展当代中国马克思主义政治经济学》，《人民日报》2015年11月25日。

② 习近平：《决胜全面建成小康社会 夺取新时代中国特色社会主义伟大胜利——在中国共产党第十九次全国代表大会上的报告》(2017年10月18日)，《人民日报》2017年10月28日。

③ 习近平：《决胜全面建成小康社会 夺取新时代中国特色社会主义伟大胜利——在中国共产党第十九次全国代表大会上的报告(2017年10月18日)》，《人民日报》2017年10月28日。

④ 习近平：《在纪念马克思诞辰200周年大会上的讲话》，《人民日报》2018年5月5日。

略和政策的转变并不会自然而然地发生,需要以深化和统一认识为前提。在发展阶段转换的关键节点,必须坚持以人民为中心的发展思想,牢牢把握发展为民的根本要求,逐步实现共同富裕。逐步实现共同富裕是社会主义的本质要求,建成惠及13亿多人口的全面小康社会是我们党的第一个百年奋斗目标。无论是全面建成小康社会还是逐步实现共同富裕,都是为了促进人的全面发展,顺应人民对过上更美好生活的新期盼。我国社会主义经济建设的实践历程表明,在经济发展中任何偏离"以人民为中心"这一根本遵循都不是真正的社会主义市场经济。社会主义市场经济是既能促进经济发展,又能使得经济发展成果由全民共享的经济体制,因为我们的经济发展始终强调的是共同富裕的发展。另一方面,中国特色社会主义坚持以公有制为主体,这决定了生产的根本目的是为了满足人民需要,而不是资本增殖;社会主义现代化经济体系是以人民为中心,而不是以资本为中心,即以共享发展为着力点实现民生改善、百姓富足。在当前主要表现为通过"实施精准扶贫、精准脱贫"以解决贫困人口、贫困地区的脱贫问题,实现社会主义制度下任何人都不掉队。总之,坚持以人民为中心的发展思想,在经济平稳健康发展的基础上使改革发展成果更多更公平惠及全体人民,就能如期全面建成小康社会,朝着共同富裕的目标稳步前进。

二、深入研究习近平新时代中国特色社会主义经济思想重要内容

理论来源于实践、丰富和发展于实践。习近平新时代中国特色社会主义经济思想,是党的十八大以来推动我国经济发展实践的理论结晶,是中国特色社会主义政治经济学的最新成果,是党和国家十分宝贵的精神财富,必须长期坚持、不断丰富发展。深入研究习近平新时代中国特色社会主义经济思想形成的实践基础、理论渊源,全面把握其科学内涵和理论特色,对于学好用好习近平新时代中国特色社会主义经济思想,具有重要的理论价值和现实意义。

(一)习近平新时代中国特色社会主义经济思想的实践基础

马克思主义政治经济学历来主张"从当前的国民经济的事实出发"。[①] 习

① 《马克思恩格斯文集》第1卷,人民出版社2009年版,第156页。

近平新时代中国特色社会主义经济思想作为马克思主义政治经济学的最新拓展和中国特色社会主义政治经济学的最新成果，不仅深刻反映改革开放以来尤其是党的十八大以来中国特色社会主义经济建设的伟大实践和中国经济发展的历史事实，而且来自作为该理论创立者的习近平个人经历和从政经验。因此，从实践维度来看，习近平新时代中国特色社会主义经济思想“形”于党的十八大之前习近平的上山下乡经历和全部从政实践，“成”于党的十八大以来的新时代中国特色社会主义经济建设的成功实践和理论归纳。

规律总是寓于历史之中的。任何反映规律的科学理论的形成都有其历史过程。尽管中央经济工作会议指出，习近平新时代中国特色社会主义经济思想是党的十八大以来5年多推动我国经济发展实践的理论结晶，但探究其形成的实践来源却需要追溯到习近平上山下乡经历和全部从政实践过程。纵观习近平新时代中国特色社会主义经济思想，其最核心思想是“以人民为中心”的群众观点，思想精髓是“实事求是，稳中求进”，基本内涵是始终坚持以经济建设为中心，坚持“发展是解决我国一切问题的基础和关键”。

习近平始终强调：“要坚持以人民为中心的发展思想，把增进人民福祉、促进人的全面发展、朝着共同富裕方向稳步前进作为经济发展的出发点和落脚点。这一点，我们任何时候都不能忘记，部署经济工作、制定经济政策、推动经济发展都要牢牢坚持这个根本立场。”①他不仅鲜明提出“不能简单以国内生产总值论英雄”“要实实在在，没有水分的增长速度”，进而使各级领导干部摆脱经济增长的“速度束缚”，而且始终强调“空谈误国，实干兴邦”，要科学看待经济新常态，正确认识经济增长度的高低变化，“不是经济发展速度高一点，形势就‘好得很’，也不是经济发展速度下来一点，形势就‘糟得很’。经济发展速度有升有降是正常的，经济不波动不符合经济发展规律。”②他要求经济工作要“贯彻稳中求进工作总基调”，强调：“我国经济发展进入新常态，要求我们从实际出发，尊重客观规律，通过科学方法贯彻各项大政方针。我们强调要保持战略定力，稳中求进的根本点在于稳定大局、不断进取。”“我们强调要坚持功成不必在我，敢于担当、锐意改革，既认识解决经济社会发展中一些

① 习近平：《在十八届中央政治局第二十八次集体学习时的讲话》(2015年11月23日)，《习近平关于社会主义经济建设论述摘编》，中央文献出版社2017年版，第31页。

② 习近平：《经济工作要适应经济发展新常态》(2014年12月9日)，《十八大以来重要文献选编》(中)，中央文献出版社2016年版，第246页。

长期存在的难题需要久久为功,又不能畏首畏尾,把问题留给后人,要抓铁有痕、踏石留印,发扬钉钉子精神,一步一个脚印向前迈进。"①

习近平经济思想的"种子"或"基因",无疑是来自其早期上山下乡的经历和从政实践的历练。习近平在他的一个《自述》中明确说:"我 1969 年从北京到陕北的延川县文安驿公社梁家河大队插队落户,7 年上山下乡的艰苦生活对我的锻炼很大。最大的收获有两点:一是让我懂得了什么叫实际,什么叫实事求是,什么叫群众,这是让我获益终生的东西。二是培养了我的自信心。""上山下乡的经历,使我增进了对基层群众的感情。对于我们共产党人来说,老百姓是我们的衣食父母,我们必须牢记全心全意为人民服务的宗旨。"②

从担任河北正定县委副书记、书记起,一路走来,习近平都始终如一地抱定"坚持以人民为中心"的信念,知行合一地践行"全心全意为人民服务"的宗旨,做任何事情都秉持"实事求是、求真务实"的作风。

习近平在河北正定工作的三年多的时间里,始终把百姓的事放在心上,求真务实,先是下决心摘掉"高产穷县"的帽子,后又提出走"半城郊型"经济发展路子,再到率先在河北全省推行"大包干",制定"人才九条"广招天下英才等"兴县富民"政策,始终不忘初心、干在实处、走在前列。他常对干部们说:"不论是改革工作,还是经济工作,要说一件,干一件;干一件,成一件。不能说了不做,言而无信,不能有始无终,虎头蛇尾。更不能华而不实,弄虚作假。"③

习近平在福建工作的 17 年里,不仅在推进经济体制改革过程中敢当第一个"吃螃蟹"的人,六年七下晋江推进国有企业股份制改革,大力发展民营经济,而且大力推进政府职能转变,加快建立健全福建省的社会主义市场经济体制,尤其是探索内引外联"双向开放",推进闽台交流先行先试。他在《摆脱贫困·跋》中指出:"我是崇尚行动的。实践高于认识的地方正在于它是行动。

---

① 习近平:《在中央经济工作会议上的讲话》(2016 年 12 月 14 日),《习近平关于社会主义经济建设的论述摘编》,中央文献出版社 2017 年版,第 112、113 页。

② 2003 年福建省外大学校友会等机构编撰《福建博士风采》丛书,习近平的作品作为首卷入选 381 位博士撰写的《自述》。人民网,2014 年 11 月 29 日。

③ 《"真刀真枪干一场"——习近平总书记在正定工作的难忘岁月(二)》,《河北日报》2017 年 8 月 21 日。

从这个意义上说，我们不担心说错什么，只是担心‘意识贫困’，没有更加大胆的改革开放的新意；也不担心做错什么，只是担心‘思路贫困’，没有更有力度的改革开放的举措。”①

在总结“晋江经验”中，习近平提出“六个始终坚持”和“处理好五大关系”。即始终坚持以发展社会生产力为改革和发展的根本方向，始终坚持以市场为导向发展经济，始终坚持在顽强拼搏中取胜，始终坚持以诚信促进市场经济的健康发展，始终坚持立足本地优势和选择符合自身条件的最佳方式加快经济发展，始终坚持加强政府对市场经济的引导和服务；处理好有形通道和无形通道的关系，处理好发展中小企业和大企业之间的关系，处理好发展高新技术产业和传统产业的关系，处理好工业化和城市化的关系，处理好发展市场经济与建设新型服务型政府之间的关系。②

习近平提出，福建要走创新发展之路，“通过以建设生态省为载体，转变经济增长方式，提高资源综合利用率，维护生态良性循环，保障生态安全，努力开创‘生产发展、生活富裕、生态良好的文明发展道路’，把美好家园奉献给人民群众，把青山绿水留给子孙后代。”③尤其是习近平在宁德地委和福建省委担任主要领导期间领导的扶贫实践及形成的扶贫思想，更成为当前以习近平同志为核心的党中央提出了精准扶贫战略的思想“源头”。习近平在宁德倡导弱鸟先飞、滴水穿石、不耻落后。他强调，人穷志不能短，更要振奋精神往前奔，锲而不舍，久久为功。“要使弱鸟先飞，飞得快，飞得高，必须探讨一条因地制宜发展经济的路子。”④

习近平在浙江工作期间，先后提出了“八八战略”总方略和“绿水青山就是金山银山”“腾笼换鸟、凤凰涅槃”等科学论断，作出了建设平安浙江、法治浙江、文化大省、生态省以及加强和改进党的建设等重要战略部署。2003 年 7 月 10 日，习近平在全面总结浙江经济多年发展经验的基础上，系统地阐述并解释了浙江发展的八个优势，提出了指向未来发展的八项举措，简称“八八战

① 习近平：《摆脱贫困》，福建人民出版社 1992 年版，第 160 页。

② 《改革争先　击水中流——习近平总书记在福建的探索与实践·改革篇》，《福建日报》2017 年 7 月 17 日。

③ 《滴水穿石　功成不必在我——习近平总书记在福建的探索与实践·发展篇》，《福建日报》2017 年 8 月 23 日。

④ 《全面小康，一个都不能少——习近平总书记在福建的探索与实践·扶贫篇》，《福建日报》2017 年 8 月 25 日。

略”。关于“八八战略”,习近平这样阐述:第一个“八”所指的“八个优势”,并非单纯指已经体现出来的优势,而是按照科学发展观的要求,结合实际做出的总体把握,体现了继承和创新的统一。具体而言,是将已经显现出来的体制机制、生态文化等优势进一步发挥好;将潜在的优势变为现实的优势;对于一些劣势,要通过努力转化为优势,或者避开劣势。第二个“八”是指八个方面的举措,是针对进一步发挥、培育和转化优势提出来的。通过实施这些举措,推动经济社会发展增创新优势、再上新台阶。①

从今天的维度看,“八八战略”正是中国特色社会主义理论和实践探索孕育的种子,与“五位一体”总体布局、“四个全面”战略布局、新发展理念一以贯之,为习近平新时代中国特色社会主义经济思想贡献了丰富的浙江实践。特别是从“美丽浙江”到“美丽中国”,从“法治浙江”到“法治中国”,从“平安浙江”到“平安中国”,从“海洋强省”到“海洋强国”,从“生态省”建设到全国范围的“蓝天保卫战”,等等,我们可以清晰地看到,习近平在浙江的战略布局、重大改革和发展举措及创新实践经验,基本成了后来国家相关重大战略和重大决策理念和思路的“源头活水”。

在上海工作的时间虽然不长,但习近平也在深入调查研究的基础上对上海如何加强党对经济工作的领导、加快转变经济发展方式和带头推进长三角区域合作提出要求。2007 年 5 月 24 日,习近平在上海市第九次党代会上的报告鲜明地指出:“加快推进‘四个率先’,加快建设‘四个中心’和社会主义现代化国际大都市,关键在于加强党的建设。要始终坚持党要管党、从严治党的方针,切实肩负起集中精力抓党的建设的重大责任。”②同时,习近平还要求上海在转变经济发展发上要“动真格”,提出:“要把握好三二一产业发展之间的关系、扩大产业规模和提升产业素质的关系、发展产业与降低消耗的关系、自身发展与服务全国的关系。”③“坚持工业反哺农业、城市支持农村和多予少取放活的方针,扎实推进社会主义新农村建设,努力在解决‘三农’问题、破除城

① 《挺立潮头开新天——习近平总书记在浙江的探索与实践·创新篇》,《浙江日报》2017 年 10 月 6 日。

② 《“上海是党的诞生地,要牢记历史使命”——“习近平在上海”系列报道之一》,《解放日报》2017 年 9 月 25 日。

③ 《“开明睿智才能进一步海纳百川”——“习近平在上海”系列报道之二》,《解放日报》2017 年 9 月 27 日。

乡二元结构上走在前列。”①并强调在长三角区域协同发展中，“上海有责任继续当好改革开放的排头兵。”

党的十七大之后，习近平除了把更多精力投入到自己主要负责的工作领域外，他还站在更高的高度，以更广阔的视野研究中国经济发展中已经出现或可能出现的新问题，思考促进中国经济健康持续发展的战略和政策。习近平在博鳌亚洲论坛2010年年会开幕式上的演讲中强调：“我们提出，要坚持以人为本、全面协调可持续发展的科学发展观；要以极其认真负责的历史责任感对待环境与发展问题，坚持走可持续发展道路；要实施科教兴国战略，实行经济结构战略性调整，积极推动创新发展……要努力开创生产发展、生活富裕、生态良好的文明发展道路；要走出一条科技含量高、经济效益好、资源消耗低、环境污染少、人力资源优势得到充分发挥的中国特色新型工业化道路；要把节约资源作为基本国策，发展循环经济，保护生态环境，加快建设资源节约型、环境友好型社会，促进经济发展与人口资源环境相协调；要呵护人类赖以生存的地球家园，建设生态文明，形成节约能源资源和保护生态环境的产业结构、增长方式、消费模式，把建设资源节约型、环境友好型社会落实到每个单位、每个家庭；要以对中华民族和全人类长远发展高度负责的精神，全面加强应对气候变化能力建设，为中国和全球可持续发展作出不懈努力；要更加自觉地认识到，加快经济发展方式转变刻不容缓，必须在发展中促转变、在转变中谋发展，等等。”这些理念同国际社会倡导的绿色发展和可持续发展高度契合，其核心就是科学发展。我们坚持科学发展，就是适应经济全球化发展的新形势，用科学的理念、开放的战略、统筹的方法、共赢的途径去实现生产发展、生活富裕、生态良好的发展目标。② 为了把科学发展观落到实处，习近平要求：“领导干部在抓落实过程中，还要有‘功成不必在我任期’的理念和境界，注意防止和纠正各种急功近利的行为，不贪一时之功、不图一时之名，多干打基础、利长远的事。”③无疑，这些重要论述不仅更直接地影响了习近平新时代中国特色社会主义经济思想的形成，而且有些甚至直接成为这一思想的重要内容。

---

① 《“真正的政绩在老百姓的口碑里”——“习近平在上海”系列报道之三》，《解放日报》2017年9月29日。

② 习近平：《携手推进亚洲绿色发展和可持续发展——在博鳌亚洲论坛2010年年会开幕式上的演讲》（2010年4月10日），《人民日报》2010年4月11日。

③ 《十七大以来重要文献选编》（下），中央文献出版社2013年版，第199页。

党的十八大以来,习近平提出了"发展是解决我国一切问题的基础和关键";"坚持以人民为中心的发展思想,用新发展理念统领发展全局";"使市场在配置资源中起决定性作用和更好发挥政府作用";"主动适应、把握、引领经济发展新常态,着力推进供给侧结构性改革";"实施创新驱动发展战略";"推进新型工业化、信息化、城镇化、农业现代化同步发展";"实施精准扶贫、精准脱贫,打赢脱贫攻坚战";"实施'一带一路'建设、京津冀协同发展、长江经济带发展三大战略";"在更大范围、更宽领域、更深层次上提高开放型经济水平";"坚持稳中求进工作总基调,全面提高党领导经济工作水平"等重大论断。尤其是同时出台了一系列重大方针政策,推出了一系列重大举措,推进了一系列重大工作,解决了许多长期想解决而没有解决的难题,办成了许多过去想办而没有办成的大事,推动党和国家事业发生历史性变革。因此,党的十八大以来的成功实践和理论概括,最终成就了习近平新时代中国特色社会主义经济思想。

（二）习近平新时代中国特色社会主义经济思想的理论渊源

作为马克思主义中国化和中国特色社会主义政治经济学的最新理论成果,习近平新时代中国特色社会主义经济思想,是结合新时代中国特色社会主义经济建设的最新实践而创立起来的,但其与马克思主义政治经济学、毛泽东经济思想尤其是改革开放以来创立和形成的中国特色社会主义经济建设思想"一脉相承"。习近平新时代中国特色社会主义经济思想,作为马克思主义政治经济学和中国特色社会主义政治经济学之"集大成者",不仅充分继承马克思主义政治经济学的立场、观点和方法,而且充分继承了毛泽东关于社会主义经济发展的思想,邓小平、江泽民、胡锦涛创立和发展的中国特色社会主义经济发展思想,同时注意吸收了中国传统文化营养和当代西方经济学中的有益成果。

首先,习近平新时代中国特色社会主义经济思想继承了马克思主义政治经济学传统,科学运用了马克思主义立场、观点和方法来看待和解决新时代中国发展面临的新问题。

马克思、恩格斯在《共产党宣言》中指出:"无产阶级的运动是绝大多数人的、为绝大多数人谋利益的独立运动",在未来社会"生产将以所有人的富裕为目的"。《资本论》作为工人阶级的"圣经",始终都是以实现工人阶级和劳苦大众的权益最大化为出发点和归宿的。习近平指出："坚持以人民为中心的发展思想。发展为了人民，这是马克思主义政治经济学的根本立场。""党的十八届五中全会鲜明提出要坚持以人民为中心的发展思想，把增进人民福祉、促进人的全面发展、朝着共同富裕方向稳步前进作为经济发展的出发点和落脚点。这一点，我们任何时候都不能忘记，部署经济工作、制定经济政策、推动经济发展都要牢牢坚持这个根本立场。"①

关于马克思主义的唯物辩证法的运用，习近平认为，当代中国最大的客观实际，就是我国仍处于并将长期处于社会主义初级阶段，既要看到社会主义初级阶段基本国情没有变，也要看到我国经济社会发展每个阶段呈现出来的新特点。经过 30 多年改革开放，我国社会生产力、综合国力、人民生活水平实现了历史性跨越，我国基本国情的内涵不断发生变化，我们面临的国际国内风险、面临的难题也发生了重要变化。我们提出要准确把握、主动适应经济发展新常态，就是适应国际国内环境变化、辩证分析我国经济发展阶段性特征作出的判断。准确把握我国不同发展阶段的新变化新特点，使主观世界更好符合客观实际，按照实际决定工作方针，这是我们必须牢牢记住的工作方法。②

习近平强调："辩证唯物主义是中国共产党人的世界观和方法论，我们党要团结带领人民协调推进全面建成小康社会、全面深化改革、全面依法治国、全面从严治党，实现'两个一百年'奋斗目标、实现中华民族伟大复兴的中国梦，必须不断接受马克思主义哲学智慧的滋养，更加自觉地坚持和运用辩证唯物主义世界观和方法论，增强辩证思维、战略思维能力，努力提高解决我国改革发展基本问题的本领。"③

其次，习近平新时代中国特色社会主义经济思想传承了毛泽东思想、邓小平理论、"三个代表"重要思想和科学发展观的核心要义，与毛泽东社会主义经济发展思想和邓小平、江泽民、胡锦涛关于中国特色社会主义经济发展思想"一脉相承"。

---

① 习近平：《在十八届中央政治局第二十八次集体学习时的讲话》(2015 年 11 月 23 日)《习近平关于社会主义经济建设论述摘编》，中央文献出版社 2017 年版，第 30、31 页。

② 《习近平在中共中央政治局第二十次集体学习时强调　坚持运用辩证唯物主义世界观方法论　提高解决我国改革发展基本问题本领》，新华网，2015 年 1 月 24 日。

③ 《习近平在中共中央政治局第二十次集体学习时强调　坚持运用辩证唯物主义世界观方法论　提高解决我国改革发展基本问题本领》，新华网，2015 年 1 月 24 日。

毛泽东作为新中国的缔造者,最早重视探索新中国社会主义发展道路和经济建设规律。毛泽东指出,经济发展对于社会主义者来说,或者对于被国际资本主义剥削的世界人民来说,在很大程度上还是一个必然王国,它的规律还没有被我们掌握。毛泽东较早认识到"苏联模式"的缺陷,并开始探索符合中国自己国情的发展道路,提出了一系列新中国经济思想观点,如:"社会主义经济是为人民服务的经济";"社会主义的商品生产和商品交换还有积极作用,价值法则是一个伟大的学校";"搞社会主义建设,很重要的一个问题是综合平衡";"以农业为基础,工业为主导,农、轻、重工业协调发展";"统筹兼顾、适当安排,处理好积累和消费的关系,注意综合平衡";"要实行中央与地方并举,充分发挥两个积极性";"要改善高度集中的经济管理体制,扩大地方和企业的权力";"要处理好沿海工业和内地工业的关系,促进共同发展";"要处理好国家、集体和个人的关系,使各方各得其所";"建设独立的比较完整的工业体系和国民经济体系,全面实现农业、工业、国防和科学技术的现代化,使我国国民经济走在世界的前列";"自力更生为主,争取外援为辅,认真学习外国的好经验,也要总结外国的坏经验";等等。尤其是他提出的"鼓足干劲,力争上游,多快好省地建设社会主义"的社会主义建设总路线,尽管后来贯彻过程中出现偏差,但其"好省"的思想内涵对新时代中国特色社会主义经济建设仍具有启示意义。

改革开放以来,坚持和发展中国特色社会主义是我们党全部理论和实践的鲜明主题,也是习近平新时代中国特色社会主义思想的核心要义。党的十八大以来,我们党的全部理论和实践探索都是围绕这个主题来展开、深化和拓展的。习近平指出:"坚持和发展中国特色社会主义是一篇大文章,邓小平同志为它确定了基本思路和基本原则,以江泽民同志为核心的党的第三代中央领导集体、以胡锦涛同志为总书记的党中央在这篇大文章上都写下了精彩篇章。现在,我们这一代共产党人的任务,就是继续把这篇大文章写下去。"①不难看出,不仅习近平新时代中国特色社会主义思想仍然是中国特色社会主义理论的重要组成部分,而且习近平新时代中国特色社会主义经济思想也是中国特色社会主义经济理论的重要组成部分。既然同属一个理论体系,习近平

① 转引自刘云山:《深入学习贯彻习近平新时代中国特色社会主义思想》,《党的十九大报告辅导读本》,人民出版社 2017 年版,第 2 页。

新时代中国特色社会主义经济思想就必然更直接地传承了邓小平理论、“三个代表”重要思想和科学发展观的经济发展思想的基本内核和理论要义。

一是传承了“社会主义初级阶段”“三个没有变”的科学理论判断，坚守“解放和发展社会生产力”这一中国特色社会主义经济思想的核心要义。社会主义初级阶段理论是中国特色社会主义理论的重要基石，“我国的社会主义社会正处于并将长期处于初级阶段”的重要判断，是中国特色社会主义理论演进发展的逻辑前提。党的十八大报告又进一步提出“我国仍处于并将长期处于社会主义初级阶段的基本国情没有变，人民日益增长的物质文化需要同落后的社会生产之间的矛盾这一社会主要矛盾没有变，我国是世界最大发展中国家的国际地位没有变”的科学论断，这就要求新时代发展中国特色社会主义，仍要坚持“一个中心，两个基本点”这一国家的生命线、人民的幸福线，抓好“解放和发展社会生产力”这一社会主义初级阶段的根本任务。习近平指出：“我们党执政，就是要带领全国各族人民持续解放和发展社会生产力，不断改善人民生活。邓小平同志讲：‘社会主义阶段的最根本任务就是发展生产力，社会主义的优越性归根到底要体现在它的生产力比资本主义发展得更快一些、更高一些，并且在发展生产力的基础上不断改善人民的物质文化生活。’这就点明了中国特色社会主义政治经济学的核心。”①

二是传承了“发展是硬道理”“发展是执政兴国第一要务”和“聚精会神搞建设、一心一意谋发展”的理论内核，坚守“用发展的办法解决发展出现的问题”这一中国特色社会主义政治经济学的中心命题。“发展是硬道理”“发展是执政兴国第一要务”和“聚精会神搞建设、一心一意谋发展”分别是邓小平理论、“三个代表”重要思想和科学发展观中的“中心观点”，是中国特色社会主义经济思想的“基本内核”。而“用发展的办法解决发展中出现的问题”更是我们党在实践中得出的领导人民破解社会主要矛盾，解决发展过程出现的不平衡、不协调、不可持续问题的有效方法和基本经验。习近平指出：“以经济建设为中心是兴国之要，发展仍是解决我国所有问题的关键。只有推动经济持续健康发展，才能筑牢国家繁荣富强、人民幸福安康、社会和谐稳定的物质基础。”②之后，他又再次强调：“发展是基础，经济不发展，一切都无从谈起。

① 习近平：《围绕贯彻党的十八届五中全会精神做好当前经济工作》（2015 年 12 月 18 日），《习近平关于社会主义经济建设论述摘编》，中央文献出版社 2017 年版，第 10 页。

② 《习近平关于全面建成小康社会论述摘编》，中央文献出版社 2016 年版，第 19 页。

改革开放以来,我们靠聚精会神搞建设、一心一意谋发展,取得了骄人的成就。实现全面建成小康社会奋斗目标,仍然要把发展作为第一要务,努力使发展达到一个新水平。发展是硬道理的战略思想要坚定不移坚持,同时必须坚持科学发展,加大结构性改革力度,坚持以提高发展质量和效益为中心,实现更高质量、更有效率、更加公平、更可持续的发展。"①

三是传承了"实现共同富裕""全面建成小康社会"和"实现现代化"发展使命,坚守"人民利益最大化"这一中国特色社会主义政治经济学的价值取向。邓小平指出:"社会主义的本质,是解放生产力,发展生产力,消灭剥削,消除两极分化,最终达到共同富裕。"②我们党围绕"最终达到共同富裕"而提出的全面建成小康社会和全面建成现代化国家战略目标,是中国特色社会主义经济建设的发展使命。这其中蕴含着"人民至上""人民利益最大化"的价值取向。对此,习近平在主持十八届中央政治局第二十八次集体学习时的讲话中指出:"党的十八届五中全会鲜明提出要坚持以人民为中心的发展思想,把增进人民福祉、促进人的全面发展、朝着共同富裕方向稳步前进作为经济发展的出发点和落脚点。这一点,我们任何时候都不能忘记,部署经济工作、制定经济政策、推动经济发展都要牢牢坚持这个根本立场。"③

四是传承了"改革开放法宝",坚守"建立和完善社会主义市场经济体制"这一中国特色社会主义政治经济学的实践内涵。改革开放是决定当代中国命运的关键一招。在中国特色社会主义道路探索中坚持社会主义市场经济取向改革,是中国共产党人领导改革开放实践的伟大创举,体现了马克思主义政治经济学理论逻辑和当代中国社会发展历史逻辑的辩证统一。以习近平同志为核心的党中央,更是把社会主义市场经济体制改革推向一个新的高潮。不仅提出"使市场在资源配置中起决定性作用"的新论断,而且认为:"坚持社会主义市场经济改革方向,不仅是经济体制改革的基本遵循,也是全面深化改革的重要依托。"④习近平指出:"在社会主义条件下发展市场经济,是我们党的一

---

① 习近平:《以新的发展理念引领发展,夺取全面建成小康社会决胜阶段的伟大胜利》(2015 年 10 月 29 日),《十八大以来重要文献选编》(中),中央文献出版社 2016 年版,第 828 页。

② 《邓小平文选》第三卷,人民出版社 1993 年版,第 373 页。

③ 习近平:《在十八届中央政治局第二十八次集体学习时的讲话》(2015 年 11 月 23 日),《习近平关于社会主义经济建设论述摘编》,中央文献出版社 2017 年版,第 31 页。

④ 习近平:《切实把思想统一到党的十八届三中全会精神上来》(2013 年 11 月 12 日),《十八大以来重要文献选编》(上),中央文献出版社 2014 年版,第 552 页。

个伟大创举。我国经济发展获得巨大成功的一个关键因素，就是我们既发挥了市场经济长处，又发挥了社会主义制度的优越性。我们是在中国共产党领导和社会主义制度的大前提下发展市场经济，什么时候都不能忘了'社会主义'这个定语。之所以说是社会主义市场经济，就是要坚持我们的制度优越性，有效防范资本主义市场经济的弊端。我们要坚持辩证法、两点论，继续在社会主义基本制度与市场经济的结合上下功夫，把两方面优势都发挥好，既要'有效的市场'，也要'有为的政府'，努力在实践中破解这道经济学上的世界性难题。"①同时要继续扩大对外开放，不因国际贸易保护主义泛滥而随波逐流，要继续坚持用好国内国际"两个市场、两种资源"。对此，习近平强调："中国开放的大门不会关闭，只会越开越大。"②

五是传承了"全国一盘棋""统筹兼顾""稳中求进"的工作总基调，坚守"加强党对经济工作的领导"这一中国特色社会主义政治经济学的根本特色。全面加强党对经济工作的领导，始终坚持"全国一盘棋""统筹兼顾""稳中求进"的经济工作总基调，是我国经济平稳健康快速发展的重要政治保障，也是中国特色社会主义经济发展思想的重要特色。邓小平指出，社会主义国家的优越性就在于"能做到全国一盘棋，集中力量，保证重点"③。胡锦涛指出："科学发展观，第一要义是发展，核心是以人为本，基本要求是全面协调可持续，根本方法是统筹兼顾。"坚持统筹兼顾就是"正确认识和妥善处理中国特色社会主义事业中的重大关系，统筹城乡发展、区域发展、经济社会发展、人与自然和谐发展、国内发展和对外开放，统筹中央和地方关系，统筹个人利益和集体利益、局部利益和整体利益、当前利益和长远利益，充分调动各方面积极性"④。2011 年，为了应对国际金融危机后世界经济低迷和国内企业困难、增速下降的复杂形势，首次提出"稳中求进"并作为 2012 年经济工作的总基调，随后成为经济新常态下要长期坚持的经济工作方法，并提升到"治国理政的重要原则"的新高度。对此，习近平指出："履行党领导经济工作的职能，议大

---

① 习近平：《在十八届中央政治局第二十八次集体学习时的讲话》（2015 年 11 月 23 日），《习近平关于社会主义经济建设论述摘编》，中央文献出版社 2017 年版，第 64 页。

② 习近平：《决胜全面建成小康社会　夺取新时代中国特色社会主义伟大胜利——在中国共产党第十九次全国代表大会上的报告》，《十九大报告辅导读本》，人民出版社 2017 年版，第 34 页。

③ 《邓小平文选》第三卷，人民出版社 1993 年版，第 16、17 页。

④ 《胡锦涛文选》第二卷，人民出版社 2016 年版，第 623—625 页。

事、抓大事。发展是党执政兴国的第一要务,作为执政党,我们必须加强党对经济工作的领导,扎扎实实做好经济工作。”

再次,习近平新时代中国特色社会主义经济思想汲取了中国传统文化营养。

中国历史悠久、文化璀璨,在几千年绵延不断的经济社会发展中,形成了丰富的治国理政和经济发展思想。这些中国传统文化的精华不仅对中国古代经济长期领先于世界起到了重要作用,而且对当今中国发展也具有重要的借鉴意义,成为习近平新时代中国特色社会主义经济思想的重要思想来源。如《尚书》中有“民惟邦本,本固邦宁”的治国理政思想。《老子》中有“高者抑之,下者举之;有余者损之,不足者补之”的分配思想。《管子》更注重发展经济和农业,反对空谈主义。管仲提出“国多财则远者来,地辟举则民留处,仓廪实而知礼节,衣食足而知荣辱”和“轻重鱼盐之利,以赡贫穷”的经济发展思想。《中庸》更有“致中和,天地位焉,万物育焉”之说,倡导“不偏不倚、无过无不及”。再如,儒家和道家均强调“天人合一”的人与自然和谐一体的发展思想,等等。习近平提出“文化自信”,崇尚继承中国传统文化的精髓。当然,更注意用中国传统文化来滋养和丰富其新时代中国特色社会主义经济思想中的“中国智慧”。习近平用“‘大道之行也,天下为公。’发展的目的是造福人民”①和“中国古语说:‘治国有常,而利民为本,……顺应人民群众对美好生活的向往,不断实现好、维护好、发展好最广大人民根本利益,做到发展为了人民、发展依靠人民、发展成果由人民共享”②来阐释其“共享发展”理念。尤其是习近平提出的“既不走封闭僵化的老路,也不走改旗易帜的邪路”,改革要“蹄疾而步稳”,发展要“稳中求进”等,都充满了中国传统文化和哲学思想的“味道”。

最后,习近平新时代中国特色社会主义经济思想吸收了当代资本主义经济发展经验教训和西方经济学中的有益成果。

习近平指出,坚持和发展中国特色社会主义政治经济学,要以马克思主义政治经济学为指导,总结和提炼我国改革开放和社会主义现代化建设的伟大实践经验,同时借鉴西方经济学的有益成分。从研究范围来看,西方经济学涵

① 《习近平谈治国理政》第二卷,外文出版社 2017 年版,第 482 页。

② 习近平:《在省部级主要领导干部学习贯彻党的十八届五中全会精神专题研讨班上的讲话》,人民出版社 2016 年版,第 24、25 页。

盖了从17世纪中叶以来流行于西方资本主义国家的主要经济理论和研究范式,主要包括古典经济学、新古典经济学、凯恩斯主义经济学、新自由主义经济学、新制度经济学等多种流派。从研究内容来看,西方经济学既包括研究市场经济运行的一般规律和资源配置机制的微观经济理论,也包括研究一国宏观经济运行状况、经济增长和经济发展,以及开放经济条件下的国际贸易、国际金融、国际投资等内容的宏观经济理论。无疑,西方经济学具有庸俗性,但也包含了体现社会化大生产和市场经济一般规律的理论范畴,以及宏观经济干预和调控的政策和经验总结,这些内容对我国发展社会主义市场经济具有一定的借鉴意义。如"看不见的手"、市场失灵、现代产权及交易、法人治理结构、制度性交易成本、全要素生产率、市场出清和市场均衡等术语,成为习近平新时代中国特色社会主义经济思想中的重要术语和理论范畴。

(三) 习近平新时代中国特色社会主义经济思想的科学内涵

中央经济工作会议指出:"5年来,我们坚持观大势、谋全局、干实事,成功驾驭了我国经济发展大局,在实践中形成了以新发展理念为主要内容的习近平新时代中国特色社会主义经济思想。"①由此,可以得出习近平新时代中国特色社会主义经济思想的基本理论框架是一个"1+7"的理论结构。其中的"1",是指"新发展理念",即创新、协调、绿色、开放、共享的新发展理念。"7"是指中央经济工作会议公报归纳总结的"七个坚持",即坚持加强党对经济工作的集中统一领导;坚持以人民为中心的发展思想;坚持适应把握引领经济发展新常态;坚持使市场在资源配置中起决定性作用,更好发挥政府作用;坚持适应我国经济发展主要矛盾变化完善宏观调控,把推进供给侧结构性改革作为经济工作的主线;坚持问题导向部署经济发展新战略;坚持正确工作策略和方法。

新发展理念是习近平新时代中国特色社会主义经济思想的"理论灵魂",是最重要的理论内涵。这是因为"创新、协调、绿色、开放、共享的发展理念",不仅是引领新时代中国经济发展的价值引领,而且是管全局、管根本、管方向、管长远的东西,是发展思路、发展方向、发展着力点的集中体现。"这五大发展理念不是凭空得来的,是我们在深刻总结国内外发展经验教训的基础上形

---

① 《中央经济工作会议举行》,新华网,2017年12月20日。

成的，也是在深刻分析国内外发展大势的基础上形成的，集中反映了我们党对经济社会发展规律认识的深化，也是针对我国发展中的突出矛盾和问题提出来的。”①尤其是“理念是行动的先导，一定的发展实践都是由一定的发展理念来引领的。发展理念是否对头，从根本上决定着发展成效乃至成败”②。同时还因为，这五大发展理念本身就是决定未来中国经济高质量发展的五大新动力，尤其是创新驱动力。

“七个坚持”，是习近平新时代中国特色社会主义经济思想的“原则框架”。第一，坚持加强党对经济工作的集中统一领导。既是“中国共产党领导是中国特色社会主义最本质特征和最大优势”的质的规定性在经济工作中的具体体现，又是“坚持党的领导，发挥党总揽全局、协调各方的领导核心作用，是我国社会主义市场经济体制的一个重要特征”的质的规定性内在要求。③尤其是把“坚持加强党对经济工作的集中统一领导”放到“七个坚持”之首，是习近平新时代中国特色社会主义经济思想最显著、最根本的理论特色，进而与党的十九大报告把“坚持党对一切工作的领导”放在新时代中国特色社会主义思想中“十四个坚持”的治国方略之首的内在逻辑完全契合。习近平强调：“党是总揽全局、协调各方的，经济工作是中心工作，党的领导当然要在中心工作中得到充分体现，抓住了中心工作这个牛鼻子，其他工作就可以更好展开。”④

第二，坚持以人民为中心的发展思想，贯穿到统筹推进“五位一体”总体布局和协调推进“四个全面”战略布局之中。这不仅回答了发展“为了谁，依靠谁”的发展目的的问题，而且点明了习近平新时代中国特色社会主义经济思想的价值属性和马克思主义政治经济学的理论品格。习近平指出：“以人民为中心的发展思想，不是一个抽象的、玄奥的概念，不能只停留在口头上、止步于思想环节，而要体现在经济社会发展各个环节。要坚持人民主体地位，顺应人民群众对美好生活的向往，不断实现好、维护好、发展好最广大人民根本

① 习近平：《以新的发展理念引领发展，夺取全面建成小康社会决胜阶段的伟大胜利》（2015年10月29日），《十八大以来重要文献选编》（中），中央文献出版社2016年版，第825页。

② 习近平：《以新的发展理念引领发展，夺取全面建成小康社会决胜阶段的伟大胜利》（2015年10月29日），《十八大以来重要文献选编》（中），中央文献出版社2016年版，第824页。

③ 《习近平谈治国理政》，外文出版社2014年版，第118页。

④ 习近平：《在中央经济工作会议上的讲话》（2013年12月10日），《习近平关于社会主义初级阶段经济建设论述摘编》，中央文献出版社2017年版，第318页。

利益，做到发展为了人民、发展依靠人民、发展成果由人民共享。要通过深化改革、创新驱动，提高经济发展质量和效益，生产出更多更好的物质精神产品，不断满足人民日益增长的物质文化需要。要全面调动人的积极性、主动性、创造性，为各行业各方面的劳动者、企业家、创新人才、各级干部创造发挥作用的舞台和环境。要坚持社会主义基本经济制度和分配制度，调整收入分配格局，完善以税收、社会保障、转移支付等为主要手段的再分配调节机制，维护社会公平正义，解决好收入差距问题，使发展成果更多更公平惠及全体人民。”①

第三，坚持适应把握引领经济发展新常态，立足大局，把握规律。这既回答了我国发展阶段、发展方位和阶段性使命从而正确判断形势的问题，又明确了谋划未来经济发展的逻辑前提。习近平指出：“必须明确，说我国经济发展进入新常态，没有改变我国发展仍处于可以大有作为的重要战略机遇期的判断，改变的是重要战略机遇期的内涵和条件；没有改变我国经济发展总体向好的基本面，改变的是经济发展方式和经济结构。对发展条件的变化，我们必须准确认识、深入认识、全面认识，顺势而为、乘势而上，更加自觉地坚持以提高经济发展质量和效益为中心，大力推进经济结构战略性调整。要更加注重满足人民群众需要，更加注重市场和消费心理分析，更加注重引导社会预期，更加注重加强产权和知识产权保护，更加注重发挥企业家才能，更加注重加强教育和提升人力资本素质，更加注重建设生态文明，更加注重科技进步和全面创新。”尤其是我国经济发展进入新常态后，经济增速从百分之十左右的高速增长转向百分之七左右的中高速增长，经济发展方式正从规模速度型粗放增长转向质量效率型集约增长，经济结构正从增量扩能为主转向调整存量、做优增量并举的深度调整，经济发展动力正从传统增长点转向新的增长点。习近平强调：“我国经济发展进入新常态，是我国经济发展阶段性特征的必然反映，是不以人的意志为转移的。认识新常态，适应新常态，引领新常态，是当前和今后一个时期我国经济发展的大逻辑。”②

第四，坚持使市场在资源配置中起决定性作用，更好发挥政府作用，坚决

---

① 习近平：《在省部级主要领导干部学习贯彻党的十八届五中全会精神专题班上的讲话》（2016 年 1 月 18 日），《习近平关于社会主义经济建设论述摘编》，中央文献出版社 2017 年版，第 40—41 页。

② 习近平：《经济工作要适应经济发展新常态》（2014 年 12 月 9 日），《十八大以来重要文献选编》（中），中央文献出版社 2016 年版，第 245、246 页。

扫除经济发展的体制机制障碍。这是回答经济发展要借助什么样的体制机制支撑问题的，也是回答如何处理好政府和市场关系这一经济体制改革核心问题的。习近平指出："市场配置资源是最有效率的形式。市场决定资源配置是市场经济的一般规律，市场经济本质是市场决定资源配置的经济。……作出'使市场在资源配置中起决定性作用'的定位，有利于在全党全社会树立关于政府和市场关系的正确观念，有利于转变经济发展方式，有利于转变政府职能，有利于抑制消极腐败现象。"①同时，他还认为："使市场在配置资源起决定性作用、更好发挥政府作用，既是一个重大理论命题，又是一个重大实践命题。科学认识这一命题，准确把握其内涵，对全面深化改革、推动社会主义市场经济健康有序发展具有重大意义。在市场作用和政府作用的问题上，要讲辩证法、两点论，'看不见的手'和'看得见的手'都要用好，努力形成市场作用和政府作用有机统一、相互补充、相互协调、互相促进的格局，推动经济社会持续健康发展。"②

第五，坚持适应我国经济发展主要矛盾变化，完善宏观调控，相机抉择、开准药方，把供给侧结构性改革作为经济工作的主线。这回答的是发展阶段变化后经济工作的基本思路问题。我国经济发展主要矛盾变化，不仅是新时代完善宏观调控，相机抉择宏观经济政策，深入推进供给侧结构性改革路径选择的"实践依据"，而且是习近平新时代中国特色社会主义经济思想丰富发展的"逻辑前提"。从实践角度讲，宏观调控"调什么，怎样调"，财政政策和货币政策如何相机抉择，都要围绕更好解决社会主要矛盾，通过制定有利于破解"不平衡不充分发展"这一社会主要矛盾的主要方面难题，进而最大限度地满足多样化的人民日益增长美好生活需要的有效政策，提高宏观调控的科学性。推进供给侧结构性改革更是如此，为了更好满足人民日益增长的美好生活需要，必须提高供给质量、增加有效供给。为了破解不平衡不充分发展难题，必须进一步解放和发展社会生产力，全面振兴实体经济，努力实现质量变革、效率变革、动力变革。习近平指出：推进供给侧结构性改革，要把握好三个基本要求。其一，根本目的是提高供给质量满足需要，使供给能力更好满足人民日

① 习近平：《关于〈中共中央关于全面深化改革若干重大问题的决定〉的说明》（2013 年 11 月 9 日），《十八大以来重要文献选编》（上），中央文献出版社 2014 年版，第 499 页。

② 习近平：《在十八届中央政治局第十五次集体学习时的讲话》（2014 年 5 月 26 日），《习近平关于社会主义经济建设论述摘编》，中央文献出版社 2017 年版，第 58 页。

益增长的物质文化需要,这是坚持以人民为中心发展思想的必然要求。其二,主攻方向是减少无效供给、扩大有效供给,提高供给结构对需求结构的适应性。其三,本质属性是深化改革。供给侧结构性矛盾的原因是要素配置扭曲,是体制机制障碍。①

第六,坚持问题导向部署经济发展新战略。这是回答事关我国发展全局和长远发展的重大战略问题的。发展战略的价值在于解决经济发展长期存在的问题和实现长远的发展目标。党的十八大以来,以习近平同志为核心的党中央,根据中国特色社会主义进入新时代,中国经济发展进入新常态的问题导向和基本实现现代化以及建设现代化强国的目标要求,不仅制定了"新两步走"总发展战略,既清晰地回答了中国经济向何处去、怎样去的问题,又为全体人民描绘了中华民族伟大复兴的愿景,进一步增强了民族凝聚力,而且制定实现总发展战略目标的"分战略",即紧扣我国社会主要矛盾变化,坚定实施科教兴国战略、人才强国战略、创新驱动发展战略、乡村振兴战略、区域协调发展战略、可持续发展战略、军民融合发展战略。这种"统分结合"的战略安排构成了习近平新时代中国特色社会主义经济思想的重要内容。

第七,坚持正确工作策略和方法,稳中求进,保持战略定力,坚持底线思维,一步一个脚印向前迈进。这回答的是经济工作的方法论问题。一个好的理论,既要讲清问题,又要给出解决问题方法。习近平新时代中国特色社会主义经济思想,不仅提出了为什么发展、要一个什么样的发展的问题,而且给出了如何实现发展的问题。如果把为什么发展、要一个什么样的发展比作"河"和"岸",把如何实现这样的发展比作"桥"和"船",习近平新时代中国特色社会主义经济思想是"河"与"桥"、"岸"与"船"的思想统一。习近平指出:"上级该做的是进一步加强指导帮助,赋予相应权利,既给基层下达'过河'的任务,又切实指导帮助其解决'桥'和'船'的问题,并尽可能地在人力、物力、财力上向基层作适当倾斜,为基层开展工作创造必要的条件。"②习近平指出:"我国经济发展进入新常态,要求我们从实际出发,尊重客观规律,通过科学方法贯彻各项大政方针。我们强调要保持战略定力,稳中求进的根本点在于稳定大局、不断进取。我国经济经历了长期繁荣,创造了发展奇迹,进入深度

① 习近平:《在中央财经领导小组第十三次会议上的讲话》(2016 年 5 月 16 日),《习近平关于社会主义经济建设论述摘编》,中央文献出版社 2017 年版,第 106 页。

② 转引自刘帅:《毛泽东与习近平"过河理论"》,求是理论网,2014 年 5 月 14 日。

调整阶段必然带来阵痛，甚至伤筋动骨。要认清大势、从容不迫。我们强调要坚持问题导向、底线思维，防患于未然、防患于萌发之时，制定政策的前提是针对问题、开准药方，充分估计最坏的可能性，同时通过工作确保不出最坏的情景，坚决守住金融风险、社会民生、生态环境等底线。……我们强调要坚持功成不必在我，敢于担当、锐意改革，既认识解决经济社会发展中的一些长期存在的难题需要久久为功，又不能畏首畏尾，把问题留给后人，要抓铁有痕、踏石留印，发扬钉钉子精神，一步一个脚印向前迈进。"①

（四）在实践中坚持和发展习近平新时代中国特色社会主义经济思想

理论来源于和发展于实践。实践探索永无止境，理论发展永无止境。习近平新时代中国特色社会主义经济思想作为中国特色社会主义政治经济学的最新成果，来源于新时代中国特色社会主义经济建设的生动实践，也必然伴随着决胜全面建成小康社会和全面建设现代化新征程的新实践而不断丰富和发展。正如习近平所说："中国特色社会主义政治经济学只能在实践中丰富和发展，又要经受实践的检验，进而指导实践。"②

首先，在推进建成富强民主文明和谐美丽的现代化强国新征程中坚持和发展习近平新时代中国特色社会主义经济思想。

党的十九大报告明确提出"新两步走"战略，从2020年到2035年，在全面建成小康社会的基础上，再奋斗15年，基本实现社会主义现代化；从2035年到本世纪中叶，在基本实现现代化的基础上，再奋斗15年，把我国建成富强民主文明和谐美丽的社会主义现代化强国。宏图是宏伟的，目标是远大的。一分部署，九分落实。要把宏图和目标变为现实，必须坚持以习近平新时代中国特色社会主义思想为指导，紧扣我国社会主要矛盾的变化，抓好发展这个党执政兴国第一要务。

牢固坚持以经济建设为中心，坚持稳中求进工作总基调，把以人民为中心的发展思想和新发展理念，贯穿到"五位一体"总体布局和"四个全面"战略布

---

① 习近平：《在中央经济工作会议上的讲话》（2016年12月14日），《习近平关于社会主义经济建设论述摘编》，中央文献出版社2017年版，第112—113页。

② 《习近平主持召开经济形势专家座谈会》，新华网，2016年7月8日。

局之中，把解决发展的不平衡与不充分问题有机统一起来，不断提高社会生产力水平，更好满足人民多方面日益增长的美好生活需要，更好推动人的全面发展、社会全面进步。

其次，在推进中国经济高质量发展过程中坚持和发展习近平新时代中国特色社会主义经济思想。

中国特色社会主义进入了新时代，我国经济发展也进入了新时代，基本特征就是我国经济已由高速增长阶段转向高质量发展阶段。推动高质量发展，是保持经济持续健康发展的必然要求，是适应我国社会主要矛盾变化和全面建成小康社会、全面建设社会主义现代化国家的必然要求，是遵循经济规律发展的必然要求。

在推进高质量发展过程中坚持和发展习近平新时代中国特色社会主义经济思想，就是要坚持以人民为中心，按照创新、协调、绿色、开放、共享的新发展理念要求，在全社会普遍树立"质量第一"的社会价值观，加快形成推动高质量发展的指标体系、政策体系、标准体系、统计体系、绩效评价体系和政绩考核体系。用新发展理念来引导政府和各类市场主体的发展行为，优化政府发展行为和企业经营行为，切实提高经济发展的质量和效益，不断满足人民日益增长的美好生活需要。

再次，在打好决胜全面建成小康社会"三大攻坚战"中坚持和发展习近平新时代中国特色社会主义经济思想。

决胜全面建成小康社会，是新时代推进中国特色社会主义伟大事业的新实践，也是最紧迫的任务。在决胜全面建成小康社会过程中，我们将遇到许多想得到或想不到的风险。既有国内经济转型和社会多元带来的内部风险，也有国际经济竞争和环境变化的外部风险。同时还可能遇到不可预知的"黑天鹅"或"灰犀牛"，甚至自然灾害风险。因此，增强风险和忧患意识，防范和化解重大风险，是我们能够如期全面建成小康社会的前提和底线。中央经济工作会议认为，金融风险、精准脱贫、污染防治是现阶段经济稳定发展的短板和弱项，是决胜全面建成小康社会进程中的最大障碍。唯有打好防范化解重大风险、精准扶贫、污染防治"三大攻坚战"，补齐经济高质量发展和改善民生的"短板和弱项"，彻底扫除全面建成小康社会进程中的最大障碍，我们党才能兑现党的十八大对人民和世界作出的庄严承诺。

打好"三大攻坚战"，必须坚持以习近平新时代中国特色社会主义思想为指导,用好习近平新时代中国特色社会主义经济思想的立场、观点和方法。

一是打好防范和化解重大风险攻坚战。从影响的全局性和危害性来看,防控重大风险的重点是防控金融风险。防控金融风险,关键在金融发展体制和金融监管体制的联动改革,确保坚守金融服务实体经济的"天职",确保金融服务供给侧结构性改革这条主线,促进多层次资本市场健康发展,形成金融和实体经济、金融和房地产、金融体系内部的良性循环。同时,要注意抓住金融运行的关键关节,做好重点领域风险防范和处置,坚决打击违法违规金融活动,加强薄弱环节监管制度建设,守住不发生系统性金融风险的底线。习近平指出,维护金融安全,要坚持底线思维,坚持问题导向,在全面做好金融工作基础上,着力深化金融改革,加强金融监管,科学防范风险,强化安全能力建设,不断提高金融业竞争能力、抗风险能力、可持续发展能力,坚决守住不发生系统性金融风险底线。①

二是打好精准脱贫攻坚战。习近平指出:"越是进行脱贫攻坚战,越是要加强和改善党的领导。脱贫攻坚战考验着我们的精神状态、干事能力、工作作风,既要运筹帷幄,也要冲锋陷阵。各级党委和政府必须坚定信心、勇于担当,把脱贫责任扛在肩上,把脱贫任务抓在手上,拿出'敢教日月换新天'的气概,鼓起'不破楼兰终不还'的劲头,攻坚克难,乘势前进。"②打好精准扶贫攻坚战的前提是"量力而行"和"精准发力",既要保证现行标准下的脱贫质量,既不降低标准,也不吊高胃口,又要瞄准特定贫困群众精准帮扶,向深度贫困地区聚焦发力,激发贫困人口内生动力。

三是打赢污染防治攻坚战。打好这一攻坚战的前提是提高对生态环境保护的认识,从更好满足人民日益增长的美好生活需要和建设美丽的现代化强国的战略高度认识生态环境保护。要下决心转变经济发展方式和生活方式,打赢蓝天保卫战。既要大力调整产业结构,淘汰落后产能,调整能源结构,又要加大节能力度和考核,切实做到生产生活的减量化和可循环,进而使主要污染物排放总量大幅减少,生态环境质量总体改善。习近平要求:"各级领导干

---

① 《习近平在中共中央政治局第四十次集体学习时强调 金融活经济活 金融稳经济稳 做好金融工作 维护金融安全》,新华网,2017 年 4 月 26 日。

② 习近平:《在中央扶贫开发工作会议上的讲话》(2015 年 11 月 27 日),《习近平关于社会主义经济建设论述摘编》,中央文献出版社 2017 年版,第 225 页。

部对保护生态环境务必坚定信念，坚决摒弃损害甚至破坏生态环境的发展模式和做法，决不能再以牺牲生态环境为代价换取一时一地的经济增长。”①

最后，在建设现代化经济体系中坚持和发展习近平新时代中国特色社会主义经济思想。

建设现代化经济体系是跨越关口的迫切要求和我国发展的战略目标。在建设现代化经济体系过程中，坚持以习近平新时代中国特色社会主义经济思想为指导，最首要的是要坚持新发展理念对建设现代化经济体系的价值引领，把创新、协调、绿色、开放、共享的理念内化到现代化经济体系建设中去，进而成为现代化经济体系的最鲜明特征。

一是用新发展理念引领供给侧结构性改革。习近平指出：“供给侧结构性改革，说到底最终目的是满足需求，主攻方向是提高供给质量，根本途径是深化改革。”②深化要素市场化配置改革，重点在“破”“立”“降”上下功夫。讲“破”就是把处置“僵尸企业”作为重要抓手，推动化解过剩产能；讲“立”就是要大力培育新动能，强化科技创新，推动传统产业优化升级，培育一批具有创新能力的排头兵企业，积极推进军民融合深度发展；讲“降”就是要大力降低实体经济成本，降低制度性交易成本，继续清理涉企收费，加大对乱收费的查处和整治力度，深化电力、石油天然气、铁路等行政垄断行业改革，降低用能、物流成本。当然，推进供给侧结构性改革不能“只见物不见人”，只有通过大力激发和保护企业家精神，鼓励更多社会主体投身创新创业和大力建设知识型、技能型、创新型劳动者大军，弘扬劳模精神和工匠精神，营造劳动光荣的社会风尚和精益求精的敬业风气，才能赋予供给侧结构性改革“活的灵魂”和能动的“主体力量”。

二是用新发展理念引领建设创新型国家进程。创新是引领发展的第一动力，是建设现代化经济体系的战略支撑。为了最大限度地激发社会创新活力，提高国家自主创新能力，不仅要深化科技体制改革，加快形成以企业为主体、市场为导向、产学研深度融合的技术创新体系，加强对中小企业创新的支持，促进科技成果转化，而且要培养造就一大批具有国际水平的战略科技人才、科

① 习近平：《在省部级主要领导干部学习贯彻党的十八届五中全会精神专题研讨班上的讲话》（2016 年 1 月 18 日），人民出版社 2016 年版，第 20 页。

② 习近平：《在中央经济工作会议上的讲话》（2016 年 12 月 14 日），《习近平关于社会主义经济建设论述摘编》，中央文献出版社 2017 年版，第 115 页。

技领军人才、青年科技人才和高水平创新团队。尤其要倡导创新文化，强化知识产权创造、保护、运用，建立鼓励创新、宽容失败的社会氛围。

三是用新发展理念引领实施乡村振兴战略。要坚持农业农村优先发展，按照产业兴旺、生态宜居、乡风文明、治理有效、生活富裕的总要求，健全城乡融合发展体制机制，清除阻碍要素下乡各种障碍。推进农业供给侧结构性改革，坚持质量兴农、绿色兴农，农业政策从增产导向转向提质导向。要深化粮食收储制度改革，让收储价格更好反映市场供求，扩大轮作休耕制度试点。

四是用新发展理念引领实施区域协调发展战略。要实现基本公共服务均等化，基础设施通达程度比较均衡，人民生活水平大体相当。京津冀协同发展要以疏解北京非首都功能为重点，保持合理的职业结构，高起点、高质量编制好雄安新区规划。推进长江经济带发展要以生态优先、绿色发展为引领。要围绕"一带一路"建设，创新对外投资方式，以投资带动贸易发展、产业发展。要支持革命老区、民族地区、边疆地区、贫困地区改善生产生活条件。要推进西部大开发，加快东北等老工业基地振兴，推动中部地区崛起，支持东部地区率先推动高质量发展的"四大板块"区域经济和发展海洋经济统筹发展。要提高城市群质量，推进大中小城市网络化建设，加快户籍制度改革落地步伐，增强对农业转移人口的吸引力和承载力。

五是用新发展理念引领形成全面开放新格局。要在开放的范围和层次上进一步拓展，更要在开放的思想观念、结构布局、体制机制上进一步拓展。要有序放宽市场准入，全面实行准入前国民待遇加负面清单管理模式，继续精简负面清单，抓紧完善外资相关法律，加强知识产权保护。要促进贸易平衡，更加注重提升出口质量和附加值，积极扩大进口，下调部分产品进口关税。要创新对外投资方式，促进国际产能合作，形成面向全球的贸易、投融资、生产、服务网络，加快培育国际经济合作和竞争新优势。

六是用新发展理念引领完善社会主义市场经济体制。经济体制改革必须以完善产权制度和要素市场化配置为重点，实现产权有效激励、要素自由流动、价格反应灵活、竞争公平有序、企业优胜劣汰。要完善各类国有资产管理体制，改革国有资本授权经营体制，加快国有经济布局优化、结构调整、战略性重组，促进国有资产保值增值，推动国有资本做强做优做大，有效防止国有资产流失。深化国有企业改革，发展混合所有制经济，培育具有全球竞争力的世界一流企业。全面实施市场准入负面清单制度，清理废除妨碍统一市场和公平竞争的各种规定和做法，支持民营企业发展，建立“清”“亲”的政商关系。深化商事制度改革，打破行政性垄断，防止市场垄断，加快要素价格市场化改革，放宽服务业准入限制，完善市场监管体制。创新和完善宏观调控，发挥国家发展规划的战略导向作用，健全财政、货币、产业、区域等经济政策协调机制。

三、努力构建新时代中国特色社会主义政治经济学

党的十八大以来，以习近平同志为核心的党中央，立足中国特色社会主义波澜壮阔的伟大实践，提出了坚守人民立场、以人民为中心的治国理政新思想新观点新论断，形成了习近平新时代中国特色社会主义思想。这一思想根植于中国大地，创新并丰富了中国特色社会主义政治经济学，为中国经济发展提供了新的理论指导和方向遵循。当前，要正确把握中国特色社会主义进入新时代的历史方位和主要矛盾的变化，牢牢把握新时代中国特色社会主义政治经济学的人民立场和以人民为中心的发展思想，努力构建和完善新时代中国特色社会主义政治经济学，不断增强中国特色社会主义的理论自觉和理论自信，并进一步增强道路自信、制度自信和文化自信。

（一）新时代中国特色社会主义政治经济学的理论品格

经济基础决定上层建筑，经济发展对于整个社会发展具有纲举目张的支撑、牵引和带动作用。因此，构建新时代中国特色社会主义政治经济学，对于推动新时代中国特色社会主义的伟大实践和理论创新具有重大意义。

一是具有重要的实践指导意义。党的十八大以来，我国经济社会发生了历史性变革、取得了历史性成就，根本在于以习近平同志为核心的党中央的坚强领导，在于以中国特色社会主义政治经济学为主要内容的习近平新时代中国特色社会主义经济思想的科学指引。中国特色社会主义政治经济学总结了各个阶段经济建设的宝贵经验，揭示了新时代经济发展的本质要求和内在规律，为推动经济高质量发展指明了方向。中国特色社会主义进入新时代，面对经济社会发展的新情况新问题，面对“三大攻坚战”的艰巨任务，更要以中国特色社会主义政治经济学的科学理论为指导，不断开拓中国经济理论的新境界。

二是具有重要的学术创新示范意义。我们坚持新时代中国特色社会主义政治经济学引领,并不排斥吸收国外经济理论的合理成分。但不能照抄照搬、食洋不化。过去有段时期,我们在学科体系、学术体系和话语体系方面跟在"西方"后面亦步亦趋,用西方理论套用中国实际的现象比较突出。新时代中国特色社会主义政治经济学的构建深刻表明,中国能够在理论上创造出具有中国特色、中国风格、中国气派的经济学学科体系、学术体系和话语体系,这对于深刻感悟和把握马克思主义真理力量,推动经济优势转化为话语优势和理论优势,增强理论自觉和理论自信,具有极强的感召力和鲜明的示范性。

三是具有重要的世界性意义。新时代中国特色社会主义政治经济学,既揭示了中国特色社会主义经济的特殊规律,也契合了人类社会经济发展的普遍规律,既具有民族性,也具有世界性,不仅是中国人民的智慧结晶,更是全人类的共同财富。中国特色社会主义政治经济学关于资源配置、社会化大生产、市场经济运行、经济转型、全球化条件下的开放经济等思想、理论,为后发国家的理论创新和经济发展提供了重要启示,为转型国家的经济结构调整提供了重要借鉴,也为世界各国的合作共赢提供了重要指导。

——新时代中国特色社会主义政治经济学具有鲜明的理论品格。

有科学力量的学说、有生命力的思想,必然具有独特的理论品格。从历史维度看,新时代中国特色社会主义政治经济学颇具新意和时代感,能够回应和解决新时代的重大理论和现实问题,既是马克思主义政治经济学中国化的全新硕果,也是中国特色社会主义政治经济学的重要组成部分。

一是发展主题的时代性。习近平总书记在哲学社会科学工作座谈会上的讲话中指出:"坚持问题导向是马克思主义的鲜明特点。问题是创新的起点,也是创新的动力源。只有聆听时代的声音,回应时代的呼唤,认真研究解决重大而紧迫的问题,才能真正把握住历史脉络、找到发展规律,推动理论创新。"新时代中国特色社会主义政治经济学作为系统化的经济学说,要以中国社会主义经济建设和现实经济关系为基础,围绕实现中国"强起来"的时代发展主题,坚持问题为导向,深入研究现代化强国建设路径,推动经济从高速增长转向高质量发展,为经济大国到经济强国的转型提供坚实的理论指导。

二是发展目的的人民性。西方经济学强调和追求利润最大化,过于看重资本的作用和力量,比较忽视个体特别是普通劳动者的切身利益,虽然可以在一定程度上促进经济增长,但却是不健康和不可持续的。习近平总书记在纪念马克思诞辰200周年大会上的讲话中指出:“学习马克思,就要学习和实践马克思主义关于坚守人民立场的思想。”他强调:“坚持以人民为中心的发展思想,这是马克思主义政治经济学的根本立场”。新时代中国特色社会主义政治经济学适应社会主要矛盾的变化,要以实现最大多数人的利益为目标,以保障和改善民生为重点,切实保障全体人民在经济发展、政治民主、文化交流、生态共享等方面的基础权益,使人民群众在新时代生活中拥有更高层次需求被满足的获得感。强调社会效益和经济效益、社会价值和市场价值的统一,正是其最鲜明的价值立场。这种坚守人民立场,坚持以人民为中心的思想体现了马克思主义政治经济学的思想根基,深刻反映出新时代背景下中国特色社会主义政治经济学的人本属性。

三是发展手段的科学性。加强党对经济工作的领导,正确处理好政府和市场的关系,提高党领导发展工作的能力和水平,贯穿新时代中国特色社会主义政治经济学形成与发展的进程。把市场在资源配置中的“基础性作用”修改为“决定性作用”,是党在理论和实践上的重大突破,标志着党对市场规律认识的逐步深化和驾驭能力的不断提升。同时,强调更好发挥政府作用,与奉行市场原教旨主义的资本主义市场经济模式具有本质区别。总之,无论是发挥市场的决定性作用,还是更好发挥政府作用,体现的都是对发展手段的科学运用,强调的是两个比较优势的有效发挥。

四是发展理念的创新性。新时代中国特色社会主义政治经济学提出经济新常态、新发展理念、供给侧结构性改革等重要思想,拓宽了马克思主义政治经济学的研究对象。提出中国经济发展进入新常态,是立足中国大地实际问题而提出的战略性研判,随之而来的贯彻新发展理念,需要推动生产力与生产关系良性互动,坚决破除一切不合时宜的思想观念和体制机制弊端,突破利益固化的藩篱,推动经济体制不断适应现代化生产力。同时,新发展理念强调的是有质量的增长、有效益的发展和更公平的分配,这也是对西方主流经济学的重大突破。

五是发展维度的全球性。新时代中国特色社会主义政治经济学继承和发展了马克思主义蕴含的丰富的经济全球化思想。进入新时代,中国坚定不移全面扩大对外开放,先后提出“一带一路”倡议、创建亚投行、推动G20转型、构建人类命运共同体等富含中国智慧的解决方案。把中国的发展与世界的发展紧紧地结合起来,把中国深度开放和积极参加全球化进程紧紧地结合起来。

这些努力，进一步拓展了发展中国家的现代化建设之路，也加快中国推动国际合作和全球治理的历史进程。

——构建新时代中国特色社会主义政治经济学要把握科学的研究维度和原则方法。

政治经济学本质上是一门历史的科学，中国特色社会主义进入新时代，是党的十九大对我国发展新的历史方位作出的科学判断，不断开拓新时代中国特色社会主义政治经济学新境界，不断创新发展马克思主义政治经济学，需要加深对新时代中国特色社会主义政治经济学的理论研究和实践总结，可以初步归纳为四个基本的研究维度。

第一，马克思主义政治经济学是其理论起点。马克思主义政治经济学以历史唯物主义和辩证唯物主义为世界观和方法论，以生产关系为研究对象，解释了资本主义经济的运动规律和历史趋势，阐明了社会主义代替资本主义的历史必然性。中国特色社会主义政治经济学以马克思主义政治经济学为理论起点，是为国家经济建设与发展贡献理论依据与道路导向的政治经济学，揭示了中国特色社会主义经济建设及发展基本规律。新时代中国特色社会主义政治经济学作为中国特色社会主义政治经济学一脉相承的重要组成部分，其理论起点就是马克思主义政治经济学。

第二，中国特色社会主义政治经济学是其理论前提。中国特色社会主义政治经济学是马克思主义政治经济学基本原理与中国具体实际相结合的产物，是马克思主义政治经济学发展的新阶段，也是社会主义初级阶段的政治经济学。党的十九大报告提出："中国特色社会主义进入新时代，意味着近代以来久经磨难的中华民族迎来了从站起来、富起来到强起来的伟大飞跃，迎来了实现中华民族伟大复兴的光明前景。"这从实践特征角度总结了我国社会主义初级阶段的发展历程。从时间维度看，中国特色社会主义政治经济学经历了从"站起来"到"富起来"，再到"强起来"的波澜壮阔的伟大历程，而与这种阶段性相对应的，是以"站起来"的政治经济学、"富起来"的政治经济学为理论前提发展起来的"强起来"的政治经济学，就是新时代中国特色社会主义政治经济学。

第三，党的十八大以来经济改革与发展实践是其理论基础。实践是理论的基础，理论是实践的总结。新时代中国特色社会主义政治经济学是马克思主义政治经济学在中国伟大实践下的新成果，也是中国特色社会主义政治经济学在历史发展潮流下的新成果，是在党的十八大以来我国社会主义经济建设伟大实践过程中，在充分总结、概括经济改革与发展实践的基础上，不断凝结修正、发展完善而成的。新时代中国特色社会主义政治经济学是当代中国马克思主义政治经济学的新阶段新境界和重要组成部分，也是中国特色社会主义政治经济学的新阶段和智慧结晶，是用实践“铸造”的理论。

第四，习近平新时代中国特色社会主义经济思想是其理论内核。以新发展理念为主要内容的习近平新时代中国特色社会主义经济思想是对党的十八大以来我国经济发展实践的理论概括，是习近平新时代中国特色社会主义思想在经济方面的集中体现，从政治保障、发展目的、发展理念、主要矛盾，到工作主线、发展战略和策略方法，形成了一套完整的理论体系，是推动我国经济发展的理论结晶，是中国特色社会主义政治经济学的最新成果，是党和国家十分宝贵的精神财富，也为新时代中国特色社会主义政治经济学的发展提供了重要理论归结和基本内核。

这四个基本维度不仅充分体现了新时代中国特色社会主义政治经济学研究的根本立场、基本方法和主要内容，也明确了下一步深入研究的基本原则和重点方向。在新时代中国特色社会主义政治经济学的发展过程中，一些重大原则体现其内涵实质和根本属性，蕴含着探索中国特色社会主义经济运行规律和发展道路的理论逻辑，必须贯穿始终。比如，科学把握中国社会主要矛盾的转化；以解放和发展生产力为根本任务；坚持公有制的主体地位和社会主义市场经济的改革方向；坚持按劳分配、按要素分配结合和实现共同富裕；坚持辩证唯物主义和历史唯物主义的方法论；等等。新时代中国特色社会主义政治经济学要在紧跟时代和实践发展脚步、反映时代和实践发展要求的基础上，秉持基本宗旨，对中国特色社会主义新时代的历史必然、广泛内涵、决定因素、理论意义、实践意义乃至深远影响加以深刻阐释。

中国特色社会主义进入新时代，意味着中国特色社会主义道路、理论、制度、文化将不断发展，现代化强国建设将充满希望；意味着马克思主义在21世纪的中国焕发出强大生机活力，在世界上高高举起了中国特色社会主义伟大旗帜，随着时代发展和中国现代化建设进程的深入推进，中国将一步步走向世界舞台的中央。在此背景下，构建新时代中国特色社会主义政治经济学恰逢其时，但也任重道远，应充分展现其理论品格，为马克思主义政治经济学的创新发展和中国“强起来”的伟大实践贡献智慧。

（二）深化新时代中国特色社会主义基本经济制度研究

社会主义基本经济制度思想是中国特色社会主义政治经济学的重要制度内容。我国实行以公有制为主体、多种所有制经济共同发展的基本经济制度，为中国特色社会主义现代化经济建设奠定了坚强的制度保障。构建新时代中国特色社会主义政治经济学，必须深化新时代社会主义基本经济制度研究，更好坚持和完善社会主义基本经济制度。

——社会主义基本经济制度思想的形成历程。

传统的社会主义经济理论来源于经典作家对社会主义的设想。马克思、恩格斯认为，社会主义社会具有以下基本规定性设想：1.社会生产力大大提高，创造了高于资本主义的劳动生产率；2.消灭了一切私有制，生产资料归整个社会所有；3.在消费品分配上实行“各尽所能，按劳分配”的原则；4.消灭了一切阶级和阶级差别，造成了使资产阶级既不能存在也不能再产生的条件；5.国家不再具有压迫工具的性质，只具有社会管理职能；6.消灭了商品货币关系，实行产品经济。

新中国成立后，中共党内在如何对待多种经济成分问题上一直是有分歧的。分歧主要围绕两个问题产生：一是究竟需要多长时间能利用城乡私人资本的积极性以利于生产力的发展；二是如何谨慎地、分步地引导个体农业和手工业走集体化的道路。一种观点认为，当时生产力比较落后，需要更长时间地利用资本主义工商业，反对过早地动摇、削弱甚至否定新民主主义的多种经济成分，过早地在中国采取剧烈的社会主义步骤。在所有制问题上，强调多种经济成分并存的长期性，以及这种所有制结构有利于生产力发展的一面，并反对私人资本主义急于向社会主义过渡。另一种观点反对“确立新民主主义社会秩序”。今天看来，二者之间表面上是在新民主主义社会及过渡时期的时间问题上存在分歧，但实际上在对社会主义经济制度的认识上显然存在着差别。1953 年，中共中央提出了党在过渡时期的总路线。毛泽东认为：“党在过渡时期的总路线的实质，就是使生产资料的社会主义所有制成为我国国家和社会的唯一的经济基础。”①这段话实际上把非公有制经济与社会主义经济完全

---

① 《毛泽东文集》第六卷，人民出版社 1999 年版，第 316 页。

对立起来，并把是否完成从多种所有制到单一公有制的过渡作为判定我国是否进入社会主义社会的标志。在“文化大革命”中，所有制结构问题上的“左”倾错误发展到了顶点，个体手工业、商业和农民的家庭副业等分散经营被扫荡无遗，许多人把非公有制经济完全看作是社会主义经济的对立物和异己力量。

改革开放以来，我们党在实事求是思想路线的指引下，冲破了传统社会主义政治经济学中的“所有制教条”，把“三个有利于”作为判断和取舍基本经济制度的根本标准，完成了从“对立论”到“有益补充论”再到“共同发展论”的飞跃，从而形成了在以公有制为主体的前提下，发展多种所有制经济的理论和政策。这是马克思主义政治经济学原理在当代中国的创造性发展。

党的十三大首次把社会主义初级阶段的所有制结构描述为公有制为主体、多种所有制形式并存。但从党的十三大到党的十五大之前，非公有制经济一直被看作是社会主义异己的东西，仅仅作为社会主义公有制经济的一种补充，被排除在社会主义基本经济制度的规定之外。这种认识到党的十五大召开，有了本质的变化。党的十五大报告把非公有制经济确定为社会主义市场经济的重要组成部分，从而纳入了社会主义基本经济制度的规定之中，而不再被视为公有制的对立面。2002 年召开的党的十六大在思想解放的进程中又取得了重大突破。党的十六大报告提出“两个毫不动摇”：既要毫不动摇地巩固和发展公有制经济，又要毫不动摇地鼓励、支持和引导非公有制经济的发展。党的十六大报告还提出，既要保护合法的劳动收入，也要保护合法的非劳动收入，并进而强调要完善保护私人财产的法律制度。

党的十六届三中全会在十六大已有成果的基础上，在强调要大力发展和积极引导非公有制经济的同时，进一步明确“允许非公有资本进入法律法规未禁入的基础设施、公用事业及其他行业和领域”，并规定“非公有制企业在投融资、税收、土地使用和对外贸易等方面，与其他企业享受同等待遇”。这表明，党的十六届三中全会为非公有制经济的发展开辟了更广阔的空间。不仅如此，党的十六届三中全会还明确指出，“建立归属清晰、权责明确、保护严格、流转顺畅的现代产权制度”，这不仅“有利于维护公有财产权，巩固公有制经济的主体地位”，而且“有利于保护私有财产权，促进非公有制经济发展”，“是完善基本经济制度的内在要求，是构建现代企业制度的重要基础”。2016 年 3 月 4 日，习近平总书记在看望全国政协民建、工商联界委员并参加联组会时发表了重要讲话，再次强调了我们要毫不动摇坚持我国基本经济制度，推动各种所有制经济健康发展，引起了广泛关注。

——坚持和完善社会主义基本经济制度必须坚持“两个毫不动摇”。

习近平强调，实行公有制为主体、多种所有制经济共同发展的基本经济制度，是中国共产党确立的一项大政方针，必须毫不动摇巩固和发展公有制经济，毫不动摇鼓励、支持和引导非公有制经济发展。为什么坚持“两个毫不动摇”呢？

第一，公有制的主体地位是社会主义市场经济的制度基础。生产资料所有制及其构成是一个社会基本经济制度的核心和基础，是决定一个社会基本性质和发展方向的根本性因素。我们建立的市场经济不仅是一般意义上的现代市场经济，而且是具有中国特色的社会主义市场经济。公有制的主体地位是社会主义市场经济的核心要素。只有坚持公有制的主体地位，才能保证中国特色社会主义道路的正确航向。从现代市场经济的内在逻辑上讲，保持公有制的主体地位也有其理论上的科学性。我们建立的社会主义市场经济，必须能够克服和校正市场经济的重要缺陷。实践证明，市场经济在资源配置和利用效率上有优势，但它在若干重要领域存在失灵问题。公有制与市场经济的有机结合，提供了克服市场失灵问题的坚实制度基础。

第二，非公有制经济是社会主义市场经济的重要组成部分。我国是社会主义国家，必须坚持以公有制为主体。但我国的社会主义脱胎于经济发展极端落后的半殖民地半封建社会，虽然经过多年的社会主义建设，特别是改革开放以来的快速发展，综合国力有了显著增强，但我国仍处于并将长期处于社会主义初级阶段的基本国情没有变，这就决定了我国必须继续大力促进非公有制经济的发展。同时，随着我国经济发展水平的提高，居民的消费需求日趋多样化和个性化，各类服务业迅速发展。而非公有制经济在满足居民多样化需求和促进服务业发展上具有独特优势，其本身也会随着现代科学技术的发展不断提高自己的生产力水平。所有这些都决定了非公有制经济是我国建设社会主义现代化的一支重要力量。

——公有制经济和非公有制经济都需要坚持和完善。

市场经济的充分发展，不仅需要完善的市场体系和市场机制的形成，而且还要有自主经营、自负盈亏的市场竞争主体。从公有制改革来看，尽管改革取得了重大成就，但改革并没有解决根本问题，主要是：

1. 政企不分、政资不分的现象仍十分突出。一是大量经营性国有资产仍分散在各个部门管理。目前中央政府层面上还有 80 多个部门对其下属的 3000 多家企业直接管理。烟草、邮政等实现"政企分开、政资分开"的企业没有纳入到集中统一的国有资产监管体系。二是一些政府公共管理部门仍在行使出资人的部分职责。一些部门仍在继续对国资委所监管企业行使着部分出资人权利,军工、电信、电力等行业部门甚至要求重新履行出资人职能。一些应该由企业自主决策的事项仍然需经政府部门审批。政府行政管理体制中职能错位、责任不清、权力不明等问题比较突出。三是经营性国有资产的基础管理工作比较薄弱。金融类资产及 159 户外其他中央企业的国有资产,都是功能属性和管理模式相同的经营性资产。但是,目前这些企业国有资产不但没有由专门的出资人机构集中统一监管,而且在清产核资、统计评价、资产评估、产权界定与纠纷调处等方面,也没有适用国资委制定的监管规则,导致国有资产数据不统一,企业国有资产基础管理工作较为混乱。

2. 国资委出资人机构的职能没有真正落实。一是"三统一、三结合"的原则和《公司法》所规定的股东三项权利没有落实。在国有资本收益方面,国有资本经营预算制度尚未建立,难以有效履行出资人职责和推进国有经济布局结构调整;在选择企业经营管理者方面,现行的体制与《公司法》相矛盾,董事会选择经理层的权力也没有依法落实;在企业投融资、特殊资产监管等方面,一些部门仍然行使着属于出资人的职责权利。二是国资委还承担着一些出资人以外的其他职能。国资委"三定"中规定了一些国务院交办事项,如行业协会管理指导、离退休干部管理保障等。近年来在"三定"规定之外又承办了不少交办事项,如中央企业安全生产工作,维护企业稳定和企业职工合法权益专项治理工作,中央企业自主创新协调监管工作,协调中央企业人才工作,指导监督中央企业保密工作,指导监管国资委直属和直管协会及部分中央企业所属出版社和出版物工作等。三是有关部门把国资委视为"企业主管部门"或管理企业的"漏斗"。许多部门在日常工作中,要求国资委对涉及企业的审批事项出具意见或证明材料,或者牵头办理一些本应由其他部门直接与中央企业联系的工作。

3. 地方国有资产管理体制改革存在的问题比较多。一是地方国有资产监管的指导监督工作比较薄弱。近年来地方国企改革和国有经济进退调整的力度较大,部分省市国资委组建以来主要忙于国有经济退出,没有转到履行出资人职责和发展壮大国有经济的轨道上来。地方国有资产监管工作中还存在不少违法违规问题。亟待中央政府加强指导监督,明确指导监督的事权,把“统一所有”原则落到实处。二是“分级代表”原则还没有完全落实。按照中央政府和省、市(地)两级地方政府分别代表国家履行出资人职责原则,省市国资委的监管范围应当由地方政府依法授权,但国务院有关部门对此仍加以干涉。三是地方国资委的出资人职责定位更加不到位。由于上行下效,有些地方政府“政企分开、政资分开”和“三统一、三结合”的改革工作已经停滞,有的国资委至今只监管一个企业。有的省市国资委没有转变工作方式,出现了新的“政企不分”。此外,不设国资委的市(地)、县(市)政府国有资产监管工作如何进行,还需要探索。

4. 经理层激励约束“双弱化”。一是激励不到位。有效的报酬激励机制实际上是“空白”的,真正起作用的是控制权以及由于控制权而产生的过度“在职消费”和隐性收入。而当现有激励下获得的显性报酬不如约束以外的隐性收入时,经营者就会最大限度地获取控制权受益。二是约束不到位。对经营者的约束实际上是“苍白无力”的,一是法人治理结构不健全不完善对经营者没有约束,二是有的经营者个人道德颓废丧失自我约束。

从非公有制来看,改革开放以来,党和国家出台了一系列关于非公有制经济发展的政策措施。特别是党的十八届三中、四中、五中全会推出了一系列扩大非公有制企业市场准入、平等发展的改革举措。但由于一些原因,这些政策的配套措施还不是很实,政策落地效果还不是很好,主要问题是:市场准入限制仍然较多;政策执行中“玻璃门”“弹簧门”“旋转门”现象大量存在;一些政府部门为民营企业办事效率仍然不高;民营企业特别是中小企业、小微企业融资渠道狭窄,民营企业资金链紧张,等等。

——混合所有制是社会主义基本经济制度重要实现形式。

混合经济是现代市场经济的一种有效产权组织形式,也是公有制经济的一种有效实现形式。党的十五大报告提出了“混合所有制经济”的概念,党的十六大报告提出发展混合所有制经济,党的十八届三中全会提出“积极发展混合所有制经济”,体现了我们党关于公有制理论的与时俱进。

1. 发达国家股权多元化企业出资人监督的主要做法。

发达国家的企业形式大多为股权多元化企业,虽然国有控股企业很少,但控股股东也多为银行、基金会或企业法人等机构投资者,这与我国由国资委这一机构履行国有资本出资人职责相比，并无原则性的差异。所以，从出资人监督的角度考察，发达国家股权多元化企业资产监督的主要做法对我们有一定的参考意义。

一是“用手投票”与“用脚投票”。在发达国家，出资人对股权多元化企业中资产的监管主要是通过两种形式，一种是“用手投票”，另一种是“用脚投票”。“用手投票”是指在股份公司中，出资人以其投入资本的比重，参与公司的利润分配，享有所有者权益；以其股权比重，通过公司股东代表大会、董事会，参与公司的重要决策，其中包括选择经理层；通过监事会或独立董事监督董事会或执行董事以及经理层。“用脚投票”是指出资人直接在资本市场上通过股票买卖、企业兼并重组等方式对该公司经营状况进行评价，对经营者施加间接影响。行使“用手投票”权的是大股东，他们实际控制着公司并且承担监督的主要成本；行使“用脚投票”权的一般是小股东，他们无力也不愿意负担监督成本，往往通过这种方式对企业施加间接影响，达到监督的目的。

“用脚投票”对“用手投票”具有积极的补充作用。单纯从资产监督的角度来看，“用手投票”着重于在公司治理架构内就近全程监督，“用脚投票”则以外部资本市场上的无形压力对经营者起到约束作用。由于发达国家的资本市场和经理人市场都比较发达，“用脚投票”的结果往往会对经营者的经营资格及身价形成巨大影响力，因而，“用脚投票”对“用手投票”具有积极的补充作用。

“用脚投票”发挥作用的基本条件是资本市场、经理人市场充分发达，这样，资本市场上股票买卖的结果往往就会给经理人重新定价，导致经理人“市值”的波动。在我国，股权分置改革还在进行，资本市场发育还不健全，经理人市场发育得也不好，党管干部与市场选择经营者的方式还处在探索阶段。因而，在股权多元化企业特别是国有控股企业中，由行政部门任命国有股代表人的做法还比较普遍。在这种情况下，资本市场上“用脚投票”的方式很难有效发挥作用，我国股权多元化企业中国有资产的监督现在还只能倚重“用手投票”。

二是独立董事模式、监事会模式与任意选择制。独立董事模式。该模式以美国、英国为代表，在股东大会下只设董事会，不设监事会，实行“单委员会”制。资产监督职能由董事会中的独立董事行使。董事会下设的审计、提名、薪酬等委员会主要由独立董事领导，一方面从结构上对董事会中的执行董事形成制衡，另一方面通过专业委员会对经理层进行监督。独立董事的比例各国有所不同，美国法律规定独立董事要占董事会成员的50%以上；英国规定独立董事与执行董事应保持平衡，以确保董事会不被哪一类人所控制；澳大利亚要求董事会中至少要有1/3的独立董事。独立董事除享有一般董事职权外，还拥有特别职权。

美国独立董事模式的实质是对“单委员会”制条件下解决日益严重的内部人控制问题的创造性措施。“安然事件”后，美国制定颁布了《萨班斯法案》，对独立董事制度加以强化，规定董事会中必须由独立董事占多数，董事会薪酬委员会必须由独立董事构成。

监事会模式。该模式以德国为代表，在股东大会下设监事会、董事会（相当于英美国家的经营层），实行“双委员会”制，监事会权力高于董事会。根据德国1978年修订的《股份公司法》第95条的规定，监事会一般由3名成员组成，公司章程可以规定更多的人数，人数必须能够被3整除。监事会成员的最多人数限定为：公司股本在150万欧元以下的为9人；150万欧元以上的为15人；1000万欧元以上的为21人。根据《股份公司法》规定，监事会拥有以下职权：（1）任免权。监事会有权任命董事会成员，同时任命一名董事为董事会主席。如果董事粗暴地违反董事义务，没有能力执行业务，或股东大会丧失了对他的信任时，监事会有权撤销任命和更换董事会主席。此外，董事的薪酬由监事会决定。（2）监督权。监事会有权检查公司财务状况，可以随时要求董事会报告公司的重要业务执行情况。（3）公司代表权。公司的代表权原则上属于董事会，但在特殊情况下，例如董事与公司之间产生诉讼时，监事会可以代表公司。（4）股东大会的临时召集权。如果公司利益需要，监事会有权临时召集股东大会。

德国监事会模式的实质是在德国企业股权比较集中的条件下，大股东为维护自己的资产安全不得不担负起监督成本的必然结果。德国监事会起源于由大股东组成的“经营管理会”，又称“大股东会”。“大股东会”任免董事会的董事，监督其业务执行。可以看出，德国监事会模式的形成符合德国企业股权比较集中条件下的实际要求，为维护大股东在股份公司中的资产安全起到了积极作用。

2. 混合所有制实质是完善按要素分配制度。

按劳分配还是按资分配是关系到阶级立场和阶级利益的根本问题。马克思主义政治经济学理论的核心是劳动价值理论,有了劳动价值理论才有了劳动者阶级分配剩余价值的依据。上述阶级矛盾在资本主义国家并没有解决。阶级斗争虽然不再是暴力革命了,但阶级斗争一刻也没停止。另外,资本家阶级和职业经理人的权利斗争最终表现为“职业经理革命”,其结果是“两权分离”,即所有权和经营权的分离。所有权和占有权、使用权、支配权分离以后虽然暂时缓和了矛盾,但利益斗争并没有停止,信息不对称、道德风险及内部人控制等问题始终是经济学难题。

我们搞社会主义市场经济,同样面临着资本、劳动力、职业经理人这三种要素利益关系如何平衡的问题。首先,我们必须依靠资本才能发展生产力,无论是国有资本还是民间资本以及国外资本,我们都得给予法律保护,都得确保资本投资回报应得的利益。但用执政权力控制资源分配的时候,尤其是权力和资本发生关系的时候,资本很容易腐蚀和绑架权力;其次,按劳分配是共产党的旗帜,劳动必须参与剩余价值的分配。但当权力成为分配主体的时候,执政者往往为了发展而忽视劳动者的当前利益,更危险还在于,执政者代表劳动者阶级参与分配而不是劳动者直接参与分配,这让劳动者感到参与剩余价值分配的权力被剥夺了,这个阶级就容易会慢慢脱离了执政党;还有,国有企业管理者是一个特殊的群体或阶层,他们的贡献也必须和剩余价值相联系,但执政者往往把这些人看成国家干部,他们不能直接参与剩余价值的分配而是由政府再分配决定他们的报酬,其结果往往是损害甚至打击了他们的积极性。如果说上述矛盾在计划经济体制下并不明显的话,那么,在改革开放后尤其在市场经济体制下则突显出来。如何处理好三者利益关系是今后困扰我们党的大问题。

我们不能回避的是:市场经济条件下的劳动力是主人吗?劳动如果不分享剩余价值,主人翁的地位又怎么体现?还有职业经理人,如果他们的管理劳动不和剩余价值相联系,不直接参与剩余价值分配,他们的动力又从哪里来?如果劳动者和职业经理没有积极性,国有资本又怎么会保值增值?现在急需我们党设计一个制度来解决这个矛盾。这个制度框架的核心是调动各个要素的积极性,形成人民共建共享的利益共同体。实践证明,要素的混合所有制能帮我们党破解这个难题。其实,我们党的十六大就提出按要素分配的设想了,只是没有变成具体的制度设计。当时的提法叫:按劳分配+按生产要素分配。按劳分配的“劳”应该是价值创造,这是我们党继承和坚持马克思的劳动价值理论,我们只承认劳动创造价值。而按要素分配里的劳动应是和资本、技术、管理同等的生产要素,按要素分配应该是按形成商品的使用价值和市场价值来分配。

按上面的思路理解混合所有制,就不是国有资本和民间资本的混合,也不是国有资本和国外资本的混合,而是要素的混合。混合的关键是解决每个要素和剩余价值的关系。党的十八届三中全会确定的“让市场在资源配置中起决定性作用”的思想,为混合所有制的制度设计奠定了重要的理论支撑。每个要素在剩余价值分配的份额和比例取决于两个方面:其一是要素的市场供求,要素稀缺,要素的交换价值就高;要素过剩,要素的交换价值就低。其二,要素对剩余价值的贡献率,贡献率高,分配的份额和比例就高;贡献率低,分配的份额和比例就低。

现在的关键是,选哪类企业进行改革和试点以及该在哪部分混合。需要明确的是,关系国防安全、军工、重大生产力布局、特殊资源等,我们必须毫不动摇地坚持国家控制。这类企业可以由上级党组织委派党委书记,书记不参与企业经营活动,但有一票否决权、有监督权、有职工利益保障权;由行政主管部门任命董事会成员,董事会成员实行准公务员制度;职业经理人则由董事会按法定程序公开招聘,职业经理人实行年薪制加业绩奖励制度。

实行混合所有制的企业主要是市场竞争类国有企业及其他各类企业。为慎重起见,可混合增量不混合存量。假定某国有企业核定资产 100 亿元,这 100 亿元作为资本要素,加劳动要素及管理要素,实现增量 50 亿元剩余价值,这 50 亿元应该是要素形成的,应该按要素分配。至于每种要素应按什么比例来分,那要看不同企业的类型。比如是劳动密集型的,劳动者分的比例就要高些;如果是经营型的,管理者分的比例就要高些。有了要素混合所有制,国家就可以不再控制企业而控制资本。国有资本保值增值的动力来源于劳动者的积极性和企业家的积极性。道理很简单,农业的发展不就是来源于农民的积极性吗?而农业土地所有制不还是集体所有吗?改的其实是分配制度。交足了国家的,留够集体的,剩下全是自己的。设计要素的混合所有制,要让各要素都有利益保障,各要素都有积极性,这样我们党就有了执政的牢固制度基础。

(三)深化新时代国有企业混合所有制改革研究

党的十九大报告指出,深化国有企业改革,发展混合所有制经济,培育具有全球竞争力的世界一流企业。由此理解，发展混合所有制经济，是深化国有企业改革的重要举措，又是培育具有全球竞争力的世界一流企业的重要路径。因此，国有企业加快推进混合所有制改革，发展混合所有制经济，提升企业活力和市场竞争力，增强国有经济的控制力和带动力，是现阶段国有企业改革发展最重要的课题之一。

——国有企业混合所有制改革的理论基础。

党的十八届三中全会深化发展混合所有制经济的决定，为新一轮国有企业混合所有制改革吹响了号角。事实上，混合所有制改革并不是一个全新的概念，早在1997年我国就正式提出"混合所有制经济"改革思想，进入新时代党中央再次提出混合所有制改革，有更为深层次的含义：一方面，意味着已经进行的混合所有制改革尽管取得了显著成效，但并未完全满足要求和符合预期；另一方面，则是强调了当前所进行的混合所有制改革已经进入"深水区"，需要攻坚克难，使相关改革及配套措施有所突破、有所深化。

混合所有制的含义。混合所有制，从宏观的角度上说，是指在所有制结构上，既包含国有经济、集体经济等公有制经济成分，也包含民营、个体和外资等非公有经济，同时也包括相关的合资、合作经济的经济制度。有观点认为，混合所有制从微观角度上说，可以归纳总结为三类不同看法：第一类可以称作所有制形式论，认为混合所有制是公有和非公有两种不同的成分在企业内部进行结合的所有制；第二类是企业模式论，认为混合所有制是由多个身份各异的投资主体共同出资组成企业，是一种企业发展模式；第三类则是实现形式论，认为混合所有制是现代企业的一种财产组织形式和经营方式。从国有企业推进混合所有制改革的背景来看，单纯的为"混合"而"混合"，显然不可取，新一轮国有企业混合所有制改革主要的目的有其本身的逻辑。根据《国务院关于国有企业发展混合所有制的意见》，可以总结出混合所有制改革有如下几个重要的目的：第一，完善现代企业制度；第二，提高国有资本配置和运行效率；第三，转换国有企业经营机制，实现国有资产的保值增值目标；第四，为了使各种所有制资本取长补短、相互促进。从以上几个主要目的看出，国有企业推进的混合所有制改革作为一种企业发展模式和财产组织形式的内涵更为重要，更适合于本篇的论述。

混合所有制的类型。混合所有制改革，归根结底是实现资本（所有者）、企业家（经营者）、劳动者、技术等的生产要素合理混合，达到效率最优、最大限度放大国有资本功能的目的。目前所提出的混合所有制主要体现在国有企业分类改革战略下的混合所有制改造。国企改革文件把国企划分为“公益类”与“商业类”，并选择市场化不同的改革模式。第一，处于垄断行业的国企宜采用国有国营模式，通常排除股权上的“混改”，但在特殊的环节或者领域也可以在保证充分实现社会目标的前提下有条件地引入社会资本，这是一种“长期导向下”的混改。第二，PPP 模式也是一种可选择的混改形式。PPP 是指在公共服务领域，政府采取竞争性方式选择具有投资、运营管理能力的社会资本，双方按照平等协商原则订立合同，合作建设城市基础设施、公共工程和公共服务项目。PPP 模式实际上是在公共基础设施产业引入市场机制。第三，处于完全竞争性行业的国有企业。这类国有企业宜采用产权多元化或非国有改制。产权多元化或非国有企业由于其处于纯私人物品领域，不需要保证国有资本的控股地位，也不需要保证国有企业的政策功能，因此，其不再是“控制权导向”的混改，而是完全市场化的混改。

科斯的产权理论。作为西方经济学界公认的产权理论创始人，科斯首开产权经济研究的先河，他的产权理论主要围绕产权的定义以及交易费用对产权制度形成的影响而展开。他将生产要素当作权利，把人们对生产要素的拥有定义为对实施一定行为权力的拥有。科斯对产权范围的界定大体上有：所有权、使用权、处分权和收益权等。因此，我们可以得出，在科斯看来，产权是指由物（不仅仅指生产资料）的存在及关于它们的使用所引起的人们之间的相互认可的行为关系。那么，什么样的产权制度最符合科斯的要求呢？科斯指出，可以使交易费用最小的产权界定制度是最好的产权制度。产权结构的变迁，产权流动的终极目的是提高资源的使用效率，减少交易费用。科斯指出：市场运行之所以存在缺陷，其根源在于产权界区含混，由此造成交易过程中的摩擦和障碍，这种摩擦和障碍又会严重影响企业行为和资源配置的结果。现代西方产权理论的核心就是研究如何通过界定、变更和安排产权，来降低或消除市场运行中的交易费用，提高运行效率，改善资源配置。

按劳分配原则。党的十六大报告中指出：“理顺分配关系，事关广大群众的切身利益和积极性的发挥。确立劳动、资本、技术和管理等生产要素按贡献参与分配的原则，完善按劳分配为主体、多种分配方式并存的分配制度。”目前，资本、技术、经营管理、劳动等要素参与收益分配的相关法律法规或政策已经到位。对按生产要素分配原则的坚持与发展，充分体现了我们党坚持实事求是的思想路线和与时俱进的务实作风，标志着新型的中国特色社会主义市场经济条件下分配理论的形成与不断发展。在收入分配中，我们不仅仅承认劳动要素的投入应当取得相应的报酬，同时也承认作为生产过程中不可缺少的资本、技术等要素的投入也应取得相应的报酬。

——国有企业混合所有制改革的发展历程。

纵观新中国成立以来的发展历程，我国的混合所有制改革是随着改革开放的深入而逐步推进的，总体来说分为三个阶段。

第一阶段："抓大放小"。对于国有企业，正式的混合所有制改革实践起步于1998年，由于东南亚金融危机的影响和国内经济调控的原因，国有经济经营效率低下的问题开始显现出来。为了盘活国有资产，恢复国有经济的活力，我国开始了混合所有制改革，主要的方针是"抓大放小"，在大中型国有企业的改革上，主要通过债权转让、部分债权转股权等方式进行债务重组、资产重组以及股权重置，进而解决当时非常突出的"三角债"问题。① 另一方面通过"强强联合"做大做强国企。最为著名的案例就是中国石油化工集团公司与中国石油天然气集团公司这两家大型国企的成立。在小型国有企业的改革上，不同于大型国企改革的谨慎，引入民营资本、职工参股、兼并重组、经营承包以及资产出售等方式都成为改革的选项。可以看出这一时期的混合所有制改革主要的核心是对小型国有企业的改革，改革的方向也主要是通过不同性质的资本融合达到明晰产权和明确企业内部权责的目的，这一时期的改革成果较为显著，同时也实现了国企脱困的基本目标。

第一轮混合所有制改革的具体改制措施。改制形式包括职工参股、兼并重组、经营承包、资产出售等。职工参股的具体措施是，吸收其他投资或职工参股，组建有限责任公司或股份有限公司。兼并重组的具体措施是，鼓励跨地区、跨行业、跨所有制的联合兼并。经营承包的具体措施是，企业的全部或部分资产依照承包协议进行出租，企业的经营权被赋予承包人。资产出售的具体措施是，通过公开竞价和协议定价的方式，有偿转让企业部分或全部净资产；对于长期亏损、扭亏无望、不能清偿到期债务的企业，依法实施破产清算。

---

① 20世纪90年代初，"三角债"突然成为中国、俄罗斯、东欧诸国经济发展中的一个障碍。在中国，"三角债"其实早在20世纪80年代中后期就开始形成，1985年中央政府开始抽紧银根后，企业账户上"应收而未收款"与"应付而未付款"的额度就大幅度上升。到1991—1992年间，"三角债"的规模曾发展到占银行信贷总额三分之一的地步。

但是也不能忽视在混改过程中出现的问题:第一就是大型国有企业在混合所有制改革的过程中进展缓慢,国有股份一股独大的局面并未得到根本的改变,效率也未得到提升。第二就是小型企业改制形式的不完善,诸如“一卖了之”与“全面退出”带来了比较严重的国有资产流失问题。2004 年国资委对“管理层收购”提出五项禁令,并严令大型企业不得搞“管理层收购”,第一轮混合所有制改革陷入停滞。

第二阶段:大型中央企业集体上市。混合所有制改革的第二阶段源于国务院颁布的《关于推进资本市场改革开放和稳定发展的若干意见》,《意见》对于发展资本市场的作用和任务进行了明确阐述,并且在具体的实施上,《意见》提出要积极稳妥解决股权分置问题等任务。股权分置是指在原来的资本市场上,国有股与法人股无法流通的问题,由于国有股与法人股的难以流通,导致国有股与非国有股等股东的利益难以通过协调达成一致。从产权理论的角度来看,通过解决股权分置问题,使产权在一定程度上得以顺畅的流转,有利于投资者投资信心的提升。

在明确权责上,第二轮混合所有制改革颇有亮点,就是以整体上市为契机,在推进股份制改革的同时,健全以董事会、监事会为主的法人结构。尽管这一轮改革收获颇丰,但是仍然存在较多问题:第一,在混合的比例上,由于中央企业的股权混合比较初级,非国有资本的持股比例太少,所以国有企业一股独大,这随后导致一系列问题的出现。首先,在产权明晰层面,尽管引入了其他性质的资本,但是国有企业的经营模式仍然没有改变,非国有股东对于企业的经营决策仍然难以产生实质性的影响。其次,在明确权责层面,股权上的不平等也使得公司治理体系并未发生大的变化,国有股东和非国有股东在权利和义务上不平等的现象仍然比比皆是。以中国石油天然气股份有限公司为例,国有独资的中国石油天然气集团公司持有上市公司 86%的股权,却不存在持股比例超过 1%的小股东,可以说非国有股东根本无法影响上市公司决策。第二,国有银行在引入境外投资者的过程中,以净资产作为定价依据,没有重视国有企业无形资产的评估,可以说在产权保护层面,没有有效地保护国有企业的产权,造成了国有资产一定程度的流失。第三,在监管上,虽然在很多中央企业建立了董事会、监事会制度,但是决策权、人事权、薪酬权仍然在国有资产监督管理委员会手中,明确权责在监管层面仍然没有完全实现。

第三阶段:混合所有制改革形式多样化。第三轮混合所有制改革,也就是我们正在实施的阶段,这是源于党的十八届三中全会公报中关于积极发展混合所有制的意见,到 2017 年已经开始着手几项试点工作。主要的试点有落实董事会职权的试点、市场化选聘经营管理者和职业经理人试点、国有资本投资运营公司试点以及员工持股试点等。这些试点,根据其目标指向,可以将其划分为两个大类,一个是在明晰产权上下功夫,另外一个则是在明确权责上希望有所作为。

目前我国国有企业混合所有制改革的试点情况,在混合所有制的改革方向上,主要是明确权责、明晰产权。在明确权责方面的具体措施,包括落实董事会职权试点、市场化选聘经营管理者和职业经理人试点。在明晰产权方面的具体措施,包括国有资本投资运营公司试点、国有资本运营公司试点、国有资本投资公司试点、引入民营资本试点、员工持股试点等。

本轮混合所有制改革在产权保护层面也做了制度配套,《中共中央国务院关于完善产权保护制度并依法保护产权的意见》已于 2016 年底正式对外公布。这对于国有资本的产权保护和民营资本的产权保护都有重要意义。

——完善国有企业制度改革的若干思路。

完善企业产权制度改革。产权制度改革是国有企业建立现代企业制度的关键。一要理顺国有企业产权关系,处理好国家所有权与企业法人财产权的关系。二要建立经营者的所有权制约机制。两权分离后,国有资产所有者的利益仍要在企业经营者那里得到实现。为此必须建立一套能保证国有资产在真正具有经营才能的人手上经营、能明晰企业应负的国有资产保值与增值的责任、能对经营者"用脚投票"等所有权相制约的机制。三要明确产权关系上的自负盈亏责任。目前国有企业的自负盈亏主要限于收入分配上,而在产权关系上仍有许多亏损企业把债务包袱推给国家或者拖欠其他企业的债务,国家实际上为企业承担着无限责任。产权制度改革是要在产权关系上明确企业承担的债务责任和破产责任。当企业破产时,国家只以投入企业的资本额为限承担有限责任。四要在明晰企业产权关系的基础上,建立和完善产权市场。国有企业进入产权市场可以使一定量的国有资产吸收和组织更多的社会资本,放大国有资产的产权功能,提高其控制力、影响力和带动力。同时又能使国有企业经营受到更多国有产权的制约,以保证国有资产营运效益的提高。

完善企业组织制度改革。一是改革政府管理职能和管理体制,真正做到政企分开。二是国有企业组织制度改革的重点是建立公司制企业,为此,必须建立符合市场经济规律和我国国情的企业领导体制与组织管理制度。

完善企业经营管理制度改革。一要更新企业经营管理上旧的思想观念，确立以市场为中心和依托的现代化管理观念。二要实现管理组织现代化建立市场适应性能力强的组织命令系统，健全和完善各项规章制度，彻底改变无章可循、有章不循、违章不究的现象。三要建立高水平的科研开发机构和高效率的决策机构，加强企业发展的战略研究制定和实施明确的企业发展战略、技术创新战略和市场营销战略并根据市场变化适时调整。四要广泛采用现代管理技术方法和手段，包括用于决策与预测的、用于生产组织和计划的、用于技术和设计的现代管理方法，以及采取包括电子计算机在内的各种先进管理手段。

完善国有企业现代企业制度改革，除完善以上企业制度本身这三方面改革外，还需要完善其他方面的配套改革。包括转变政府职能，建立健全的宏观经济调控体系，进行金融、财政、税收、投资、计划等方面的改革为企业进入市场自主经营创造良好的宏观经济环境；大力培育市场体系、建立市场中介组织和加强市场经济法律规章制度的建设，为企业走向市场创造市场条件；加快社会保障制度改革和福利分配社会化、市场化步伐等。

（四）深化新时代推进民营经济发展研究

民营经济是我国经济发展的重要力量。改革开放实践证明，民营经济的复兴与发展是中国改革开放取得的伟大成就之一。坚持解放思想、理论创新，鼓励支持引导民众自主创业创新，大力发展民营企业，是中国共产党带领广大人民群众坚持走中国特色社会主义道路最为凸显的基本经验之一。新时代总结我国民营经济发展的基本经验，有效解决民营经济发展面临的问题，促进民营经济新的更大发展，对于实现全面建成社会主义现代化强国战略目标，实现中华民族伟大复兴中国梦，有着重大理论与实践意义。

——新时代民营经济发展的历史方位与基本经验。

改革开放以来，我国综合国力和世界竞争力的提升均离不开民营经济的快速发展。民营经济的快速发展使中国经济整体面貌发生了巨大的变化，民营经济在国民经济中的比重不断提高，在国民经济社会发展中发挥着越来越重要的作用。尤其是在工农生产、服务行业、科技创新、外贸出口、海外投资等领域，我国民营经济成为国民经济和社会发展的生力军，是建设现代化经济体系、推动经济实现高质量发展的重要基础，是扩大就业、改善民生的重要支撑，是企业家精神的重要发源地。进一步明确新时代民营经济发展的历史方位，总结民营经济发展的基本经验，有着重大理论与实践意义。

1. 形成多种所有制经济共同发展新观念新理论。

我国民营经济、非公有制经济是改革开放以来在中国共产党的方针政策指引下发展起来的，是在中国共产党领导下开辟出来的一条道路。党的十五大把“公有制为主体、多种所有制经济共同发展”确立为中国的基本经济制度，明确提出“非公有制经济是中国社会主义市场经济的重要组成部分”。党的十六大提出“毫不动摇地巩固和发展公有制经济”，“毫不动摇地鼓励、支持和引导非公有制经济发展”。党的十八大进一步提出“毫不动摇鼓励、支持、引导非公有制经济发展，保证各种所有制经济依法平等使用生产要素、公平参与市场竞争、同等受到法律保护”。党的十八届三中全会提出，公有制经济和非公有制经济都是社会主义市场经济的重要组成部分，都是中国经济社会发展的重要基础；公有制经济财产权不可侵犯，非公有制经济财产权同样不可侵犯；国家保护各种所有制经济产权和合法利益，坚持权利平等、机会平等、规则平等，废除对非公有制经济各种形式的不合理规定，消除各种隐性壁垒，激发非公有制经济活力和创造力。党的十八届四中全会提出要“健全以公平为核心原则的产权保护制度，加强对各种所有制经济组织和自然人财产权的保护，清理有违公平的法律法规条款”。党的十八届五中全会强调要“鼓励民营企业依法进入更多领域，引入非国有资本参与国有企业改革，更好激发非公有制经济活力和创造力”。党的十九大报告进一步强调：“必须坚持和完善我国社会主义基本经济制度和分配制度，毫不动摇巩固和发展公有制经济，毫不动摇鼓励、支持、引导非公有制经济发展。”中国共产党在坚持基本经济制度上的观点是明确的、一贯的，而且不断深化，从来没有动摇。这为我国民营经济持续健康发展指明了方向，标志着我国民营经济将迎来新的历史机遇和进入一个新的发展阶段。

2. 制定非公有制经济发展新法律新政策。

随着中国共产党关于所有制的新观念新理论形成、发展和完善，国家关于促进非公有制经济发展的方针政策和法律法规也在不断发展变化。从《个体工商户管理暂行办法》《私营企业暂行条例》，发展到修改宪法，明确“在法律规定范围内的个体经济、私营经济，是社会主义市场经济的重要组成部分”“公民的合法的私有财产不受侵犯”“国家依照法律规定保护公民的私有财产权和继承权”，国务院出台《关于鼓励支持和引导个体私营等非公有制经济发展的若干意见》（“非公经济36条”）、《关于鼓励和引导民间投资健康发展的若干意见》（“非公经济新36条”），制定《物权法》《企业所得税法》《反垄断法》《劳动合同法》等法律。在中国特色社会主义新时代，中共中央、国务院颁布了《关于完善产权保护制度依法保护产权的意见》，同时中共中央、国务院还颁发《关于营造企业家健康成长环境、弘扬优秀企业家精神更好发挥企业家作用的意见》。可以说，中国共产党和中国政府已经形成了一整套改革发展国有、集体经济和促进民营经济发展的方针政策和法律政策。

中国共产党和中国政府明确提出一系列政策要求：大力发展和积极引导非公有制经济；清理和修订限制非公有制经济发展的法律法规和政策，消除体制性障碍。放宽市场准入，允许非公有资本进入法律法规未禁入的基础设施、公用事业及其他行业和领域。非公有制企业在投融资、税收、土地使用和对外贸易等方面，与其他企业享受同等待遇。支持非公有制中小企业的发展，鼓励有条件的企业做强做大。非公有制企业要依法经营，照章纳税，保障职工合法权益。改进对非公有制企业的服务和监管，要从多方面为非公有制经济发展创造条件，最重要的是为非公有制经济创造平等竞争、一视同仁的法治环境、政策环境和市场环境。

3. 确立非公有制经济新地位新作用。

中国共产党和中国政府关于促进个体私营、外资等非公有制经济发展的新的理论、方针和政策，从根本上改变了非公有制经济的制度与社会环境，非公有制经济的地位与作用发生了根本变化。1999年和2003年的宪法修正案，以国家最高法律的形式明确了非公有制经济在中国社会制度中的法律地位、权利和作用：“国家在社会主义初级阶段，坚持公有制为主体、多种所有制经济共同发展的基本经济制度”；“在法律规定范围内的个体经济、私营经济等非公有制经济，是社会主义市场经济的重要组成部分”；“国家保护个体经济、私营经济等非公有制经济的合法的权利和利益。国家鼓励、支持和引导非公有制经济的发展，并对非公有制经济依法实行监督和管理”；“公民的合法的私有财产不受侵犯”；“国家依照法律规定保护公民的私有财产权和继承权”。非公有制经济已经成为最大的企业群体和生产经营资本的重要主体。作为国民经济的重要组成部分和促进共同富裕的基本力量，非公有制经济已经成为社会就业的主要渠道、对外贸易的主力军，成为提供税收的重要来源和推进自主创新的重要源泉。

4. 赋予多种所有制经济新形式新内涵。

党的十六大报告提出："进一步探索公有制特别是国有制的多种有效实现形式，大力推进企业的体制、技术和管理创新。除极少数必须由国家独资经营的企业外，积极推行股份制，发展混合所有制经济。"①"国有资本、集体资本、非公有资本等交叉持股、相互融合的混合所有制经济，是基本经济制度的重要实现形式。"②"应对日益激烈的国际竞争和挑战，推动我国经济保持中高速增长、迈向中高端水平，需要通过深化国有企业混合所有制改革，推动完善现代企业制度，健全企业法人治理结构；提高国有资本配置和运行效率，优化国有经济布局，增强国有经济活力、控制力、影响力和抗风险能力，主动适应和引领经济发展新常态；促进国有企业转换经营机制，放大国有资本功能，实现国有资产保值增值，实现各种所有制资本取长补短、相互促进、共同发展，夯实社会主义基本经济制度的微观基础。"③现在的国有经济、集体经济等公有制经济和个体、私营、外资等非公有制经济，与过去人们理解的公有制和私有制有很大区别，已经被赋予了新的内涵，也表现出不同的实现形式。

经过 40 年来的改革开放，国有企业实行了所有权与经营权分离，进行股份制改革，企业产权已经多元化，并有大量的私人、外商和其他社会资本进入。相当部分的国有经济已经变为国有控股的混合所有制经济。而农村和城镇集体企业大都已经改为私营企业或股份合作制企业。我国个体经济和投资者为自然人的小的私营企业，与传统意义的企业内涵没有多大区别。但大中型私营企业，已经成为私营有限责任公司和股份有限公司，股权已经多元化，有的甚至有国有、集体参与，与传统私营企业有很大甚至根本的区别，有的在很大程度上已经发展成一种混合所有制经济。中国的外资经济，除外商独资企业外，外商合资与合作企业中的中方合资合作人，或为国有，或为集体，或为私人，或为社会机构，或为多种成分混合，也是一种混合所有制经济。

——深入研究思考民营经济发展面临的主要问题。

随着中国经济发展进入新时代，民营经济也面临前所未有的新环境、新挑

① 《十六大以来重要文献选编》，中央文献出版社 2005 年版，第 20 页。

② 《国务院关于国有企业发展混合所有制经济的意见》（国发〔2015〕54 号）。

③ 《国务院关于国有企业发展混合所有制经济的意见》（国发〔2015〕54 号）。

战和新问题。面对国际经济诸多不确定不稳定因素和国内经济发展进入新时代,促进经济高质量发展,必须加大力度解决民营经济发展中存在的问题,加快落实民营经济发展的政策措施,促进民营经济的更好发展。

一是市场准入限制多,政策不平等。民营企业投资领域越来越多元化,但市场准入限制仍然较多;民营企业在市场准入、资源配置和政府服务等方面难以享受与国企同等待遇;一些行业和领域在准入政策上虽无公开限制,但实际进入条件则限制颇多,主要是对进入资格设置过高门槛。部分法规政策不配套、不协调、落实不到位;政策执行中"玻璃门""弹簧门""旋转门"现象大量存在。

二是融资渠道窄、贷款困难。我国大型国有商业银行体系主要服务于国有企业,大部分民营企业缺乏获得银行贷款所需的正规渠道,整个金融组织缺乏面向民营企业的民营商业化银行,加上信用中介服务体系滞后,国有大型商业银行无法适应民营经济的发展需要。社会上存在大量资金在金融体系内部空转,但信贷资源却难以流向实体企业。劳动力、资金、资源、土地等生产要素价格的不断上涨,提高了企业成本,挤压了企业的利润。融资难融资贵、缴费负担重;民营企业特别是中小企业、小微企业融资渠道狭窄,民营企业资金链紧张。

三是实际税费较重。民营企业投资者除了缴纳企业所得税外,还要在税后利润中缴纳较高的个人收入调节税。许多地方对非公有制企业的收费项目太多,不少企业反映各种名目的收费过多过大。财税政策不平等,财政经济主管部门的思维方式和行为规则没有完全从为国有经济服务转变到为民营经济服务上来,民营经济的发展存在体制上的制约。对民营经济难以从"依权监管"过渡到"依法监管"上来,导致民营投资的关卡多、手续杂、费时长,增大了民营企业发展的交易成本。

四是产权保护不完善,企业、职工权益不时遭受侵犯。改革开放40年来,党和国家不断推进平等保护各类所有制经济产权的法治化进程,我国关于促进民营经济发展的政策法规体系在不断完善。但一些地方仍然存在产权保护力度不够、政府信用缺失、政策执行落实不到位,一些私营企业与部分政府官员权钱交易、相互利用,有的相互联手贱买贱卖国有资产,一些政府官员入股私营企业或参与企业经营从中牟利,"官商勾结""官商一体""冤假错案"时有发生,使一些企业家缺乏安全感和方向感。企业合法权益遭受侵犯的案例日益增多,一些行政执法机构对个体户、小企业滥施罚扣的现象时常发生。同时,一些私营企业无视甚至损害工人的最基本的合法权利,导致劳资关系矛盾日益加大,劳资冲突案件也呈日益上升趋势,也已成为当今社会一个越来越突出的社会矛盾,严重影响社会稳定。

五是起点较低,企业素质亟待提高。相当数量的民营企业创立之初,人员素质普遍不高,具有某些先天不足。企业起点较低,原始积累不足,低水平重复投资较为普遍;投资盲目性较大、追求目标短期化;部分企业缺乏诚信、账目不实、偷漏税款、逃废债务、制假售假、不正当竞争、损害环境等成为市场秩序混乱的一个重要根源。相当部分经营者素质不高,企业缺少管理人才、技术人才、营销人才。尤其是缺少创新人才,企业创新能力不足,企业发展缺乏长期战略和长远眼光。企业法人治理结构不完善,管理制度不健全,家族式管理越来越难以适应市场发展的需要。

六是社会服务体系尚未建立完善。大量非公有制中小企业特别需要的创业辅导、企业诊断、技术支持、员工培训等政府服务和社会服务,或是基本没有,或是尚处于起步阶段。相当部分中小企业深感创业难、经营难、有了问题解决难,处于无助地位。

七是政府管理体制不顺。政府部门对民营经济多头管理、各自为政。在地方,部门、机构之间在民营经济管理上往往是涉及利益时大家都插手,遇到困难时大家都回避,承担责任时大家都推诿。一些政府部门为民营企业办事效率仍然不高;一些干部不作为、不会为、乱作为,少数地方政府失信等,这些都严重影响了民营经济的健康发展。

——鼓励和支持民众焕发创业活力与走共同富裕之路。

民营经济本质上是一种以人为本的民本经济,人民群众是创业的主体,是民营经济发展和中国经济发展的动力。全面建设社会主义现代化经济强国,必须激发全体人民创业活力,坚持走共同富裕之路。

民营经济是以人为本的民本经济。民营经济是一种以民众自我创业为基础,以个体、私营经济发展为主体,以市场竞争为基本出发点,政府鼓励、支持和引导的立足于民,利国富民的经济。其基本特征是民办、民营、民有、民享;其发展的强大原动力是广大民众的内在利益要求和百折不挠的创业精神。这是中国民营经济本质内涵的真实写照,也是改革开放以来中国民营经济发展的一个突出特点。民营经济存在发展的根据或真正合理性,来自民众的独立经济利益,以及由此产生的自主经济活动,是经济社会发展的重要源泉和动力,是经济社会效率不断提高的内在原因。民营经济的充分发展,广大民众正当、清白、千方百计赚钱发财,不断追求更富裕、更文明的生活,充分自由地表现自己的才智和创造力的活动,是中国经济繁荣和现代化建设的最深厚的源泉,赋予了经济社会发展旺盛的生机和活力。从发展经济学来看,民众作为独立的利益主体自主参与经济发展的广泛程度是衡量一个国家现代化进程的尺度之一。可以说,没有民营经济的发展,争取和实现中国现代化的努力就不能成功。中国民营经济是一种社会主义性质的经济,也是中国社会主义市场经济发展的必由之路。

人民群众是创业的主体和发展的动力。人民群众是历史的创造者,人民群众是经济社会发展的基本动力和基本主体。马克思主义唯物史观和以民为本的思想在社会主义经济建设中的主要体现就是民本经济思想。广大劳动人民群众是经济发展的基本动力、基本主体;广大劳动人民群众是经济管理的基本主体、基本动力;必须一切从最广大劳动人民根本利益出发、全心全意为人民服务,把广大劳动人民的共同富裕和自由全面发展作为经济发展的根本目的。发展经济,不仅要转变经济发展思路和方式,而且还要转变经济发展和经济管理理念。这种转变的要点就在于要把过去的"调动"群众积极性,变为让群众能有内在和自发的积极性;把过去的"要群众干"变为"群众自己要干","要群众怎么干"变为"群众自己知道怎么干"。这样就可以把过去的普遍存在的被动的"等、靠、要",变为大家都能主动思考"自己干什么、怎么干",充分尊重人民群众的首创精神和伟大实践。

激发全社会人民创业活力走共同富裕之路。尊重人民群众的首创精神重要的一条,就是要用"勤劳致富"取代"吃大锅饭",形成与社会主义初级阶段基本经济制度相适应的思想观念和创业机制,营造鼓励人们干事业、支持人们干成事业的社会氛围,放手让一切劳动、知识、技术、管理和资本的活力竞相迸发,让一切创造社会财富的源泉充分涌流,以造福于人民。只有鼓励和支持广大民众创业,激发全社会人民的创业活力,才能让人民群众走上致富之路,才能让社会财富充分涌流。"有恒产者有恒心",当广大人民群众通过创业将自己的利益牢牢掌握在自己手中之后,一个社会长久发展的动力机制也就形成了,随之而来的是广大人民群众昂首阔步迈向富裕、民主、文明、和谐的新生活。社会主义是共同富裕,而不是共同贫穷。马克思预测的"重建个人所有制”,应该是在社会主义社会广大民众普遍拥有自己的财产权。这是广大人民群众解放的经济基础,是建立“自由人联合体”的前提条件。只有民有,才能民富;只有民富,才能国富;只有国富,才能国强。实现社会主义的共同富裕,就是要使耕者有其田,工者有其股,劳者有其产,能者有其得,困者有其保,使广大民众都成为有产者。只有一个丰裕的人人有其产的社会,才是真正进步的社会。

为民营经济发展提供良好的经济政治法律社会环境。保障民营经济发展的营商环境建设非常重要。我国民营经济的发展,不但得益于民众的自主创业,而且得益于政府对民营经济的鼓励、支持、引导和服务,与政府提供的良好的经济、政治、法律和社会环境密不可分。

鼓励、支持、引导、服务民营经济。在我国民营经济发展过程中,政府对民营经济的鼓励、支持、引导和服务经历了以下四次大的转变:由排斥市场,打击个体私营经济到认识市场的亲和力,主动保护个体私营经济发展的转变;由简单地认同市场、认同个体私营经济到保护、鼓励、引导和放手发展个体私营经济的转变;由被动审批到主动地提供全方位服务的转变;由仅仅是放开搞活、鼓励发展到合理规划、规范市场的转变。政府通过不断提高和改善服务功能,为民营经济的发展提供产业信息、技术咨询、建立中介机构、规范市场环境,促进民营经济又好又快发展。

为民营经济发展提供良好的经济政治法律社会环境。发展民营经济,重要的是环境问题。党的十八届三中、四中、五中全会推出了一系列扩大非公有制企业市场准入、平等发展的改革举措。主要有:鼓励非公有制企业参与国有企业改革,鼓励发展非公有资本控股的混合所有制企业,各类市场主体可依法平等进入负面清单之外领域,允许更多国有经济和其他所有制经济发展成为混合所有制经济,国有资本投资项目允许非国有资本参股,允许具备条件的民间资本依法发起设立中小型银行等金融机构,允许社会资本通过特许经营等方式参与城市基础设施投资和运营,鼓励社会资本投向农村建设,允许企业和社会组织在农村兴办各类事业,等等。党的十九大报告更是强调,要支持民营企业发展,激发各类市场主体活力;要推进政府切实转变职能,为民营经济的发展创造出一个平等竞争的经济环境,安全、安定的政治环境,公平、公正的法律环境,鼓励广大民众创业的社会环境,以适应社会主义市场经济的发展。

——促进新时代民营经济发展的主要政策措施。

民营经济发展进入到了转型升级的新时代，必须破解制约民营经济发展的重大难题，营造民营经济发展的良好环境，推动各项政策措施落地、落细、落实，让民营企业得到诸多实实在在的政策红利，促进民营经济更大发展，助推中国经济发展开创新局面。

一要充分认识发展民营经济的重要意义。实行公有制为主体、多种所有制经济共同发展的基本经济制度，是中国共产党确立的一项大政方针，是中国特色社会主义制度的重要组成部分，也是完善社会主义市场经济体制的必然要求。坚持社会主义基本经济制度、坚决贯彻"两个毫不动摇"重大方针，既利当前更惠长远，不仅有利于中国当前稳增长、保就业，更是推进结构性改革特别是供给侧结构性改革、促进新经济成长、推动发展升级的重要内容，对于坚定民营企业家一心一意发展企业的信心，促进经济社会平稳健康发展具有十分重大的意义。

二要放宽市场准入实现公平待遇。要全面实施市场准入负面清单制度，清理废除妨碍统一市场和公平竞争的各种规定和做法。深化商事制度改革，打破行政性垄断，防止市场垄断，加快要素价格市场化改革，放宽服务业准入限制，完善市场监管体制。① 要允许非公有资本进入法律法规未禁入的行业和领域，进入垄断行业、公用事业、基础设施、社会事业、金融服务业、国防科技工业等领域。加快清理完善涉及民间投资的法规政策，抓紧建立市场准入负面清单制度，进一步放开民用机场、基础电信运营、油气勘探开发等领域，在基础设施和公用事业等重点领域去除各类显性或隐性门槛，在医疗、养老、教育等民生领域出台有效举措，切实解决民企与国企公平竞争问题。要着力放开市场准入，凡是法律法规未明确禁入的行业和领域都应该鼓励民间资本进入，凡是我国政府已向外资开放或承诺开放的领域都应该向国内民间资本开放。

三要着力解决融资难融资贵问题。着力解决中小企业融资难问题，要健全完善金融体系，为中小企业融资提供可靠、高效、便捷的服务。在中国经济发展重要转折时期，民营经济的融资渠道要拓宽，一些阻碍民营企业融资的制度性障碍要逐步被清除，政府对民营中小企业的财税和信贷的政策扶持力度

① 习近平：《决胜全面建成小康社会　夺取新时代中国特色社会主义伟大胜利——在中国共产党第十九次全国代表大会上的报告》（2017 年 10 月 18 日），人民出版社 2017 年版，第 33—34 页。

要加大，民营企业从金融机构贷款要更加容易。要加大各类银行信贷支持力度，推进多层次资本市场建设，开发适合非公有制中小企业特点的金融产品和服务，建立健全信用担保体系。要加快发展民营银行，完善有关财税支持政策。

四要维护民营企业和职工的合法权益。巩固和完善基本经济制度，保护产权是核心。激发各类市场主体活力的一个重要方面是必须加强产权制度建设，支持民营企业发展，落实保护产权政策，依法甄别纠正社会反映强烈的产权纠纷案件。必须加快完善产权保护制度，依法保护产权的法律制度，依法保护产权。"经济体制改革必须以完善产权制度和要素市场化配置为重点，实现产权有效激励、要素自由流动、价格反应灵活、竞争公平有序、企业优胜劣汰"。① 完善产权保护制度，切实维护民营企业合法权益，必须依法保护保障职工合法权益和基本权利，建立健全社会保障制度。要建立对企业职工最基本的保护制度，保护他们的劳动权、报酬权、人格尊严权，保障其基本的生存权和发展权。要合理解决贫富差距，有效调节收入分配差距。

五要引导企业提高自身素质。民营企业要认真执行国家产业政策及市场准入规定，规范企业经营管理行为。鼓励有条件的企业做强做大，推进专业化协作和产业集群发展。要着力引导民营企业利用产权市场组合民间资本，开展跨地区、跨行业兼并重组，培育一批特色突出、市场竞争力强的大企业集团。要大力开展技术创新和技术改造，向价值链高端提升；推进工业化信息化融合，提升智能制造水平；注重质量品牌建设，提升制造品质和企业竞争力；通过投资项目转移产能和合作，利用技术、管理、产品等优势进军海外，获取更大发展空间和优势。要准确把握经济发展大势，提振发展信心，提升自身综合素质，完善企业经营管理制度，激发和保护优秀企业家精神，发挥企业家才能，营造尊重企业家、尊重纳税人、尊重创新创业者的良好环境，有效激发市场主体活力，增强企业内在活力和创造力，促进经济社会平稳健康发展。

六要发展和完善社会服务体系。要加大对各类社会中介服务机构的支持力度，积极开展创业服务。着力加快公共服务体系建设，支持建立面向民营企

---

① 习近平：《决胜全面建成小康社会　夺取新时代中国特色社会主义伟大胜利——在中国共产党第十九次全国代表大会上的报告》（2017 年 10 月 18 日），人民出版社 2017 年版，第 33 页。

业的共性技术服务平台，积极发展技术市场，为民营企业自主创新提供技术支持和专业化服务。支持开展企业经营者和员工培训。加强科技创新服务，支持企业开拓国内外市场。积极推进企业信用制度建设。

七要构建“亲”“清”新型政商关系，提高政府公信力。构建“亲”“清”新型政商关系，激励广大党政干部勇于担当、积极作为，既帮助民营企业解决发展中遇到的各种困难和问题，又守住底线不以权谋私；激励广大民营企业家做到洁身自好，遵纪守法办企业、光明正大搞经营。要强化责任追究，建立严格的对政府违约和政策不落实的问责机制，提高政府公信力。督促有关地方和部门在规定时间内解决拖欠企业工程款、物资采购款、保证金等问题。进一步清理、精简涉及民间投资管理的行政审批事项和涉企收费，规范中间环节、中介组织行为，坚决砍掉不合理的收费和中介服务环节，有规定的收费也要减少，减轻企业负担，降低企业成本。坚持依法行政，完善事中事后监管，形成公平公正的市场环境。强化服务意识，创新服务手段，努力营造有利于民营经济发展的良好舆论氛围。

四、全面推进新时代党的经济领导思想与实践能力建设

新时代党的经济领导思想是新时代我国社会主义经济建设与发展的政治指引，是习近平新时代中国特色社会主义经济思想最为鲜明的政治特征，是当代中国特色社会主义政治经济学最为本质的思想内容。推进新时代中国特色社会主义政治经济学建设与发展，必须全面推进新时代党的经济领导思想建设，牢固坚持党对经济工作的集中统一领导，牢固坚持以人民为中心的根本发展宗旨，全面加强党领导经济工作的制度化建设，提高党领导经济工作的科学化水平，推进人民共建共享财富创造与分配体系建设，推进党领导经济现代化能力建设，全面建设社会主义现代化经济强国。

（一）新时代社会主义经济建设的政治指引

坚持党对经济工作的集中统一领导，首先要牢固坚持以人民为中心的发展思想，全面加强党领导经济工作的制度化建设，不断提高党领导经济工作的科学化水平。习近平指出：发展是党执政兴国的第一要务，作为执政党，我们

必须切实加强党对经济工作的领导，扎扎实实做好经济工作。履行党领导经济工作的职能，议大事、抓大事。各级党委要加强对本地区经济工作的领导，把握客观规律，结合地方实际，把中央决策部署落到实处。

——牢固坚持党对经济工作的集中统一领导。

中国特色社会主义最本质的特征是坚持中国共产党领导。坚持党的领导，发挥党总揽全局、协调各方的领导核心作用，是中国特色社会主义最根本的经济政治思想原则，也是我国社会主义市场经济体制的一个重要特征。改革开放以来，我国经济社会发展之所以能够取得世所罕见的伟大成就，我国人民生活水平之所以能够大幅度提升，都同我们坚定不移坚持党的领导、充分发挥各级党组织和全体党员作用是分不开的。在我国，党的坚强有力领导是政府发挥作用的根本保证。

经过长期努力，中国特色社会主义进入了新时代，这是我国发展新的历史方位。坚持党对一切工作的领导，特别是对经济工作集中统一领导，是中国特色社会主义最根本的经济政治思想原则。习近平指出：党政军民学，东西南北中，党是领导一切的。必须增强政治意识、大局意识、核心意识、看齐意识，自觉维护党中央权威和集中统一领导，自觉在思想上政治上行动上同党中央保持高度一致，完善坚持党的领导的体制机制，坚持稳中求进工作总基调，统筹推进"五位一体"总体布局，协调推进"四个全面"战略布局，提高党把方向、谋大局、定政策、促改革的能力和定力，确保党始终总揽全局、协调各方。

在全面深化改革过程中，我们要坚持和发展我们的政治优势，以我们的政治优势来引领和推进改革，调动各方面积极性，推动社会主义市场经济体制不断完善、社会主义市场经济更好发展。各级领导干部要继续深化对共产党执政规律、社会主义建设规律、人类社会发展规律的认识，特别是要主动研究社会主义初级阶段社会生产力发展规律、生产关系适应生产力发展的规律，提高解放和发展社会生产力的自觉性、主动性。

加强党对经济工作的领导，全面提高党领导经济工作水平，是坚持民主集中制的必然要求，也是我们政治制度的优势。党是总揽全局、协调各方的，经济工作是中心工作，党的领导当然要在中心工作中得到充分体现，抓住了中心工作这个牛鼻子，其他工作就可以更好展开。加强党对经济工作的领导，有利于集思广益、凝聚共识，有利于调动各方、形成合力。习近平指出，我们加大中央政治局、中央政治局常委会和中央财经领导小组研究经济形势、决定重大事项的议程,中央政治局同志深入实际调查研究、深入思考重大经济政策。党中央领导经济工作制度日益完善,为推动各方面共同做好经济工作提供了重要保证。①

充分发挥党在经济社会发展中的领导核心作用。习近平指出,能不能驾驭好世界第二大经济体,能不能保持经济社会持续健康发展,从根本上讲取决于党在经济社会发展中的领导核心作用发挥得好不好。我们要从全局和战略高度,着眼于最广大人民根本利益,牢牢把握发展方向,及时提出政策措施,不断把发展向前推进。要加强党委领导经济社会发展工作的制度化建设,完善党委研究经济社会发展战略、定期分析经济形势、研究重大方针政策的工作机制,推动党领导经济社会发展制度化、规范化、程序化。各级党委要加强对本地区经济社会发展工作的领导,强化重大事项的决策权、监督权,确保党中央决策部署落到实处。

始终坚持党对经济工作的集中统一领导,首先要全面提高党领导经济工作的科学化水平。全面提高党领导经济工作的科学化水平,这是党领导经济工作、遵循经济规律的总要求和总方略。只有全面提高党领导经济工作的科学化水平,才能更好地真正地坚持党对经济工作的集中统一领导。为此,必须学好用好政治经济学,自觉认识和更好遵循经济发展规律,不断提高推进改革开放、领导经济社会发展、提高经济社会发展质量和效益的能力和水平。其次要加强党领导经济工作制度化建设。做好经济工作是我们党治国理政的重大任务,要坚持宏观和微观、国内和国外、战略和战术紧密结合,坚持问题导向,及时研究重大战略问题,及早部署关系全局、事关长远的问题,对经济社会发展进行指导,把谋划大事和制定具体政策紧密结合起来,加强责任分工,一锤一锤钉钉子,直到产生实际效果。最后要全面推进现代化经济体系建设。大力发展实体经济,筑牢现代化经济体系的坚实基础;加快实施创新驱动发展战略,强化现代化经济体系的战略支撑;积极推动城乡区域协调发展,优化现代化经济体系的空间布局;着力发展开放型经济,提高现代化经济体系的国际竞争力;深化经济体制改革,完善现代化经济体系的制度保障。②

---

① 习近平:《在中央经济工作会议上的讲话》(2013 年 12 月 10 日),中共中央文献研究室编:《习近平关于社会主义经济建设论述摘编》,中央文献出版社 2017 年版,第 318 页。

② 参见《习近平在中共中央政治局第三次集体学习时强调 深刻认识建设现代化经济体系重要性 推动我国经济发展焕发新活力迈上新台阶》,《人民日报》2018 年 2 月 1 日。

——牢固坚持以人民为中心的根本发展宗旨。

人民是天，祖国是地。人民，只有人民，才是历史发展的动力，才是国家现代化的根本。在当代中国，人民是最大的政治，是中国共产党、马克思主义、中国特色社会主义的活的灵魂。走向本世纪中叶实现中华民族伟大复兴，最终实现中华民族从站起来、到富起来、再到强起来，关键在于切实坚持人民至上的治国宗旨、情怀和立场，全面构建以人民为中心的现代化治理体系，全面提高国家治理现代化的公平效率可持续性，全面推进以人民为中心的共建共享和共同富裕。

在当代世界政治文明的语境中，国家治理就是人民治理，国家治理的现代化就是人民治理的现代化，就是人民共建共享共同富裕的现代化。国家治理的主体是人民，国家治理的根基也是人民。人民性是检验一切国家治理文明活动的根本标准，人民情怀是确保国家治理人民性的根本情感。推进国家治理体系现代化，必须牢固坚持人民主体、人民至上的根本原则，构建以人民为中心的现代化治理体系。

人民是最大的政治。人民是马克思主义的根本，是中国共产党的根基，是中国特色社会主义的主体，是国家善治、民族复兴的基石。马克思主义是为人类更加美好而文明发展的主义；中国共产党是为中国人民更加美好而文明发展的政党；中国特色社会主义事业是亿万中国人民为了更加美好而文明发展的事业。始终坚持以人民为中心，就是始终坚持社会主义现代化建设的人民主体论、人民创造论和人民共建共享论。

强调人民是最大的政治，就是强调人民主体、人民当家作主、国家一切权力属于人民，就是强调所有国家公共事务与活动都要以人民为中心，都必须具有广泛的人民性。这是《中国共产党章程》《中华人民共和国宪法》的大根大本，是当代中国所有国家事务与活动都必须具有的人民规定性，也是一切国家制度与治理体系具有合法性的唯一价值源泉。人民，只有人民，才是国家的主人，才是文明发展的根本。中国治理体系和治理能力现代化，就是体现人民根本利益、代表广泛民意的人民当家作主，就是人民参与、遵循和维护的法治国家建设。离开以人民为中心这个最大的政治，既没有什么马克思主义，也没有什么中国特色社会主义，更没有什么中国共产党领导的社会主义现代化。

人民性是最根本的政治性。人民性是马克思主义的本质属性，也是中国特色社会主义的根本要义，还是中国改革、发展、创新、建设的活的灵魂。人民性是检验真假马克思主义的根本标准,其实现程度也是检验马克思主义中国化的根本标准。人民性也是检验中国共产党治国理政、执政兴邦的根本标准,其实现程度同样也是检验中国共产党治国理政、执政兴邦能力高低、水平高低的根本标准。人民性还是检验中国特色社会主义事业发展的根本标准,其实现程度同样还是检验中国特色社会主义事业发展进程、质量效益的根本标准。

坚持和提升马克思主义、中国共产党、中国特色社会主义事业的人民根本性,就必须始终坚持"一切为了人民,一切依靠人民,一切服务人民,一切由人民来评判"的根本政治观、发展观和治国观。中华民族伟大复兴,中国特色社会主义,是亿万中国人民自己的事业。崇尚和坚守人民主体、人民至上、人民利益,是推进国家治理体系和治理能力现代化的根本政治宗旨。我们的责任,就是不忘初心,为中国人民谋幸福,为中华民族谋复兴,为人类社会谋发展。

人民情怀是最神圣的政治情怀。古今中外,一切作出历史贡献的英雄人物,一切具有雄才大略的政治领袖,一切能够干净担当的文官武将,都是有着无比深厚的人民情怀的人,都是忧人民之所忧、乐人民之所乐的人。"衙斋卧听萧萧竹,疑是民间疾苦声。些小吾曹州县吏,一枝一叶总关情。"走向本世纪中叶中华民族伟大复兴,构建以人民为中心的现代化治理体系,首先要有深厚的人民情怀、牢固的人民立场、与人民同甘共苦的政治品性。

人民情怀是习近平总书记最赤诚的治国情怀。习近平指出,我们的人民热爱生活,期盼有更好的教育、更稳定的工作、更满意的收入、更可靠的社会保障、更高水平的医疗卫生服务、更舒适的居住条件、更优美的环境、更丰富的精神文化生活,期盼孩子们能成长得更好、工作得更好、生活得更好。人民对美好生活的向往,就是我们的奋斗目标。习近平强调,要按照人人参与、人人尽力、人人享有的要求,从解决人民最关心最直接最现实的利益问题入手,提高公共服务共建能力和共享水平。

人民宗旨是最根本的执政宗旨。毛泽东强调:"共产党人的一切言论行动,必须以合乎最广大人民群众的最大利益,为最广大人民群众所拥护为最高标准。"①一切空话都是无用的,必须给人民以看得见的物质福利。共产党是为民族、为人民谋利益的政党,它本身决无私利可图。它应该受人民的监督,

① 《毛泽东选集》第三卷,人民出版社 1991 年版,第 1096 页。

而决不应该违背人民的意旨。它的党员应该站在民众之中,而决不应该站在民众之上。全心全意地为人民服务,一刻也不脱离群众;一切从人民的利益出发,而不是从个人或小集团的利益出发;向人民负责和向党的领导机关负责的一致性——这些就是我们的出发点。

全面构建以人民为中心的现代化治理体系,根本在于全面坚持人民主体、人民至上、人民共建共享的执政宗旨,全面践行"一切为了人民,一切依靠人民,一切服务于人民、一切由人民来评判"的治国理念。坚持以人民为中心的执政宗旨,就是坚持国家建设改革发展的人民共建共享性——以更高程度和更大范围的人民共建、人民共享为根本宗旨,构建更加民主法治的现代政治文明治理体系、更加共建共享的现代经济文明治理体系、更加公平正义的现代社会文明治理体系、更加先进优秀的现代文化文明治理体系、更加绿色发展的现代生态文明治理体系、更加坚强有效的现代执政文明治理体系。

人民共建共享共同富裕是社会主义经济建设与发展的根本宗旨。离开更高程度和更大范围的人民共建共享,就没有什么现代的国家治理和文明治理,更没有什么文明的中国治理和人民治理。正如毛泽东所言:为什么人的问题,是一个根本的问题,原则的问题。人民,只有人民,才是创造世界历史的动力。[①] 共产党的路线,就是人民的路线。我们现在不是有许多困难吗? 不依靠群众,不发动群众和干部的积极性,就不可能克服困难。依靠民众则一切困难能够克服,任何强敌能够战胜,离开民众则将一事无成。

——全面加强党领导经济工作的制度化建设。

制度建设是具有根本性、全局性、长远性的建设。全面加强党领导经济工作的制度化建设,对于全面建设社会主义现代化经济强国具有重大现实意义。习近平指出:我们党是执政党,抓好经济工作责无旁贷、义不容辞。党的十八大以来,我们加强了中央财经领导小组工作机制,完善制度,充实力量,突出重点,注重落实,在中央政治局常委会领导下开展工作,党领导经济工作取得明显成效。党中央形成了每季度分析研究经济形势的制度,同时定期研究部署重大战略问题,两年来先后专题研究了财税体制改革、城镇化发展、粮食安全、水安全、能源安全、创新驱动发展战略、"一带一路"等一系列重大问题,对推动经济发展起到重要指导作用。各地区党委要不断提高领导经济工作能力和

① 《毛泽东选集》第三卷,人民出版社 1991 年版,第 857、1031 页。

水平,加强对地方重大经济问题的研究,提高科学决策、科学管理水平。①

加强党领导经济工作的制度化建设,要创新党领导经济社会发展的观念、体制和方式方法。提高党把握方向、谋划全局、提出战略、制定政策、推进改革的能力,为发展航船定好向、掌好舵。能不能保持经济社会持续健康发展,从根本上讲取决于党在经济社会发展中的领导核心作用发挥得好不好。要加强党委领导经济社会发展工作的制度化建设,完善党委研究经济社会发展战略、定期分析经济形势、研究重大方针政策的工作机制,推动党领导经济社会发展制度化、规范化、程序化。各级党委要加强对本地区经济社会发展工作的领导,强化重大事项的决策权、监督权,确保党中央决策部署落到实处。

加强党领导经济工作的制度化建设,要提高党领导经济工作法治化水平。社会主义市场经济本质上是法治经济,经济秩序混乱多源于有法不依、违法不究,因此必须坚持法治思维、增强法治观念,依法调控和治理经济。法治经济的本质要求就是把握规律、尊重规律。各级领导干部要提高透过现象看本质的本领,深入把握经济规律、社会规律、自然规律,使对经济工作的领导更加自觉、更加有效。一些地方和部门还习惯于仅靠行政命令等方式来管理经济,习惯于用超越法律法规的手段和政策来抓企业、上项目推动发展,习惯于采取陈旧的计划手段、强制手段完成收入任务,这些办法必须加以改变。领导干部尤其要带头依法办事,自觉运用法治思维和法治方式来深化改革、推动发展、化解矛盾、维护稳定。

加强党领导经济工作的制度化建设,要改进党领导经济工作的工作作风。空谈误国,实干兴邦。各级领导干部要牢记在心,办实事、求实效,把经济工作抓实抓好。要坚持好干部标准,把干事创业、勇于改革、敢于担当、作风扎实的干部提拔使用起来,形成能者上、庸者下、劣者汰的用人导向和从政环境。做好工作方案,一是情况要摸清,搞清楚现状是什么,深入调查研究,搞好基础数据测算,善于解剖麻雀,把实际情况摸准摸透,胸中有数,有的放矢。二是目的要明确,搞清楚方向和目的是什么,把握好手段,防止就事论事甚至本末倒置。三是任务要具体,搞清楚到底要干什么,确定的任务要具体化、可操作。四是责任要落实,搞清楚谁来干,做到可督促、可检查、能问责。五是措施要有力,

① 习近平:《在中央经济工作会议上的讲话》(2014 年 12 月 9 日),中共中央文献研究室编:《习近平关于社会主义经济建设论述摘编》,中央文献出版社 2017 年版,第 321—322 页。

搞清楚怎么办，用什么政策措施来办，政策措施要符合实际、有效有用、有操作性，让地方和相关部门知道怎么干。

加强党领导经济工作的制度化建设，要坚持稳中求进工作总基调。稳中求进工作总基调是我们治国理政的重要原则，也是做好经济工作的方法论。坚持稳中求进工作总基调，“稳”的重点要放在稳住经济运行上，确保增长、就业、物价不出现大的波动，确保金融不出现区域性系统性风险。“进”的重点要放在调整经济结构和深化改革开放上，确保转变经济发展方式和创新驱动发展取得新成效。“稳”和“进”要相互促进，经济社会平稳，才能为调整经济结构和深化改革开放创造稳定宏观环境；调整经济结构和深化改革开放取得实质性进展，才能为经济社会平稳运行创造良好预期。

全面提高党领导经济工作水平，履行党领导经济工作的职能，议大事、抓大事。发展是党执政兴国的第一要务，作为执政党，我们必须切实加强党对经济工作的领导，扎扎实实做好经济工作。中央政治局、中央政治局常委会要经常审议关系经济社会发展全局的重大问题。中央财经领导小组要在中央政治局、中央政治局常委会领导下，研究确定经济社会发展和改革开放的重要方针和政策，研究提出处理重大财经问题、重大生产力布局、重大建设项目的原则和措施。各级党委要加强对本地区经济工作的领导，把握客观规律，结合地方实际，把中央决策部署落到实处。要适应国内外经济形势新变化，突出主题主线，改变那种单纯抓引资、抓投资、抓项目、抓生产的做法，把领导经济工作的立足点转到提高发展质量和效益、加快形成新的经济发展方式上来。①

——遵循经济发展规律坚持实事求是思想路线。

遵循经济发展规律，坚持实事求是思想路线，这是确保党对经济工作科学化领导的根本要求。要善于把握大众心理特点、理解市场心态，有针对性做好舆论引导工作。经济工作有自身不可违背的客观规律，舆论引导不能说空话、说假话、说外行话，否则会适得其反，必须坚持实事求是，是成绩就是成绩，是问题就是问题，承认问题并分析清楚、提出解决思路是市场利好，遮遮掩掩反而欲盖弥彰。要把握新媒体传播特点，主动用好新媒体，为改革发展稳定营造良好舆论氛围。

---

①　中共中央文献研究室编：《习近平关于社会主义经济建设论述摘编》，中央文献出版社2017年版，第315页。

习近平指出，现在，经济形势变化很快，我们不熟悉、不知道的事情很多，要做好工作，就要深入调研、加强分析、加强学习、提高本领。各级领导干部特别是高级干部要深入一线，及时了解新情况新问题，虚心听取企业家、基层干部、普通群众意见和建议，使制定的政策更加符合实际、符合群众意愿。要善于解剖麻雀，注重发现好的典型，对的就坚决干、尽快干，错的就坚决改、尽快改。要自觉补充知识，增强分析问题、解决问题能力，不断提高经济工作领导能力和水平。① 当前，金融风险易发高发，虽然系统性风险总体可控，但不良资产风险、流动性风险、债券违约风险、影子银行风险、外部冲击风险、房地产泡沫风险、政府债务风险、互联网金融风险等正在累积，金融市场上也乱象丛生。金融风险有的是长期潜伏的病灶，隐藏得很深，但可能爆发在一瞬之间。美国次贷危机爆发就是一夜之间的事情。如果我们将来出大问题，很可能就会在这个领域出问题，这一点要高度警惕。

做好领导科学发展的能力提升制度建设。善于做经济工作，是领导干部能力十分紧要的方面。面对前所未有的复杂形势和艰巨繁重的任务，我们必须拥有更多政策水平高、专业能力强、实践经验多、善于做经济工作的领导人才。各级领导干部特别是高级干部要围绕经济社会发展重大问题加强学习和调研，提高把握和运用市场经济规律、自然规律、社会发展规律能力，提高科学决策、民主决策能力，增强全球思维、战略思维能力，做到厚积薄发。各级党委领导同志要通过学习、实践等方式尽快进入角色，成为领导经济工作的行家里手。各级党委及组织部门要从选拔、任用、考核、培训等多方面入手，在各级班子中配备懂经济特别是具备领导科学发展能力的干部。对干部领导科学发展的素质和能力，要提出明确指标和刚性约束，尽快健全有利于科学发展的目标体系、考核办法、奖惩机制。

坚持高质量高效益的经济建设发展方针。高质量高效益发展是解决当代中国所有问题的关键。全面建设社会主义现代化经济强国，目前我国正处于从高速增长阶段向高质量发展阶段转变过程中，正处在转变发展方式、优化经济结构、转换增长动力的攻关期，必须坚持质量第一、效益优先的现代化经济建设发展方针，以供给侧结构性改革为主线，推动经济发展质量变

---

① 习近平：《在中央经济工作会议上的讲话》（2016 年 12 月 14 日），中共中央文献研究室编：《习近平关于社会主义经济建设论述摘编》，中央文献出版社 2017 年版，第 333 页。

革、效率变革、动力变革，提高全要素生产率，着力加快建设实体经济、科技创新、现代金融、人力资源协同发展的产业体系，着力构建市场机制有效、微观主体有活力、宏观调控有度的经济体制，不断增强我国经济体系的创新力和竞争力。

坚持底线思维，维护大局稳定。习近平指出，我国正处于跨越“中等收入陷阱”并向高收入国家迈进的历史阶段，矛盾和风险比从低收入国家迈向中等收入国家时更多更复杂。所以，凡事要从坏处准备，努力争取最好结果，做到有备无患。我们注重处理好经济社会发展各类问题，既防范增长速度滑出底线，又理性对待高速增长转向中高速增长的新常态；既强调改善民生工作，又实事求是调整一些过度承诺；既高度关注产能过剩、地方债务、房地产市场、影子银行、群体性事件等风险点，又采取有效措施化解区域性和系统性金融风险，防范局部性问题演变为全局性风险。①

处理好领导干部与企业家的政商关系。处理好领导干部与企业家的政商关系，特别是与民营企业家的政商关系，对于加强党对经济工作的集中统一科学化领导具有重大政治意义。各级领导干部要建立“亲”“清”文明的政商关系，依法从政、廉洁从政，全心全意为人民服务，包括为企业家服务。习近平指出，我们要求领导干部同民营企业家打交道要守住底线、把好分寸，交往应该为君子之交，要亲商、安商、富商，但不能搞成封建官僚和“红顶商人”之间的那种关系，也不能搞成西方国家大财团和政界之间的那种关系，更不能搞成吃吃喝喝、酒肉朋友的那种关系。为此，首先要坚持好干部标准，把干事创业、勇于改革、敢于担当、作风扎实的干部提拔使用起来，形成能者上、庸者下、劣者汰的用人导向和从政环境。

（二）全面提高新时代党领导经济工作的科学化水平

党领导经济工作的科学化水平，决定着党领导经济工作的全局成败，是党对经济工作集中统一领导的基础与前提。各级党委和政府要全面增强党领导经济工作的专业化能力，不断提高领导干部认识经济规律的科学化水平，努力推进社会主义现代化经济强国建设，创建新时代中国特色社会主义政治经济

---

①　习近平：《在中央经济工作会议上的讲话》（2013 年 12 月 10 日），中共中央文献研究室编：《习近平关于社会主义经济建设论述摘编》，中央文献出版社 2017 年版，第 318—319 页。

学,不断提高推进改革开放、领导经济社会发展、提高经济社会发展质量和效益的能力水平。

——全面增强党领导经济工作的专业化能力。

加强党对经济工作的科学化领导,是坚持党对经济工作集中统一领导的基础和前提,是党的经济领导地位和领导能力的活的灵魂。没有党对经济工作的科学化领导,就没有什么真正意义上的党对经济工作的集中统一领导,也不可能实现什么真正有价值的党的经济领导。各级党委要不断提高领导经济工作的能力和水平,加强对本地方本单位重大经济问题的科学研究,提高领导经济现代化建设的科学决策与科学管理水平。

增强党领导经济工作的科学化水平。习近平指出,做好经济工作必须加强和改善党对经济工作的领导,不断增强党领导经济工作的科学化水平。深刻认识我国经济发展阶段的基本特征和工作要求,保持宏观经济政策连续性和稳定性,创新宏观调控思路和方式,重点做好稳定经济增长、促进就业扩大、优化经济结构、化解产能过剩、防控债务风险、抑制资产泡沫、治理环境污染等方面工作,有针对性地解决突出矛盾和问题。

现在我国发展领域不断拓宽、分工日趋复杂、形态更加高级、国际国内联动更加紧密,对党领导发展的能力和水平提出了更高要求。无论是分析形势还是作出决策,无论是破解发展难题还是解决涉及群众利益的问题,都需要专业思维、专业素养、专业方法。那种习惯于拍脑袋决策、靠行政命令或超越法律法规制定特殊政策的做法,已经很难适应新形势新任务的需要。要更加注重对国内外经济形势的分析和预判,完善决策机制,注重发挥智库和专业研究机构作用,提高科学决策能力,确保制定的重大战略、出台的重要政策措施符合客观规律。

增强党领导经济工作的专业化能力。习近平指出,我国经济发展到今天这样的水平,做好经济领导工作,必须有专业化能力支撑。我们的干部队伍有学历、有书本知识的人不少,但也有相当一部分同志管用的专业知识和素养很不扎实,实际工作岗位历练少,对实际问题钻研不深,难以适应不断变化的新形势新任务。领导干部要胜任工作,不说外行话、不干外行事,必须下大气力完善知识结构、增长实践才干,缺什么补什么,既要多学一些政治、经济、社会方面的知识,也要多学一点国际、战略、心理等方面的知识;要培养科学钻研精神,既要钻研宏观,又要熟悉微观。要坚持理论培训和实践历练并举,培养选拔一大批政治上强、懂经济、会管理的领导干部充实各级领导班子。①

全面提高领导干部领导经济工作专业化水平，要加快培养选拔政治强、业务精、敢作为、作风正的领导干部，充实各级领导班子，让领导干部和领导班子真正担当起引领新常态的重任。习近平指出，我一直强调领导干部要成为经济社会管理的行家里手，是有针对性的。在市场、产业、科学技术特别是互联网技术快速发展的情况下，领导干部必须有较高的经济专业水平。资本投入、安全生产、股市调控、互联网金融管控等都是高风险、高技能的，如果判断失误、选择不慎、管控不力，就会发生问题甚至大问题，严重的会影响社会稳定。一段时间以来，在安全生产、股票市场、互联网金融等方面连续发生的重大事件，一再给我们敲响了警钟。

习近平强调，现在，经济社会管理难度很大，各种复杂因素很多，出现一些失误是难免的，但学费不能白付，要吃一堑长一智，举一反三，避免同一种失误一犯再犯。对各种项目、投资、金融活动，要深入研判、评估风险，不能见钱眼开，有奶就是娘。简政放权、先照后证不是不要管理了，该管的还要管，上级部门放的权，下级要接住，不能出现真空地带，这也是守土有责。各级领导干部要自觉加强学习，增强领导能力，提高管理水平，不断增强作决策、做工作、抓管控的原则性、系统性、预见性、创造性。②

努力解决领导干部中为官不为问题。习近平指出，一些干部"为官不为"已成了一个突出问题，各级党委就要不等不拖、辨证施策，争取尽快扭转。要加强对干部的教育培训，针对干部的知识空白、经验盲区、能力弱项，开展精准化的理论培训、政策培训、科技培训、管理培训、法规培训，突出针对性和实效性，从而增加兴奋点、消除困惑点，增强工作责任感和使命感，增强适应新形势新任务的信心和能力。要构建良好的工作与创业环境，把严格管理干部和热情关心干部结合起来，既要求干部自觉履行组织赋予的各项职责，严格按照党的原则、纪律、规矩办事，不滥用权力、违纪违法，又对干部政治上激励、工作上支持、待遇上保障、心理上关怀，让广大干部安心、安身、安业，推动广大干部心情舒畅、充满信心，积极作为、敢于担当。

---

① 习近平：《在中央经济工作会议上的讲话》（2014 年 12 月 9 日），中共中央文献研究室编：《习近平关于社会主义经济建设论述摘编》，中央文献出版社 2017 年版，第 323 页。

② 习近平：《在省部级主要领导干部学习贯彻党的十八届五中全会精神专题研讨班上的讲话》（2016 年 1 月 18 日），人民出版社 2016 年版，第 36—37 页。

特别是要把干部在推进改革中因缺乏经验、先行先试出现的失误和错误，同明知故犯的违纪违法行为区分开来；把上级尚无明确限制的探索性试验中的失误和错误，同上级明令禁止后依然我行我素的违纪违法行为区分开来；把为推动发展的无意过失，同为谋取私利的违纪违法行为区分开来，保护那些作风正派又敢作敢为、锐意进取的干部，最大限度调动广大干部的积极性、主动性、创造性，激励他们更好带领群众干事创业，确保如期全面建成小康社会，不断开创社会主义现代化建设新局面。①

习近平强调，要更加自觉地运用法治思维和法治方式来深化改革、推动发展、化解矛盾、维护稳定，依法治理经济，依法协调和处理各种利益问题，避免埋钉子、留尾巴。要发挥政治优势，加强思想政治工作，创新群众工作体制机制和方式方法，及时了解群众利益诉求，及时解决群众思想认识问题和现实利益问题。各级领导干部要加强学习，加强调研思考，加强实践历练，增强把握和运用市场经济规律、社会发展规律、自然规律的能力，努力成为领导经济社会发展的行家里手。②

——不断提高领导干部认识经济规律的理论思维能力。

经济是人类物质生产和再生产活动。在传统的词汇中，经济是指经世济民、家资理财活动。在现代经济学语义中，经济则是指通过货币来交换、计量与核算的商品生产（服务）经营活动。从国民经济的活动流程来看，经济活动包括生产、交换、分配、使用四个环节。生产是起点，分配是关键；交换是有效生产的条件，使用（消费和投资）是全部经济活动的最终目的。人类经济活动说到底是物质财富的生产创造和分配享用，即谁去生产和如何生产、谁来分配和如何分配这两大根本性议题。从国民经济的构成部门来看，经济部门由居民、企业、政府、国外四大经济部门构成，不同经济部门之间进行生产交换分配使用，形成人类社会生生不息、纷繁复杂的经济实践图景。

经济学是研究人类经济行为与活动规律的科学。经济科学可以分为众多

---

① 习近平：《在省部级主要领导干部学习贯彻党的十八届五中全会精神专题研讨班上的讲话》（2016 年 1 月 18 日），中共中央文献研究室编：《习近平关于社会主义经济建设论述摘编》，中央文献出版社 2017 年版，第 330 页。

② 习近平：《以新的发展理念引领发展，夺取全面建成小康社会决胜阶段的伟大胜利》（2015 年 10 月 29 日），中共中央文献研究室编：《习近平关于社会主义经济建设论述摘编》，中央文献出版社 2017 年版，第 326 页。

课程的微观经济学和众多课程的宏观经济学。微观经济学的基础是会计学，宏观经济学研究的基础是统计学，离开会计学和统计学就没有什么经济科学。其他诸如理论经济学、应用经济学、数理经济学、政治经济学、社会经济学等，均依赖于会计学和统计学所支撑的经济学思维。现代经济学已经和数学、统计学、会计学、逻辑学、计算机科学等高度融合，成为人们分析经济现象、研究经济规律、解决经济问题的重要思维工具，并广泛应用到其他政治、社会、文化活动以及个人事务管理分析研究中。①

在经济学原理研究中，经济利益关系问题是最根本的经济研究议题。经济利益是贯穿经济现象、经济活动、经济决策始终的一条红线，是人类社会物质生产和再生产活动及其生产关系、分配关系、社会关系、政治关系的一条主线。人类在物质生产和分配过程中所结成的经济利益关系，是最根本的社会关系、政治关系、阶层关系、法律关系、国家关系。人世间凡是和经济相关的事务与活动，往往最具有利益同盟、利益博弈、利益矛盾、利益冲突的特性。研究经济规律和经济原理，要紧紧抓住利益关系这条主线，坚持经济政治学和政治经济学双管齐下的研究路径。

现代经济的持续发展变化是各种内生性因素和外部性变量共同作用的结果。内生性因素主要包括劳动力、土地、资本、技术等；外部性变量主要包括市场供求、竞争强度、制度环境、文化传统等。从宏观的历史的视野来看，决定现代经济持续发展的三大条件，一是科技创新，二是教育现代化，三是制度激励。也就是说，凝聚在生产力和生产关系中的技术与制度的力量，是决定现代经济持续发展的最根本性因素。诺思指出："制度和技术在社会中具有更基础性的作用，它们是决定长期经济绩效的根本因素。"②所谓经济现代化，说到底是驱动经济增长的科学技术现代化，以及保障这种驱动力量的制度激励环境。现代经济迅猛发展的实践表明，科技创新是经济发展的动力源泉；教育现代化是推动科技创新的基础工程；制度激励是确保科技创新和教育现代化的前提保障。

不断提高认识经济规律的理论思维能力，首先要充分认识科技创新的决定性作用。科技创新是人类经济持续发展的唯一的动力源泉。现代经济发展

---

① 参阅[美]曼昆：《经济学原理》，梁小民、梁砾译，北京大学出版社2015年版。

② [美]道格拉斯·C.诺思：《制度、制度变迁与经济绩效》，格致出版社、上海人民出版社2008年版，第147页。

更是基于科学技术创新即新生产工具、新生产方式的革命性和创新性运用。没有科技创新所带来的新的生产工具和生产方式的强力推动，任何国家包括发达国家的经济都不可能实现持续的增长。短期性的经济增长主要是技术既定条件下的劳动力、土地、资本以及财税、金融、贸易政策等问题，而长期性的经济持续增长必须是科技创新所驱动的重大生产工具和生产方式的革命性变革。科学技术是第一生产力，在微观的层面就是指新生产工具和新生产方式的发明运用，在宏观的层面则是指人类智力资源的开发和应用。人类智力资源开发和使用的规模与质量，决定着人类经济持续发展的动能水平。①

不断提高认识经济规律的理论思维能力，更要充分认识教育现代化的基础性地位。人类智力资源的开发和使用的基础工程是国民的教育活动。教育现代化是科技创新的基础工程，是人类社会一切发展与文明创造的根基。人类经济社会的持续发展，说到底是教育的发展；人类经济社会的现代化，根基在于教育自身的现代化。知识改变命运，教育创造未来。教育现代化最终决定着人类经济社会的现代化。只要教育在发展，人类就有希望和未来。人世间一切活动与问题，归根结底是人本身的问题，是人的智力创造与精神文明问题。没有国民教育的强大支撑，没有全体国民智力精神资源的开发和使用，任何社会包括发达的社会都不可能持续地向前发展。

不断提高认识经济规律的理论思维能力，要更加充分认识制度激励的前提性保障。制度激励是人类经济社会持续健康发展的前提性保障，也是科技创新、国民教育现代化的前提性保障。制度激励水平和制度文明状况决定着整个人类社会的文明发展水平。所谓制度激励，在收入分配上，就是多劳者多得；在权力配置上，就是德才兼备者掌权。多劳者是否多得、德才兼备者是否掌权，是衡量制度文明与否及其激励程度大小的根本问题。让财富流向劳动者和创业者，社会就会形成崇尚劳动与创造的风气，社会财富就会充分涌流。让权力走向有才有德者，社会就会形成政治清明与干净担当的环境，社会创造就会越来越好。没有现代而文明的制度激励的强力保障，任何国家包括发达国家都不可能得到持续健康协调发展。

当今时代，市场化、信息化、全球化潮流浩浩荡荡，所谓发达国家、发展中国家，富裕国家、贫穷国家，工业化国家、非工业化国家，说到底是科技创新、教

① 参阅王鸿生：《科学技术史》，中国人民大学出版社 2011 年版。

育现代化和制度激励这三方面的根本区别。这就是人类经济社会现代化发展最根本的认知规律，各级领导干部对此要有足够的战略意识。走向本世纪中叶中华民族伟大复兴，全面建设社会主义现代化经济强国，经济建设最根本性的规律性认知和能力性要求，就是如何高质量高效益地组织动员全体国民的智力资源力量，来有效推进我国的科技创新、教育现代化、制度激励的现代化发展进程。

——不断提高领导干部政治经济学的科学研究水平。

马克思主义政治经济学是社会主义经济建设的基础理论。中国特色社会主义政治经济学，是马克思主义政治经济学的中国化发展，是关于中国特色社会主义经济建设与发展的思想理论体系，是中国特色社会主义市场经济发展规律的理论概括，是改革开放以来我国社会主义经济建设与发展的经验总结。习近平指出，在风云变幻的世界经济大潮中，能不能驾驭好我国经济这艘大船，是对我们党的重大考验。面对极其复杂的国内外经济形势，面对纷繁多样的经济现象，努力构建中国特色社会主义政治经济学，有利于我们更好学习马克思主义政治经济学基本原理和方法论，有利于我们掌握科学的经济分析方法，认识经济运动过程，把握社会经济发展规律，提高驾驭社会主义市场经济能力，更好回答我国经济发展的理论和实践问题。

深入学习研究中国特色社会主义政治经济学，对领导干部搞好经济工作具有重大的现实指导意义。习近平强调，我们用几十年的时间走完了发达国家几百年走过的发展历程，我国经济发展进程波澜壮阔、成就举世瞩目，蕴藏着理论创造的巨大动力、活力、潜力。当前，世界经济和我国经济都面临许多新的重大课题，需要作出科学的理论回答。我们要立足我国国情和我们的发展实践，深入研究世界经济和我国经济面临的新情况新问题，揭示新特点新规律，提炼和总结我国经济发展实践的规律性成果，把实践经验上升为系统化的经济学说，不断开拓当代中国马克思主义政治经济学新境界，为马克思主义政治经济学创新发展贡献中国智慧。①

坚持和发展中国特色社会主义政治经济学，要以马克思主义政治经济学为指导，总结和提炼我国改革开放和社会主义现代化建设的伟大实践经验，同

---

①　习近平：《在十八届中央政治局第二十八次集体学习时的讲话》（2015 年 11 月 23 日），中共中央文献研究室编：《习近平关于社会主义经济建设论述摘编》，中央文献出版社 2017 年版，第 327—328 页。

时借鉴西方经济学的有益成分。中国特色社会主义政治经济学只能在实践中丰富和发展,又要经受实践的检验,进而指导实践。要加强研究和探索,加强对规律性认识的总结,不断完善中国特色社会主义政治经济学理论体系,推进充分体现中国特色、中国风格、中国气派的经济学科建设。

新时代深入学习研究马克思主义政治经济学,首先要深入学习研究习近平新时代中国特色社会主义经济思想,并用来指导我们的各种经济工作、推进社会主义现代化经济建设。习近平新时代中国特色社会主义经济思想,是关于全面建设社会主义现代化经济强国的宏伟思想,是马克思主义政治经济学中国化的最新发展,是中国特色社会主义政治经济学的最新成果,是指导中华民族伟大复兴、全面建设社会主义现代化经济强国的根本指导思想。

习近平新时代中国特色社会主义经济思想,是一个科学的、系统的、完整的、发展的思想理论体系。其核心的思想内容是以创新、协调、绿色、开放、共享的发展理念为主要内容,坚持加强党对经济工作的集中统一领导;坚持以人民为中心的发展思想;坚持适应把握引领经济发展新常态;坚持使市场在资源配置中起决定性作用和更好发挥政府作用;坚持适应我国经济发展主要矛盾变化完善宏观调控;坚持问题导向部署经济发展新战略;坚持正确工作策略和方法。

党的十八大以来,以习近平同志为核心的党中央,作出经济发展进入新常态的重大判断,形成以新发展理念为指导、以供给侧结构性改革为主线的政策框架,贯彻稳中求进的工作总基调,引领我国经济持续健康发展。习近平总书记围绕社会主义经济建设发表的一系列重要论述,全面回答了我国经济发展怎么看、怎么干的重大问题,对于坚持以人民为中心的发展理念,牢固树立和贯彻新发展理念,适应把握引领经济发展新常态,推进供给侧结构性改革,促进经济平稳健康发展和社会和谐稳定,实现"两个一百年"奋斗目标,实现中华民族伟大复兴的中国梦,具有十分重要的指导意义。

习近平新时代中国特色社会主义经济思想,内容丰富、思想深邃、现实针对性强,其中最为重要的思想理论内容可以概括为以下主要方面:发展是解决我国一切问题的基础和关键;中国特色社会主义经济建设进入新时代,我国社会主要矛盾已经转化为人民日益增长的美好生活需要和不平衡不充分的发展之间的矛盾;坚持以人民为中心的发展思想,用新发展理念统领发展全局,全面建设社会主义现代化经济强国;坚持质量第一、效益优先,加快建设创新型国家,推动经济发展质量变革、效率变革、动力变革;坚持和完善我国社会主义基本经济制度和分配制度,加快完善社会主义市场经济体制,建设现代化经济体系,使市场在资源配置中起决定性作用和更好发挥政府作用;主动适应、把握、引领经济发展新常态,着力推进供给侧结构性改革,实施创新驱动发展战略,实施乡村振兴战略,实施区域协调发展战略,推动新型工业化、信息化、城镇化、农业现代化同步发展;坚持按劳分配原则,完善按要素分配的体制机制,促进收入分配更合理、更有序;实施精准扶贫、精准脱贫,坚决打赢脱贫攻坚战;实施"一带一路"建设、京津冀协同发展、长江经济带发展三大战略;主动参与和推动经济全球化进程,发展更高层次的开放型经济,推动形成全面开放新格局,不断壮大我国经济实力和综合国力;坚持稳中求进工作总基调,全面提高党领导经济工作水平;等等。

(三)全面推进人民共建共享财富创造与分配体系建设

经济治理是国家治理的基础,财富创造和分配问题始终是经济治理的核心问题。全面构建以人民为中心的现代化经济治理体系,其基础工程是全面构建好人民共建共享的财富创造与分配体系。从供给侧财富创造的维度讲,就是全面坚持人民共建的发展思想,构建大众创业、万众创新的财富创造制度激励体系;从需求侧财富分配的维度看,就是全面坚持人民共享的分配理念,构建人民共享、人民共富的财富分配制度保障体系。

——全面构建激励人民共同建设的现代经济发展制度体系。

人民是国家的主人,人民是建设的主体。中华民族伟大复兴,全面建设社会主义现代化强国,首先必须构建起能够汇聚全体人民劳动生产工作创业的积极性、主动性和创造性的现代经济发展激励制度体系,让一切创造社会财富的活力竞相迸发,让一切创造社会财富的源泉充分涌流。

全面构建以人民为中心的现代经济发展制度激励体系,重点在于如何全面推进基本经济制度体系的创新完善,最大限度地推进公有制经济和非公有制经济的共同发展,构建更加平等、更加公平、更加正义、更加法治、更加文明的现代产权制度体系、现代企业治理体系、现代市场制度体系、现代财政制度体系、现代金融制度体系、现代产业制度体系、现代贸易制度体系、现代调控制度体系等。通过经济制度体系更高程度的公平和正义,来发展经济、保障经济、规范经济,让所有创业者有机会,让所有劳动者有获得,让所有经营者有回报。

着重推进实体经济虚拟经济的协调发展，构建稳健有效的虚拟经济服务和服从于实体经济的现代金融经济治理体系。金融是价值融通，是借贷中介，是服务于实体经济的虚拟经济。在现代经济发展中，金融是经济的血脉，实体经济是国民经济的根本。我们必须清楚，是实体性的物质财富的真实创造，奠基着国家富强、民族振兴、人民幸福的物质基础；而不是虚拟性的价值符号的金融衍生，推动着什么工业化、城镇化和现代化。离开实体经济的更高质量和更高效益的生产与创造，货币金融只是价值的符号表达，金融经济只是虚拟的经济表现。对如此常识性的经济金融观，各级领导干部必须清醒和理智。

全面构建以人民为中心的现代经济金融治理体系，就是让社会财富在真实的物质生产创造中增长，而不是在虚拟的金融泡沫衍生中膨胀；就是让不劳而获的贪欲在法治的笼子里破灭，而不能在"庞氏"金融、楼市炒作、股市欺诈中虚拟演绎。如果虚拟经济的不劳而获能够蔚然成风，那哪里还有劳动创业的艰辛付出和活力竞相迸发？如果虚拟金融能够登堂入室、聚敛财富，那哪会有创造财富的源泉充分涌流？走向中华民族伟大复兴的经济治理现代化，如何防控和化解重大金融风险、严守不发生系统性金融风险的底线，是最为重要的经济金融治理课题。

国家必须守住金融为实体经济服务的价值底线，有效遏住虚拟经济的无序膨胀，科学管控流动性的肆意增长。同时，必须构建起"魔高一尺、道高一丈"的现代金融治理体系，防范和化解游资浩荡与投机盛行所导致的泡沫经济问题，防范和化解股市短期炒作与银行"表外"循环所带来的虚拟金融问题。银行业必须以服务实体经济为根本；证券业必须以实业发展为基础；保险业必须以保险服务为生命。若非如此，百姓积攒下来的血汗钱、养老钱和保命钱，孩子们的上学钱、成家钱和保险钱，就会被系统性的货币贬值、花样百出的金融衍生、防不胜防的金融欺诈侵蚀掉。

——全面构建保障人民共同富裕的现代经济分配制度体系。

坚持人民共建共享共同富裕，实现人民日益增长的获得感，必须坚持社会财富以人民为中心的国民分享思想。实现社会财富分配的以人民为中心，首先要构建好"多劳者得、多创者获、多劳多创者富"的市场化收入分配制度激励体系；其次要构建好"人人参与、人人尽力、人人享有、人人保障"的政府性收入再分配制度保障体系；切实使市场在资源配置中起决定性作用和更好发挥政府作用。重点处理好国民收入初次分配中的劳动报酬、政府税收、资本收益三者之间的平衡关系，处理好二次分配中的政府收支、公共服务、民生保障、基本建设之间的平衡关系。

着重构建企业员工公平分配制度体系。根据经济发展、生活成本、行业利润等多方面因素，改革完善国家最低工资标准制度体系，改革完善劳资协商协调薪酬制度体系，改革完善生产环节政府税收征管制度体系。按照经营性和公益性、竞争性和垄断性等企业分类，加速构建与时俱进、市场化的公平竞争、多劳多得的现代企业收入分配制度体系。重点处理好劳动者、创业者、科技人才的收入分配关系，构建市场导向、科技导向、知识价值导向的收入分配激励制度体系。让劳动者增收，让创业者先富，让知识创造财富者先行先富。

着重构建政府雇员公平分配制度体系。在有效推进公平竞争、能进能出、能上能下的人事制度改革前提下，重点推进政府雇员（包括事业雇员和行政雇员）的薪酬分配制度体系建设。按照体现岗位责任、业绩贡献的多责多得分配原则，加速构建与时俱进、公平竞争、多责多得的政府雇员公平分配薪酬制度体系；建立健全与经济发展同步、生活成本挂钩的政府雇员薪酬保障制度体系；建立健全体现公平竞争、责任担当的国家功勋激励奖励制度体系。让公务人员安心，让事业人员体面，让担当尽职尽责者有激励报酬。

着重构建农村居民收入保障制度体系。相对于更快增长的工业的价值增殖、城市的财富积累、市民的收入获取，农业、农村、农民在收入分配方面始终是弱势行业、弱势地区和弱势人群，国家必须根据工业与农业、城市与农村、市民与农民的协调发展要求，有效构建“向农民投资”的收入保障制度体系，切实推进城乡经济社会协调发展进程。特别是要按照城乡一体化、保障粮食安全的发展原则，加速构建与时俱进、与国家发展同步的支农惠农、多劳多得的农民收入保障制度体系。让农业劳动者、经营者、投资者能够获得合理预期的收入增长，确保国家粮食安全、农业发展、农民增收和农村现代化。

着重构建社会成员贫富分化防控制度体系。基于社会公平和法治基础上的收入与财富差距现象，是人类社会发展、市场经济竞争的正常状态，也是现代经济激励制度建设的必然要求。矛盾的焦点和问题的关键是收入或财富分化的非法性和过分悬殊性。中国是共产党执政的社会主义国家，绝不能出现“富者累巨万，而贫者食糟糠”的现象。为此，必须全面构建以人民为中心的国民分配调控制度体系，集中最大力量取缔非法收入，调节过高收入，调控奢侈消费，提高生活保障，推进贫困治理，使全体社会成员的收入与财富基于合法的基础、处于合理的区间。改革完善个人和家庭税赋制度体系，加快推进累进制的遗产税、赠与税、房产税、奢侈税等自平衡公平分配制度体系建设，实行更加有利于社会公益慈善事业特别是公益性教育和公益性医疗事业发展的税收激励制度体系。

——全面构建国民均等化的现代公共服务制度体系。

全面构建以人民为中心的现代化经济治理体系，国民均等化的公共服务体系建设至关重要。国家公共服务发展与均等化水平，直接反映着社会文明、公平正义的实现程度。习近平指出，随着我国国民经济社会的不断发展，特别是产能相对过剩经济的出现，人民群众对提高基本公共服务保障水平的呼声越来越高，对推进公共服务的标准化、均等化、法治化的要求也越来越高，对教育不公平、医疗不公平、住房不公平、保障不公平等问题也越来越不满。习近平强调，人民对美好生活的向往，就是我们的奋斗目标。人民对社会问题的不满，就是我们的改革目标。我们要切实坚持以人民为中心、以问题为导向的改革方针，持续推进事关千家万户的基本民生保障制度体系改革完善。

走向本世纪中叶中华民族伟大复兴，坚持以人民为中心的发展思想，必须紧紧围绕“国民均等化”这个核心环节，加速构建充分体现中国特色社会主义公平正义的国民标准化、均等化、法治化的公共服务治理体系，特别是在国民基本教育、基本医疗、基本住房、基本保障等方面，让人民不仅有与时俱进的获得感，而且要有越来越高的认同度，使全体人民朝着共同富裕方向稳步前进。

1. 全面构建以人民为中心的国民基本教育制度体系。

大力度推进国民基本教育的标准化、均等化、法治化建设进程，全面构建更加体现社会公平正义的国民基本教育治理体系。让每个孩子，无论家庭贫富、出生何处，都能分享公平的、均等的、标准的、法治的国民基本教育。首先要推进国家义务教育的国民均等化建设进程，努力消除城乡和地区之间公共教育资源严重不平衡问题。其次要彻底解决贫困家庭子女教育保障问题。让每个进入基础教育、职业学校、高等院校的低收入家庭的学子，能够体面地、无后顾之忧地完成学业。最后要加大农村地区、落后地区的公共教育资源的倾斜性的补偿性投入，最大力度地消除农村和落后地区公立教育发展不平衡问题。

全面构建以人民为中心的国民基本教育制度体系，对每个学生来讲首先是教育公平问题，对贫困家庭的学生来讲还有免费接受国家公立教育问题。走向中华民族伟大复兴的教育治理现代化建设，必须全面消除“因贫失学”“因学返贫”“因学变穷”现象。国家应该适时废止人为造成公立教育鸿沟的国民基本教育的“重点学校”制度；适时废止不断激化社会矛盾和增加家庭负担的“学区房”制度；严格禁止人为制造国民基本教育的不公平、不均等、不平衡。同时根据经济社会发展和国家财力水平，率先为贫困家庭学生提供全免费的国家公立教育，包括全部免除学费、住宿费、伙食费等家庭负担。通过越来越好的国家免费教育制度，来激发生活困难学生的社会认同、爱国情怀和科学精神。

2. 全面构建以人民为中心的国民基本医疗制度体系。

大力度推进国民基本医疗的标准化、均等化、法治化建设进程，全面构建更加体现社会公平正义的国民基本医疗治理体系。让每个公民无论家庭贫富、出生何处，都能分享公平的、均等的、标准的、法治的国民基本医疗，最大限度地提高“健康中国”的底线保障水平，最大可能地消除“因贫失医”“因病致贫”“因病返困”现象的发生。走向中华民族伟大复兴的医疗治理现代化建设，不能继续容忍因为贫困而失去基本的医疗机会，不能因为看病就医而坠落绝望的陷阱。

全面构建以人民为中心的国民基本医疗治理体系，是“健康中国”文明建设的最后屏障，是维护生命安全的底线投资，也是社会公平正义最人道主义的彰显。生命无价，健康第一。国家应该根据经济社会发展进程，建立更高保障强度的“健康中国”公共投资体系，让无价的生命同步得到国力的支撑。特别要加大全国统一的标准化、均等化、法治化的基本医疗保障制度建设力度，加大对农村地区、落后地区医疗资源的倾斜性的补偿投入，大幅度地改变优质医疗资源过度集中在城市和东部地区的不公平状况，更快地补起农村落后地区、贫困家庭基本医疗方面存在的严重不平衡短板。

3. 全面构建以人民为中心的国民基本住房制度体系。

大力度推进国民基本住房的标准化、均等化、法治化建设进程，全面构建更加体现社会公平正义的国民基本住房治理体系。让每个低收入家庭都能分享公平的、均等的、标准的、法治的国民基本住房，最大限度地消减“因房陷困”“因居致贫”现象的发生。走向中华民族伟大复兴的住房治理现代化建设，住房公平应该惠及每一个城乡家庭，特别是贫困和低收入城乡住房困难家庭。无论何种原因、何种状况，越来越富起来、强起来的中国，不能继续容忍“贫困中的棚户区”的持续性存在；不能继续放纵胁迫性的“房奴陷阱”的常态化生长；应该加紧制定全国统一的国民最低基本住房保障制度体系。

全面构建以人民为中心的国民基本住房制度体系，是维护人民安居乐业的最低物质保障，是满足人民对美好生活需要的底线政府公共责任。国家应该根据经济社会发展进程，构建“商品房”和“公益房”分置治理的制度体系。让市场管商品，让政府保基本。政府要负责城乡贫困家庭、低收入家庭的基本住房，大力度推进保障房和公益房的建设步伐，到全面建成社会主义现代化强国时，国家的公益房和保障房应该占到居民住房总量的三分之一以上。同时实行国民基本住房的“零地价”政策，即“国有是国民有”的基本住宅土地零地价政策。对完全市场化的商品房，适时推行累进制的房产税制度，从根本上确保“房子是用来住的，不是用来炒的”。根据中国的具体国情，改革完善国有公产房保障制度体系，构建货币化与实物房相融合的公产房和官邸房并行制度体系。

4. 全面构建以人民为中心的国民基本生活制度体系。

大力度推进国民基本生活保障的标准化、均等化、法治化建设进程，全面构建更加体现社会公平正义的国民基本生活治理体系。让每个社会成员特别是低收入人群，都能分享公平的、均等的、标准的、法治的国民基本生活保障，最大限度地消减贫困人口、低收入人群的基本生活之忧。走向中华民族伟大复兴的生活保障治理现代化建设，公民的生存公平权利应该惠及每一个城乡贫困家庭。无论什么原因、什么状况，最低生活保障就是生存保障、生命保障。在全面建设社会主义现代化经济强国、国家越来越富越来越强的过程中，最低生活保障就是最低的文明的保障、人道主义的保障，国家应该对贫困家庭和贫困人口全部实行应保尽保、应享尽享原则，努力解决国际贫困标准下的贫困人口脱贫问题。

全面构建以人民为中心国民基本生活保障体系，是保障贫困家庭和低收入人群基本生活最底线的物质条件，是反映社会文明发展状况的最低标准。国家应该根据国民经济社会发展水平，不断提升国民基本生活保障水平，增强社会文明的最短板效应。国家应该在全面建成小康社会后，实行不低于同期联合国全球贫困标准的新的贫困人口衡量标准，并实施同步的国家反贫困战略，逐步消除全球贫困标准下的中国绝对贫困问题。为此，国家应该根据经济社会发展水平同步提高全国的贫困标准，牢固坚持公平均衡的居民基本生活保障原则，统一城乡居民和区域居民间的最低生活保障标准；明确各级政府承担居民最低生活保障的主体公共责任，同时积极引导公民、企业和社会组织等承担更多的反贫困社会责任。

（四）全面推进新时代党领导经济现代化能力建设

全面推进党领导经济现代化的能力建设，是新时代牢固坚持党对经济工作集中统一科学化领导的根本要求。从根本上讲，所谓现代化建设就是能力自身的现代化建设。对各级领导干部而言，用最先进的科学技术和文化知识武装头脑，不断提高认识世界改造世界的实践能力，是我们党领导人民全面建设社会主义现代化经济强国的根本任务。新时代全面推进党领导经济现代化的能力建设，特别是要树立正确的经济现代化建设思想，提高国家经济治理的公平效率可持续性，全面推进法治经济法治政府现代化建设。

——树立正确的经济现代化建设思想。

新时代全面建设社会主义现代化经济强国，要从世界经济大国变为世界经济强国，从发展中国家升为发达国家，不仅面临着国民经济发展不平衡不充分等突出问题，也面临着国际经济风险的外部影响与冲击问题。只有牢固坚持以人民为中心的现代化建设宗旨，处理好国民经济生产与分配、公平与效率、政府与市场、工业化与城镇化、国内市场与国际市场等多方面的复杂关系，构建现代化市场经济体系和现代化政府调控体系，才能实现更高质量、更高效益、更加公平、更可持续的国民经济现代化。

新时代社会主义现代化经济建设的核心思想，是中国共产党领导人民发展社会主义市场经济，毫不动摇地巩固和发展公有制经济，毫不动摇地鼓励、支持、引导非公有制经济发展；发挥市场在资源配置中的决定性作用，更好发挥政府作用，建立完善的宏观调控体系；统筹城乡发展、区域发展、经济社会发展、人与自然和谐发展、国内发展和对外开放，调整经济结构，转变经济发展方式，推进供给侧结构性改革；促进新型工业化、信息化、城镇化、农业现代化同步发展，建设社会主义新农村，走中国特色新型工业化道路，建设创新型国家和世界科技强国。①

---

① 参阅《中国共产党章程》，人民出版社 2017 年版，第 11 页。

新时代社会主义现代化经济建设与发展，面临着以下三大核心议题：一是如何不断提高国民经济发展的质量与效益水平；二是如何不断提高国民收入分配的公平与共享程度；三是如何不断提高国家经济制度体系的公平性与效率性。同时面临着如下六大动态平衡问题：一是短期经济增长和长期经济发展的动态平衡；二是少数人获利和多数人共享的动态平衡；三是虚拟经济和实体经济的动态平衡；四是资源经济和创新经济的动态平衡；五是市场配置和政府调控的动态平衡；六是国内经济和世界经济的动态平衡。

新时代社会主义现代化经济建设与发展，必须紧紧围绕经济发展的质量效益、国民分配的共同富裕、经济制度的公平效率这三方面核心内容，全面推进经济建设和经济治理的现代化进程。在生产层面、总量供给的意义上，要高质量、高效能地解决好国民经济发展中的总量、结构、质量和效益等问题；在分配层面、需求决定的意义上，要高质量、高效能地解决好国民收入分配中的工资、利润、税收和社保等问题。在制度层面、行为规范的意义上，要高质量、高效能地解决好经济制度体系中的公平、效率、法治和科学化等问题。

在新时代社会主义现代化经济建设与发展的原则和方针上，要始终坚持公平与效率相结合、政府与市场相结合的经济建设与发展原则，坚持质量第一、效益优先、创新驱动、科学治理的现代化经济治理方针，全面推进国家经济治理体系和治理能力现代化。坚持和完善宏观政策要稳、产业政策要准、微观政策要活、改革政策要实、社会政策要托底的政策思路，全面做好稳增长、促改革、调结构、惠民生、防风险各项工作，全面推进国民经济更高质量、更有效率、更加公平、更可持续发展，更好实现中国特色社会主义经济建设现代化。

坚持以人民为中心的经济发展思想，就是坚持人民共建、人民共享、人民富裕的经济发展方针，这是中国特色社会主义现代化经济建设的根本政治宗旨。其核心理念与思想，就是一切经济建设与发展，一切经济治理与改革，都要遵循以人民为中心的发展思想；认识和解决所有生产问题、分配问题和制度问题，都要坚持以人民利益为根本的指导原则——以人民满意不满意、答应不答应、拥护不拥护为根本。

坚持以人民为中心的经济发展思想，要求以社会公平正义为旗帜，始终坚持社会主义市场经济改革发展方向。把“社会主义”和“市场经济”结合起来，在社会主义条件下发展现代市场经济，在现代市场经济发展中建设社会主义，建立和完善中国特色社会主义市场经济体制，实现更高程度上的公平与效率、政府与市场的有机结合，这是中国人民、中华民族、中国共产党在中国特色社会主义经济建设思想认识上的重大创新，也是世界社会主义经济实践史上一大历史性飞跃。

坚持社会主义市场经济改革发展方向，要求坚持正确的市场经济发展观。市场经济是通过市场来配置资源的经济，市场在资源配置中起决定性作用，全社会生产什么、如何生产和为谁生产等问题，都依靠供求机制、价格机制、竞争机制、风险机制等来自行解决，以此实现资源配置的效率和效益最大化。市场经济最基本的制度精神，就是物以稀为贵、价高者得，自由选择、自主决策、自担风险；市场经济最本质的制度要求，就是通过市场机制来配置资源，权力与责任对称、收益与风险对接，公平竞争、优胜劣汰、市场出清等。

坚持社会主义市场经济改革发展方向，要求坚持科学的社会主义发展观。社会主义是人类关于美好社会发展的价值追求与实践活动。社会主义追求全体人民共同利益的维护和实现，主张全体人民的共建共享和共同富裕。中国特色社会主义从根本上改变了中国人民和中华民族的前途命运，是中国共产党和中国人民历经千辛万苦、付出各种代价才取得的根本成就。新时代中国特色社会主义，倡导富强民主文明和谐美丽、自由平等公正法治、爱国敬业诚信友善，总任务是全面建设社会主义现代化强国、实现中华民族伟大复兴中国梦。

坚持社会主义市场经济改革发展方向，要求平衡好国家治理现代化中的公平与效率的关系，使市场经济的效率最大化和社会主义的公平最优化结合起来，全面破除影响和制约全体人民共建共享共同富裕的体制机制弊端，努力实现更高质量、更有效率、更加公平、更可持续发展。既要充分发挥市场在资源配置中的决定性作用，又要坚持和发展中国特色社会主义基本制度，兼顾好经济效率与社会公平的双目标选择和双关系协调，使全体人民不仅能够获得更多的发展成果，而且能够享受更高的社会公平、享有更加幸福安康的生活，使中华民族以更加昂扬的姿态屹立于世界民族之林。

——提高国家经济治理的公平效率可持续性。

国家经济治理是公共治理、人民治理、历史治理。其内生性的公平性、效率性和可持续性，是衡量国家治理体系绩效的根本标准。全面推进以人民为中心的国家经济治理体系现代化建设进程，核心内容就是紧紧围绕国家经济治理的"公平、效率、可持续"目标体系，全面构建更加公平、更有效率、更可持续的国家经济治理体系。

1. 紧紧围绕国家经济治理公平，全面构建更加公平的国家经济治理体系。

公平理念来自于多数人的认同，国家治理公平就是国家治理的人民认同性。人民的认同性是衡量社会发展公平、国家治理公平的唯一价值尺度。离开人民的认同，就没有什么国家治理公平；没有越来越高的人民认同性，也就没有什么越来越好的国家治理实践。

全面构建更加公平的国家经济治理体系，首先要构建更加反映人民认同性、认同度的国家经济治理信息平台。通过日益现代化的网络信息体系，来呈现适时、动态的民意、民情、民愿、民心，奠定起国家经济治理现代化体系的强大的民心支撑。其次要构建更加反映政治公平、经济公平、文化公平、社会公平、生态文明公平的制度政策体系，构建更加反映国民权利公平、机会公平、过程公平、结果公平的国家治理评价指标体系。

2. 紧紧围绕国家经济治理效率，全面构建更有效率的国家经济治理体系。

"效率"表示活动的产出水平，也意味着行为主体的获得性。国家经济治理效率就是国家治理的人民获得性。人民获得性是衡量和检验一切公共事务、国家经济治理的最终标准。人民获得性高，说明国家经济治理活动效率高，国家经济治理体系的效率性高；人民获得性低，说明国家经济治理活动效率低，国家经济治理体系的效率性低。没有不断提高的人民的获得感，就没有什么国家经济治理的现代化，也没有什么有效的国家经济治理体系现代化。

全面构建更有效率的国家经济治理体系，人民获得性的效率标准是最核心的评价与衡量指标体系。只有坚持以人民获得性为根本的评价指标体系，才能使国家经济治理体系现代化建设走上科学的轨道，并从根本上避免空议改革空谈治理。没有真正反映人民获得性的效率标准，也就没有辨别是非的价值准绳，没有评判问题的客观依据。

全面构建更加反映人民获得感和获得性的国家治理考核指标体系，构建基于社会信息化、互联网技术系统支撑的、人民能够广泛参与的可识别、可量化、可评价、可比较、可操作的国家治理分层分级考核评价体系，并以此来辨别、评价、检验、调整各领域各层级的公共治理事务。这样才能撑起国家治理体系现代化大厦的"四梁八柱"，才能切实弘扬和坚守经济建设成效论英雄的规则，即用人民的获得感和获得性，来辨别是非、评价好坏和奖惩优劣。

3. 紧紧围绕国家经济治理可持续标准，全面构建更可持续的国家经济治理体系。

持续性就是发展性和历史性。国家经济治理可持续性，就是人民事业的发展性和历史性。强调国家经济治理的可持续性，就是强调国家经济治理与人民事业的发展性和历史性。只有经得起历史的检验，才能够最终看清楚经济活动的公平性和人民认同性、效率性和人民获得感。只有站在历史的高度，才能够真正识别出国家治理的规律性和科学性、中国性和世界性。只有这样才能真正反映出经济发展的规律、社会发展的规律，包括规律性的认识和规律性的实践，才有经得起历史检验的可持续的国家建设和人民治理。

人民性、历史性、规律性、可持续性，如此认识逻辑与治理路径必然要求以人民为中心的国家经济治理体系建设，必须坚持科学化、民主化、法治化的善治轨道，必须把人民性和规律性统一起来。任何违背社会发展规律的，终将不是人民的；任何空谈国家治理建设的，终将是要失败的。在客观规律面前，任何个人都有认识上的局限性，任何执政者都有历史上的局限性，唯一正确的态度就是要始终坚持客观的、历史的、可持续的科学发展观——敬畏历史、敬畏人民、敬畏客观规律。

全面提高国家经济治理体系的公平、效率、可持续性，要求从中华民族、中国人民更长远、更根本、更全局的利益出发，与时俱进地坚持以人民为中心的国家治理观，紧紧围绕更高质量、更加公平、更有效率、更可持续的现代化建设目标，大力推进国家建设与治理体系的现代化，包括更加共建共享的现代经济治理体系建设、更加人民当家作主的现代政治治理体系建设、更加公平正义的现代社会治理体系建设、更加先进文明的现代文化治理体系建设、更加绿色发展的现代生态文明治理体系建设、更加坚强有效的现代执政文明治理体系建设。只有中国共产党领导下的以人民为中心的国家治理体系和治理能力的现代化，才是最具有根本性、长期性、全局性和人民性的中国特色社会主义现代化建设事业。

——全面推进法治经济法治政府现代化建设。

现代市场经济是法治经济。全面建设社会主义现代化经济强国，就要从根本上推进经济的法治化建设。全面推进法治经济建设的关键在于全面推进法治政府建设。坚持法治经济和法治政府建设的人民宗旨——造福人民、保护人民,为人民服务、对人民负责。①

全面推进法治经济和法治政府建设,首先要充分发挥各级党委的领导核心作用,坚持党的领导、人民当家作主、依法治国有机统一,把法治政府建设真正摆在全局工作的突出位置,与经济社会发展同部署、同推进、同督促、同考核、同奖惩,把党的领导切实贯彻到法治政府建设的全过程和各方面。各级政府应进一步增强加快建设法治政府的紧迫感和责任感,在党委统一领导下,谋划和落实好法治政府建设的各项任务,主动向党委报告法治政府建设中的重大问题,一步一个脚印地把法治政府建设向前推进。

全面深化政府职能与机构改革。政府职能科学是建设法治政府的前提,全面推进法治经济和法治政府建设,首先要全面深化政府职能改革和机构改革,充分发挥市场在资源配置中的决定性作用,有效发挥社会力量在管理社会事务中的重要作用,更好发挥政府作用。完善现代政府职能建设,保证政府依法全面履行宏观调控、市场监管、社会管理、公共服务、环境保护等职责。要加大简政放权力度,深化行政审批制度改革,释放市场发展活力;坚持放管结合放管并举,创新监管方式;规范行政行为、优化办事流程,增强政府公信力和执行力,建设人民满意的服务型政府。②

深化国家机构和行政体制改革是一项复杂的系统工程,涉及各种权力和利益格局调整,改革任务艰巨复杂,组织实施难度大。要围绕切实加强党的长期执政能力建设和国家政权建设开展,发挥党在改革发展稳定大局中的领导核心作用,以党的政治优势引领和推进改革。要坚持积极稳妥统筹推进,增强改革的系统性整体性协同性,坚持发挥中央和地方两个积极性,尊重地方首创精神。要以体制机制是否更加科学合理、管理服务水平是否得到提升、人民群众能否从改革中得到实惠等实践成效来检验改革成果。要树立对党和国家事业高度负责的精神,勇于担当、攻坚克难、推进改革。

深化国家机构和行政体制改革是法治政府建设的迫切要求。首先要完善坚持党的领导的体制机制,把党的领导贯彻落实到党和国家机关全面正确履行职责的各领域各环节,确保党始终总揽全局、协调各方,从制度上保证党的

① 袁曙宏:《建设法治政府》,本书编写组编著:《党的十九大报告辅导读本》,人民出版社2017年版,第285—291页。

② 张纪南:《深化机构和行政体制改革》,本书编写组编著:《党的十九大报告辅导读本》,人民出版社2017年版,第299—305页。

长期执政和国家长治久安。其次要完善国家机构组织法，统筹考虑党和国家各类机构设置，完善科学领导和决策、有效管理和执行的体制机制。要统筹考虑各类机构设置，科学配置党政部门及其内设机构权力，明确职责。统筹使用各类编制资源，形成科学合理的管理体制。

着重推进行政组织和行政职能的规范化与法定化建设。完善行政组织和行政程序法律法规，推进机构、职能、权限、程序、责任法定化，是依法全面履行政府职能的坚实制度支撑和有力法治保障。加快建设法治政府，行政机关要坚持法定职责必须为、法无授权不可为，制定实施政府权责清单制度，推进各级政府事权规范化、法律化。优化地方各级权力配置，更好发挥贴近基层和群众的管理服务优势。要推进不同层级间权责合理配置，赋予省级及以下政府更多自主权；推进地方党政机构改革，在省市县对职能相近的党政机关探索合并设立或合署办公；构建简约精干的基层行政管理体制。

着重推进政府行政的规范公正文明执法建设。行政执法是法律实施的关键环节，是建设法治政府的重中之重。习近平强调，全面推进依法治国的重点应该是保证法律严格实施。行政执法成效是衡量法治政府建设成效最直观、最普遍、最可信的标尺。只有严格执法、不枉不纵，才能彰显法治权威、带动全民守法，切实增强人民群众的法治获得感。解决好多头执法、重复执法、乱执法与执法不作为问题并存，执法机构设置不合理、执法力量配置不科学等突出问题。大力推进行政执法规范化和信息化建设。推进行政执法公示、执法全过程记录、重大执法决定法制审核“三项制度”建设，加强行政执法信息化建设和信息共享，建设执法信息平台，提升执法水平和效率。

着重深化事业单位改革，加快建立中国特色公益服务体系。事业单位是提供公益服务的主体，需要通过深化事业单位改革，提高公益服务供给的质量效率和公平性，更好满足人民群众在教育、医疗、文化等各方面的需求。一是坚持分类改革方针，推进政事分开、事企分开、管办分离。巩固和深化行政类、经营类事业单位改革成果，理顺公益类事业单位与主管部门的关系，探索政事分开、管办分离的有效实现形式，构建新型政事关系。二是创新事业单位管理体制和运行机制，增强事业单位活力。瞄准教育、医疗、科研、文化等事业单位管理体制上的重点难点问题，探索开展管理体制创新试点，在组织结构、用人制度、财政支持、社会保障等方面拿出有效举措。三是强化事业单位公益属性，促进公益服务平衡充分发展。着力推动去行政化，破除逐利机制，强化提供公益服务的社会责任。优化事业资源布局结构,鼓励社会力量兴办公益事业,推进基本公共服务均等化。

强化法治政府建设的第一责任人制度。党政主要负责人是建设法治政府的第一责任人,要全面提升党政主要负责人的法治思维和依法执政、依法行政、依法治理、依法办事能力,切实发挥好第一责任人的重大作用。要加强和完善督察考核工作,不断完善督察法治政府建设的长效机制,建立健全考核法治政府建设的有效举措。党政主要负责人应坚持以身作则、以上率下,带头尊法学法守法用法,养成善于运用法治思维和法治方式抓改革、谋发展、促稳定的思想自觉和行动自觉,真正履行好建设法治政府的第一组织者、推动者和实践者的职责。

参考文献

1.《习近平谈治国理政》,外文出版社 2014 年版。

2.《习近平谈治国理政》第二卷,外文出版社 2017 年版。

3.《十八大以来重要文献选编》(中),中央文献出版社 2016 年版。

4. 本书编写组编著:《党的十九大报告辅导读本》,人民出版社 2017 年版。

5. 中共中央文献研究室编:《习近平关于科技创新论述摘编》,中央文献出版社 2016 年版。

6. 中共中央文献出版社编:《习近平关于全面深化改革论述摘编》,中央文献出版社 2014 年版。

7. 中共中央宣传部编:《习近平新时代中国特色社会主义思想三十讲》,学习出版社 2018 年版。

8. 中共中央文献出版社编:《习近平关于社会主义经济建设论述摘编》,中央文献出版社 2017 年版。

9. 本书编写组编著:《〈中共中央关于全面深化改革若干重大问题的决定〉辅导读本》,人民出版社 2013 年版。

10. 本书编写组编著:《〈中共中央关于制定国民经济和社会发展第十三个五年规划的建议〉辅导读本》,人民出版社 2015 年版。

11. 中华人民共和国国家统计局编:《中国统计年鉴—2018》,中国统计出版社 2018 年版。

12. 田应奎:《中国道路》,外文出版社 2008 年版。

13. 石霞:《建设强富美的新农村》,人民出版社 2015 年版。

14. 曹立主编:《新时代经济热点解读》,新华出版社 2018 年版。

15. 张占斌:《中国经济新棋局》,人民出版社 2017 年版。

16. 陈宇学:《创新驱动发展战略》,新华出版社 2014 年版。

17. 周国平:《人文精神的哲学思考》,长江文艺出版社 2014 年版。

18. 杨雪冬、张萌萌主编:《大国治理》,中央编译出版社 2015 年版。

19. 俞可平:《论国家治理现代化》,社会科学文献出版社 2014 年版。

20. 李培林等:《当代中国生活质量》,社会科学文献出版社 2016 年版。

21. 金海年:《2049 中国新型农业现代化战略》,中信出版社 2016 年版。

22. 陆大道、樊杰主编:《2050:中国的区域发展》,科学出版社 2010 年版。

23. 郑永年、杨丽君:《中国崛起不可承受之错》,中信出版社 2016 年版。

24. 胡鞍钢、鄢一龙:《中国国情与发展》,中国人民大学出版社 2016 年版。

25. 史正富:《超常增长:1979—2049 年的中国经济》,上海人民出版社 2013 年版。

26. 贾康、高培永主编:《现代经济学大典—财政学分册》,经济科学出版社 2016 年版。

27. 赵弘主编:《中国区域经济发展报告(2016—2017)》,社会科学文献出版社 2017 年版。

28. 赵昌文、朱鸿鸣:《持久战新论:新常态下的中国增长战略》,中信出版社 2016 年版。

29. 吴敬琏、俞可平、[美]罗伯特・福格尔等:《中国未来 30 年》,中央编译出版社 2010 年版。

30. 洪银兴总主编、逄锦聚等主编:《现代经济学大典(政治经济学分册)》,经济科学出版社 2016 年版。

31. 吴敬琏、刘鹤、樊纲等主编:《中国经济新方位:如何走出增长困境》,中信出版社 2017 年版。

32. 郭威、胡希宁、徐平华、董艳玲等:《供给侧结构性改革:理论与实践》,人民出版社 2016 年版。

33. 王广宇主编:《2049:智能崛起——新一代信息技术产业中长期发展战略》,中信出版社 2016 年版。

34. 刘世锦主编:《中国经济增长十年展望(2016—2025):由数量追赶到质量追赶》,中信出版社 2016 年版。

35. 中国科技发展战略研究小组:《中国区域创新能力评价报告(2017)》,科学技术文献出版社 2017 年版。

36. [法]托马斯・皮凯蒂:《21 世纪资本论》,中信出版社 2014 年版。

37. [德]克劳斯・施瓦布:《第四次工业革命》,李菁译,中信出版社 2016

年版。

38. [加拿大]梁鹤年:《西方文明的文化基因》,生活·读书·新知三联书店 2014 年版。

39. [美]劳伦斯·史密斯:《2050 人类大迁徙》,廖月娟译,浙江人民出版社 2016 年版。

40. [美]维托·坦茨:《政府与市场:变革中的政府职能》,王宇等译,商务印书馆 2014 年版。

41. [英]安格斯·麦迪森:《世界经济千年史》,伍晓鹰等译,北京大学出版社 2003 年版。

42. [英]安格斯·麦迪森:《世界经济千年统计》,伍晓鹰、施发启译,北京大学出版社 2009 年版。

43. [美]约瑟夫·斯蒂格利茨、布鲁斯·格林沃尔德:《增长的方法》,中信出版集团 2017 年版。

44. [美]曼昆:《经济学原理》,梁小民、梁砾译,北京大学出版社 2015 年版。

45. [美]约翰·罗尔斯:《正义论》,何怀宏等译,中国社会科学出版社 2001 年版。

46. [美]赫德森等:《中国未来三十年Ⅲ——重塑梦想与现实之维》,中央编译出版社 2013 年版。

47. [挪威]乔根·兰德斯:《2052:未来四十年的中国与世界》,秦雪征等译,译林出版社 2013 年版。

48. [美]爱德华·威尔逊:《知识大融通:21 世纪的科学与人文》,梁锦鋆译,中信出版社 2016 年版。

49. [荷兰]扬·杜威·范德普勒格:《新小农阶级——世界农业的趋势与模式》,潘璐、叶敬忠等译,社会科学文献出版社 2016 年版。

50. [挪]詹·法格博格、[美]戴维·莫利、[美]理查德·纳尔逊主编:《牛津创新手册》,柳卸林、郑刚等译,知识产权出版社 2009 年版。

51.《书报简讯》编辑部编:《中国影响世界——〈书报简讯〉新书摘介精编(2015)》,时事出版社 2016 年版。

52. 世界银行和国务院发展研究中心联合课题组:《2030 年的中国:建设现代、和谐、有创造力的社会》,中国财政经济出版社 2013 年版。

后　记

这是一部学习研究新时代中国特色社会主义经济思想的著作。围绕新时代我国社会主义现代化经济强国建设怎么看、怎么办这一主题，以习近平新时代中国特色社会主义经济思想为指引，深入研究我国新时代经济发展、经济分配、经济改革，以及经济建设战略和中国特色社会主义政治经济学等思想内容，努力提升学习和理解新时代中国特色社会主义经济思想的理论思维能力，提升学习和掌握中国特色社会主义经济建设的规律知行能力，提高驾驭社会主义市场经济、建设现代化经济强国的实践工作能力。

本书是中共中央党校（国家行政学院）首批创新工程项目“习近平经济思想研究”的研究成果，项目研究与出版经费由相应的创新工程费用提供。本书是相关研究者集体学习研究的合作成果，项目负责人田应奎教授负责全书的结构设计和内容编著，具体研究分工与篇章作者名单分别如下：

导论，田应奎；第一篇，田应奎、张丽伟；第二篇，田应奎、田宇；第三篇，田应奎、阮程；第四篇，陈宇学、董艳玲、周跃辉、石霞、曹立、王君超、李旭章；第五篇，张占斌、韩宝江、潘云良、曹新、田应奎。

本书在学习研究写作过程中，参考了大量文献资料和国内外相关研究成果，并列出主要参考文献以表诚挚的谢意。由于作者的学习研究能力、思想认识水平所限，以及其他主客观条件与环境影响，本书存在着诸多这样或那样的不足与缺憾，敬请各位读者予以理解和谅解。

时代在发展，理论在进步，思想认识也在发展变化之中。新时代中国特色社会主义经济思想研究是一个动态的、开放的、包容的、发展的命题，自然需要广大读者和作者一起携手同行，共同推进更有新意与更高质量的学习、研究、探索、思考，努力构建新时代中国特色社会主义经济思想理论大厦，提升整个民族理论思维能力和规律知行水平，更好服务于我国社会主义现代化经济强国建设。

2018 年 12 月